Investissements directs à l'étranger dans les activités de recherche et développement: fondements théoriques et application aux entreprises suisses

Publications Universitaires Européennes
European University Studies
Europäische Hochschulschriften

Série V
Sciences économiques

Series V Reihe V
Economics and Management
Volks- und Betriebswirtschaft

Vol./Band 3348

PETER LANG
Bern · Berlin · Bruxelles · Frankfurt am Main · New York · Oxford · Wien

Julie Michel

Investissements directs à l'étranger dans les activités de recherche et développement: fondements théoriques et application aux entreprises suisses

PETER LANG
Bern · Berlin · Bruxelles · Frankfurt am Main · New York · Oxford · Wien

Information bibliographique publiée par «Die Deutsche Nationalbibliothek»
«Die Deutsche Nationalbibliothek» répertorie cette publication dans la «Deutsche Nationalbibliografie»; les données bibliographiques détaillées sont disponibles sur Internetsous ‹http://dnb.d-nb.de›.

Edité avec le concours de la Fondation du 25ème anniversaire de la Société de Banque Suisse Fribourg.

«La Faculté des Sciences économiques et sociales de l'Université de Fribourg (Suisse) n'entend ni approuver, ni désapprouver les opinions émises dans une thèse: elles doivent être considérées comme propres à l'auteur»
(Décision du Conseil de Faculté du 23 janvier 1990).

ISSN 0531-7339
ISBN 978-3-0343-0305-7

Hochfeldstrasse 32, CH-3012 Bern
info@peterlang.com, www.peterlang.com, www.peterlang.net

Imprimé en Allemagne

A ma famille

Remerciements

J'exprime ma profonde et sincère gratitude envers mon directeur de thèse, Monsieur le Professeur Philippe Gugler, Directeur du Centre de compétitivité de l'Université de Fribourg, pour l'encadrement de ma recherche, son précieux soutien et ses excellents conseils. Son dynamisme, son optimisme, sa grande motivation et ses compétences m'ont été d'une aide inestimable. Il m'a entre autres permis de travailler dans des conditions optimales et sur des projets passionnants. Je le remercie chaleureusement pour sa grande disponibilité durant ces années de recherche et son implication tout au long de mon travail.

Ma vive reconnaissance s'adresse également à Monsieur le Professeur Joseph Deiss, ancien Président de la Confédération helvétique et Conseiller fédéral et Professeur à l'Université de Fribourg, pour l'honneur qu'il m'a fait d'accepter d'être le deuxième rapporteur de ma thèse. Je lui sais gré de ses remarques pertinentes, de ses conseils avisés et de sa contribution à l'analyse et à l'évaluation de ma recherche, de même que de toutes les connaissances sur la politique économique suisse qu'il m'a transmises et qui ont permis d'améliorer la qualité de mon travail.

Un grand merci à Monsieur le Professeur Jean-Jacques Friboulet, Professeur à l'Université de Fribourg, qui a accepté d'être Président du jury de thèse et qui m'a prodigué de nombreux conseils très instructifs pour la publication.

Je suis également reconnaissante à toutes les entreprises qui ont répondu à mon questionnaire et m'ont donné d'inestimables informations. Je tiens à remercier leurs responsables qui ont pris le temps de me transmettre leurs connaissances sur les activités de recherche et développement.

Je souhaite aussi exprimer toute ma gratitude envers les membres du John H Dunning Centre for International Business et, particulièrement, à son Directeur, Rajneesh Narula, Professeur à l'Université de Henley Business School à Reading au Royaume-Uni. Je le remercie de m'avoir invitée dans son centre et de m'avoir reçue si chaleureusement. Travailler aux côtés d'un spécialiste passionné, de renommée internationale, m'a permis d'améliorer d'une manière significative ma recherche.

Ce séjour de recherche à l'étranger n'aurait pas été possible sans la bourse octroyée par le Fonds national suisse, envers lequel j'exprime ma gratitude. Je tiens également à remercier très vivement la Fondation du 25ème anniversaire de la Société de Banque Suisse Fribourg pour le Prix octroyé en 2008. Un grand merci également à l'Université de Fribourg pour son support financier lors de ma participation à des conférences internationales.

Ma reconnaissance s'adresse aussi à mes collègues et amis qui m'ont entourée tout au long de ma recherche. Ma gratitude va à Magali Bellot, qui a investi de nombreuses heures à rendre la lecture de ce travail plus agréable et à corriger les erreurs. Je tiens également à remercier de tout mon cœur Noelia García Nebra pour sa gentillesse et sa bonne humeur tout au long des trois années passées au «boureau». Un merci particulier à Xavier Tinguely pour être une perle rare comme collègue et ami. Merci mille fois à Entela Myftari, Stéphanie Torche, Delphine Gendre, Patricia Lauper, Maude Montani, Denise Converso, Jérôme Däellenbach, David Folly et Serge Brunner pour leur soutien.

Enfin, une pensée toute particulière va à ma mère, Hélène Michel, qui m'a toujours encouragée à faire de mon mieux. Merci pour ta motivation, ta générosité et ta confiance en moi. Je suis également infiniment reconnaissante à mon père et mon frère de m'avoir soutenue et écoutée, ainsi que d'être toujours présents pour moi. Du fond du cœur, un énorme merci à Bertrand! Merci pour ton amour et ton humour qui m'ont permis de passer les moments de doutes avec davantage de légèreté.

A toutes les personnes qui ont participé à la réalisation de cette thèse, merci!

Table des matières

Liste des Tableaux

Liste des figures

Introduction

De nombreux auteurs ont démontré que les activités de recherche et développement (R&D) influencent positivement la croissance économique (Romer, 1990; Trajtenberg, 1990; Lichtenberg, 1992 et Aghion et Howitt, 1992). Cette influence a notamment été étudiée en prenant en compte les activités de R&D effectuées sur le territoire de la nation. Cependant, grâce aux entreprises multinationales (EMN), non seulement les activités du pays influencent la croissance économique, mais les activités de R&D étrangères deviennent aussi une source de croissance économique nationale. En effet, par le biais des investissements directs étrangers (IDE), les entreprises investissent en R&D à l'étranger et accèdent à de nouvelles connaissances non disponibles dans leur pays d'origine. Celles-ci améliorent les capacités technologiques de la firme. Elles peuvent aussi être véhiculées à travers les frontières au sein de l'organisation des EMN et être capturées dans le pays d'origine.

L'internationalisation des activités de R&D commença principalement dans les années 1970 et fut expliquée dans quelques études pionnières (Ronstadt, 1977; Terpstra, 1977; Mansfield et al., 1979; Lall, 1979 et Behrman et Fischer, 1980). Néanmoins, il faudra attendre les années 1990 pour voir apparaître une forte croissance mondiale des dépenses de R&D à l'étranger: entre 1995 et 2003, les dépenses de R&D sous contrôle étranger ont progressé de 110 pour cent (de 34 milliards de dollars à 71 milliards, OCDE, 2008a, p. 12). A cette période, les entreprises ont modifié le rôle des activités de R&D étrangères. Avant les années 1990, elles effectuaient en majeure partie des activités de R&D à l'étranger soutenant les activités de production. L'objectif était d'adapter les produits ou procédés développés dans le pays d'origine aux conditions locales des pays d'accueil, notamment aux divers besoins des consommateurs (Hegde et Hicks, 2008). Les activités innovantes des entreprises étaient ainsi fortement liées à leur pays d'origine et les activités de R&D étrangères étaient une conséquence de l'internationalisation de la production et des ventes (Pearce, 1989). La théorie consistait alors à étudier l'entreprise multinationale comme véhicule de transfert des connaissances depuis le pays d'origine vers les pays d'accueil (Vernon, 1966; Caves, 1974a; Kindleberger, 1973; Pavitt et Patel, 1999; Granstrand et al. 1992; Pearce et Singh, 1992). Cependant, la R&D à l'étranger n'a plus comme unique objectif d'adapter les produits développés dans le pays d'origine. Elle accède également aux travailleurs hautement qualifiés et à la science et technologie étrangères. Dans ce cas, la filiale étrangère devient créatrice d'innovations qui ne sont plus uniquement disponibles pour le marché local, mais peuvent être utiles au niveau mondial.

Eu égard à cet essor de l'internationalisation de la R&D et de l'importance des pays d'accueil dans le développement des innovations, des craintes surgissent quant à la possible perte de capacité technologique du pays d'origine due à une imitation des innovations nationales par les concurrents étrangers et à une délocalisation des activités de R&D. Ces inquiétudes remontent déjà à la fin des années 1970 lorsque les activités de R&D effectuées à l'étranger étaient limitées à l'adaptation des innovations créées dans le pays d'origine. A cette période, les firmes américaines effectuaient près de six pour cent de leurs dépenses de R&D en dehors des Etats-Unis (Harfi et Mathieu, 2008, p. 3). Le gouvernement s'inquiétait alors du fait que les investissements en R&D à l'étranger puissent mener à un copiage des technologies par les concurrents étrangers et à une délocalisation des activités de R&D. Selon Lall (1979, p. 314), le cas extrême serait que «ultimately, the home country may serve simply as the final market for products developed and made elsewhere». Les contre-arguments de la littérature économique consistaient à démontrer que l'internationalisation des activités de R&D était une variable clé de la croissance économique. L'argument de l'étude de Mansfield et al. (1979) était simple:

> if American firms could not establish foreign subsidiaries (or transfer technology abroad in other ways), they would not carry out as much research and development, with the result that our technological position would be weakened. (Mansfield et al., 1979, p. 51)

Selon leur enquête auprès de 30 firmes américaines, celles-ci auraient baissé leurs dépenses en R&D si elles n'avaient pas pu utiliser leurs technologies dans leurs filiales à l'étranger.

Néanmoins, malgré ces préoccupations et l'importance du phénomène de l'internationalisation de la R&D, la littérature économique s'est peu intéressée à ces conséquences pour le pays d'origine. Les études sur l'internationalisation des activités de R&D ont davantage développé les mobiles de la R&D effectuée à l'étranger (Dunning et Narula, 1995; Kuemmerle, 1997, 1999; Florida, 1997 et Cantwell et Janne, 1999). Dans ce présent travail de recherche, les effets sont étudiés pour la Suisse, un des pays les plus innovants (voir l'OCDE, 2006a et le WEF, 2008). Il est en outre celui qui internationalise au plus haut degré ce type d'activités (OCDE, 2007a, p. 162). L'objectif est ainsi de déterminer ce qui advient de la R&D en Suisse, alors que les entreprises suisses investissent fortement à l'étranger.

Afin de comprendre les enjeux de l'internationalisation de la R&D, une approche théorique est développée dans la première et la deuxième parties. Le point de départ est la théorie des entreprises multinationales (EMN) basée sur le paradigme éclectique de John Dunning. Cette approche est l'explication la plus large et suivie de l'IDE depuis les années 1980 (Cantwell et Narula, 2003 et Caves, 2007). Elle permet d'analyser les déterminants, les motifs, ainsi que les effets de l'expansion géographique des EMN. La deuxième partie s'intéresse à l'activité la plus stratégique de la chaîne de valeur effectuée à l'étranger: la R&D. Les concepts développés dans la première partie sont ainsi appliqués aux activités de R&D dans la deuxième partie. L'objectif visé est de comprendre les raisons qui incitent une entreprise à internationaliser sa R&D par le mode des investissements directs, ainsi que les facteurs déterminant les emplacements d'accueil. Les effets de cette internationalisation sur les économies d'accueil et d'origine de l'entreprise multinationale sont ensuite détaillés.

La dernière partie analyse empiriquement la problématique de l'internationalisation des activités de R&D. L'étude se base sur les brevets et les citations de brevets publiés entre 1978 et 2006 par les 71 entreprises suisses les plus innovantes. Les résultats sont en outre complétés aux vues des réponses données à un questionnaire envoyé à ces entreprises. Cette étude permet de connaître l'ampleur et l'évolution de l'internationalisation des activités de R&D des entreprises suisses. Les pays d'accueil de ces activités de R&D des entreprises suisses et les facteurs décisifs dans les choix de localisation sont en outre étudiés. Finalement les conséquences pour le pays d'origine sont analysées en étudiant la place de la Suisse dans la répartition géographique des activités de R&D, les bénéfices qu'elle retire de l'internationalisation des activités de R&D et les risques s'y relatant.

Partie 1

Fondements théoriques de l'existence des entreprises multinationales

Une entreprise multinationale est une entreprise qui contrôle des activités à valeur ajoutée dans plusieurs pays par le biais d'investissements directs effectués à l'étranger (voir l'Annexe 1 pour des définitions). Par ce mode d'internationalisation, les entreprises analysent pour chaque étape de la chaîne de valeur dans quelle localisation il sera le plus efficace de l'effectuer (Sideri, 1997, p. 38). Le paradigme éclectique de John Dunning (1977, 1979, 1988, 1993, 2008) offre un cadre unique d'explication des déterminants des EMN (Buckley et Hashai, 2009, p. 58; Galan et al., 2007, p. 977). Ce modèle est la théorie principale sur les entreprises multinationales[1] et sera le cadre conceptuel de ce travail. Selon Dunning, la production internationale est déterminée par la configuration de trois types d'avantages possédés simultanément par l'entreprise:

> Enterprises engage in production abroad whenever they possess net competitive advantages over firms of other nationalities which can best be exploited by foreign rather than domestic production, and which are more profitable to internalize than to sell or lease to other enterprises. (Dunning, 1979, p. 289)

Ces trois avantages sont développés dans le premier chapitre, afin d'expliquer quelles sont les conditions que doit posséder une entreprise pour effectuer des IDE, pourquoi elle choisit un pays plutôt qu'un autre pour implanter une activité de sa chaîne de valeur ajoutée, et comment elle choisit le mode d'entrée dans les marchés étrangers. Les autres théories déterminant l'existence des entreprises multinationales (voir Hymer, 1960; Vernon, 1966; Buckley et Casson, 1976 entre autres) sont aussi insérées dans ce premier chapitre.

Lorsque les conditions nécessaires à la multinationalisation de l'entreprise sont remplies, il est nécessaire de comprendre pourquoi une entreprise s'engage dans des investissements directs à l'étranger. Le deuxième chapitre s'attarde sur les principales motivations de l'expansion géographique des activités des EMN. Il s'agit de déterminer

1 Le paradigme éclectique de John Dunning intègre tous les courants théoriques expliquant l'EMN dans une théorie générale de la production internationale (Meyer, 1998, p. 77). Ce paradigme a été celui le plus présent dans le domaine de l'International Business depuis les années 1980 (Cantwell et Narula, 2003; Caves, 2007). L'International Business est l'étude des transactions entre parties résidant dans différentes nations, ou résidant dans la même nation mais qui sont comparées à une autre paire de parties dans une autre nation (Journal of International Business Studies, Call for Paper du volume 39 (4), 2008).

pourquoi une entreprise effectue des activités de production à l'étranger. Les motifs sont catégorisés en quatre types: la recherche de marché, la recherche de ressources, la recherche d'efficience et la recherche d'avantages stratégiques. Ces motifs sont détaillés dans le deuxième chapitre et permettront entre autre de déterminer les types d'EMN en fonction de leurs stratégies. Le premier et le deuxième chapitres ayant mis en avant les causes des IDE, le dernier chapitre explique les conséquences des IDE entrants et sortants sur les pays d'accueil et d'origine.

Chapitre 1

Facteurs déterminant l'existence des entreprises multinationales

Même s'il existait déjà quelques entreprises multinationales au $19^{\text{ème}}$ siècle (ainsi, l'entreprise commerciale suisse Gebrüder Volkart a installé une maison de commerce en Inde en 1851, Blattner, 2005, p. 2), de grandes entreprises multinationales ne se sont développées que dans la première moitié du $20^{\text{ème}}$ siècle (par exemple Singer Manufacturing Company, Ford, General Motors, Philips Electricals, Courtaulds). La première usine de montage de Ford à l'extérieur des Etats-Unis voit le jour près de Manchester, au Royaume-Uni, en 1911. Cependant, il faudra attendre les années 1960, à la suite d'investissements massifs d'entreprises américaines en Europe, pour voir apparaître les premiers fondements théoriques des entreprises multinationales, encouragés par l'émergence des nouvelles théories basées sur la nature imparfaite de la concurrence[2]. Les deux contributions majeures sont celles de Vernon (1966) avec la théorie fondée sur le cycle de vie du produit (exploitant les théories du commerce international) et de Hymer (1960) qui pose les déterminants de la production internationale sur la concurrence monopolistique (recourant à l'économie industrielle et organisationnelle). Ces contributions ont notamment permis de déterminer le fait

2 Auparavant, les théories expliquant les mouvements internationaux de capitaux se basaient sur les théories des investissements en portefeuilles: les capitaux se déplacent en fonction des différentiels dans les taux de rendement. L'hypothèse postule que le capital circule depuis les pays avec de faibles taux de rendement vers ceux possédant de hauts taux de rendement. Dans ce cas, l'investisseur considère les investissements étrangers et domestiques comme parfaitement substituables. Il estime que la décision d'investissement dépend uniquement de la variable du taux de rendement (Moosa, 2002, p. 24). Cependant, ces théories n'expliquent pas l'existence et les motivations des EMN, ni n'élicent les raisons pour lesquelles les mouvements de capitaux s'effectuent dans les deux sens. En outre, les études empiriques analysant la relation entre les taux de rendement relatifs dans plusieurs pays et l'allocation des IDE entre eux ne fournissent pas d'évidence à cette hypothèse (Agarwal, 1980 ; Weintraub, 1967).

que les entreprises doivent posséder des avantages exclusifs afin d'investir à l'étranger. Elles ont de plus expliqué les changements de localisation dans le processus de production.

Dans les années 1970, les études sur les IDE se sont intéressées à l'internalisation des activités des EMN (MacManus, 1972 ; Buckley et Casson, 1976 ; Swedendorg, 1979 et Hennart, 1972). Ces auteurs utilisèrent les travaux sur les imperfections du marché de Coase (1937), de Williamson (1971, 1975, 1981), de Alchian (1950) et d'Arrow (1969, 1975) afin de comprendre principalement pourquoi les EMN exploitent leurs avantages spécifiques elles-mêmes plutôt qu'elles ne les externalisent (Dunning, 2003). A cette période, deux autres principaux auteurs développent des théories sur les entreprises multinationales: Aliber (1970, 1971, 1983) et Kojima (1973, 1975 et 1985). Selon Aliber, les IDE sont expliqués par la force relative des monnaies. Une entreprise appartenant à un pays avec une forte monnaie investira dans un pays à faible monnaie, car sa réputation lui permet d'y emprunter à plus faible taux d'intérêt que les entreprises locales. L'hypothèse est qu'une entreprise provenant d'un pays à forte monnaie est plus efficace pour se protéger contre les risques de taux de change étrangers (voir Moosa, 2002, pp. 44-48). Cependant, cette théorie n'explique pas les flux d'investissements directs entre pays possédant des monnaies fortes. Kojima, quant à lui, étend la théorie néoclassique du commerce international (voir Buckley, 1990, pour l'évaluation des travaux de Kojima). Dans son modèle, l'IDE est un instrument qui agit comme catalyseur du commerce international et qui améliore la répartition internationale de l'activité économique. Selon lui, un pays d'origine devrait investir à l'étranger dans les secteurs qui requièrent des produits intermédiaires mobiles dont il est comparativement bien doté, mais qui ont besoin d'être combinés avec des facteurs non transférables dont le pays d'accueil est relativement bien doté (Dunning, 1988, p. 50).

Dunning (1977, 1979, 1988, 1993, 2008) reprend notamment les recherches de Hymer, Vernon et Buckley et Casson et les complètent dans un seul modèle présenté pour la première fois en 1976 dans une conférence à Stockholm (Koh, 2005, p. 39). Selon lui, la répartition géographique et la structure internationale des activités de production d'une EMN dépendent de trois facteurs principaux (Zimmermann, 2008, p. 4): les avantages spécifiques possédés par l'entreprise multinationale, ceux provenant du pays d'accueil et ceux liés à l'internalisation des activités de la chaîne de valeur au sein de l'entreprise. Ce chapitre explique ces trois avantages et permet ainsi de déterminer quelles sont les conditions que doivent posséder une entreprise pour effectuer des IDE, pourquoi elles choisissent un pays par rapport à un autre pour implanter une activité de sa chaîne de valeur ajoutée, et comment elles choisissent leur mode d'entrée dans les marchés étrangers. Les travaux d'Aliber et Kojima sont consistants avec le paradigme de Dunning et peuvent y être inclus (Dunning, 1988, p. 49-50). Cependant, ils n'expliquent pas toutes les formes d'IDE expliquées au deuxième chapitre et ne constituent qu'une explication limitée de l'existence des EMN.

1.1 Avantages spécifiques de l'entreprise multinationale

L'installation à l'étranger implique de nombreux coûts, tels que les coûts d'apprentissage et d'adaptation (à la culture, aux lois, aux institutions ou à la langue), les coûts liés à la collecte d'informations sur le marché local (besoins des clients locaux, pratiques des entreprises), les coûts liés à la distance et aux communications (organisation des filiales dispersées, relation entre direction principale et filiales, transfert de connaissances) et les coûts d'installation (dérivant du nombre de jours de procédure pour créer une filiale, du capital minimal requis pour fonder une entreprise ou encore de l'obtention de licence obligatoire). Ne pas appliquer les règles locales peut coûter cher à l'entreprise. Mitsubishi Motors a ainsi payé 34 millions de dollars en 1998 suite à des plaintes contre harcèlements sexuels dans sa filiale aux Etats-Unis, gouvernée par des standards légaux et judiciaires et des normes informelles différentes que de celles du Japon (Peng, 2006, p. 215). En outre, l'entreprise étrangère sera en concurrence face aux entreprises du pays d'accueil, lesquelles bénéficient d'une meilleure connaissance de l'environnement et des marchés locaux, des préférences et de la culture des consommateurs et des pratiques commerciales. Elles pourront de plus, dans certains cas, avoir accès à des ressources interdites aux entreprises étrangères. Il existe en conséquence d'importants obstacles que les entreprises doivent surmonter lorsqu'elles traversent les frontières (Rugman et Oh, 2008). Les entreprises «born global» rencontrent une difficulté supplémentaire, car elles sont en concurrence avec des firmes expérimentées («liability of newness», Mudambi et Zahra, 2007[3]).

L'EMN doit en conséquence posséder des avantages par rapport aux concurrents locaux, qui surpassent, à long terme, les coûts exigés d'installation à l'étranger et qui lui permettent de concurrencer les firmes locales (Hymer, 1976, p. 41; Dunning, 2001, p. 176). Ces avantages, transférables à travers les pays et à l'intérieur des frontières de l'EMN[4], ne sont pas parfaitement mobiles entre les entreprises (Tseng et al., 2007, p. 962). Il peut s'agir de compétences managériales supérieures (plus grande capacité à prendre des risques ou à identifier des affaires profitables), de technologie supérieure (capacité à transformer des connaissances scientifiques en usage commercial), d'accès privilégié aux matières premières (particulièrement dans les industries d'acier, d'aluminium, de pétrole et de gaz, Prahalad et Krishnan, 2008, p. 45), d'économie d'échelle (finance et expertise disponible pour créer des filiales) ou de pouvoir de négociation supérieur (capacité à obtenir des concessions du pays d'accueil, Moosa, 2002, p. 31)[5]. Cet avantage servira ensuite de levier pour pénétrer les marchés étrangers. L'entreprise peut par exemple s'implanter à l'étranger en usant de l'image de marque acquise sur un de ces produits (Mucchielli, 1998, p. 120). Les marques sont souvent utili-

3 Pour un approfondissement des firmes «born globals», voir Gabrielsson et al. (2008).

4 Il se peut que l'avantage ne soit pas facilement transférable à l'étranger lorsqu'il est lié à l'emplacement, qu'il possède des composants tacites ou qu'il est sujet à des restrictions légales. Cependant, si la firme est complètement incapable de transférer ses ressources à travers les frontières, elle n'est pas capable d'internationaliser (Cuervo-Cazurra et al. 2007, p. 710). Il se peut aussi que l'entreprise possède un avantage concurrentiel spécifique seulement à l'étranger. Par exemple, la valeur du label «made in Germany» ne fait pas de différence dans la concurrence entre firmes en Allemagne, mais sera importante lors de la pénétration des marchés étrangers (Hu, 1995, p. 74).

5 L'avantage spécifique n'est possédé que par l'entreprise. Les avantages concurrentiels incluent les avantages spécifiques et non spécifiques à la firme. Par exemple, l'accès privilégié aux ressources naturelles dans le pays d'origine est un avantage concurrentiel non spécifique à la firme (d'autres firmes peuvent aussi avoir accès à ces ressources et peuvent ainsi avoir un avantage concurrentiel que d'autres firmes non pas, CNUCED, 2006, p. 165). L'internationalisation des firmes par les IDE peut se faire par l'utilisation d'avantages spécifiques (CNUCED, 2006, p. 165).

sées pour promouvoir les produits dans les pays en développement, car les consommateurs locaux associent généralement la marque étrangère à une meilleure qualité ou à un meilleur prestige (Hung et al., 2007, p. 845). L'EMN peut aussi profiter de son expérience en gestion particulière pour s'étendre internationalement. Par exemple, une des sources d'avantages concurrentiels pour les EMN chiliennes qui investissent en Amérique du Sud est la connaissance de leurs gestionnaires sur la meilleure stratégie à adopter face à la libéralisation économique (Del So et Kogan, 2007, p. 902). En effet, le Chili a été le premier pays d'Amérique du Sud à commencer la libéralisation économique de son marché en 1975, dix années avant ses partenaires d'Amérique du Sud. Ainsi, beaucoup de gestionnaires d'entreprises chiliennes connaissent davantage les affaires dans un environnement récemment dérégulé et libéralisé que leurs partenaires d'Amérique du Sud. Dans ce sens, la connaissance de la libéralisation devient un avantage spécifique qui, une fois qu'il est développé dans le pays d'origine, peut être exploité à l'extérieur. Volkswagen aussi a utilisé sa connaissance basée sur son expérience des économies centrales planifiées en Europe de l'Est afin d'entrer dans le marché chinois dans les années 1980. En 2004, un tiers des profits de l'entreprise provenait de Chine (Peng, 2006, p. 215).

La plupart des avantages concurrentiels détenus par l'entreprise proviennent d'actifs intangibles, c'est-à-dire qu'ils n'ont pas de manifestation physique directe. Ceux-ci sont liés aux activités des firmes telles que la direction de l'entreprise, les opérations financières, la R&D et le développement de la marque. Ces actifs intangibles peuvent être très importants pour certaines entreprises (telles que la marque Coca Cola ou la réputation de McKinsey). Les avantages intangibles peuvent être appliqués dans toute l'organisation de l'entreprise et ainsi fournir des services à toutes les opérations de l'entreprise, à l'intérieur du pays comme à l'extérieur. Les bénéfices de ces avantages peuvent alors être étendus au niveau de l'organisation entière: l'utilisation de ces actifs dans une filiale ne diminuera pas leur utilisation dans d'autres filiales. Par exemple, une marque ou un secret peut être employé par une filiale sans que cela n'entrave nécessairement son utilisation dans d'autres filiales (Tseng et al., 2007, p. 963). Ceci explique pourquoi les firmes bénéficiant de tels actifs sont incitées à les exploiter en possédant plusieurs filiales à l'étranger. D'un point de vue empirique, les études démontrent que les EMN sont davantage présentes dans les secteurs caractérisés par de larges investissements en R&D ou que les entreprises de haute technologie s'engagent davantage dans les opérations multinationales que celles à faible technologie (voir Jones, 1999; Chrick et Jones, 2000; Tseng et al., 2007). Le problème de ces actifs intangibles est qu'ils sont difficilement mesurables. Selon Giorgio Marrano et al. (2007), pour chaque centime investi dans des actifs physiques, les entrepreneurs en dépensent un autre pour construire des actifs intangibles. Ces dernières années, de nouveaux standards de comptabilité, comme l'IFRS 3[6], se dirigent vers la mise en valeur comptable des intangibles.

> But this has met with scepticism and resistance from the profession and from analysts aware there is value in the way the numbers are presented. (Financial Times, 2008a)

Dans les années 1960, Hymer (1960 et 1968) avait déjà mis en évidence l'avantage possédé par la firme pour justifier l'expansion géographique des entreprises. En identifiant le nombre élevé d'IDE américains dans des industries concentrées, il reprit les imperfections du marché, notamment la notion de barrières à l'entrée de Bain (1956), pour expliquer «the circumstances that cause a firm to control an enterprise in a foreign country» (1960, p. 33). Selon lui, les entreprises possédant des avantages monopolistiques, ou en position de tirer parti d'imperfections du marché, telles que des économies d'échelle ou une différenciation des produits, peuvent en profiter pour compenser les coûts et les risques de la production à l'étranger et rivaliser avec les autres entreprises du pays d'accueil. Selon Casson (1987), les avantages sont davantage compétitifs que monopolistiques, dans le sens qu'ils aident plutôt qu'ils n'empêchent l'efficience de l'allocation internationale des ressources, ou qu'ils peuvent disparaître avec le temps. Kindleberger (1969) a poursuivi les travaux de Hymer en présentant une taxonomie des imperfections du marché qui conduisent aux IDE: les défaillances dans la concurrence parfaite sur les marchés des biens (différenciation des produits) et des facteurs de production (accès exclusif à certains facteurs, possession d'un savoir-faire, d'une expérience organisationnelle, d'une habilité à réduire des

6 L'International Financial Reporting Standard (IFRS) 3 est une norme comptable élaborée par le Bureau des standards comptables internationaux et est destinée aux entreprises cotées ou faisant appel à des investisseurs afin d'harmoniser la présentation et la clarté de leurs états financiers. Les actifs doivent être inscrits à leur juste valeur, et non leur valeur lors de l'acquisition.

coûts ou d'un avantage technologique comme une technique de production brevetée ou inaccessible à d'autres firmes), les économies d'échelle et/ou de gamme[7] et les réglementations du gouvernement (Rioux, 2000; Blomström, 2002). Dans les années 1970, cette approche de l'économie industrielle a été poursuivie notamment par Caves (1971, 1974b, c, d), Jonhson (1970), Ozawa (1979) et Lall (1980) pour déterminer quels sont les avantages spécifiques motivant le mieux les IDE. Cette approche de l'économie industrielle explique surtout pourquoi il existe des EMN, mais elle ne s'attarde pas à exposer les emplacements dans lesquels les avantages spécifiques sont exploités (Dunning, 1988, p. 16).

La théorie du commerce international a entre autres rejoint l'hypothèse selon laquelle les EMN doivent être dotées d'avantages exclusifs (Castellani et Zanfei, 2007, p. 160). En outre, elle décrit l'endroit où les avantages sont exploités et le moment auquel l'internationalisation a lieu (Dunning, 1988, p. 16). Dans son modèle de cycle de vie du produit, Vernon (1966) présenta la logique qui incita les entreprises à créer des produits dans le marché américain, à les exporter et finalement à placer des filiales de production et de R&D à l'étranger (Grosse, 2004). Dans ses explications, il fait ressortir le rôle de la technologie et des conditions du marché (comme le pouvoir d'achat des consommateurs) dans le processus de production. Initialement, lorsque le produit était intensif en technologie, il était fabriqué pour le marché du pays d'origine près des activités innovatrices. En effet, la production de nouveaux biens nécessitait des scientifiques et des ingénieurs disponibles aux Etats-Unis. De plus, ces produits tendaient à être introduits dans le marché américain possédant une demande à haut revenu. Ils étaient ensuite exportés vers d'autres pays similaires, dont la demande pour ces nouveaux produits commençait à croître. Lorsque le bien devenait standardisé ou mature, les avantages concurrentiels de la firme ne concernaient plus le caractère unique du produit (les avantages concurrentiels peuvent ainsi changer), mais sa capacité à minimiser les coûts (faisant face aux imitateurs et à la demande plus élastique au prix), ainsi que sa compétence en marketing. Comme le travail devenait un facteur important dans les coûts et que la technologie se standardisait et devenait plus facilement transférable, la

7 Par exemple, des économies d'échelle peuvent permettre à l'entreprise de posséder un avantage compétitif vu la grandeur de la firme: un numéro unique de téléphone gratuit pour les réservations de tous les hôtels Hilton.

firme commençait à installer des activités à valeur ajoutée dans un emplacement étranger.

Jusque-là, il a été expliqué l'avantage spécifique exploité (avantage transférable du pays d'origine au pays d'accueil). Le paradigme OLI traditionnel implique en effet que les firmes s'engagent dans les IDE lorsqu'elles s'apperçoivent qu'elles possèdent un avantage concurrentiel spécifique qui sera mieux exploité à l'interne depuis un emplacement étranger. Jusqu'à la fin des années 1980, les EMN recherchaient de nouvelles localisations dont les actifs spécifiques pouvaient être utilisés en conjonction avec leurs propres avantages spécifiques O mobiles qui, en retour, étaient supposés refléter la disponibilité et la qualité des actifs créés dans leur pays d'origine (Dunning et Wymbs, 1999, p. 184). Le choix du lieu d'implantation de l'EMN ayant cette stratégie d'exploitation des actifs est déterminé par un ou plusieurs des trois motifs suivants (voir le Chapitre 2): recherche de marché, recherche de ressources et recherche d'efficience. Cependant, depuis les années 1990, de plus en plus d'EMN investissent à l'étranger afin de protéger ou d'augmenter leurs compétences (motif de recherche d'actifs stratégiques, voir le Chapitre 2). Dans de tels cas, elles acquièrent des actifs créés à l'étranger (comme des capacités technologiques, de l'information, de la créativité humaine, des marques, des réseaux de distribution, des filiales de R&D et des compétences managériales) dont certains appartiennent à des entreprises étrangères et d'autres sont accessibles aux firmes, mais immobiles à travers l'espace (Dunning et Wymbs, 1999, p. 184). Ainsi, Dunning (2000) a divisé l'avantage concurrentiel spécifique en deux catégories: l'avantage statique et l'avantage dynamique.

> Those that generated income from a given set of O advantages are termed static O advantages; while the abilities of the firm to sustain and increase income-generating assets over time including those acquired from foreign sources are identified as dynamic O advantages. (Dunning et al. 2007, p. 534)

Le Tableau 1 résume le point 1.1.

Tableau 1. Coûts de la production internationale et avantages spécifiques de l'entreprise multinationale

Coûts de la production internationale	*Avantages spécifiques de l'EMN*
– Coûts liés à la récolte d'informations sur le marché local – Coûts d'apprentissage et d'adaptation – Coûts liés à la distance et aux communications – Coûts d'installation des filiales	– Connaissances scientifiques ou en gestion particulières – Liste de clients – Réputation – Technique de production brevetée – Avantage technologique – Expérience organisationnelle ou en marketing – Possession d'un savoir-faire – Accès exclusif à certains facteurs – Possession d'une marque

Source: Elaboration personnelle

1.2 Avantages spécifiques de la localisation

La possession d'un avantage spécifique n'est pas suffisante à l'établissement d'une filiale à l'étranger. Il se peut en effet qu'une ressource transférée à un autre pays perde de sa capacité à fournir un avantage à la firme dans ce pays (Cuervo-Cazurra et al., 2007, p. 711). L'avantage de l'entreprise de commerce de détail Wal-Mart, par exemple, obtenu sur une stratégie de bas coûts aux Etats-Unis, n'était pas un atout en Allemagne, compte tenu des rivaux allemands bien implantés ayant la même stratégie, tels que Metro, Aldi et Lidl (Cuervo-Cazurra et al., 2007, p. 712). Les environnements ne sont de ce fait pas identiques d'un pays à l'autre: les concurrents, les besoins des consommateurs et les dotations en facteurs des pays peuvent différer. Ainsi, la supériorité relative de l'entreprise sur ses rivaux domestiques ne lui garantit pas une supériorité par rapport à ceux du pays d'accueil. La firme peut souffrir d'un manque de ressources complémentaires à l'étranger, qui limite l'efficacité de l'utilisation de son avantage concurrentiel dans le pays d'accueil (Cuervo-Cazurra et al., 2007, p. 711). Par exemple, des compétences formées dans un pays développé peuvent être inappropriées ou impossibles à appliquer dans un pays moins développé (Tallman, 1992, p. 466). Une entreprise peut également avoir obtenu un avantage sur les concurrents par une politique de rémunération fonctionnant dans un pays, mais très mal perçue ailleurs. Le système d'incitation des salariés de l'entreprise Lincoln Electric par des bonus et des travaux à la pièce fonctionne très bien aux Etats-Unis, mais engendre des conflits entre employés dans ses opérations européennes. Dans ce cas, l'avantage créé aux Etats-Unis devient une source d'inconvénients en Europe (Cuervo-Cazurra et al., 2007, p. 715).

En conséquence, une deuxième condition est nécessaire à la multinationalisation de la firme: l'entreprise doit retirer des bénéfices de l'utilisation de ses avantages concurrentiels à l'extérieur du pays d'origine en les appliquant à l'aide des facteurs du pays d'accueil (Rugman et Verbeke, 2001). L'avantage concurrentiel des firmes doit ainsi être transféré à l'étranger tout comme il doit être soutenu par un processus de localisation. En choisissant l'emplacement de ses filiales, l'EMN analyse de ce fait les avantages spécifiques du pays d'accueil, comme par exemple la possession de matières premières ou de marchés domestiques en croissance, qui mettront le plus en valeur ses avantages. La distribution des ressources et capacités va donc conférer un avantage spécifique au pays les possédant par rapport à ceux qui ne les ont pas. Il permettra en outre de mettre en lumière les raisons pour lesquelles une entreprise réalise une activité dans un emplacement plutôt que dans un autre.

Ces différences entre nations proviennent du relâchement des hypothèses de libre circulation des ressources et de libre accès au marché. Dans un monde «idéal» avec des marchés parfaits, les mouvements des facteurs sont libres. Les différences entre pays, dues aux différences de dotation des facteurs ou de productivité, devraient s'équilibrer par les mouvements de facteurs et par la libéralisation du commerce. Dans le monde «réel», les différences entre pays subsistent (Pavitt et Patel, 1999). En effet, même si les matières premières, les capitaux, les connaissances scientifiques peuvent circuler de plus en plus librement (grâce à la baisse des coûts de transports, à l'accélération de la circulation des informations et des technologies à travers les frontières, à la convergence des infrastructures nationales ou à l'abaissement des obstacles au commerce), les régions ne sont pas homogènes et détiennent des ressources ou capacités spécifiques (Hotz-Hart, 2000). En répartissant ses activités de manière à exploiter la spécificité de chaque emplacement, l'entreprise retire ainsi une source de profit (Porter, 2004, p. 304). Il est par exemple plus rentable de produire certains logiciels en Inde et de mener la R&D dans la Silicon Valley que de centraliser le tout dans le pays d'origine, qui ne dispose peut-être pas de ressources appropriées.

L'importance des variables influençant les choix de localisation des activités varie avec le type d'investissements, le niveau de développement des pays d'accueil et d'origine et le comportement des autorités locales et de sa population. Premièrement, l'EMN choisit sa destination en fonction des motivations de l'IDE. La théorie des affaires internationales distingue quatre types d'investissements étrangers principaux: recherche de marché, recherche de ressources, recherche d'efficience et recherche d'actifs stratégiques (voir le Chapitre 2). Lors de recherche des marchés, les EMN s'installent dans les régions dans lesquelles une présence locale est requise pour y vendre leurs produits. Les avantages spécifiques de la localisation sont donc principalement des atouts liés au marché, tels que son ampleur, sa croissance, les besoins spécifiques des clients ou une clientèle exigeante permettant de prévoir l'apparition de nouveaux besoins. Elles peuvent aussi s'installer dans un pays qui possède un avantage spécifique en termes de connaissances des marchés de proximité. Ainsi, de nombreuses entreprises ont développé leurs activités en Grèce et y ont créé des centres régionaux afin de s'étendre vers les pays de l'Europe de l'Est ou des Balkans, suite à l'ouverture de ces marchés au début des années 1990 (voir les premiers investisseurs tels que Coca-Cola, PepsiCo ou Siemens, Stoian et Filippaios, 2008). Lorsque les EMN recherchent des ressources, les localisations choisies sont celles disposant d'une offre de facteurs de production aux meilleurs coûts, ou disposant de ressources non accessibles ailleurs, ou davantage spécialisées. Lorsque l'EMN recherche de l'efficience, elle segmente ses activités, afin de profiter des avantages comparatifs des nations (en termes de coûts ou de différences dans les réglementations). Finalement, lorsque l'entreprise recherche des actifs stratégiques, elle s'installe là où ces actifs peuvent être acquis.

Deuxièmement, le choix de la localisation est influencé par le niveau de développement des pays d'accueil et d'origine. La majeure partie de la littérature s'est concentrée sur l'explication des facteurs déterminant les lieux d'implantation des IDE, faisant la distinction entre pays développés et pays en développement. Selon la théorie de l'«investment development path» (IDP), développée depuis Dunning (1982), Narula (1996, 1998), Dunning et Narula (1994, 1996) et Narula et Dunning (2000), le développement économique d'une nation est examiné selon son évolution en 5 étapes (voir le Tableau 1). Si les positions des pays d'origine et d'accueil des IDE sont connues, l'on peut facilement prévoir les types d'avantages spécifiques de la localisation qui joueront le rôle le plus important dans l'attraction de l'IDE. Selon le Tableau 1, les pays en développement en étape 1, 2, ou voire même 3, présentent une balance nette d'IDE négative (les IDE entrants excèdent les IDE sortants). Les pays développés, c'est-à-dire en étape 4 ou 5, ont une balance nette des IDE positive (les IDE sortants excèdent les IDE entrants). Selon les statistiques de la CNUCED (2008, pp. 257 et suivantes), les pays ayant une balance des IDE la plus négative sont les pays en développement, avec 1'959 milliards de dollars de différence en 2007 (2'288 milliards de stocks d'IDE sortants et 4'247 milliards de stocks d'IDE entrants). La Chine avait la plus grande balance nette négative de 231 milliards de dollars (stock d'IDE sortants: 96 milliards en 2007 et stock d'IDE entrants: 327 milliards de dollars en 2007). Les pays développés sont les plus grands investisseurs nets avec 2'584 milliards de dollars en 2007 de différence entre le stock d'IDE sortants (13'042 milliards) et le stock d'IDE entrants (10'458 milliards). Les Etats-Unis représentaient le plus grand investisseur net, avec une différence de 698 milliards de dollars (2'791 milliards de stocks d'IDE sortants et 2'093 milliards de stocks d'IDE entrants), suivi de l'Allemagne (606 milliards), du Japon (410 milliards), de la France (373 milliards), du Royaume Uni (357 milliards) et de la Suisse (325 milliards[8]). Il apparaît que les IDE se dirigent principalement vers les pays développés et proviennent aussi essentiellement de ces mêmes pays. Les pays d'accueil sont avant tout les Etats-Unis, suivis du Royaume-Uni, de la France, du Canada et des Pays-Bas et la région d'accueil prédominante est l'Union européenne, avec près de deux tiers des flux d'IDE entrant dans les pays développés en 2007 (CNUCED, 2008). En 2005, les pays bénéficiant le plus de relations

8 Stock d'IDE sortant de la Suisse en 2007: 603.622 milliards. Stock d'IDE entrant en Suisse en 2007: 278.155 milliards. La Suisse a ainsi une grande différence entre les IDE sortants et entrants, qui peut être expliquée par le nombre important d'EMN suisses et par sa tradition dans les affaires internationales.

bilatérales en IDE étaient le Royaume-Uni et les Etats-Unis. Cependant, les IDE entrant dans les pays émergents et sortant des pays émergents augmentent très rapidement. Quelques pays émergents sont ainsi de nouveaux acteurs des IDE sortants: sur 78'000 EMN recensées par la CNUCED, 58'000 proviennent de pays développés et 18'500 de pays en développement et 1'650 de pays en transition (CNUCED, 2007, p. 12). Néanmoins, selon le top 100 des plus grandes EMN par actifs étrangers, seulement 7 proviennent de pays en développement (CNUCED, 2007, p. 229-231). Malgré la prédominance des pays développés, le nombre d'EMN des pays en développement et en transition a augmenté plus rapidement que celui des pays développés depuis une quinzaine d'années (en 1992, 4'000 EMN étaient originaires des pays en développement et en transition, alors que 31'000 étaient originaires des pays développés). Les pays émergents accueillant la part la plus grande des IDE sont la Chine, Hong Kong et la Russie.

Les avantages les plus importants de la localisation des pays en développement sont liés à leurs ressources naturelles, à l'inverse de ceux des pays développés, qui sont liés avec leurs actifs créés (Galan et al., 2007, p. 979). En Afrique, par exemple, de nombreuses EMN provenant de pays développés et en développement y investissent afin de bénéficier des réserves de pétrole ou d'autres ressources naturelles (CNUCED, 2007, p. 4). Les IDE sont avant tout dirigés dans les régions de l'ouest, du nord et du centre. Par contre, les flux entrants sont faibles dans les pays d'Afrique ayant peu de ressources naturelles. Les pays développés offrent quant à eux les ressources technologiques les plus avancées et la main-d'œuvre la plus qualifiée. En effet, lorsque les pays se déplacent vers les étapes finales de l'IDP, leur stock d'actifs stratégiques croît considérablement (Galan et al., 2007, p. 979). En outre, ces pays développent les capacités d'absorption[9] nécessaires à l'acquisition d'autres actifs stratégiques, contrairement aux pays se situant dans les premières étapes de l'IDE. En conséquence, la recherche de ressources et de marché constitue le principal motif des IDE dans les pays en développement, tandis que la recherche d'actifs stratégiques et de marché détermine la raison des IDE dans les pays développés (Galan et al., 2007, p. 979).

9 La capacité d'absorption est définie comme «the ability of any firm to acquire, assimilate, adapt, and apply new knowledge- that is, to learn» (Tallman et al., 2004, p. 262). Voir Cohen et Levinthal (1990).

Tableau 2. Niveau d'IDE, types d'avantages de la localisation et motifs des IDE entrants selon l'IDP

	Etapes				
	Etape 1	*Etape 2*	*Etape 3*	*Etape 4*	*Etape 5*
	Pays en développement		*Pays nouvellement industrialisés*	*Pays développés*	
Niveau d'IDE	Pays avec peu ou aucun IDE entrant et aucun IDE sortant	Pays avec des IDE entrants en augmentation et peu d'IDE sortants	Pays avec des IDE entrants et sortants en augmentation	Pays avec de hauts niveaux d'IDE entrants et sortants. Les IDE sortants excèdent les IDE entrants	Pays avec de hauts niveaux d'IDE entrants et sortants. Les IDE sortants et entrants sont presque identiques
Types d'avantages de la localisation	Avantages limités, présents surtout dans la disponibilité des ressources naturelles	Principaux avantages dans les ressources naturelles. Développement des actifs spécifiques	Actifs stratégiques	Forts avantages compétitifs dans les actifs stratégiques (surtout intensifs en compétence)	Forts avantages compétitifs dans les actifs stratégiques (surtout intensifs en compétence)
Motifs des IDE entrants	En premier la recherche de ressources et en second la recherche de marché	Recherche de ressources et de marché	En premier recherche de marché et en second recherche d'actifs stratégiques et recherche de ressources	En premier la recherche d'actifs stratégiques et en second la recherche de marché	En premier la recherche d'actifs stratégiques et en second la recherche de marché

Source: Adapté et traduit de Galan et al. (2007), p. 979

D'autres considérations liées au gouvernement et à la population du pays d'accueil sont prises en compte lorsque l'entreprise décide la région dans laquelle elle effectue ses activités. En premier lieu, les procédures étatiques influencent le choix de localisation de l'EMN: nombre de jours de procédure ou capital minimum nécessaire à la création d'une filiale, obtention de licence obligatoire, obligations sur le marché du travail (telles que l'interdiction des contrats à durée déterminée), délai lors des règlements des différends commerciaux, impôts, administration de l'impôt, nombre d'activités nécessitant une licence, procédures douanières, loi sur les faillites, coûts d'importation et d'exportation, accès au crédit (Banque Mondiale, 2005). D'autres aspects, comme la qualité des services d'infrastructure, la protection de la propriété contre le vol, la criminalité, les conditions macroéconomiques sont encore pris en compte. Nestlé, par exemple, s'est installé en Inde pour profiter de la grandeur du marché indien et de sa croissance. Cependant, selon le président directeur général de Nestlé India, Martial Rolland, des problèmes majeurs apparaissent au niveau des infrastructures (embouteillages dans le système routier, coupure d'électricité, manque de capacité des ports et aéroports), comme au niveau de la complexité réglementaire (aucune instance de régulation du secteur alimentaire et un système de taxes multiples, Rolland, 2006, p. 28). La population du pays d'accueil peut aussi être opposée à l'implantation d'entreprises étrangères. Ainsi, l'entreprise Shell est touchée par des problèmes de sécurité au Nigeria. Des militants de mouvements ethniques du Delta du Niger ont endommagé à plusieurs reprises les oléoducs alimentant cette entreprise en pétrole. La firme avait alors décidé de fermer depuis février 2006 jusqu'en octobre 2007 le terminal de l'oléoduc de Forcados. Les populations du Delta du Niger réclament de leur côté une meilleure répartition des revenus pétroliers et reprochent aux grandes compagnies de polluer la région. La Chine, pays émergent accueillant le plus d'IDE, doit faire face à certains défis pour son développement économique, comme la surcapacité cyclique, l'influence de l'Etat sur l'allocation des ressources, la bureaucratie assidue, les problèmes environnementaux, la faiblesse des infrastructures et les inégalités sociales. Le ministère State Environmental Protection Administration en Chine estime que le coût annuel des dommages environnements s'élève à un taux se situant entre 8 et 13 pour cent du PIB. La Banque mondiale estime le prix de la pollution de l'air et de l'eau en Chine à 100 milliards de dollars par année, environ 5.8 pour cent du PIB. Selon Arthur D Little (2005), 80 pour cent de la Chine a subi des coupures de courant en 2004. Non seulement ces défis sont importants pour les activités des entreprises, mais de bonnes conditions de travail permettent en plus d'attirer des employés étrangers. En effet, la pollution, les coupures de courant, le manque d'eau potable sont des éléments potentiellement dissuasifs envers d'éventuels talents prêts à venir s'installer dans le pays. Selon Daniel Vasella, la Chine doit attirer et retenir les meilleurs scientifiques:

> Of course, you still have to attract and retain the best scientists. Most important is to create a scientifically challenging environment, where people can learn and work with a significant degree of freedom. Other important aspects concern the quality of life and of the environment - air, water, and noise. (O'Connell, 2007, p. 26)

En Chine, à Shanghai ou Pékin, ces facteurs ne sont pas aussi optimaux, mais des progrès apparaissent. Dans le domaine environnemental, par exemple, le gouvernement a établi un plan sur 5 ans, The 11th Five-Year Plan (2006-2010), qui prévoit la diminution de 10 pour cent des pires polluants de l'air et une augmentation de 20 pour cent de l'efficience énergétique sur la période (en diminuant l'utilisation du charbon au profit du gaz naturel ou des centrales nucléaires, en installant des filtres sur les cheminées des stations à charbon, en imposant des standards énergétiques aux voitures, The economist, 2008a). D'autres progrès induisent le fait que beaucoup de scientifiques chinois formés ailleurs retournent en Chine.

En second lieu, les gouvernements peuvent agir afin de réduire la profitabilité des opérations locales des entreprises étrangères ou avantager certaines entreprises et créer des distorsions de concurrence. Ce risque apparaît surtout lorsque les IDE ont des composants fixes et immobiles. Lorsque l'investissement est entrepris, le pouvoir de la firme s'abaisse et le gouvernement peut être motivé à imposer des sanctions, lors de pressions de concurrents locaux. Ces risques sont liés au lobbying et découlent de la théorie de la régulation de Stiglitz (2000). Cette théorie décrit la manière dont les groupes d'intérêts et les acteurs politiques utilisent les moyens de régulation et le pouvoir contraignant des gouvernements afin d'orienter les lois et les règles dans des directions qui les favorisent. Dans notre cas, les firmes domestiques ou la population du pays d'accueil font pression pour imposer des restrictions aux EMN. Cependant, ces risques liés au soutien de la population sont atténués si le rôle de l'EMN dans l'économie locale est crucial. Ainsi, une firme à compétences uniques, comme des capacités logistiques ou des connaissances scientifiques, ou offrant un bien crucial à l'économie locale (combustible, médicaments) sera dans une forte position pour contrer le gouvernement en cas de discrimination. Il se peut également qu'une entreprise étrangère fasse pression sur le gouvernement du pays d'accueil afin qu'un concurrent étranger ne puisse pas s'implanter dans ce pays. Par exemple, les entreprises Continental et Michelin sont les principaux concurrents dans l'industrie du pneu. Après trois années de négociations avec les autorités de Moscou, l'entreprise allemande Continental s'est finalement vue refuser l'établissement d'un site de production à Moscou. En même temps, les autorités ont autorisé Michelin à y établir un site de production. Apparemment, une des raisons du succès de Michelin provient de ses relations proches avec les autorités locales (Moscow News, 17.11.2004, cité par Holtbrügge et al., 2007, p. 48). L'entreprise Continental a alors finalement décidé d'arrêter sa coopération avec le Moscow Tire Plant en 2004.

Des incertitudes sur le comportement des gouvernements peuvent à leur tour intervenir. Il arrive en effet que certains gouvernements d'accueil décident de discriminer les EMN étrangères en général (par des mesures politiques anti-IDE), ou celles provenant d'un pays en particulier, car ils pensent que ces entreprises représentent une menace vis-à-vis de leur souveraineté (Cuervo-Cazurra, 2007, p. 716). Dans ce sens, le gouvernement chinois ne permettait pas le contrôle étranger des entreprises chinoises d'acier, étant donné l'importance stratégique de ce secteur. La première acquisition fut autorisée en novembre 2007, lorsque le premier producteur mondial d'acier, ArcelorMittal, basé au Luxembourg, a acheté 28 pour cent des parts du capital de China Oriental Group. Cependant, le gouvernement chinois imposa des restrictions à cette acquisition, dont le partage de technologie et de savoir-faire, et refusa une augmentation de participation de ArcelorMittal à 73 pour cent en août 2008 (AFP, 2008). La Russie aussi est souvent délaissée par les IDE à cause des risques politiques. DSG, par exemple, a décidé après deux ans de négociation de ne pas acquérir une entreprise russe étant donné les «corporate, economic and political risks» (Financial Times, 2008b). Shell et BP sont souvent cités en exemple pour leurs difficultés à s'implanter dans ce pays relatives aux discriminations de la Russie envers les entreprises étrangères. En outre, la Russie a adopté en 2008 une loi qui restreint les investissements étrangers dans 42 secteurs stratégiques, dont l'énergie, les télécommunications et l'aérospatial.

Il se peut en outre que le gouvernement impose des conditions à l'établissement d'affaires dans le pays. C'est le cas par exemple de la Chine, qui a instauré la politique «Technology Transfer from Opening Domestic Markets» dans les années 1980 afin d'obtenir des transferts technologiques des IDE (Wu et Callahan, 2005). Encore aujourd'hui, le gouvernement requiert dans certains secteurs des transferts technologiques. En outre, même si le transfert n'est pas requis, étant donné que le gouvernement a encore une grande influence sur les activités du marché, les EMN préfèrent entretenir de bonnes relations avec les institutions du gouvernement, ce qui leur permettra de résoudre des problèmes le cas échéant. Ceci a provoqué dans les années 1990 une augmentation des investissements étrangers en R&D, requis par des politiques officielles et non officielles pour l'établissement de co-entreprises entre une firme chinoise et étrangère (Wu et Callahan, 2005, p. 175). Cependant, une étude de Buckley et al. (2007) démontre que l'obligation de former une co-entreprise génère souvent des partenariats dans lesquels les conflits d'objectifs sont abondants, résultant vers un sous-investissement en R&D et en ressources humaines, entravant la création de capacités d'absorption et limitant le transfert de connaissances en qualité et quantité (Buckley et Casson, 1988 ; Buckley et al., 2003 ; Buckley et al., 2007). Selon Buckley et al. (2007), une telle politique d'obligation de formation de co-entreprise limite ainsi les bénéfices du transfert de connaissances, alors qu'un processus de libéralisation motive une industrie à accélérer ce transfert.

Les entreprises provenant de la Chine, de la Malaisie, de l'Inde et de la Thaïlande profitent de l'exclusion dans certains pays d'entreprises internationales due à des sanctions de leur pays d'origine, comme par exemple le Soudan ou le Myanmar. Dans ceux-ci, la Chine est devenu le partenaire commercial le plus important. Son soutien diplomatique et ses investissements lui permettent d'avoir accès à leurs ressources naturelles (The economist, 2008b). La Chine a ainsi investit 15 milliards de dollars au Soudan entre 1996 et 2007, principalement dans l'industrie du pétrole. Myanmar est une source de bois, de pierres précieuses et de nourriture pour la Chine. Elle constituera de plus, prochainement, une route de transit pour le pétrole depuis l'océan indien.

Cet investissement des entreprises chinoises au Soudan illustre le fait que le pays d'origine influence également les décisions de localisation. Les entreprises des pays en développement peuvent en effet souffrir d'une moins bonne réputation que celles provenant des pays développés.

Par exemple, selon Sarik Tara, directeur de Enka Holding, entreprise turque de construction,

> I am stamped «Made in Turkey», not «Made in Germany». I have to try harder. No one is going to ask me to build anything in the Champs Elysees. I have to go to difficult countries where it is easier for me to win contracts. (Munir, 2002, p. 2).

Ainsi, selon l'étude de Cuervo-Cazurra et Genc (2008), les EMN des pays en développement ont un désavantage par rapport à celles des pays développés, car les institutions de leur pays d'origine sont sous développées. Cependant, ce désavantage peut devenir un avantage lorsque les deux types d'EMN opèrent dans des pays avec des conditions difficiles. L'EMN originaire d'un pays en développement a en effet déjà l'habitude de ce type de conditions. Selon leur analyse, les EMN des pays en développement sont très présentes dans les plus grandes entreprises étrangères dans les pays les moins développés, en particulier ceux présentant de faibles réglementations et un faible niveau de contrôle de corruption.

En résumé, l'EMN analyse les avantages spécifiques du pays d'accueil qui mettront le plus en valeur ses propres avantages. Selon les motifs d'internationalisation, les investisseurs prendront en considération des facteurs économiques (attrait du marché, coûts du travail, infrastructures physiques, dotations en facteurs), géographiques (agglomération économique) et institutionnels (environnements institutionnels et facteurs politiques) dans leur choix de localisation. Finalement, il ne faut pas oublier les facteurs émotionnels influençant la localisation. En effet, les directeurs d'EMN peuvent décider de s'installer dans tels pays pour des raisons subjectives ou liées à leur famille.

1.3 Avantages de l'internalisation des activités des entreprises multinationales

Les opérations internationales des entreprises peuvent être organisées à l'interne, à travers des filiales, ou à l'externe, par exemple par de contrats avec des producteurs locaux. Ces deux modes sont décrits comme l'internalisation ou l'externalisation. Une entreprise a été définie comme étant multinationale si elle s'engage dans des investissements directs étrangers qui sont effectués à l'intérieur de l'entreprise. Les avantages appliqués aux aspects qui rendent les transactions *à l'intérieur* de la firme préférables aux transactions *entre* firmes sont nommés avantages de l'internalisation. Selon Tallman (1992),

> Internalization refers to the decision to internalize across borders intermediate good transactions that are inefficient or subject to failure when left to international market forces. (Tallman, 1992, p. 457)

L'explication de l'existence des entreprises multinationales par les avantages de l'internalisation remonte aux années 1970 (McManus, 1972; Hirsch, 1976; Brown, 1976; Buckley et Casson, 1976; Buckley et Davies, 1980; Giddy et Rugman, 1979; Lall, 1980; Buckley et Casson, 1981; Magee, 1981; Hennart, 1982 et 1986; Rugman, 1981, 1982, 1986 et Teece, 1981, 1985 et 1987). Ces approches expliquaient l'internalisation des activités transfrontières en appliquant la théorie des imperfections du marché aux EMN, utilisant les principes exposés par Coase (1937) et Penrose (1956, 1958), et étendus par Arrow (1969), Alchian et Demsetz (1972) et Williamson (1975) dans leurs analyses des marchés de l'information et des coûts de transaction (Dunning, 1988, p. 17). Ainsi, afin d'appréhender les raisons qui incitent les entreprises à internaliser leurs activités, il faut partir des coûts de transaction occasionnés par le marché. Si ces coûts sont supérieurs à la création d'un marché interne, la firme internalisera les transactions au sein de son organisation (Tersen et Bricout, 1996, p. 66). L'existence des filiales de l'entreprise multinationale est ici vue comme un moyen de réduire les coûts de transaction sur les marchés internationaux par l'internalisation.

Les coûts de transaction sont liés à l'existence d'asymétrie de l'information. Les multiples formes de cette asymétrie de l'information peuvent être regroupées en deux grandes catégories: la première, l'anti-sélection ou la sélection adverse, engendre des coûts ex ante à la transaction et la seconde, l'aléa moral, engendre des coûts ex post.

L'anti-sélection se manifeste lorsqu'il existe des incertitudes sur les états du produit. Par exemple, un acheteur n'offrira pas la pleine valeur de l'actif dans les négociations si cette valeur n'est pas totalement révélée, mais l'offreur ne voudra pas la divulguer tant que le contrat n'est pas finalisé. L'exemple classique donné par Akerlof (1970) est le marché des véhicules d'occasion: si la qualité n'est pas observable par les acheteurs, les vendeurs seront tentés de leur proposer, pour un prix donné, des voitures à une qualité inférieure à ce prix. Les acheteurs en déduiront que la qualité moyenne des véhicules vendus est inférieure à celle qu'elle devrait être compte tenu du prix et demanderont un abaissement du prix. Ainsi, les meilleures voitures disparaîtront de la vente, étant donné que leur qualité est supérieure au prix du marché, et le problème se reproduira. Il n'y a donc pas d'équilibre et il sera impossible de fixer un prix acceptable pour tous (Brousseau, 1992, p. 60). Dans ce cas, des coûts ex ante de recherche et de négociation apparaissent. Il peut s'agir par exemple de coûts d'information sur l'évaluation d'investissements (Casson, 2000, p. 117). Ces coûts de transaction avaient déjà été mis en évidence par Coase, en 1937, pour expliquer l'existence de la firme (Coase, 1937). Afin d'éviter chaque jour les coûts liés à la recherche du bon travailleur et à la négociation des contrats de travail, un entrepreneur prend sous contrat des salariés qui doivent obéir aux ordres qui leur sont donnés.

> [...] the operation of a market costs something and by forming an organization and allowing some authority (an «entrepreneur») to direct the resources, certain marketing costs are saved. (Coase, 1937, p. 5)

Ainsi, la firme (c'est-à-dire une structure économique et sociale comprenant une ou plusieurs personnes et travaillant de manière organisée pour fournir des biens ou des services à des clients) est créée et l'entrepreneur réduit ses coûts ex ante liés aux asymétries d'information.

> [...] a firm will tend to expand until the costs of organizing an extra transaction within the firm become equal to the costs of carrying out the same transaction by means of an exchange on the open market or the costs of organizing in another firm. (Coase, 1937, p. 7)

Buckley et Casson (1976, 1981, 1998) ont été les premiers à appliquer cet argument aux EMN. Selon eux, l'internalisation des marchés à travers les frontières nationales due aux marchés imparfaits des produits intermédiaires génère les EMN (Buckley et Casson, 1976, p. 33).

Cette notion de réduction des coûts a été élargie par Williamson (1975, 1985). Selon lui, il n'existe non seulement les coûts ex ante de recherche et de négociation du contrat, mais aussi des coûts ex post d'exécution, de mise en vigueur et de modification du contrat. En outre, Williamson approfondit la théorie en spécifiant que la nature des transactions détermine le mode de coordination. En effet, l'ampleur des coûts de transaction sur le marché varie selon la fréquence de la transaction, l'incertitude entourant la transaction et la spécificité des actifs engagés dans cette transaction. Premièrement, plus une transaction est fréquente et plus les coûts sur le marché augmentent. Deuxièmement, plus une transaction comporte de l'incertitude et plus les coûts de transaction sur le marché augmentent. Cette incertitude est une seconde forme d'asymétrie d'information appelée aléa moral. Lorsque les actions ou informations de l'individu ne peuvent pas être contrôlées de façon optimale, l'individu peut être tenté de fournir une information inexacte. Par exemple, dans le secteur des assurances, les clients sont tentés de modifier leur comportement de telle manière qu'ils peuvent recourir plus fréquemment aux prestations offertes par la compagnie (voir Stiglitz, 1971 et Rothschild et Stiglitz, 1976). Ces coûts sont aussi appelés coûts d'opportunisme, définis comme «self interest seeking with guile» (Williamson, 1975). Ils peuvent prendre plusieurs formes, comme la violation d'accords ou la retenue de certaines informations cruciales. Ces incertitudes ex post provoquent des coûts de transaction constitués de coûts de contrôle du déroulement du contrat, de pertes dues à un contrat initial mal adapté à la situation réelle, de coûts de renégociation éventuelle et, enfin, de coûts d'opportunité que représente l'immobilisation d'actifs destinés à garantir le respect des clauses du contrat (par exemple une caution). Troisièmement, plus les transactions impliquent d'actifs spécifiques et plus les coûts de transaction augmentent. Une entreprise peut en effet posséder un actif spécifique qui la met dans une position de dépendance à l'égard des agents avec lesquels elle échange. L'entreprise peut par exemple avoir effectué des investissements durables qui n'auront de la valeur que pour des transactions particulières. Ainsi, un fournisseur peut créer des moules spécifiques à un produit, dont l'usage n'est plus utile pour d'autres relations. Dans ce cas, la valeur de l'actif n'est conservée que si la relation d'échange dans laquelle l'actif prend de la valeur se perpétue. L'entreprise peut faire alors l'objet d'un «hold up», c'est-à-dire que la partie adverse peut menacer de faire cesser la relation et de laisser l'entreprise avec son actif dévalorisé. Cette situation apparaît en présence de contrats incomplets (Barba Navaretti et Venables, 2004, p.

36). Il se peut que le contrat ne puisse pas recouvrir toutes les éventualités du futur et l'offreur peut s'inquiéter que, après avoir fait les investissements nécessaires pour produire un bien, l'entreprise demandeuse refuse de s'acquitter du paiement à cause d'imprévus non couverts par le contrat. Le contrat doit être alors renégocié et, si l'investissement est spécifique à la relation, l'offreur sera en position de faiblesse. Par exemple, suite à des contrats répétés, le fournisseur peut acquérir une connaissance sur la manière la plus adéquate d'approvisionner son client. Suite à cette spécialisation, il peut devenir vulnérable dans sa relation avec l'entreprise cliente. En effet, si son partenaire décide d'arrêter le contrat, le fournisseur se retrouvera avec des investissements spécifiques dont l'utilité sera amoindrie. Le partenaire peut ainsi imposer au fournisseur une renégociation défavorable des termes de l'échange (appelé «opportunisme post-contractuel»).

Cette théorie de l'actif spécifique a été utilisée par Williamson (1985) pour expliquer la concentration verticale. Les fournisseurs indépendants en amont ne peuvent pas s'engager à fournir des biens ou des services produits au moyen d'actifs concurrentiels (par exemple un moule pour fabriquer une pièce très précise), car ils redouteraient un hold up et une renégociation très défavorable des termes de l'échange (Godechot, 2006, p. 347). Ces risques expliqueraient ainsi les avantages de la concentration verticale et de la transformation de la relation marchande en une relation hiérarchique. La création de la filiale Swedwood de IKEA, l'entreprise suédoise de vente au détail de mobilier de maison, constitue un autre exemple de solution au problème du hold up (Barba Navaretti et Venables, 2004, p. 37). Auparavant, IKEA n'avait pas de filiale manufacturière. La production était réalisée par des entreprises indépendantes au travers des contrats. Ces entreprises étaient souvent situées dans des pays à faibles salaires, proches des matières premières et accessibles aux canaux de distributions. Ces offreurs indépendants devaient s'adapter rapidement aux changements décidés par les designers d'IKEA et suivre leurs spécifications. Ceci nécessitait des investissements spécifiques aux produits et lignes particulières, et par conséquence des problèmes de hold up pouvaient facilement apparaître. IKEA a alors ouvert une filiale manufacturière, Swedwood, en 1991, qui contrôle plusieurs anciens producteurs indépendants.

En résumé, lorsque les coûts liés aux incertitudes lors de la réalisation et l'application du contrat avec une partie externe excèdent les coûts liés à l'organisation interne, la firme internalisera la transaction. Etant donné que les incertitudes augmentent avec la spécificité des investissements, il serait plus judicieux d'internaliser les activités les plus spécifiques. Dans le cas des EMN, le paradigme OLI enseigne qu'elles internalisent à l'étranger leurs avantages spécifiques, qui seront ainsi mieux protégés à l'interne selon la théorie de Williamson. La firme peut désirer profiter de ses avantages concurrentiels à travers ses filiales et ne pas les transférer aux agents locaux pour des raisons de coûts et de protection. Un avantage spécifique peut être constitué par exemple par des connaissances spécifiques, une réputation ou une marque (voir la section 1.1). Lorsque l'entreprise possède des connaissances spécifiques, elle préviendra les imitations ou la dissémination du capital de connaissances en ne les transférant pas à un agent externe. Comme vu ci-dessus, celui-ci peut en effet décider de concurrencer l'EMN lorsque le contrat est terminé. Le transfert à l'intérieur de la firme peut alors être plus efficace, car il n'y a plus de volonté de tromperie entre les parties, mais bien plutôt une volonté de transfert efficace des connaissances.

Cependant, l'internalisation comporte aussi des coûts. Ceux-ci sont liés à la non-utilisation des avantages spécifiques des producteurs locaux (Barba Navaretti et Venables, 2004, p. 39), aux coûts irréversibles d'ouverture d'une filiale (le nombre de jours de procédure et capital minimal nécessaires à la création d'une filiale), aux coûts bureaucratiques et aux incertitudes liées aux actions des gouvernements. L'entreprise devra alors décider jusqu'à quel niveau le bénéfice de l'internalisation est supérieur aux coûts et choisir quelle forme d'intégration des transactions minimise ses coûts. Suite à cela, plusieurs formes d'organisation peuvent être distinguées, de l'internalisation au marché, en passant par des formes intermédiaires.

Richardson (1972) a été le premier à ne pas simplement faire la distinction entre le marché et la firme, mais montre aussi des formes hybrides de relations inter firmes. Son analyse a pour but de rendre compte de l'existence de «dense réseau de coopération et d'affiliations par lequel des firmes sont inter reliées» (Richardson, 1972, p. 883). Il existe ainsi les investissements directs étrangers, comme la création de filiale où l'investisseur a le contrôle maximal de l'opération (IDE «greenfield»), les fusions acquisitions où une entreprise prend le contrôle d'une autre en acquérant une part majoritaire du capital ou les co-entreprises internationales où une entreprise crée en commun avec une entreprise étrangère une société mixte, dont elles détiennent le capital dans des proportions voisines (Tersen et Bricout, 1996, p. 11). Il existe aussi d'autres formes d'internationalisation qui ne constituent pas des IDE comme l'accord de coopération tel que le partenariat ou l'alliance stratégique sans participation au capital[10], le contrat de sous-traitance, la cession de licence, la franchise ou la concession[11]. Le choix entre les modes hiérarchiques et les alliances comme moyen pour diminuer les défaillances du marché dépend de leurs coûts et bénéfices respectifs vus précédemment (Dunning, 1995, p. 467).

Lorsque la firme a décidé de s'engager internationalement par la méthode des IDE, elle doit encore décider du mode d'établissement (c'est-à-dire la création de filiale, la fusion, l'acquisition ou la co-entreprise). Ces modes seront choisis en fonction de leurs bénéfices et de leurs risques, ainsi que du motif de l'investissement. Les créations de filiale permettent de mieux répliquer et de préserver la culture d'entreprises à l'étranger, car la filiale est directement formée par l'EMN. Ceci facilite le transfert des compétences principales de l'entreprise. En outre, plusieurs études ont démontré que les EMN préféraient les créations de filiale par rapport aux acquisitions dans les pays culturellement distants, car les acquisitions dans ces pays sont plus coûteux à gérer (Barkema et Vermeulen, 1998; Harzing, 2000; Larimo, 2003; Slangen et Hennart, 2008; Wang et Schaan, 2008). En effet, plus la distance culturelle avec le pays d'accueil est grande, plus les pratiques et valeurs des employés de la filiale acquise peuvent être incompatibles avec celles de l'EMN (Cho et Padmanabhan, 1995). A l'inverse, les filiales «greenfield» ne sont pas créées avec des travailleurs et des pratiques établies préalablement. Ainsi, les EMN peuvent choisir leur personnel et introduire leurs pratiques sans avoir à abolir d'autres pratiques divergentes (Hennart et Park, 1993).

Cependant, ce mode d'établissement requiert une période plus longue de mise en place et d'intégration dans les réseaux locaux, ainsi qu'un

10 Selon l'OCDE (2008, p. 8),

on entend par accord de co-opération ou alliance inter-entreprises tout accord de longue durée que deux ou plusieurs entreprises concluent afin d'instaurer une collaboration entre elles avec ou sans prise de participation mutuelle au capital. Cette définition peut s'appliquer à un large éventail d'accords de coopération ou d'alliances à l'exception des acquisitions ou fusions d'entreprises.

11 Voir Buckley et Casson (1991, 2000) et Buckley (1983) pour un modèle de décision du mode d'entrée des marchés étrangers.

investissement irrécupérable. Dans ce cas, l'EMN peut décider de partager la propriété de cette nouvelle filiale avec une entreprise locale (co-entreprise). Ceci minimise les risques d'investissement de l'EMN, permet aussi de partager les ressources et de profiter de l'expérience de l'entreprise locale. Selon Li et Rugman (2007, p. 709), «Compared with a WOS, using a JV defers the initial large investment and thus exposes the MNE to less risk in the future»[12]. Cependant, ce mode d'entrée peut aussi avoir des inconvénients, comme par exemple une divergence dans les objectifs et les intérêts entre les deux partenaires. Ceci souligne l'importance de sélectionner un partenaire possédant des capacités complémentaires, des stratégies de gestion compatibles et un faible risque de devenir un concurrent (Buckley et Glaister, 2002; Porter et Fuller, 1986). A contrario, une filiale possédée entièrement par l'EMN lui offre une autonomie et un contrôle total sur les opérations locales (Dikova et Witteloostujn, 2007, p. 1017). Selon la théorie des coûts de transaction, plus l'actif est spécifique, plus l'EMN devra posséder l'actif dans sa totalité. Ainsi, une firme avec un haut degré d'actifs spécifiques transférera plus efficacement ses spécificités à l'étranger en créant une filiale (Hennart et Park, 1993). En outre, plusieurs recherches ont démontré que la co-entreprise internationale était instable et temporaire (Inkpen et Beamish, 1997; Yan et Zeng, 1999), à cause principalement du partage de propriété et des conflits entre propriétaires (Steensma et al., 2008). Une telle instabilité peut mener à l'internalisation d'un des partenaires.

Les risques liés aux acquisitions proviennent des problèmes d'intégration. Par exemple, les différences culturelles peuvent engendrer des difficultés de communication ou de gestion des ressources humaines, car les employés provenant d'une entreprise acquise auront dans certains cas des difficultés à adhérer aux méthodes de l'entreprise acquéreuse. Les différences technologiques ou de connaissances peuvent aussi rendre difficile l'adaptation des procédés de l'EMN par l'entreprise acquise. Les acquisitions permettent par contre une présence locale plus rapide que dans le cas de la création de filiale, ainsi que des rapports avec les réseaux locaux facilités, étant donné l'ancrage existant de l'entreprise acquise dans le milieu local. L'absorption de la connaissance locale et l'adaptation aux conditions locales sont ainsi facilitées.

12 WOS: Wholly owned subsidiary; JV: joint venture

Les entreprises peuvent aussi combiner les modes d'entrée en fonction des spécificités locales. Par exemple, le gouvernement indien a interdit aux entreprises étrangères de commerce de détail de venir s'installer en Inde sans partenaire local, afin de préserver le commerce local. L'entreprise de commerce de détail Carrefour a alors décidé de créer en 2009 une filiale détenue à 100 pour cent, Carrefour Wholesale Cash and Carry India Pvt Ltd, dédiée au commerce de gros réservé aux professionnels. Cette solution représente la seule option possible pour un distributeur étranger en Inde de détenir 100 pour cent du capital. Carrefour peut ainsi construire sa présence en Inde sans succomber aux règlements appliqués aux entreprises étrangères sur le commerce de détail (Financial Times, 2007b). Parallèlement, elle va créer une autre filiale détenue à 100 pour cent, Carrefour India Master Franchise Co Pvt Ltd, qui entrera en partenariat avec une entreprise indienne afin de pouvoir créer des magasins en franchise sous la marque Carrefour. Les franchisés indiens ouvriront alors des hypermarchés qui seront alimentés par la filiale du commerce de gros. Wal-Mart a déjà pénétré le marché indien en créant une co-entreprise avec Bharti, firme indienne. Du point de vue des statistiques, il n'existe pas des données sur le nombre d'IDE greenfields et en co-entreprises. La valeur des fusions-acquisitions transfrontières est passée de 344 milliards en 2000 à 1'637 milliards en 2007 (CNUCED, 2008, p. 4). Ainsi, selon la CNUCED (2007, p. 9), la croissance des opérations des activités à l'étranger se fait surtout par acquisitions, et non par croissance organique. Cependant, suite à la crise financière commencée en 2008, les fusions et acquisitions transfrontières ont fortement diminué en 2008, comparé à 2007, étant donné la diminution de la capacité des firmes à investir (CNUCED, 2009, p. 2). Les investissements greenfields ont été moins influencés en 2008 selon la CNUCED (2009), mais devraient diminuer en 2009 suite à l'annulation ou le report d'un nombre important de projets.

Une autre méthode d'analyse de l'internalisation complète celle des coûts de transaction. L'approche de Richardson (1972) est, à l'instar de la théorie des coûts de transaction, celle des déterminants de l'internalisation ou de l'externalisation, mais elle utilise des outils d'analyse différents. Son étude se base en termes d'activités et de capacités et non en termes de coûts de transaction. La décision d'internalisation ne repose donc pas uniquement sur les coûts, mais également sur les bénéfices productifs qui dérivent des qualifications et des connaissances. Selon

Richardson, les activités (c'est-à-dire selon l'auteur les fonctions exercées par la firme qui relèvent du processus de production) doivent être menées par des entreprises dotées de capacités et connaissances adaptées.

> And we have recognise that these activities have to be carried out by organizations with appropriate capabilities, or, in other words, with appropriate knowledge, experience and skills. (Richardson, 1972, p. 888)

Ces deux concepts, d'activités et de capacités, confèrent à l'industrie une fonction principale: la production. Le processus de production est alors présenté comme une séquence d'activités inter reliées. Ces activités seront coordonnées par des firmes possédant les capacités adéquates. La firme va ainsi se positionner sur les activités dans lesquelles elles possèdent des compétences. Il se peut par exemple que certaines technologies aient davantage de valeur lorsqu'elles sont internalisées dans les filiales étrangères plutôt qu'externalisées à d'autres entreprises, car la technologie en question peut avoir été développée pour des besoins spécifiques de l'EMN, la mise en application de la technologie peut demandée des connaissances spécifiques, ou l'adaptation de la technologie à un nouvel environnement peut être moins coûteuse lorsqu'elle est faite par l'EMN qui a développé cette technologie (Blomström et Kokko, 1998, p. 4).

La chaîne de valeur identifie les étapes de l'activité économique qui forment une séquence de production ou un produit ou service spécifique du début à la fin (Dunning et Lundan, 2008, p. 207). Elle permet de décrire comment une firme organise ses activités. La valeur est ajoutée comme le résultat des activités et des liens entre elles (Porter, 1985). Certaines de ces activités sont liées verticalement et sont séquentielles (activités de base); d'autres occurrent à chaque séquence et sont liées horizontalement (activités de soutien, voir la Figure 1):

Les activités de base

- Logistique entrante (sélection du site, réception, stock et distribution des matières premières)
- Opérations (fabrication des composants, assemblage, transformation des matières premières)
- Logistique sortante (exécution des commandes, stockage, mouvement des produits)
- Marketing et ventes (force de vente, promotion, publicité, foires commerciales)
- Services après-vente (installation, réparation, assistance aux clients, réclamation)

Les activités de soutien

- Infrastructure de l'entreprise (administration, finances, contrôle de la qualité, planification, relations avec les actionnaires).
- Gestion des ressources humaines (formation, recrutement, rémunérations)
- Développement des technologies (conception des produits et des processus, essais, recherche sur les matériaux, études de marchés, savoir-faire, innovation)
- Achats (acquisition des ressources telles les composants, les machines ou les services)

Figure 1. Chaîne de valeur

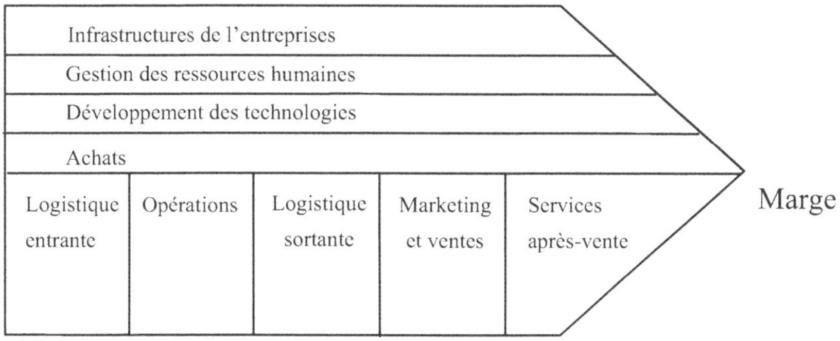

Source: Adapté de Porter (1985)

Un avantage distinct de l'EMN par rapport aux entreprises purement domestiques se trouve dans sa flexibilité opérationnelle (Tong et Reuer, 2007, p. 217). Cette flexibilité provient de la capacité de l'EMN à déplacer ses activités de la chaîne de valeur à travers ses filiales étrangères en fonction des avantages spécifiques de la firme, de la localisation et de l'internalisation. Les activités de la chaîne de valeur peuvent être dispersées dans plusieurs régions où elles seront exécutées le plus efficacement et où elles pourront créer la plus grande valeur (Buckley et Ghauri, 2004, p. 83). La fragmentation du processus de production internationale par les EMN ne concerne non seulement les activités de base, mais aussi les activités de soutien. En outre, les activités de la chaîne de valeur peuvent être liées de plusieurs façons et peuvent être plus ou moins intégrées.

Les choix de l'internationalisation des activités de la chaîne de valeur dépendent des stratégies des EMN. Lorsque seule l'activité d'approvisionnement est placée à l'étranger, la stratégie poursuivie par l'EMN consistera principalement en la recherche de ressources. Dans la Figure 1, il s'agit ainsi surtout de l'activité «Logistique entrante» qui sera placée à l'étranger. Cependant, il se peut aussi que les «Opérations» soient effectuées à l'étranger, afin de transformer à proximité des ressources les matières premières. Dans le cas d'une stratégie de recherche de marché, l'entreprise multinationale internationalisera les activités «Logistique sortante», «Marketing et ventes», ainsi que «Services après-vente». Il se peut aussi que le développement des technologies suivent les autres activités, afin d'adapter les produits ou procédés aux conditions locales. Lorsque l'entreprise multinationale recherche de l'efficience ou des actifs stratégiques, tous les maillons de la chaîne peuvent être internationalisés, en fonction des avantages qu'offre chaque emplacement. Lors de la recherche d'efficience, ce sont surtout les conditions des coûts qui seront évaluées pour le déplacement des activités (niveau des salaires, prix des facteurs locaux, impôts). Lors de la recherche d'actifs stratégiques, l'entreprise multinationale pourra par exemple acquérir une entreprise à l'étranger qui possède des compétences spécifiques ou un réseau de distribution particulier. Il s'agit avant tout des activités à haute valeur ajoutée.

Les statistiques sur l'IDE montrent que les activités des EMN les plus internationalisées sont celles des activités de base, plus particulièrement celles qui se rapportent aux marketing et ventes et aux opérations (voir le Tableau 3 pour les IDE en Europe de l'Ouest). Selon la base de données Locomonitor, 40 pour cent des projets internationaux concernent aujourd'hui des fonctions de vente, marketing ou prestations de services. Il existe cependant une augmentation des IDE en activités à fortes compétences, comme la R&D. En 2006, cette typologie de projets a représenté près de 8.5 pour cent des projets mondiaux (7.3 pour cent des projets en Europe de l'Ouest), comptant pour 11.5 pour cent des emplois (10 pour cent en Europe de l'Ouest, OCO Consulting, 2007, p. 4). Plus de 40 pour cent de ces projets étaient localisés en Inde et Chine et 22 pour cent en Europe de l'Ouest (voir le Tableau 4). Cependant, même si la part de la R&D augmente dans les projets d'IDE, les activités de production et de ventes restent les plus internationalisées.

Tableau 3. Activités de l'investissement international en Europe de l'Ouest, 2006

Activités	*Projets*	*Pour cent*	*Emplois*
Production/Transformation/Assemblage	512	21,20%	36,90%
Logistique & Distribution	188	7,80%	19,60%
Maintenance/Service	22	0,90%	1,10%
R&D	177	7,30%	10,00%
Vente/Prestations de Services/Marketing	1 197	49,50%	8,50%
Télé-services Relation-Client	57	2,40%	12,80%
Back-offices Administratifs & IT	40	1,70%	4,10%
Centres de Décision/QG	152	6,30%	6,50%
Infrastructures Energie & Télécoms	75	3,10%	0,50%
Total – Projets	*2 420*		

Source: Adapté d'OCO Consulting (2007), p. 8

Tableau 4. Activités et aires géographiques des IDE dans le monde en termes de projets, 2006

Aires géographiques	*Production*	*R&D*	*Logistique*	*Vente / Prestations de services*	*Total*
Afrique	3,50%	1,10%	3,00%	4,90%	3,60%
Moyen Orient	2,20%	4,50%	4,00%	7,20%	4,80%
Asie-Pacifique en développement	34,60%	47,00%	28,00%	22,30%	29,20%
Asie-Pacifique développée	2,20%	6,20%	6,00%	8,10%	5,80%
Europe de l'Ouest	16,50%	21,90%	22,00%	32,00%	25,50%
Europe Centrale et Orientale	24,70%	10,20%	22,00%	14,30%	17,60%
Amérique du Nord	9,60%	5,80%	11,00%	6,80%	8,30%
Amérique Latine & Caraïbes	6,60%	3,30%	4,00%	4,50%	5,20%
Monde – Projets	100,00%	100,00%	100,00%	100,00%	100,00%

Source: Adapté d'OCO Consulting (2007), p. 8

En conclusion, le paradigme éclectique de John Dunning (1977, 1979, 1988, 1993, 2008) intègre tous les courants théoriques expliquant l'EMN dans une théorie générale de la production internationale (Meyer, 1998, p. 77). Sa théorie est désormais l'explication la plus large et suivie de l'IDE depuis les années 1980 (Cantwell et Narula, 2003; Caves, 2007). Ce chapitre a développé le cadre conceptuel de cette approche, à savoir que l'existence d'une EMN et la répartition géographique de ses activités reposent sur trois facteurs principaux: l'avantage spécifique de l'entreprise, l'avantage spécifique de la localisation et l'avantage de l'internalisation des activités de l'entreprise. Ces trois avantages sont nécessaires à la multinationalisation des entreprises:

> MNE activity may be likened to a three-legged stool: each leg is supportive of the other, and the stool is only functional if the three legs are evenly balanced. (Dunning, 2009, p. 5).

Ainsi, il est possible de déterminer quelles sont les conditions que doit posséder une entreprise afin d'effectuer des IDE, pourquoi elle choisit un pays par rapport à un autre pour implanter une activité de sa chaîne de valeur ajoutée et comment elle choisit le mode d'entrée dans les marchés étrangers. Ce chapitre ayant expliqué les conditions nécessaires à l'existence des EMN, le chapitre suivant développe les raisons incitant une entreprise à s'engager dans la production internationale. Il sera en outre possible de déterminer que le paradigme éclectique de Dunning explique toutes les formes de production internationale, contrairement aux autres théories sur l'existence de l'EMN (voir les théories développées sur la base de Hymer, 1960; Vernon, 1966; Buckley et Casson, 1976; Aliber, 1970 et Kojima, 1973).

Chapitre 2

Motifs des investissements directs à l'étranger

Ce deuxième chapitre décrit les raisons incitant les entreprises multinationales à investir directement à l'étranger. Ces motifs d'IDE sont analysés par regroupement de quatre types, selon la taxonomie utilisée par Behrman (1972) et reprise par Dunning (1993) sur la raison d'être des entreprises multinationales: recherche de marchés, recherche de ressources, recherche d'efficience et recherche d'actifs stratégiques. Il est essentiel de noter que ces motifs peuvent être suivis en parallèle par les EMN. En outre, une filiale étrangère combine souvent plusieurs de ces motifs (Dunning et Lundan, 2008).

2.1 Recherche de marchés

Les décisions d'investir à l'étranger pour des raisons de recherche de marché sont prises lorsque les entreprises reconnaissent l'importance de fournir des biens et services aux clients étrangers par leur présence locale (Barrell et Pain, 1999). Dans ce cas, les décideurs ont reconnu que l'accès au marché par des IDE était facilité par rapport aux exportations ou aux contrats avec des entreprises étrangères (Casson, 1979, p. 3). Les raisons de cette présence directe sont multiples.

Premièrement, en s'établissant près de leurs clients, les EMN peuvent plus aisément s'adapter aux goûts et besoins spécifiques de ces derniers et modifier le design, l'emballage ou la qualité de leurs produits, le marketing, les slogans ou la distribution en adéquation que si elles effectuent des exportations et restent éloignées des consommateurs. En outre, elles ne souffriront pas d'un désavantage par rapport aux firmes proches de ces marchés ou aux concurrents entrant dans ces marchés qui acquièrent des connaissances sur les spécificités de la demande locale (Dunning et Lundan, 2008, chapitre 3, p. 11). Même si les consommateurs demandent de plus en plus les mêmes produits, leurs goûts et besoins ne sont pas identiques étant donné les différences de pouvoir d'achat au sein de la population (qualité des produits, standards environnementaux), du niveau d'éducation (compétence technique, alphabétisation), des conditions environnementales (topographie, climat, densité de la population), de la culture (langues, écritures, religions, standards tels que la conduite à gauche ou le système métrique) et des réglementations. Ainsi, en s'adaptant aux clients locaux, l'EMN est en mesure de vendre ses produits à davantage de clients, atteindre de plus grandes économies d'échelle et être ainsi plus profitable.

Cette motivation explique une grande partie des IDE des entreprises dans les produits alimentaires et les boissons, dont l'adaptation locale est une problématique clé.

> Every decision has to be made as close to the consumer as possible. It makes no sense for us in Vevey to decide on the taste of soup to be sold in China. (CEO de Nestlé, cité dans Dicken, 2007, p. 171)

En effet, les goûts des consommateurs et les besoins de la population ne sont pas uniformes entre pays. Ainsi, les indiens ne mangent par exemple pas de bœuf. Les pays dont la population a de très bas revenus nécessitent également de nourriture bon marché et nutritive, tandis que les populations à hauts revenus attendent davantage d'effort au niveau du design et marketing. En outre, les canaux de distributions ne sont uniformes (les petits magasins dominent au Japon, exigeant des livraisons fréquentes, alors que les supermarchés sont majoritaires aux Etats-Unis, permettant des livraisons moins fréquentes et en paquets plus grands). Finalement, les biens intermédiaires ne sont pas disponibles dans le même état partout.

Grâce à la différentiation des consommateurs, les EMN sont aussi en mesure d'adapter leur marketing international en fonction des clients (Buckley et Casson, 2001). Au Brésil, par exemple, les Donuts sont placés sur le marché en tant que snacks ou desserts, car les Brésiliens n'en mangent que rarement au petit-déjeuner, contrairement aux européens. En Chine, l'industrie du café associe ses boissons à l'idée de loisir et à une vie agréable, afin d'attirer les plus jeunes chinois, qui constituent les buveurs de café les plus importants. Aux Etats-Unis, les adultes les plus âgés restent les plus importants buveurs de café (Hung et al., 2007, p. 851). Dans le même sens, en Chine, la population appelée les Red Guards (née entre 1951-1964) a le même âge que les Baby Boomers des Etats-Unis (nés entre 1946-1964). Cependant, alors que les Red Guards sont moins matérialistes et enclins à posséder des maisons ou des voitures que les plus jeunes chinois, les Baby Boomers américains augmentent leurs dépenses en maisons et voitures par rapport aux jeunes américains (Hung et al., 2007). En outre,

> Managers also use insights derived from the Red Guards' nostalgia for the hardships of the Cultural Revolution to design products and persuasive messages. (Hung et al., 2007, p. 851)

Les publicitaires ont ainsi commencé à utiliser de la musique et des icônes de la Révolution Culturelle en Chine, publicité qui n'aurait aucun impact aux Etats-Unis.

Les entreprises des autres industries que celle de l'alimentaire et des boissons installent elles aussi de nombreuses activités à l'étranger afin d'adapter leurs produits au marché. En Chine, les filiales des EMN comme par exemple Intel, Microsoft, Nokia ou Siemens ont comme objectif principal d'adapter les produits (Motohashi, 2006). Novartis installe également des centres de R&D en biomédical en Chine, car selon Daniel Vasella

> In biomedical research, it is also an undeniable advantage to be close to a large number of patients so that we can truly understand their needs. (O'Connell, 2007, p. 26)

L'industrie automobile s'adapte aussi au niveau de l'éducation et du pouvoir d'achat de la population et aux conditions environnementales. Par exemple, les voitures de certains pays en développement ne disposent pas de la totalité des fonctions dont les voitures des pays développés jouissent; les voitures de pays à population dense seront plus petites; les camions des pays montagneux devront avoir des axes plus solides et les camions des pays chauds un système de climatisation.

Deuxièmement, il peut exister des taxes de douanes, des quotas à l'importation, d'autres barrières commerciales ou des risques liés aux exportations qui motivent l'entreprise à produire sur place afin d'éviter ces coûts d'exportation (Goldberg et Kolstad 1995; Cushman, 1985 et 1988). La diminution des taxes de douane et des barrières non tarifaires, notamment par le biais de l'Accord général sur les tarifs douaniers et le commerce, et ensuite par les autres accords de l'Organisation mondiale du commerce, a affaibli cette motivation. Néanmoins, dans de nombreux pays, des traces de protectionnisme administratif contre les importations qui incitent à investir dans le pays pour accéder au marché sont visibles. Cependant, les pays ont également la possibilité d'imposer des barrières aux IDE qui empêchent les EMN de s'installer dans le pays librement (voir la section 1.2). En Inde, par exemple, le gouvernement a interdit aux entreprises étrangères de commerce de détail de venir s'installer sans partenaire local, afin de préserver le commerce local. Wal-Mart a alors pénétré le marché indien en créant une coentreprise («joint-venture»[13]) avec Bharti, entreprise indienne. En outre, les accords régionaux de libre-échange ont des effets sur les IDE, car ils sont susceptibles de contenir des éléments créant des barrières aux entreprises des pays non-membres, augmentant ainsi les incitations pour les IDE dans ces zones de libre-échange. Par exemple, afin qu'une entreprise de l'industrie de l'automobile puisse obtenir des tarifs préférentiels à l'intérieur de la zone de l'accord de libre-échange nord américain (ALENA), 62.5 pour cent de la voiture échangée doit avoir comme origine l'Amérique du Nord. Une étude de Feils et Rahman (2008) a d'ailleurs démontré que la création de l'ALENA avait un impact positif et significatif sur les IDE entrant dans la région, surtout dans les Etats-Unis.

Troisièmement, le marché local peut être de grande ampleur, ou à forte croissance, et peut justifier la production locale. Ceci permet de diminuer les coûts de transaction des produits finaux, essentiellement les coûts de transport, ainsi que d'être présent plus rapidement pour satisfaire la demande en cas de forte croissance (Dunning et Lundan, 2008, chapitre3, p. 11). Cette motivation est ainsi inapplicable aux produits n'engendrant pas de coûts de transport, tels que les produits digitaux, dont les coûts de transfert entre distances sont négligeables (Nachum et Zaheer, 2002, p. 7). Par contre, cette stratégie explique une grande partie des IDE entrant de produits manufacturiers dans les pays à forte croissance comme la Chine ou l'Inde. Selon la CNUCED (2007, p. 29), la Chine est la destination préférée des IDE, suivie de l'Inde, des Etats-Unis, de la Russie et du Brésil. Une des raisons de cette attraction

13 Selon l'OCDE (2008), p. 8,
Les joint-ventures correspondent à des accords entre deux ou plusieurs entreprises ou groupes de nationalités différentes qui créent une entreprise commune et indépendante des sociétés-mères afin de poursuivre et réaliser des projets communs.

se trouve dans la grandeur du marché et la croissance soutenue des revenus de la Chine et l'Inde, ayant pour effet l'augmentation de la demande locale pour les biens de consommation. Les EMN de l'industrie de l'automobile ont ainsi rapidement étendu leur présence en Inde. L'entreprise japonaise Suzuki Motor y est l'investisseuse la plus importante et possède la plus grande part de marché automobile indienne. Avant la crise financière de 2008, elle prévoyait d'y produire un million de véhicules par année en 2010 (CNUCED, 2007, p. 46). D'autres pays en développement à forte croissance attirent les EMN. En Roumanie, par exemple, la croissance économique a augmenté de 6 pour cent en 2007. Ceci accroît les salaires des habitants et leur demande de biens de consommation et d'investissement. Les demandes immobilières ont fortement augmenté et ont attiré des entreprises comme Holcim, cimentier suisse, qui détient la moitié du marché national (Le Temps, 2008).

Cette stratégie explique aussi l'implantation des activités de services (hôtellerie, finance, réparation, commerces de gros et de détail, sevices immobiliers, transports, distribution d'électricité et d'eau, télécommunications, culture, éducation, services scientifiques, services aux entreprises, soins de santé) à l'étranger (voir les études sur les IDE dans l'industrie des services, Enderwick, 1989, 1992; Li et Guisinger, 1992; Grosse, 1996; Katrishen et Scordis, 1998; Capar et Kotabe, 2003; Goerzen et Makino, 2007; Ramasamy et Yeung, 2007; Merchant et Gaur, 2008). En effet, la plupart des services ne sont pas commercialisables à longue distance. Ils doivent être produits là où ils sont consommés ou requièrent une interaction face-à-face entre le consommateur et le fournisseur. En outre, les industries de services sont basées sur des compétences et des actifs intangibles qui sont difficiles à transférer à des tiers et impliquent une internalisation des activités (Goerzen et Makino, 2007). Ainsi, les IDE sont nécessaires dans ces activités pour profiter des marchés étrangers. En conséquence, le principal changement dans le modèle sectoriel des IDE a été le déplacement vers le secteur des services (voir le rapport de la CNUCED de 2004 «The Shift Towards Services») et un déclin de la part des IDE dans les ressources naturelles et l'industrie (mise à part un regain récent pour les industries extractives, surtout dans les pays en développement et en transition). En 2006, le stock des IDE dans le secteur primaire était de 8 pour cent du total des stocks des IDE entrants (en 1990, 9 pour cent), la part de l'industrie était de près de 33 pour cent (en 1990, 41 pour cent) et la part des services était de 62 pour cent (en 1990, 49 pour cent, CNUCED, 2008, p. 9). Des entreprises de services deviennent très grandes et s'engagent dans des fusions et acquisitions aux montants records: Vodafone, entreprise anglaise des télécommunications et septième plus grande EMN non financière selon les actifs étrangers en 2006 a acquis en 1999 AirTouch, entreprise américaine, pour plus de 60 milliards de dollars US et en 2000 Mannesmann, entreprise allemande, pour plus de 200 milliards de dollars US, jusqu'ici les deux plus grandes fusions et acquisitions réalisées (CNUCED, 2008, p. 103).

Quatrièmement, les entreprises peuvent décider de suivre leurs clients principaux à l'étranger si ceux-ci s'y installent (Buckley et Roberts, 1982, p. 5). Cette situation implique que les relations ou les contacts sont importants entre la firme et ses clients. «Customers will never fly halfway around the world to talk to you», selon Gary Fielding, Président du secteur Asie-Pacifique de Clariant, entreprise suisse spécialisée dans la chimie (Clariant, 2006, p. 16). En restant physiquement proche de ses clients, Clariant est capable de répondre plus vite à leurs demandes et peut leur fournir un soutien plus large, notamment pour les produits faits sur mesure ou intensifs en service, ou encore qui se transforment rapidement ou qui sont souvent choisis à la dernière minute (comme les couleurs). En outre, étant donné qu'il est rare de trouver dans un seul pays l'ensemble des clients les plus évolués, l'entreprise doit rechercher des pays comportant des clientèles exigeantes, afin de prévoir l'apparition de nouveaux besoins et de tester de nouveaux produits sur des marchés des plus avancés (Porter, 1993, p. 585). Ainsi, les centres de R&D de Nokia en Californie et au Japon ont été capables de «sentir» que les téléphones portables devenaient des accessoires de mode (Renfors et Todorov, 2008, p. 16). La compagnie développe aujourd'hui de nouveaux modèles plusieurs fois par année.

2.2 Recherche de ressources

Les entreprises peuvent être incitées à investir à l'étranger afin d'obtenir des agents énergétiques, des métaux ou des produits agricoles davantage accessibles ou de meilleure qualité que dans le pays d'origine, comme par exemple de l'eau pure qui sera utilisée dans beaucoup de processus industriels, ou pour accéder à une main-d'œuvre spécialisée ou disponible. En outre, les matières premières sont recherchées par des EMN qui doivent sécuriser des approvisionnements en énergie ou en autres minéraux selon des exigences formulées par le gouvernement de leur pays d'origine (CNUCED, 2007, p. xxiii). Ainsi, une EMN recherche des ressources pour ses propres besoins ou pour les vendre directement sur les marchés internationaux. Dans ce cas, la plus grande partie de la production des filiales est exportée (Dunning et Lundan, 2008, p. 69).

L'importance de la recherche de ressources physiques peut être illustrée par les statistiques des IDE qui montrent que la part du secteur primaire dans le total des IDE a augmenté significativement depuis 2002, surtout dans les industries d'extraction (voir le rapport de la CNUCED, 2008). Cette part dans les IDE mondiaux était en 2006 identique à celle de la fin des années 1980: huit pour cent du stock d'IDE entrants, alors qu'elle était de 5.5 pour cent en 1999. Selon la CNUCED, cette tendance va continuer, étant donné la demande élevée en ressources naturelles, causée en partie par la croissance économique des pays émergents, et par l'ouverture de nouvelles opportunités dans ce secteur (CNUCED, 2008, p. 34). Dans ce sens, l'entreprise indienne Tata a acquis Corus Group, entreprise du Royaume-Uni et des Pays-Bas, dans l'industrie de l'acier pour 9.5 milliards de dollars en 2006. L'entreprise indienne Mittal Steel Group a acquis Arcelor, entreprise d'acier européenne, en 2006 pour 32 milliards de dollars, ou encore l'entreprise russe Russian Aluminium a acquis une part de Glencore International, entreprise suisse, pour 2.5 milliards de dollars. Les entreprises chinoises investissent pour le motif de recherche de ressources à l'étranger afin de satisfaire les besoins croissants de leur pays dans les matières premières (Gugler, 2008). Elles investissent dans le but de sécuriser leurs ressources naturelles, tels que le pétrole et le gaz naturel au Venezuela ou les minerais au Brésil (Lévy, 2007, p. 599), ou en Russie dans le gaz et le pétrole (China National Petroleum Corporation a acquis PetroKazakhstan en 2005 pour 4.1 milliards de dollars et Sinopec acheta Udmurtneft pour 3.5 milliards de dollars en 2006, Frankfurter Allgemeine Zeitung, 2006, p. 23). Elles investissent aussi fortement en Australie pour avoir accès aux minerais de fer qui alimentent les fonderies des entreprises comme Shougang Steel. Soit des entreprises chinoises investissent en Australie afin d'avoir accès aux ressources (par exemple Gindalbie, une entreprise australienne dans l'industrie des minerais de fer, et Ansteel, une entreprise chinoise dans l'industrie de l'acier ont effectué une co-entreprise en 2007 pour développer une mine dans l'Ouest de l'Australie), soit d'autres EMN comme BHP Billiton, Vale et Rio Tinto qui contrôlent 70 pour cent du commerce mondial dans les minerais de fer y investissent pour ensuite vendre leurs produits à la Chine.

Les pays africains et d'Amérique latine ont accueilli principalement des entreprises motivées par la recherche de ressources, surtout lors de la hausse des prix des matières premières en 2007-2008. De la sorte, une grande part des projets d'IDE lancés en 2007 en Afrique étaient liés à l'extraction de ressources naturelles (CNUCED, 2008). Les plus grands investisseurs provenaient des Etats-Unis et de l'Europe, suivis de l'Afrique. Les EMN asiatiques étaient concentrées notamment dans l'extraction de pétrole et de gaz, ainsi que dans les infrastructures. En Amérique latine, les IDE entrants motivés par la recherche de pétrole ou de gaz ont été limités en 2007 suite aux restrictions imposées sur ces ressources par de nombreux Etats (Bolivie, Equateur et Venezuela).

Une hypothèse fondamentale de cette stratégie soutient la thèse selon laquelle les ressources recherchées sont immobiles. Si une ressource peut être transportée à faible coût, il peut être plus économique de l'importer que d'établir des opérations à l'étranger pour y accéder (Nachum et Zaheer, 2002, p. 9). C'est pourquoi cette motivation concerne surtout les ressources difficiles à transporter, ou alors dont l'accès est facilité si la production est locale.

Les ressources humaines sont aussi quelque peu immobiles, selon leur degré de qualification (les travailleurs qualifiés étant en moyenne davantage mobiles que les travailleurs non qualifiés, Dicken, 2007, p. 112), et peuvent justifier l'implantation à l'étranger. L'entreprise profite ainsi des différences dans les fuseaux horaires dans le but d'accéder à toute heure au personnel disponible et être plus rapide dans le développement de produits (Prahalad et Krishnan, 2008, p. 32). Les entreprises décident aussi d'installer des activités dans les régions où le personnel est abondant, bon marché et motivé. Les indicateurs du taux d'emploi et du taux de chômage évaluent la disponibilité sur le marché du travail (voir la Figure 2). Un taux d'emploi faible et un taux de chômage élevé indiquent dans une certaine mesure qu'une proportion de la population en âge de travailler est disponible. Néanmoins, le rapport ne donne pas d'indication sur la qualification de la main-d'œuvre disponible dont pourraient avoir besoin les EMN. La Figure 2 souligne néanmoins que certains pays, dont la Suisse avec un taux d'emploi de 78.6 pour cent et un taux de chômage de 3.7 pour cent en 2007, possèdent une main-d'œuvre disponible limitée, alors que d'autres, tels que la Turquie avec un taux d'emploi de 45.8 pour cent et un taux de chômage de 10.1 en 2007, dispose de main-d'œuvre disponible. Les entreprises recherchent aussi à bénéficier de bas salaires (voir le point 2.3) et recherchent des talents (voir le point 2.4).

Figure 2. Taux d'emploi et taux de chômage, pays de l'OCDE, 2007

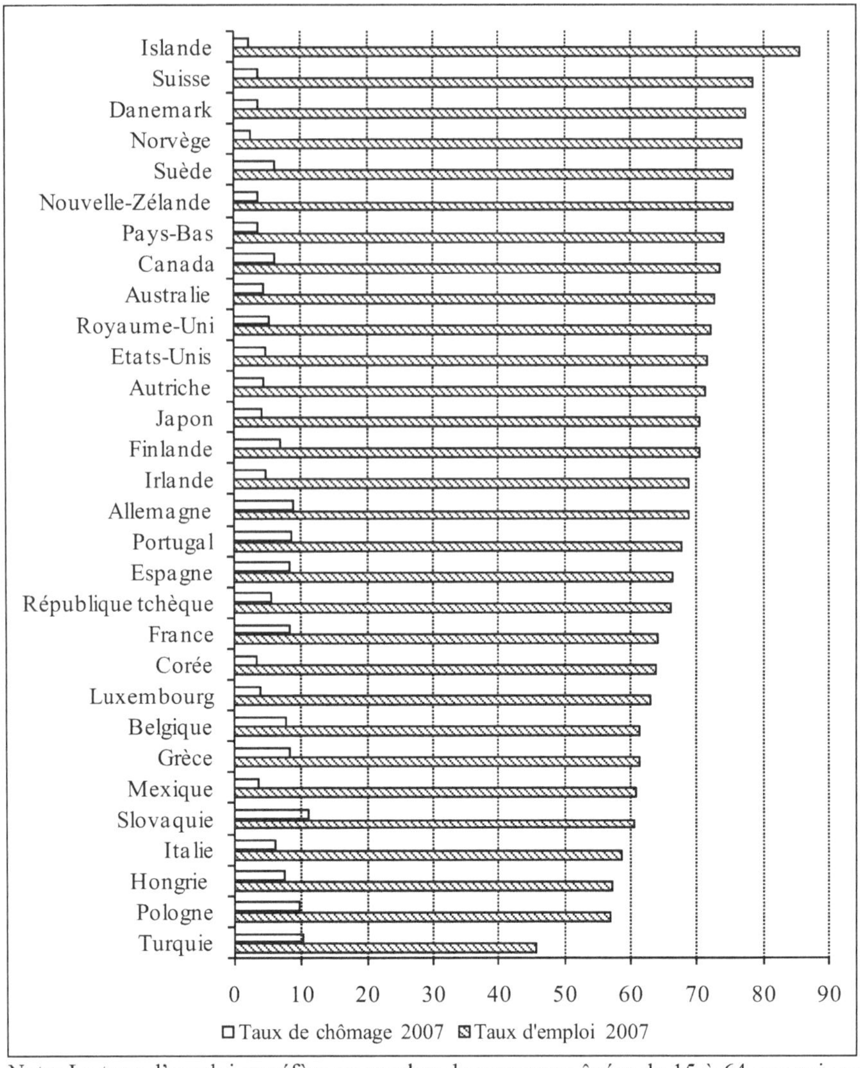

Note: Le taux d'emploi se réfère au nombre de personnes âgées de 15 à 64 ans qui sont en emploi, divisé par la population active. Le taux de chômage se réfère au nombre de personnes âgées de 15 à 64 ans au chômage, divisé par la population active. Les données se réfèrent de 16 à 64 ans pour la Norvège (données de 2005), l'Islande, la Suède, le Royaume-Uni, les Etats-Unis et l'Espagne.

Les données 2007 de la France et de l'Allemagne sont estimées par l'OCDE.

Source: OCDE (2008e), annexe statistique

2.3 Recherche d'efficience

A travers le motif d'efficience, l'EMN a comme objectif de minimiser ses coûts en segmentant son processus de production selon les avantages comparatifs des nations. L'EMN peut rationaliser sa production en déplaçant les ressources selon des changements dans la demande entre pays, prendre avantage des différences dans les coûts des facteurs, diminuer les impôts en profitant des différences de taxation entre pays, ou encore profiter des différences dans les taux d'intérêt (Froot, 1990).

De nombreuses études empiriques ont examiné l'effet de la fiscalité sur les décisions d'investissements des EMN (Harman, 1981, 1984; Boskin en Gale, 1987; Slemrod, 1990a et b; Hines et Rice, 1994; Hines, 1996; Glickman et Woodward, 1989; Graham et Krugman, 1991; Weichentieder, 1996; Grubert, 2004; Altshuler et Grubert, 2003; Hajkova et al., 2006; Delbecque, 2007; Voir Mooij et Ederveen, 2005, pour une revue de la littérature). D'un côté, certaines études suggèrent que les différences dans les taux d'imposition n'ont pas d'effet ou un effet insignifiant sur les IDE (Glickman et Woodward, 1989; Granham et Krugman, 1991; Carlton, 1993). D'un autre côté, la plupart des études (voir Newman, 1983; Bartik, 1985; Helms, 1985; Papke, 1987; 1991 et Delbecque, 2007) prouvent que la fiscalité influence d'une manière significative les choix d'implantation de nouvelles affaires (voir Moosa, 2002, pour un commentaire des résultats). Selon l'étude de Delbecque (2007) sur les IDE des entreprises françaises entre 1999 et 2003, une augmentation de 10 points de pourcentage du taux d'imposition nominal conduit à une baisse de la probabilité d'investissement de 6.8 points de pourcentage. En outre, Grubert (2004) et Altshuler et Grubert (2003) démontrent que les EMN peuvent mettre en œuvre des stratégies exploitant les différences d'imposition entre pays pour reporter leurs impôts ou pour y échapper (Hajkova et al., 2006, p. 10). Elles effectuent ainsi de la planification fiscale par le biais par exemple de prêts interentreprises par lesquels elles financent des filiales dans des pays où les entreprises sont lourdement imposées et bénéficient d'un traitement fiscal favorable du financement par voie d'emprunt (Weichentieder, 1996; Gruber, 1998; Hajkova et al., 2006, p. 18).

Cependant, selon Hines (1996), il est difficile d'identifier les effets de la fiscalité sur les activités des EMN, car beaucoup d'autres facteurs, parfois non observables, influencent la localisation. En effet, les motivations déterminées dans ce chapitre indiquent que les EMN sont influencées notamment par la taille du marché, la qualité des ressources, le niveau des salaires, la présence de main-d'œuvre spécialisée ou la présence de clusters. Ainsi, même si l'intuition peut suggérer que des impôts plus élevés devraient décourager les investissements étrangers et domestiques, la réalité est plus complexe. L'étude de Hajkova et al. (2006) prend en compte de nombreuses variables qui affectent le choix de destination des IDE, comme les motivations de l'IDE et des effets inobservés (liens culturels ou historiques entre les pays). Selon leur étude sur l'encours de l'IDE dans 28 pays investisseurs et leurs partenaires pendant les années 1990, la fiscalité a un impact significatif sur l'emplacement des IDE. Cependant,

> la fiscalité semblerait constituer un facteur relativement peu important pour le choix d'une destination par les EMN, par rapport aux mesures qui ont un impact sur la facilité d'entrée des sociétés étrangères, le coût de la main-d'œuvre et le fonctionnement des marchés de produits dans le pays d'accueil. (Hajkova et al., 2006, p. 35)

Ainsi, selon les auteurs, bien que la fiscalité influence les IDE, «cet effet est minuscule à côté de celui des autres politiques. (Hajkova et al., 2006, p. 35).

Un autre avantage particulièrement étudié dans la recherche d'efficience est lié à la disponibilité et les coûts des facteurs de production (Dunning et Lundan, 2008, p. 73). L'entreprise peut effectuer chaque opération là où elle est la moins coûteuse, en raison d'une meilleure adaptation des conditions locales. De nombreuses études ont démontré que les différences en termes de coûts des facteurs, et notamment de coûts unitaires du travail, sont des déterminants importants des IDE (Barrell et Pain, 1996; Love et Lage-Hidalgo, 2000; Love, 2003; Braconier et al., 2005). Les différences internationales en termes de niveaux de salaires peuvent être grandes, comme le montre la Figure 3[14]. L'Offshoring Research Network (ORN) est un projet créé en 2004 qui suit l'évolution des pratiques de production à l'étranger de 253

14 Les données de la figure sont à prendre avec précaution, car il s'agit de moyennes de toute l'industrie manufacturière. Certaines industries ont de plus hauts salaires que d'autres et sont plus présentes dans certains pays. Néanmoins, les différences sont frappantes (Dicken, 2007, p. 112).

entreprises américaines de 1990 à 2006. Ce projet a démontré que la diminution des coûts du facteur travail était un important motif pour effectuer à l'étranger des fonctions qui étaient basées sur des tâches codifiées. Par exemple, les entreprises ont profité des programmeurs et ingénieurs informatiques à faibles salaires en Inde, surtout dans le domaine des technologies de l'information. Les données actuelles démontrent cependant que les entreprises entrent dans une étape d'investissements à l'étranger visant la recherche de talents (Lewin et Peeters, 2006). Ainsi, selon les résultats de l'étude de Lewin et al. (2007) sur les données de l'ORN, même si la diminution des coûts constitue encore le motif le plus important des décisions d'offshoring, l'accès au personnel qualifié est apparu comme deuxième motif.

Figure 3. Indices des coûts de compensation par heure dans l'industrie manufacturière, 2006

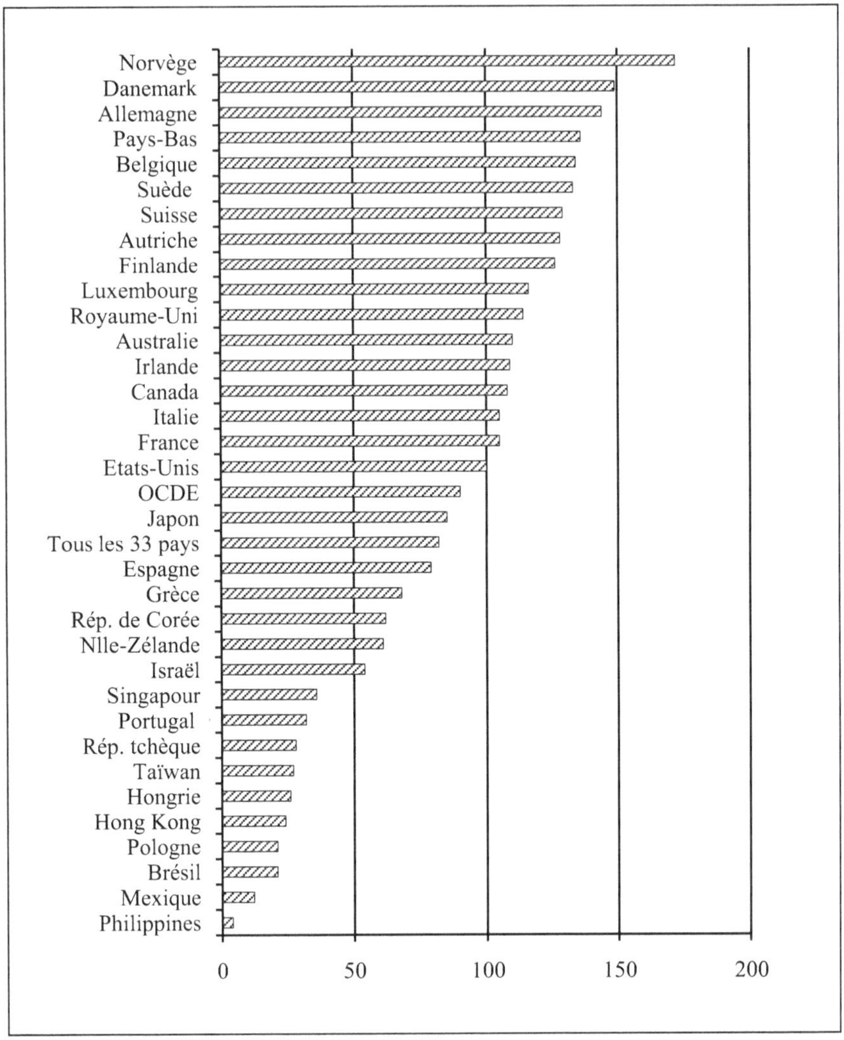

Note: Etats-Unis=100

Source: Adapté et traduit de US Department of Labor Statistics (2008)

Les activités de recherche d'efficience se relocalisent rapidement, car les avantages comparatifs, avant tout ceux en termes de coûts, ne sont pas durables. Par exemple, les Maquiladoras[15] au Mexique attiraient depuis les années 1960 beaucoup d'entreprises américaines grâce aux coûts du travail et aux réglementations plus faibles qu'aux Etats-Unis, ainsi qu'à la proximité entre ces deux pays (Hess et Prasad, 2007). Le travail dans des usines était donné à des femmes peu qualifiées, provenant de villages, et qui recevaient des salaires très faibles avec des conditions de travail particulièrement difficiles. Cependant, les industries de cette région se sont développées vers des compétences plus élevées, des syndicats de travailleurs ont été introduits et finalement les salaires ont augmenté. Certaines entreprises ont alors relocalisé des activités vers d'autres destinations, telles que la Chine, qui proposent des salaires plus faibles et des règles de travail plus souples qu'au Mexique. D'une façon identique, Samsonite, fabriquant américain de bagages, a fermé en 2006 le site de production ouvert en 1997 en Slovaquie, afin de déplacer sa production en Chine (The economist, 2008c).

Finalement, ce phénomène de relocalisation se reproduit en Chine. En effet, aux vues de la croissance élevée du PIB chinois et de la demande intense pour les travailleurs qualifiés, les salaires des employés augmentent. De ce fait, les flux d'IDE en Chine ont diminué de 4 pour cent en 2006 pour la première fois en 7 ans, tandis que les flux d'IDE entrants au Vietnam ont augmenté de 15 pour cent en 2006, et de 8 pour cent dans l'Est de l'Asie (Chine, Hong Kong, la République de Corée, Macao, Mongolie et Taïwan, CNUCED, 2007, p. 42). La raison réside dans l'augmentation des coûts de production et le manque de main-d'œuvre dans les régions côtières de la Chine (dans la région de Guangdong, le manque de travailleurs a été notamment ressenti et a conduit à l'augmentation du salaire minimum dans plusieurs villes de la province, tel qu'à Shenzhen, de 17.4 pour cent, en 2006). D'autre part, le salaire mensuel d'un travailleur moyen du Vietnam se situait entre 90 et 110 dollars, comparé au revenu de 160 et 190 dollars dans le Sud de la Chine (CNUCED, 2007, p. 75). Ainsi, les EMN déplacent leurs activités pour des raisons de coûts à l'intérieur de la Chine ou dans des pays meilleur marché. Elles installent des activités à plus haute valeur

15 Un Maquiladora est «a Mexican Corporation which operates under a Maquila program approved for it by the Mexican Secretariat of Commerce and Industrial Development» (Baz, 2005).

ajoutée[16] dans les régions plus avancées telles que le Pearl River ou le Yangtze Rivers Deltas, où les coûts de R&D par exemple y sont environ de 40 pour cent plus faibles que ceux de R&D aux Etats-Unis (O'Connell, 2007, p. 26). Le même effet se produira au Vietnam. En effet, le Vietnam en 2006 a lui aussi augmenté son salaire minimum et risque de voir certaines activités relocalisées ailleurs. D'autres pays font face à cette situation. La Malaisie, par exemple, a accueilli dans les années 1970 de nombreuses filiales d'assemblage et de test d'EMN américaines dans le secteur des semi-conducteurs (Intel, National Semiconductor, Texas Instruments, ChipPac, Western Digital et Motorola) grâce à son coût du travail faible. Les IDE s'établissaient sur l'île de Penang, appelée la «Silicon Island» de l'Asie du Sud-Est. Cependant, ces dernières années, l'avantage de la Malaisie en termes de coûts s'est érodé suite au développement des pays voisins comme la Chine, la Thaïlande, le Vietnam, les Philippines et le Cambodge[17]. Afin de garder des IDE dans le secteur des semi-conducteurs en Malaisie, il est nécessaire que le pays développe sa compétitivité dans ce secteur et offre des conditions spécifiques qui incitent les EMN à effectuer des activités à plus forte valeur ajoutée. La Corée du Sud, par exemple, a réussi à développer sa compétitivité pour conserver les IDE et passer d'activités à faible valeur ajoutée vers des activités à haute valeur ajoutée. Ainsi, General Electric a poursuivi une stratégie de recherche d'efficience en Corée dans les années 1970 et 1980 (Rugman et Lee, 2008). Récemment, l'EMN effectue des activités de R&D en Corée. Il a développé des dispositifs de diagnostic à ultrasons dans sa filiale de R&D à Seongnam City, qui ont été fournis au marché mondial (Invest Korea, 2004).

Certains pays développés ont également attiré des entreprises recherchant des sites de production à bas coûts (Buckley et al., 1983; Rodrigues et Pallas, 2008). Dans les années 1970 et 1980, une des destinations favorites des entreprises européennes et américaines de l'industrie de l'automobile était l'Espagne (Solsten et Meditz, 1988). Ford, General Motors, Renault, Peugeot-Citroën, Volkswagen et Fiat ont établi des opérations ou ont créé des co-entreprises dans ce pays. Cependant, à la fin des années 1990, certaines de ces entreprises sont

16 Par exemple les activités de R&D, les designs primordiaux en informatique, les processus brevetés.

17 Voir Santhapparaj et al. (2006) pour l'étude de l'industrie des semi-conducteurs en Malaisie.

parties à cause des demandes de salaires plus élevés. Un phénomène similaire semble aussi se produire en Europe de l'Est, où des entreprises ont délocalisé leur production afin de profiter des bas salaires et des taux d'imposition faibles. Cependant, ces dernières années, de nombreux employés demandent des hausses de salaires. Ainsi, la filiale de Ford en Russie a obtenu 30 pour cent d'augmentation de salaires en 2007 et la filiale de Renault en Roumanie a obtenu 28 pour cent en 2008. Les EMN doivent donc rechercher d'autres solutions pour diminuer les coûts.

En résumé, les entreprises qui cherchent des localisations à bas salaires doivent souvent relocaliser leurs activités lorsque le pays d'accueil passe à une étape de développement économique plus élevée. Elle pourra néanmoins décider de développer d'autres activités à plus haute valeur ajoutée dans ce pays. En Inde, par exemple, les activités étrangères consistaient en deux fonctions basiques: la programmation informatique et les centres d'appel (Peng, 2006, p. 3). Les EMN profitaient du personnel en informatique qualifié et peu coûteux et de la disponibilité de la main-d'œuvre indienne parlant anglais. Aujourd'hui, les activités incluent la transcription de rapports médicaux, la publication assistée par ordinateur, les services de facturation ou de gestion administrative et les supports informatiques. Cependant, la plupart de ces activités a été externalisée à des entreprises indiennes, et non effectuée par des filiales des EMN. Les entreprises indiennes sont devenues ainsi très compétitives dans les services aux entreprises et ont commencé à concurrencer d'autres grandes EMN telles qu'Accenture, PricewaterhouseCoopers ou IBM (voir Financial Times, 2009). Ces dernières ont alors décidé d'ouvrir leurs propres filiales en Inde et d'y profiter des capacités locales (comme de la différence de 10 heures entre les Etats-Unis et l'Inde, qui présente un avantage aux entreprises installées dans ces deux pays, leur permettant d'offrir aux clients américains 24 heures de service). Pour combattre ceci, des entreprises indiennes (TCS, Infosys, Wipro) ont investi aux Etats-Unis afin d'être davantage proches des clients.

2.4 Recherche d'actifs stratégiques

A travers le motif de recherche d'actifs stratégiques, l'entreprise vise à ajouter à ses actifs existants d'autres actifs qui pourront soutenir ou renforcer sa position concurrentielle à long terme. Il peut s'agir de capacités technologiques, de l'information, de la créativité humaine, des marques, des réseaux de distribution, des filiales de R&D ou des compétences en gestion spécifiques. Cette recherche implique toujours un transfert de connaissances de sources externes, c'est-à-dire la réplication dans l'EMN d'une pratique qui était mieux exécutée dans une autre organisation.

Plusieurs exemples permettent d'illustrer cette motivation. Dans les années 1980, Toyota et General Motors (GM) ont commencé à négocier une co-entreprise à parts égales aux Etats-Unis pour assembler les petites voitures[18]. L'objectif de Toyota était d'apprendre à travailler avec la main-d'œuvre américaine et de concurrencer Honda et Nissan. GM quant à elle était entre autres intéressée à apprendre la structure de coûts de Toyota et sa gestion des usines. Le directeur de GM, Roger Smith, parlait de la co-entreprise comme une

> learning experience - why not take the opportunity to get an insider's view of how the Japanese do what they do? (Keller, 1989, p. 88)

Un autre exemple de recherche d'actifs stratégiques peut être illustré par l'achat d'EADS de Surrey Satellite Technology, pour accéder à sa recherche sur les petits satellites et acquérir sa spécialisation sur les satellites faits sur mesure pour les communications, et ainsi étendre ses activités spatiales. Des investisseurs débutants peuvent également avoir comme but d'accéder à la connaissance d'un marché étranger. De ce fait, des entreprises américaines ont effectué en Amérique du Sud des co-entreprises avec Endesa, entreprise chilienne. Cette dernière a été choisie car elle possédait des capacités managériales spécialisées, telles que sa connaissance du cadre régulateur d'électricité très complexe du Chili et son expérience dans la transformation d'une firme étatique en une firme privée (Del Sol et Kogan, 2007, p. 913).

18 Pour une analyse du partage de connaissances dans la co-entreprise de GM et Toyota, voir Inkpen (2008).

A travers la motivation de recherche d'actifs stratégiques, l'EMN peut aussi décider d'affaiblir la position concurrentielle de ses rivaux (Dunning et Lundan, 2008, p. 73). Par exemple, une entreprise peut décider de fusionner avec une de ses entreprises concurrentes afin de renforcer leurs capacités vis-à-vis d'une tierce entreprise rivale plus puissante. Dans ce sens, Chinalco, entreprise chinoise de l'industrie minière, a acheté avec l'entreprise Alcoa, entreprise américaine d'aluminium, neuf pour cent des part de Rio Tinto, qui contrôle avec BHP Billiton et Vale le 70 pour cent du commerce mondial dans les minerais de fer. Cette action constitue le début d'une stratégie qui consiste à prévenir le contrôle total de BHP Billiton sur le marché des minerais de fer, étant donné que BHP Biliton a essayé d'acquérir Rio Tinto (The economist, 2008d). Une EMN peut aussi décider de faire l'acquisition d'une entreprise étrangère ayant développé une nouvelle technologie, afin que celle-ci ne se développe pas.

Beaucoup de ces actifs stratégiques appartiennent ainsi à des entreprises étrangères. L'EMN devra souvent acquérir l'entreprise possédant ces actifs pour en profiter. En effet, les connaissances ne sont pas toujours codifiables, dans le sens qu'elles ne sont pas facilement transmissibles sous forme de texte ou dessin. Ainsi, même si les idées et les solutions innovantes peuvent se diffuser entre entreprises, les connaissances implicites sont par contre ancrées dans les structures organisationnelles, les processus, les procédures et les routines, et il est ainsi difficile de séparer les connaissances du contexte dans lequel elles sont créées (Inkpen, 2008, p. 77). Cependant, certaines connaissances ne peuvent pas être achetées. Elles sont accessibles aux firmes mais immobiles à travers l'espace (Dunning et Wymbs, 1999, p. 184). Il s'agit dans ce cas de connaissances spécialisées qui sont localisées dans un environnement particulier et qui peuvent être acquises grâce aux externalités. La connaissance sera transmise par interactions entre individus lors de conférences, meetings ou encore d'observations des pratiques. L'entreprise devra investir dans le pays d'accueil et communiquer ses idées pour être acceptée par la communauté scientifique locale et pour obtenir les informations désirées (Porter, 1993, p. 588). Ainsi, par sa participation, elle pourra entre autres accéder aux connaissances qui sinon seraient restées inaccessibles, obtenir les meilleures pratiques globales et surveiller des rivaux (Rugman et Verbeke, 2003 p. 24; Cantwell, 2009, p. 37). Les entreprises d'emballage s'implantent de ce fait souvent au

Japon, car les consommateurs japonais de produits emballés sont très exigeants; s'implanter dans ce pays permet en outre à l'EMN d'apprendre les meilleures pratiques dans le domaine de l'emballage, de la distribution et du service à la clientèle (Inkpen, 2008, p. 89). Les EMN s'implantent aussi dans des clusters, c'est-à-dire dans des emplacements présentant une concentration d'entreprises interconnectées, de fournisseurs spécialisés et d'institutions dans la recherche, dans l'enseignement ou les services, comme les universités ou les associations de commerce, qui coopèrent et se concurrencent (Porter, 2008). Plusieurs recherches ont d'ailleurs démontré que les entreprises localisées dans les clusters ou dans des régions où les activités sont agglomérées sont plus innovantes que les autres (Griliches, 1990; Zhou et Li, 2008).

Les études sur la tendance des entreprises à s'agglomérer dans des emplacements particuliers remontent au 19ème siècle, avec les travaux de Marshall (1890). Dans son ouvrage de 1916, il observe que le phénomène de concentration de la production dans l'espace et sa persistance temporelle proviennent du fait que la proximité favorise la transmission de connaissances intra-industrielles[19], réduit les coûts de transport des entrants et sortants, et permet aux entreprises de bénéficier d'un marché du travail plus efficace (Beaudry et Schiffauerova, 2008, p. 1). Selon Marshall (1920, p. 271), lorsqu'une industrie a choisi un emplacement, il est probable qu'elle y restera longtemps. En effet, elle pourra profiter des connaissances qui se transmettent entre générations, du «marché des connaissances» (les travailleurs qualifiés attirent les entreprises et les travailleurs se dirigent vers les emplacements possédant de nombreuses entreprises), des idées se développant dans l'agglomération et du cercle vertueux qui se crée grâce entre autres aux demandes entre entreprises. Plusieurs termes ont été utilisés pour décrire ces agglomérations spatiales, tels que les districts industriels (Piore et Sabel, 1984), les milieux innovants (Aydalot, 1986) et surtout les clusters industriels (Porter, 1990, 1998)[20]. L'étude des clusters a été développée en profondeur par Michael Porter avec l'introduction du concept du Diamant en 1990 dans le livre «The Competitive advantage of nations» et plus tard dans «On Competition» en 1998. Le diamant est vu comme un instrument de création des clusters, qui surviennent à travers l'interaction

19 Les externalités inter-industrielles seront ajoutées par Jabobs (1969)

20 Pour une revue de la littérature sur les clusters régionaux, voir Gupta et Subramanian (2008)

entre des conditions spécifiques des facteurs, des conditions de la demande, des industries de soutien et de la rivalité entre entreprises.

Le rôle des filiales dans ces clusters peut être divisé en deux catégories (Birkinshaw et Hood, 2000, p. 142). Premièrement, les entreprises créent des filiales dans ces emplacements qui ont comme objectif d'y acquérir des connaissances avancées pour les transférer dans les autres filiales de l'EMN. Deuxièmement, les filiales peuvent devenir une base principale pour une des lignes de produits majeurs de l'EMN (ces filiales sont nommées «transplanted home-bases», «world mandate subsidiaries» ou «strategic leaders»). L'objectif de ces deux catégories de filiales sera d'acquérir des connaissances provenant de la région d'accueil. Ainsi, les filiales ne sont plus considérées seulement comme des unités permettant d'améliorer les produits de l'entreprise, mais aussi comme des unités innovantes (Rugman & Verbeke, 2001; Kotabe et al., 2007).

Le Tableau 5 résume les types d'IDE développés dans ce chapitre.

Tableau 5. Tableau récapitulatif des motivations des activités effectuées à l'étranger

Recherche de marchés	– Adaptation aux goûts et besoins spécifiques locaux – Adaptation aux différences locales dans les réglementations, la culture des affaires ou le langage – Contournement des obstacles à l'exportation (barrières tarifaires et non tarifaires) – Production locale pour un marché de grande ampleur ou à forte croissance – Production locale de certains types de services qui doivent être produits là où ils sont consommés – Limitation du désavantage par rapport aux firmes implantées dans ces marchés étrangers – Suivi des concurrents – Suivi des fournisseurs ou clients principaux – Proximité avec des clientèles exigeantes afin de prévoir l'apparition de nouveaux besoins et de tester de nouveaux produits
Recherche de ressources	– Accès aux ressources immobiles (capital physique, capital humain) – Minimisation des coûts de transport – Sécurité des approvisionnements – Accès facilité aux ressources par la présence locale
Recherche d'efficience	– Exploitation des différences dans la disponibilité et les coûts des facteurs entre pays – Exploitation des différences de cultures, d'arrangements institutionnels, de systèmes et politiques économiques et de structure du marché – Possibilité de rationaliser en déplaçant les ressources selon le changement dans la demande entre pays – Possibilité de bénéficier d'économie d'échelle et de gamme – Possibilité de diminuer les impôts en profitant des systèmes nationaux

Recherche d'actifs stratégiques	– Ajout aux actifs existants d'autres actifs qui pourront soutenir la position concurrentielle à long terme – Acquisition d'une part ou de toute une autre entreprise pour accéder à la connaissance de celle-ci sur les marchés étrangers – Acquisition d'une part ou de toute une autre entreprise pour accéder aux connaissances technologiques (brevets, compétences des employés, systèmes), aux marques, ou aux réseaux de distribution – Acquisition d'une part ou de toute une autre entreprise afin d'affaiblir les concurrents – Acquisition d'une part ou de toute une autre entreprise afin d'empêcher les concurrents d'acquérir l'entreprise – Accès aux externalités des agglomérations

Source: Elaboration personnelle

Dans ce chapitre, les principaux objectifs poursuivis par les EMN ont été développés. Cependant, d'autres raisons ont encore été avancées dans la théorie. Une explication des IDE se trouve dans l'engagement croissant des fonds privés («private equity funds») dans des fusions et acquisitions transfrontières. Ces fonds sont contrôlés par des firmes de «private equity» et acquièrent des parts de compagnies dans l'objectif de restructurer l'organisation et d'augmenter la valeur des actions pour une revente. En 2006, les fonds d'investissement collectif étaient impliqués dans 18 pour cent de toutes les fusions et acquisitions transfrontières (CNUCED, 2007, p. 7). En outre, étant donné que les entreprises ont vu ces dernières années leur profit croître (par exemple, le ratio profits sur ventes des 500 plus grandes entreprises américaines en 2006 a été le plus haut depuis 20 ans), la valeur de leurs actions a augmenté, ce qui a haussé la valeur des fusions et acquisitions (CNUCED, 2007, p. 5). Les fonds souverains étrangers (fonds d'investissements créés par les gouvernements pour posséder des actifs étrangers, principalement dans les obligations des gouvernements des Etats-Unis et en Europe) ont aussi commencé à être pris en compte dans les IDE. En 2007, les IDE détenus par les fonds souverains étrangers se montaient à 10 milliards de dollars, c'est-à-dire 0.6 pour cent des flux totaux d'IDE (CNUCED, 2008, p. 20).

Les EMN sont aussi influencées par les taux de change des monnaies (Aliber, 1970, 1971; Goldberg, 2009). Les risques liés aux fluctuations des taux de change peuvent être réduis en achetant les ressources et en vendant les produits dans un même pays (Narula, 2008). De ce fait, les entrants et les sortants se font dans la même monnaie. Par exemple, suite à la faiblesse du dollar américain dès 2006, les Etats-Unis ont reçu beaucoup d'IDE de la zone euro et du Japon (les flux entrant aux Etats-Unis se sont accrus de 53 milliards de dollars en 2003 à 233 milliards de dollars en 2007, CNUCED, 2008, p. 19). Les EMN profitent ainsi de la diminution des coûts d'investissement aux Etats-Unis et préfèrent vendre leurs produits en dollars plutôt que d'exporter dans ce pays avec un taux désavantageux. Néanmoins, les EMN n'ont pas profité du faible taux de change du yen japonais dans les années 1990. Les effets des changements du taux de change dépendent en effet de plusieurs variables, telles que les caractéristiques des pays d'accueil et d'origine (Russ, 2007). En outre, les études empiriques sur les effets du taux de change sur les flux des IDE donnent des résultats contradictoires (CNUCED, 2008, pp. 19 et 35). Il est donc difficile d'établir des généralisations sur ces effets.

Finalement, des facteurs liés aux préférences personnelles des dirigeants peuvent influer sur les décisions d'effectuer des activités à l'étranger (Dastidar, 2009, p. 73). Selon Reid (1981), plusieurs caractéristiques des directeurs jouent un rôle positif sur la décision d'internationalisation: l'expérience et les voyages à l'étranger (les gestionnaires ayant voyagé beaucoup ou ayant travaillé à l'étranger sont plus ouverts et intéressés dans les affaires internationales. En outre, ils bénéficient d'un plus grand nombre d'opportunités d'observer les avantages des pays d'accueil), la connaissance de langues étrangères (le nombre de langues connues par un gestionnaire est un indicateur de son intérêt pour les activités internationales et facilite les contacts à l'étranger, ainsi que l'apprentissage des pratiques locales), et les caractéristiques personnelles (les preneurs de risques sont particulièrement enclin à s'engager à l'étranger). Cependant, sur le long terme, ces préférences sont moins importantes que la poursuite du profit. Par conséquent, ce sont les avantages concurrentiels des pays qui priment sur les décisions d'investissements des entreprises multinationales.

2.5 Comparaison des motifs

Il n'existe pas de statistiques internationales sur l'importance des motivations, mais uniquement des études partielles sur un échantillon d'entreprises ou de pays. D'un côté, ces motivations ne sont pas exclusives les unes des autres, mais sont souvent liées et poursuivies en parallèle par les EMN, ce qui les rend difficiles à distinguer. D'un autre côté, il est difficile de récolter des données internationales sur les activités des filiales. La principale base statistique répertoriant les données sur les flux et stocks des IDE des principaux pays est celle de la CNUCED. Cette organisation collecte aussi des données sur les activités des filiales des EMN (nombre d'employés, salaires, ventes, profits, exportations, importations, dépenses en R&D entre autres), mais pour un nombre restreint de pays (dans le World Investment Report 2008 de la CNUCED, seuls 7 pays fournissent des données sur les ventes des filiales étrangères dans leur pays en 2005[21]). L'OCDE publie des données sur certaines activités des filiales, mais également sur un nombre de pays restreint (dans la base de données AFA sur les activités des filiales étrangères de 2007, seuls 21 pays donnent des données sur les ventes des filiales étrangères en 2003, et uniquement pour le secteur manufacturier). Ces deux organisations ne fournissent pas de résultats sur les motivations des IDE, mais enseignent le fait que les IDE mondiaux sont en augmentation: le stock d'IDE sortants est passé de 579 milliards de dollars à prix courants en 1982, à 1'785 milliards de dollars en 1990 et à 15'602 milliards de dollars en 2007 (CNUCED, 2008, p. 10). Les données sur les flux d'IDE sont disponibles depuis 1970 et montrent que les IDE sortants ont fortement augmenté depuis les années 1985, passant de 14 milliards de dollars à prix courants en 1970, à 62 milliards en 1985, à 239 milliards en 1990 et finalement 1'996 milliards en 2007 (CNUCED, 2008b). Les statistiques indiquent également que les ventes des filiales étrangères sont passées de 2'741 milliards dollars en 1982, à 6'126 milliards en 1990 et à 31'197 milliards en 2007[22]. Ainsi, si l'on considère que les ventes des filiales sont un indicateur du motif de recherche de marché, celui-ci est en augmentation. Les exportations des

21 République Tchèque, Allemagne, Hong Kong, Inde, Japon, Slovénie et Etats-Unis (UNCTAD, 2008, p. 283)

22 Ces données sont basées sur une régression résultant des stocks d'IDE entrant.

filiales étrangères ont augmenté de 688 milliards de dollars en 1982 à 1'523 milliards en 1990 et à 5'714 milliards en 2007[23]. Les motifs de recherche de ressources, d'efficience et d'actifs stratégiques sont donc aussi en augmentation, mais apparaissent moins importants que le motif de recherche de marché si l'on considère que les ventes sont un indice du motif de recherche de marché et les exportations des filiales un indice des autres motifs.

Les motifs peuvent aussi changer, en particulier selon le stade d'internationalisation de la firme ou du pays d'origine de celle-ci. Malgré le fait que toutes les EMN n'ont pas le même modèle d'internationalisation, certaines séquences de développement sont généralement suivies (voir le cycle de vie du produit de Vernon, 1966 et la théorie de l'investissement séquentiel de Johansson et Vahlne, 1977, 1990 et Chang, 1995). Initialement, la firme est purement domestique en termes de production et de vente. Ensuite, afin de soutenir sa croissance et sa profitabilité, l'entreprise peut avoir besoin de dépasser le marché national et pénétrer les marchés étrangers. Selon Johansson et Wiedershein-Paul (1975), les entreprises commencent à exporter dans des pays voisins ou des pays bien connus, ou qui ont une relative petite distance psychologique (par exemple peu de différences culturelles ou de réglementations). Les entreprises se dirigent en effet vers les pays similaires et passent par un processus d'apprentissage de ces marchés, car elles ont un désavantage par rapport aux firmes domestiques qui comprennent mieux le marché local (Rugman et Verbeke, 2007; Oh et Rugman, 2007). L'apprentissage des affaires internationales s'effectue d'une façon incrémentale (Johansson et Vahlne, 1977; Rugman, 1981), ce qui conduit à un modèle de diversification géographique limité (Collinson et Rugman, 2007; Peng et Delios, 2006). En d'autres termes, l'expansion internationale dépend des connaissances des marchés étrangers dérivés des expériences. L'entreprise commence généralement par les exportations ou par des contrats de licences, puis continue par installer des filiales à l'étranger, ou à acquérir des entreprises étrangères, selon les avantages de l'internalisation. Dans ce cas, l'entreprise devient une EMN avec une motivation de recherche de marchés. Finalement, l'entreprise installe des activités de production à l'étranger dans une logique de recherche

23 Les données sont basées, suivant les périodes, sur une régression résultant des stocks d'IDE entrant ou sur un pourcentage attribué aux exportations des filiales étrangères par rapport aux exportations mondiales en 1988 (33.3%).

d'efficience afin de réduire ses coûts et recherche des ressources à l'étranger. La recherche d'actifs stratégiques s'effectue dès que l'entreprise possède les capacités suffisantes à acquérir d'autres entreprises ou à développer des centres de R&D à l'étranger, ainsi qu'à gérer la division internationale de ses fonctions (Makino et al., 2002).

L'hypothèse selon laquelle l'expansion internationale de la firme est un processus graduel dépendant de la connaissance acquise par l'expérience forme la base du modèle d'Uppsala (Johansson et Vahlne, 1977 et 1990; Forsgren, 2002). Selon ce modèle, plus la firme connaît le marché étranger, moins elle perçoit de risque et plus elle investit dans ce marché. Ainsi, les firmes gagnent graduellement de l'expérience sur les marchés étrangers et en améliorent leurs connaissances. Elles augmentent alors leurs engagements d'abord dans les marchés proches et ensuite dans ceux qui ne sont pas similaires à leurs pays d'origine. Néanmoins, même si ce modèle est intuitif et permet d'expliquer le processus d'internationalisation de certaines entreprises, il n'explique pas une grande partie des motifs d'internationalisation développés dans ce chapitre. Par exemple, une entreprise européenne peut commencer à localiser sa production en Chine, pays distant, plutôt que dans un pays européen (Mellahi et al., 2005, p. 191). En outre, beaucoup d'entreprises commencent par internationaliser leurs activités pour un motif de recherche de ressources naturelles, surtout celles provenant des pays émergents (CNUCED, 2006, p. 161).

Ces séquences peuvent être modifiées selon les pays d'origine de la firme. Une firme provenant d'une petite nation peut être davantage motivée à installer des activités de production à l'étranger dès le commencement de son internationalisation (Nestlé produisait déjà à l'étranger cinq mois après sa création, Dicken, 2007, p. 117). En outre, le niveau de développement du pays d'origine influe sur les motivations des firmes domestiques. Par exemple, le motif de recherche d'actifs stratégiques apparaît surtout dans les firmes provenant de pays développés. En effet, les firmes des pays en développement qui recherchent des actifs stratégiques doivent d'abord développer les capacités nécessaires à leur absorption. Les statistiques montrent que les EMN des pays en développement investissent beaucoup dans les autres pays en développement. Des EMN de l'Asie investissent ainsi fortement en Afrique (en 2006, plus de la moitié des fusions et acquisitions transfrontières vers l'Afrique était faite par des EMN provenant des pays en développement asiatiques). La Chine établit par exemple des zones de coopération économique dans des pays en développement dont l'objectif est de promouvoir l'internationalisation des petites et moyennes entreprises chinoises (au Nigeria, en Mauritanie, en Zambie, en Mongolie, au Pakistan, en Thaïlande, au Kazakhstan, en Russie, et dans les états indépendants du Commonwealth). Les EMN des pays en développement investissent entre elles dans le but de rechercher des ressources, surtout le pétrole ou le gaz afin de sécuriser les sources énergétiques. Cependant, les investissements des pays en développement peuvent aussi avoir comme objectif d'acquérir des actifs créés, tels que les marques et les technologiques (Buckley et al., 2008). En 2005, les principales destinations des IDE des 100 plus grandes EMN des pays en développement sont le Royaume-Uni, les Etats-Unis, la Chine, l'Allemagne, Hong Kong, les Pays-Bas et le Brésil (CNUCED, 2007, p. 269). Ainsi, les pays émergents comme la Chine et l'Inde possèdent de grandes EMN multinationales telles que Tata Group, Infosys, Reliance, ICICI, Mahindra ou Houwei, Haier et Lenovo qui désirent se développer dans les marchés développés et aussi acquérir des talents dans ces régions (Prahalad et Krishnan, 2008, p. 208). La section 1.2 a développé plus en détails les choix d'emplacement des types d'IDE en fonction des pays d'origine des EMN.

Une façon de remédier aux manques de données sur les motivations est de passer par les typologies d'EMN. En effet, les stratégies développées dans ce chapitre peuvent être liées aux classifications des EMN. De nombreux auteurs ont étudié les typologies des EMN (Bartlett et Ghoshal, 1989; Porter, 1986; Adler et Ghadar, 1990; Ghoshal et Nohria, 1993; voir Harzing, 2000 pour une revue de la littérature). Trois types d'EMN sont souvent distinguées (voir le Tableau 6): les entreprises multidomestiques ou polycentriques (faible intégration entre unités de l'entreprise et haute réceptivité aux marchés locaux), les entreprises globales ou ethnocentrique (haute intégration et faible réceptivité) et les entreprises transnationales ou géocentriques (haute intégration et haute réceptivité).

Tableau 6. Stratégies des entreprises multinationales

		Réceptivité locale *(Réponses locales aux préférences des consommateurs, aux canaux de distribution, aux règles du gouvernement)*	
		Faible	Elevée
Intégration globale (Pression des coûts, standardisation)	Elevée	Stratégie globale (avions, appareils photos, électroménager)	Stratégie transnationale (nourriture)
	Faible		Stratégie multidomestique (aliments pré-cuisinés)

Source: Adapté de Narula (2008), p. 7

Ces trois catégories sont distinguées selon la réceptivité locale et l'intégration entre unités. La réceptivité locale est définie par les modifications effectuées par la filiale suite aux conditions des marchés locaux (préférences de la population, canaux de distribution ou demandes du pays d'accueil). Cette stratégie sera importante pour les entreprises multidomestiques et transnationales. Une large proportion de leurs produits vendus par les filiales seront ainsi modifiés et leur marketing adapté selon les marchés. Ces entreprises proviennent ainsi souvent de l'industrie de l'alimentation (Bartlett et Ghoshal, 1989; Kobrin, 1994; Porter, 1986; Rall, 1989) et ont comme principale motivation la recherche de marchés. Les entreprises globales sont présentes dans les industries avec des consommateurs aux besoins relativement standards qui permettent des économies d'échelle importantes (Harzing, 2000, p. 115). Il peut s'agir d'industries de l'électroménager, de fabrication de semi-conducteurs ou d'avions (Claver Cortès et al., 2003, p. 95). Leur motivation dominante sera celle de la recherche d'efficience avec une stratégie à base de réduction des coûts. Elles profiteront davantage des économies d'échelle que les entreprises multidomestiques qui multiplient les filiales de production dans les pays d'accueil. Les produits des entreprises globales ne sont généralement pas modifiés selon les marchés, et seront en principe vendus par le mode des exportations ou par des contrats de licences ou de franchises, étant donné la standardisation des produits. Les IDE des entreprises globales seront en priorité du type de recherche de ressources et d'efficience. Les entreprises transnationales combinent les caractéristiques des entreprises multidomestiques et transnationales, dans le sens qu'elles recherchent de l'efficience et adaptent leurs produits et procédés aux marchés. L'entreprise transnationale est ainsi à la fois globale et répond aux besoins locaux. Une entreprise multidomestique peut ainsi perdre de l'efficience, car chaque filiale achète des matières premières, ce qui empêche le quartier général de négocier de meilleurs contrats avec les fournisseurs. L'entreprise peut ainsi décider de répondre localement aux besoins des consommateurs, dans une stratégie multidomestique, tout en gérant efficacement ces coûts de production en dirigeant son processus de production de manière centralisée, dans une stratégie globale. En outre, selon Bartlett et Ghoshal (1989, 1992), la stratégie transnationale implique un développement et un transfert international des compétences principales de l'entreprise. Dans ce cas, les filiales sont ainsi vues comme créatrices de compétences et communiquant entre elles. Ces entreprises transnationales installent de manière plus importante que les autres types d'entreprises des filiales de recherche de ressources et poursuivent davantage les actifs stratégiques. Il s'agit surtout d'entreprises dans les secteurs de l'automobile ou d'équipements informatiques.

L'intégration est définie par le niveau d'interdépendance entre unités de l'EMN. Les unités des entreprises multidomestiques sont des répliques de la maison-mère et sont plus indépendantes que celles des entreprises globales, étant donné que leurs liens principaux se créent avec le pays d'accueil. Les filiales des entreprises multidomestiques sont ainsi davantage autonomes du quartier général, tout comme des autres filiales. Dans les entreprises globales, les décisions stratégiques sont prises au quartier général de l'entreprise et communiquées aux filiales. Les entreprises transnationales possèdent des filiales indépendantes, qui peuvent jouer un rôle stratégique dans un produit. Cependant, les entreprises transnationales se distinguent des entreprises multidomestiques dans le sens que les interdépendances entre filiales et entre les filiales et le quartier général y sont élevées, étant donné que les filiales peuvent se spécialiser dans une fonction ou un bien intermédiaire utile pour les autres filiales (Harzing, 2000, p. 110).

Ces typologies et motivations des activités étrangères sont aussi très utiles pour déterminer quelles activités de chaîne de valeur sont internationalisées. Les entreprises globales ont une philosophie ethnocentrique, ayant une prédisposition vers le pays d'origine basée sur la croyance que le pays d'origine est supérieur (Stonehouse et al., 2005, p. 51). Elles conserveront les activités stratégiques dans le pays d'origine et les filiales auront comme objectif la poursuite des ressources à faibles coûts. Les activités de production sont localisées de façon à maximiser la qualité et la disponibilité des facteurs entrants tout en minimisant les coûts. L'entreprise multidomestique a une philosophie orientée vers le pays d'accueil. Elle réplique ainsi les activités du pays d'origine de la chaîne de valeur dans le pays d'accueil, mais à une plus petite échelle. En effet, la filiale aura besoin d'activités de production, de R&D et de marketing pour adapter les produits ou procédés de l'entreprise au marché local (Harzing, 2000, p. 108). Les entreprises transnationales ont une philosophie géocentrique qui implique une approche globale des affaires. Dans ce cas, toutes les activités de la chaîne de valeur ajoutée sont dispersées en fonction des avantages de l'entreprise, de la localisation et de l'internalisation. Les filiales effectuent aussi des activités destinées au marché global. La difficulté consiste dans ce cas à coordonner et intégrer les activités dispersées. Les activités de soutien telles que les quartiers généraux régionaux ou les ressources humaines seront effectuées à l'étranger dans un objectif de coordination d'autres activités implantées à l'étranger. Les objectifs principaux des quartiers généraux locaux seront d'intégrer les activités de la maison-mère dans une région, c'est-à-dire de coordonner et de contrôler les activités des filiales et d'agir comme intermédiaire entre le quartier général principal et les filiales d'une région particulière (Dicken, 2007, p. 141).

En conclusion, ce chapitre a développé les raisons qui incitent les entreprises à effectuer des activités de production à l'étranger: recherche de marché, de ressources, d'efficience ou d'actifs stratégiques. L'entreprise décide d'investir à l'étranger pour des raisons de recherche de marché lorsque la vente de ses produits ou services est facilitée à travers ses filiales par rapport aux exportations (présence locale requise pour contourner les barrières au commerce internationale, pour mieux appréhender les spécificités locales, pour satisfaire rapidement la demande, pour suivre les clients ou lorsque la production et la vente sont simultanées) ou par rapport aux contrats avec des entreprises étrangères (production interne afin de protéger la marque ou la réputation). La recherche de ressources implique que le pays étranger possède des ressources peu mobiles davantage accessibles ou de meilleure qualité que celles disponibles dans le pays d'origine. A travers le motif d'efficience, l'EMN a comme objectif de minimiser ses coûts en segmentant son processus de production selon les avantages comparatifs des nations. Finalement, le motif de recherche d'actifs stratégiques vise à acquérir des avantages concurrentiels créés à l'étranger, ainsi qu'à les transférer au sein de la firme. Les activités effectuées à l'étranger peuvent ainsi être motivées de façon très différente (Dunning et Lundan, 2008, p. 78). Pour cette raison, il est très difficile d'expliquer l'existence des EMN dans une seule théorie. Le paradigme éclectique de Dunning développé dans le premier chapitre fournit une alternative prenant en compte plusieurs théories partielles d'explication des EMN.

Ces motifs peuvent être divisés en deux catégories de stratégies des EMN: la stratégie d'exploitation de l'avantage spécifique de l'entreprise et la stratégie d'exploration de nouveaux avantages spécifiques. Le paradigme éclectique a enseigné que les firmes s'engagent dans les IDE lorsqu'elles perçoivent qu'elles réalisent un avantage concurrentiel spécifique qui sera mieux exploité à l'interne depuis un emplacement étranger (voir le Chapitre 1). Dans ce cas, les EMN s'installent dans des localisations dont les actifs spécifiques peuvent être utilisés en conjonction avec leurs propres avantages spécifiques mobiles qui, en retour, reflètent la disponibilité et la qualité des actifs créés dans leur pays d'origine (Dunning et Wymbs, 1999, p. 184). Le choix du lieu d'implantation de l'EMN ayant la stratégie d'exploitation des actifs est déterminé par un ou plusieurs des trois motifs suivants: recherche de marché, recherche de ressources et recherche d'efficience. Ainsi, les entreprises de l'acier, de l'aluminium ou du pétrole ont principalement un avantage concurrentiel dans l'accès aux matières premières et recherchent des localisations qui leur fournissent des ressources naturelles. Les entreprises de l'hôtellerie possèdent notamment un avantage sous la forme d'une marque reconnue. Elles sont motivées à installer des filiales à l'étranger afin d'accroître leur part de marché, car d'une part il leur est impossible d'exporter leurs services et, d'autre part, elles peuvent protéger leur marque en travaillant avec leur propre organisation plutôt que de passer par des agents locaux. Finalement, la recherche d'efficience est poursuivie principalement par les entreprises dont l'avantage concurrentiel est basé sur les coûts, tel que celles fournissant des produits standardisés comme les téléviseurs. L'implantation à l'étranger leur permettra dans ce cas de produire leurs biens à plus faibles coûts. Outre ces trois stratégies d'exploitation des actifs existants, de plus en plus d'EMN investissent à l'étranger afin de protéger ou d'augmenter leurs avantages concurrentiels, spécialement depuis les années 1990 (Dunning et Lundan, 2008, p. 73). Dans ce cas, elles acquièrent des actifs créés à l'étranger dans un motif de recherche d'actifs stratégiques. Il peut s'agir d'entreprises pharmaceutiques, qui développent notamment un avantage concurrentiel dans leur capacité innovatrice et cherchent constamment des spécialistes dans la recherche. Cette séparation entre exploitation et exploration est importante pour la compréhension des enjeux de l'IDE et sera développée plus en profondeur dans la deuxième partie sur les IDE dans les activités de R&D.

Chapitre 3

Effets économiques des IDE sur les pays d'accueil et d'origine

En fragmentant les activités de leur chaîne de valeur à travers les frontières, les EMN influencent la division internationale du travail et la répartition internationale des ressources. Leur impact devient majeur, étant donné que les EMN représentent une part croissance de la production, de l'emploi et des échanges commerciaux (Meier et Schier, 2005, p. 5). Ainsi, en 2007, la valeur ajoutée (la production brute) des filiales étrangères correspondait à 11 pour cent du PIB mondial, alors qu'elle représentait 7 pour cent en 1990 (adapté de CNUCED, 2008, p. 9). Les ventes de ces filiales se sont élevées à 31'000 milliards de dollars américain et le nombre de leurs employés a atteint 82 millions (CNUCED, 2008, p. 10). Ce chapitre analyse de quelle manière les EMN influencent les économies au sein desquelles elles opèrent.

Dans une première section, les effets liés à la présence de filiales étrangères dans l'économie du pays d'accueil sont détaillés. En 2007, sur 98 nouvelles mesures politiques identifiées par la CNUCED comme ayant un impact sur les IDE, 74 visaient à favoriser les IDE dans les pays d'accueil, par exemple en diminuant les impôts sur le revenu des entreprises ou en établissant des zones économiques spéciales (CNUCED, 2008, p. 11). Les gouvernements créent ainsi des mesures pour attirer les entreprises étrangères, en partant de l'idée que les EMN possèdent des avantages spécifiques supérieurs à ceux des entreprises locales. Ainsi, les IDE ont le potentiel de fournir des compétences, technologies, pratiques organisationnelles, mais aussi de nouveaux emplois et des ressources financières. Cependant, certains pays d'accueil sont parfois réticents aux entreprises étrangères et créent des discriminations par rapport aux entreprises nationales. Les concepts économiques sous-jacents à ces attitudes sont approfondies.

Dans une seconde section, les effets des IDE sortants sont étudiés. Comme pour les effets sur les pays d'accueil, les effets des IDE sortants ont créé des réactions mitigées. D'un côté, l'économie du pays d'origine profite de la multinationalisation de ses entreprises grâce notamment à la hausse de leur productivité. Les entreprises accèdent également à des actifs stratégiques à l'étranger tels que des nouvelles techniques de production, qui peuvent être transférées au pays d'origine. D'un autre côté, les délocalisations[24] effectuées par les EMN inquiètent leur population. Dans la deuxième section de ce chapitre, les effets de l'internationalisation des entreprises domestiques seront définis.

3.1 Effets sur le pays d'accueil

Les impacts des EMN sur les pays d'accueil dépendent principalement des avantages spécifiques que l'entreprise transfère à ses filiales. Cette supériorité des EMN est bénéfique pour les firmes du pays d'accueil, grâce notamment à trois mécanismes: les entreprises locales ont la possibilité d'imiter les innovations et les pratiques des EMN grâce aux externalités, la mobilité des travailleurs permet aux entreprises locales d'acquérir les compétences des EMN et l'arrivée d'EMN améliore l'environnement concurrentiel et augmente la productivité des firmes locales (Wang et Blomström, 1992; Fosfuri et al., 2001; Glass et Saggi, 2002; Marcin, 2008).

Ces mécanismes sont expliqués au point 3.1.2 dans les effets indirects. Ceux-ci sont liés aux effets d'entraînement ou retombées (effets appelés «spillovers» dans la littérature économique) provenant des activités des filiales vers les autres acteurs domestiques. Ces retombées sont des externalités qui apparaissent lorsque la présence de filiales étrangères conduit à des améliorations dans les capacités, la productivité ou l'efficience des firmes domestiques (Blomström et Kokko, 2003), ou encore dans l'amélioration des infrastructures locales, et

24 La délocalisation consiste à cesser de produire dans un pays pour produire ailleurs. Elle occasionne ainsi un déplacement des activités de production. La délocalisation peut être faite par «offshoring» (production à l'étranger à travers les filiales de la firme) ou «outsourcing» (production à l'étranger en ayant recours à des entreprises externes, forme d'externalisation). Dans cette dernière situation, il ne s'agira donc pas d'investissement étranger direct, mais de cession d'activités à une autre firme ne faisant pas partie de son entreprise, et dont elle ne contrôle pas la gestion.

lorsque les EMN ne sont pas capables d'internaliser la pleine valeur de ces externalités.

Auparavant, les effets directs des filiales sur l'économie d'accueil sont développés. Il s'agit dans ce cas principalement du changement dans le marché du travail du pays d'accueil, des effets sur la balance commerciale, de l'apport de ressources financières, des effets sur l'environnement, le social et la politique et des effets sur les compétences locales.

3.1.1. Effets directs

En 2007, la part du stock d'IDE entrants dans les pays développé a atteint 27.2 pour cent du PIB de ces pays (65.7 pour cent du PIB Suisse, CNUCED, 2008, p. 263). Dans les pays en développement, le stock d'IDE entrants correspondait à 29.8 pour cent du PIB. Le stock d'IDE entrants est parfois plus élevé que le PIB: en Belgique, il équivaut à 165.2 pour cent du PIB en 2007. Ces investissements sont ainsi conséquents pour les économies. Non seulement l'EMN apporte des ressources financières, mais en outre elle a un impact direct notamment par le fait qu'elle modifie les conditions de travail, exporte les ressources acquises ou importe des matières premières intermédiaires, ou encore transforme l'environnement en recherchant des agents énergétiques. Cette section détaille ces effets.

– *Marché du travail*

La forte augmentation des IDE depuis les années 1990 a conduit à une hausse de la main-d'œuvre travaillant dans des filiales étrangères. En 2007, les EMN employaient 82 millions de personnes dans leurs filiales étrangères, contre 25 millions en 1990 (CNUCED, 2008, p. 10). Il faut néanmoins noter que les IDE ne s'effectuent pas seulement par création de filiales, mais aussi par fusions et acquisitions. Dans ce cas, l'EMN ne crée pas nécessairement des emplois, mais accède aux travailleurs de l'entreprise acquise. Cependant, même lors de fusions et acquisitions, l'EMN peut transférer ses propres employés, restructurer l'entreprise, apporter de nouvelles compétences organisationelles et modifier les salaires ou conditions de travail.

Selon la CNUCED, le nombre de personnes employées dans des filiales étrangères en 2006 (73 millions) correspond à 3 pour cent de la main-d'œuvre mondiale (CNUCED, 2007, p. 10). En 2004, la Chine possédait le plus grand nombre d'employés travaillant dans des EMN: 24 millions (3 pour cent de la main d'œuvre). En comparaison, 5.1 millions d'employés travaillaient dans les filiales étrangères aux Etats-Unis (près de 4 pour cent de la main d'œuvre, CNUCED, 2007, p. 10). 7.1 pour cent de la main-d'œuvre en Autriche travaillaient dans les filiales étrangères en 2004, 15.9 pour cent en République tchèque, 7.3 pour cent en Allemagne, 0.8 pour cent au Japon, 19.1 pour cent à Macao, 8 pour cent en Slovénie et 5.2 pour cent en Suisse (CNUCED, 2007, p. 10).

L'impact sur le marché du travail dépend ainsi des régions d'accueil et est notamment important dans les pays en développement, où les travailleurs des filiales reçoivent dans la majorité des cas de meilleurs salaires et ont de meilleures conditions de travail et de sécurité sociale que ceux des entreprises domestiques (voir les études de Aitken et al., 1996; Lipsey et Sjöholm 2001; Velde et Morrissey 2001; Udomsaph 2002; Brown et al. 2003; Velde et Morrissey, 2003; Harrison et Scorse 2005; Görg et al. 2007; OCDE, 2008e). Une récente étude de Wu et al. (2008) sur les EMN en Thaïlande et à Taïwan a de ce fait démontré que, même dans les pays où la législation anti-discrimination sur l'âge et le genre est absente, les EMN provenant de pays dont cette législation est en vigueur s'engagent moins dans de telles discriminations. L'impact peut également être important dans les pays développés, particulièrement lorsque le chômage y est élevé. En Australie, dans la région de Pilbara, les EMN investissent fortement pour acquérir des minerais de fer et engagent des ingénieurs, ce qui permet de diminuer le taux de chômage (dans la région du Western Australia où se trouve Pilbara, il était de 3.1 pour cent en février 2008, inférieur au taux de 4.1 pour cent de l'Australie, Australian Bureau of Statistics, 2008).

Néanmoins,

> While it is a relatively well-established fact that foreign affiliates pay higher wages than domestic firms, workers and their representatives in developing host economies can still question whether those salaries are above or below the minimum wage. Foreign affiliates may pay less than the perceived minimum, for example in high unemployment areas in which no alternative jobs exist. (CNUCED, 2006, p. 194)

Ceci peut inciter des employés à s'élever contre les salaires qu'ils estiment trop bas. En Roumanie, par exemple, les employés de la filiale Dacia appartenant à Renault depuis 1999 ont vu leur salaire croître de 140 pour cent entre 2003 et 2007 et une nouvelle fois de 28 pour cent en 2008 suite à une grève, ce qui rend leur salaire plus élevé que la moyenne roumaine. Ces augmentations ont pu être possibles grâce au haut niveau de production de cette filiale restructurée par Renault. D'autres employés de filiales ont pu profiter d'une hausse de leurs salaires suite à des grèves en 2007-2008 (les employés de la filiale russe de Ford ont reçu 30 pour cent d'augmentation en 2007; ceux de la filiale CEZ en Bulgarie de l'entreprise tchèque ont reçu une augmentation de 25 pour cent en 2008, Financial Times, 2008b). Les EMN sont aussi parfois accusées d'être obsédées par la réduction des coûts, de ne pas respecter les droits des travailleurs, de limiter leurs bénéfices et de créer des restructurations avec de forts licenciements. Cependant, même si ces remarques sont vraies pour un nombre de cas, les études empiriques et les politiques d'attraction des EMN démontrent qu'en général les EMN attribuent de meilleurs salaires et offrent de meilleures conditions de travail (Aitken et al., 1996, Lipsey et Sjöholm 2001).

En outre, les pays ayant attiré des EMN grâce à leurs faibles coûts de production peuvent développer leur compétitivité grâce aux transferts de technologie, attirer d'autres types d'IDE et ainsi créer une main-d'œuvre plus qualifiée et mieux rémunérée. En effet, beaucoup d'entreprises ont délocalisé leurs sites de production intensifs en travail dans les pays en développement afin de profiter des bas salaires. Cependant, plus les IDE augmentent, plus les salaires augmentent et plus les EMN relocalisent leurs sites de production vers des pays encore meilleur marché. Suite à cela, les pays d'accueil doivent passer d'une économie de bas coût qui attire les activités à faible valeur ajoutée à une économie d'innovation qui attire les activités plus complexes. Grâce à ce développement, des emplois qualifiés et ainsi à plus hauts revenus se créent. Le modèle de développement économique nommé «Flying Geese Paradigm» (paradigme du vol d'oies sauvages), décrit par l'économiste japonais Kaname Akamatsu en 1935 et complétée en 1961 et 1962 explique comment l'industrialisation peut se propager des pays développés vers les pays en développement (voir Rapp, 1967, 1975; Shinohara, 1972, 1982; Yamazawa, 1990; Ishikawa, 1992; Korhonen, 1998; Kojima, 2000; Furuoka, 2005; Cutler et Ozawa, 2007). Dans son modèle, un pays en développement peut passer de l'importation d'un produit à faible valeur ajoutée, à sa production, à son exportation, puis finalement à son abandon pour un produit à plus haute valeur ajoutée. Ce modèle avait été développé spécialement pour expliquer que le Japon était l' «oie dominante» en Asie de l'Est en contribuant au développement des nouveaux pays industriels (NPI) de la première génération (Singapour, Corée du Sud, Hong-Kong, Taïwan) dans les années 1960. Dans les années 1980, une seconde génération de NPI apparaît (Thaïlande, Malaisie, Philippines et Indonésie). Ainsi, les nations sous-développées peuvent être «aligned successively behind the advanced industrial nations in the order of their different stages of growth in a wild-geese-flying pattern» (Ozawa 2005, p. 9).

L'EMN transfert aussi ses compétences à sa filiale, ce qui la rendra plus productive[25]. Non seulement le transfert de la technologie par la maison-mère à la filiale est inclus dans les machines, équipements, droits de brevets, expatriés, mais également dans la formation des employés de la filiale (Blomström et Kokko, 1998, p. 13). La filiale, et ainsi le pays d'accueil, disposera donc de nouvelles techniques et des employés avec des compétences plus élevées qu'auparavant. Il se peut en outre que ces compétences soient transmises aux entreprises domestiques, par un effet indirect développé dans le point suivant. Il s'agit dans ce cas de la circulation des connaissances entre entreprises possibles grâce à la mobilité du personnel et aux effects externes liés à l'agglomération des entreprises.

Dans les pays développés, une crainte peut naître quant à la délocalisation des activités vers les pays à bas coût, suivie d'une diminution du niveau d'emploi. Il se peut en effet qu'une entreprise étrangère qui acquiert une entreprise nationale soit moins attachée à la production locale et décide de délocaliser plus facilement qu'une entreprise nationale ne l'aurait fait. Une entreprise étrangère a aussi la possibilté d'acheter une entreprise nationale afin de posséder une marque et ensuite de changer de stratégie pour celle-ci. Les employés anglais de Jaguar et Land Rover se sont par exemple senti menacés lorsque Ford Motor a vendu ces deux marques à un consortium dont font partie les entreprises indiennes Tata et Mahindra & Mahindra, qui produisent des véhicules

25 Doms et Jensen (1998) ont démontré que les usines possédées par des entreprises étrangères aux Etats-Unis avaient un plus haut niveau de productivité (de 11 à 13 pour cent) que les usines domestiques.

bon marché (Financial Times, 2007c). En outre, les entreprises étrangères désinvestissent plus rapidement que les entreprises domestiques lors de crises. Par exemple, Van den Bulcke (1979) souligne qu'entre 1975-1976, les entreprises étrangères ont désinvesti plus fréquemment que les entreprises domestiques dans les pays européens. Selon lui,

> During the economic crisis of 1973-1975, public opinion became very much aware of the possible magnitude of disinvestment, by multinational corporations, of foreign manufacturing subsidiaries. It was feared that the world slumped and the poor performance of multinational affiliates around the world lead to a retrenchment to the country of origin. (Van den Bulcke, 1979, p. 1)

En résumé, les EMN sont des employeurs importants dans certains pays, non seulement par leur offre de meilleures conditions de travail, mais aussi par leur apport en compétences et meilleures pratiques. En outre, elles peuvent permettre au pays d'accueil de passer à un nouveau stade de développement, avec des emplois plus qualifiés et mieux rémunérés. Cependant, les EMN profitent aussi dans certains cas du manque de réglementations dans les pays en développement et du haut taux de chômage pour engager toute la main-d'œuvre locale dans des conditions de travail non équitables. Pour cette raison, le concept de responsabilité sociale des entreprises (RSE) est indispensable au développement économique des EMN et à la protection des travailleurs dans les pays d'accueil.

La Commission de la Communauté européenne (2006, p. 2) définit la RSE comme

> un concept qui désigne l'intégration volontaire, par les entreprises, de préoccupations sociales et environnementales à leurs activités commerciales et leurs relations avec leurs parties prenantes.

En s'engageant dans des pratiques sociales et environnementales responsables, les EMN jouent un rôle dans les écarts entre nations (Lévy, 2007, p. 607) et développent leur propre compétitivité. Les impacts sociaux et politiques sont associés à la santé et la sécurité, l'afflux de travailleurs étrangers, l'abus de droits humains, les divergences entre les gouvernements et les EMN. Le Pérou par exemple a dû amender plusieurs fois Shougang Group, une entreprise chinoise, pour ses abus sur la loi du travail et des infractions à son contrat initial d'investissement (The economist, 2008b). Les impacts environnementaux concernent surtout des EMN ayant des stratégies de recherche de ressources naturelles, comme celles appartenant aux industries d'exploitation de mines de métal qui sont très polluantes, ou d'extraction de gaz ou de pétrole qui impliquent certains risques environnementaux. Certaines EMN peu scrupuleuses localisent leurs activités où elles peuvent entreprendre du dumping environnemental et où elles peuvent obtenir des permissions pour des émissions de CO_2 plus élevées (Young et Tavares-Lehmann, 2008). Cependant, certaines ONG et des consommateurs mettent des pressions sur ces EMN. En outre, les gouvernements des pays riches en ressources sont de plus en plus exigeants dans les standards environnementaux. Par exemple, en 2006, le Gabon a stoppé le projet de forage dans un parc national d'une entreprise chinoise pétrolière, Sinopec, car celle-ci ne disposait pas des permis environnementaux demandés (The economist, 2008b). D'un autre côté, les EMN peuvent aussi introduire et diffuser des standards et technologies plus avancés pour la protection de l'environnement. En outre, selon Dunning (2003a et b), les individus, les entreprises, les organisations non gouvernementales, le gouvernement et les agences supranationales doivent collectivement imposer des règles et des contrôles des marchés afin d'obtenir un capitalisme global responsable.

Des généralisations sont difficiles à établir, étant donné que les résultats dépendent des caractéristiques du pays d'accueil et des firmes qui investissent. Cependant, les EMN

> cannot project any longer the image that they are outside social controls or that their current forms of governance are intended to benefit only executives and owners rather than other stakeholder. (Lévy, 2007, p. 597)

– *Importations et exportations*

Les filiales étrangères modifient les importations ou exportations des pays d'accueil. Cet impact sur le commerce international dépendra de la stratégie des EMN. Lorsqu'elles ont des stratégies de recherche de marchés, les importations du pays d'accueil vont augmenter dans le cas où le marché serait totalement nouveau, étant donné que les filiales importeront des produits intermédiaires. A l'inverse, les importations diminuent lorsque la filiale produit localement pour un marché qui était auparavant fourni par l'importation.

Lors d'activités de recherche de ressources, les pays d'accueil augmenteront leurs exportations, puisque l'objectif de l'EMN est d'acquérir des ressources non disponibles ailleurs. En outre, si les firmes locales ont offert des intrants à l'EMN pour les produits exportés, le contenu local des exportations sera plus important. Certaines inquiétudes sur les taux de change sont survenues dans les pays en développement qui ont vu un regain d'activités de recherche de ressources naturelles. Le taux de change réel de la Zambie, quatrième productrice mondiale de cuivre, exploité principalement par les EMN, s'est apprécié suite à une décuple augmentation des exportations du cuivre entre 2000 et 2006 (CNUCED, 2006, p. 35). Comme conséquence, l'attractivité de ce pays pour les autres secteurs orientés vers l'exportation comme l'habillement ou l'horticulture a souffert.

La production des filiales en recherche d'efficience est généralement prévue pour être exportée, ce qui provoquera une augmentation des exportations du pays d'accueil (CNUCED, 2006, p. 189). Lors de recherche d'actifs stratégiques, l'impact dépendra de la nature de l'actif. Par exemple, si l'EMN implante une filiale de R&D dont l'objectif est de créer des innovations utiles pour le marché global, la filiale va exporter des services de R&D à l'étranger (CNUCED, 2006, p. 190). Par contre, si une entreprise étrangère acquiert une entreprise locale possédant un actif stratégique, les exportations ne changeront probablement pas.

Les importations et exportations du pays d'accueil pourront aussi se modifier par effets indirects, développés dans le prochain point. En effet, il se peut que les EMN exportent depuis le pays d'accueil et créent de nouvelles infrastructures de transport qui pourront être utilisées par les firmes locales pour entrer dans ces mêmes marchés d'exportation (Blomström et Kokko, 1998). Les EMN disséminent aussi des informations sur les marchés étrangers que les entreprises locales peuvent utiliser, et ainsi accroître leurs exportations.

– *Ressources financières et physiques*

Les EMN représentent une addition directe de revenus au pays d'accueil grâce aux impôts et taxes. Cependant, l'ouverture d'une production locale peut également être motivée par la volonté de ne plus payer les taxes d'importation. Dans ce cas, le gouvernement perd des revenus. En outre, il y a un risque que l'EMN rapatrie ses profits et évite les impôts à travers le prix de transfert (Blomström et Kokko, 1998, p. 5). Le prix de transfert qualifie les prix de cession interne entre filiales au sein d'un même groupe, comme la vente de produits manufacturés, la vente de prestations de services, la rémunération de licence d'utilisations de royalties, la location d'immeubles ou le versement d'intérêts sur des prêts intragroupes (Meier et Schier, 2005, p.181). Les EMN peuvent augmenter ou diminuer le prix de transfert entre filiales et modifier leur bénéfice.

> Par conséquent, il est tentant pour les entreprises multinationales d'augmenter artificiellement le bénéfce de leurs filiales situées dans des pays à faible fiscalité et au contraire de diminuer artificiellement le bénéfice de leurs filiales situées dans des pays à forte fiscalité. (Meier et Schier, 2005, p.181)

Afin de limiter ce risque, l'OCDE a défini le principe de concurrence (reconnu par la plupart des administrations fiscales) qui stipule que le prix de transfert doit refléter celui qui aurait été convenu si la transaction avait lieu entre entreprises indépendantes (OCDE, 2001b).

Lorsque les capacités locales manquent, les filiales de production apportent des capacités au pays d'accueil. En effet, les EMN transfèrent des ressources financières directement aux pays d'accueil, étant donné que l'IDE implique un investissement financier (Peng, 2001; Urata et Kawai, 2000). Les IDE dans les services apportent ainsi des capitaux potentiellement importants dans les services d'infrastructures, comme l'électricité, les télécommunications ou la distribution d'eau. En Argentine, au Brésil, au Chili et au Mexique par exemple, les IDE en télécommunications ont contribué à au moins doubler les lignes téléphoniques principales entre 1990 et 1999. La Chine a ouvert progressivement les IDE dans le secteur de la génération d'électricité, principalement parce qu'elle manquait de ressources financières et de capacité manufacturière pour faire face à la demande en équipements d'électricité (Gabriele 2004, p. 13, cité dans CNUCED, 2004, p. 127).

L'importance de l'apport en ressources dépend premièrement de la taille et de la nature des activités de la filiale. Si celle-ci doit produire à grande échelle pour une stratégie de recherche de marché, les capacités de production ajoutées sont importantes. Ceci provoque avant tout des effets indirects sur l'offre et la demande de biens et services du pays d'accueil qui seront décrits dans le paragraphe suivant. Par contre, si la filiale a comme objectif d'imiter les innovations locales, les capacités de production ajoutée au pays d'accueil sont faibles. Deuxièmement, le mode d'investissement influence l'importance de l'apport. Alors que les filiales «greenfield» ajoutent directement du capital, des compétences, des technologies et des emplois dans le pays, les fusions et acquisitions transfrontières provoquent des changements de propriétaires, mais n'impliquent pas dans le court terme de modifications dans les capacités et l'emploi. Dans le moyen et long terme, cependant, les deux modes auront certainement des effets similaires. Par exemple, les fusions et acquisitions peuvent avoir comme objectif de restructurer l'entreprise acquise afin d'augmenter son efficience et de transférer de nouvelles compétences ou technologies dans le pays d'accueil. Selon la CNUCED (2006, p. 17), il est difficile de distinguer les effets en fonction du mode d'entrée des IDE après que l'investissement initial est passé, car les EMN investissent dans leurs filiales sans regarder comment elles ont été établies. Troisièmement, le gouvernement peut aussi intervenir pour profiter au maximum des EMN étrangères. La Russie, par exemple, augmente graduellement ses taxes sur les exportations du bois naturels, afin que les EMN chinoises ne récoltent pas seulement le bois dans les forêts de Sibérie, mais y installent aussi des scieries (The economist, 2008b).

En résumé, les effets directs sont en principe positifs pour le pays d'accueil, lorsque celui-ci met en place des réglementations qui protègent les employés et l'environnement. Les études sur les effets directs ont montré que les filiales ont une productivité plus élevée que celle des entreprises domestiques (Globerman et al., 1994; Del Sol et Kogan, 2007) et que la productivité des firmes acquises par des entreprises étrangères augmente (Karpaty, 2007).

3.1.2. Effets indirects

Une filiale n'agit généralement pas isolément des autres acteurs domestiques. Elle engage par exemple des travailleurs issus d'autres entreprises, elle acquiert des produits fabriqués par des offreurs locaux ou elle participe à des événements locaux. Par conséquent, les entreprises domestiques sont influencées par les activités des filiales étrangères. Cette section développe les impacts des filiales étrangères sur les entreprises domestiques du pays d'accueil. Ces effets se forment par divers mécanismes: par la concurrence, par les liens avec les fournisseurs et clients domestiques ou par la collaboration avec les partenaires domestiques pour des objectifs stratégiques, technologiques ou managériales (Scott-Kennel, 2007, p. 54).

– *Concurrence*

Les filiales étrangères augmentent la concurrence sur le marché étranger. Ceci permet non seulement d'éroder le pouvoir de monopole et les profits excessifs des firmes locales, mais également d'augmenter la pression concurrentielle et d'obliger les firmes locales à être plus efficientes. En conséquence, les entreprises les moins efficientes disparaissent ou s'améliorent, ou encore sont poussées vers des segments de marché qui étaient ignorés par les EMN. Des études au Royaume-Uni démontrèrent que l'augmentation de 10 pour cent de la part des EMN dans les activités d'une industrie augmente la productivité totale des facteurs des unités domestiques de cette industrie d'environ 0.5 pour cent (Haskel et al. 2002; Griffith et al. 2003a).

Cet effet peut être mal perçu de la part du pays d'accueil, car il est possible que les entreprises domestiques considèrent que les EMN ont absorbé toutes les capacités locales et les ont forcées à disparaître. Les EMN évincent dans ce sens les petites entreprises artisanales en produisant des substituts à leurs produits. Au Brésil, l'industrie textile a vu l'entrée des EMN étrangères apporter des fibres synthétiques. La conséquence en fut une stagnation de la demande pour les textiles en coton et la disparition de certaines firmes locales. Les autres firmes ont été forcées à créer des co-entreprises avec les entreprises étrangères afin d'accéder à la nouvelle technologie (Evans, 1979). En ayant moins de demande, les firmes domestiques doivent supporter leurs coûts fixes sur une plus petite quantité de produits, ce qui diminue leur productivité (Tian, 2007). En outre, les entreprises domestiques ne trouvent plus de travailleurs, car les EMN ont attiré les meilleurs travailleurs locaux par leurs meilleures conditions de travail. L'étude de Tian (2007) a soulevé ces impacts négatifs des IDE en Chine. Selon ses recherches, les EMN affectent négativement la productivité des firmes chinoises, car elles attirent non seulement la demande dans le marché d'exportation, mais aussi les travailleurs qualifiés dans le marché du travail local. Ceci peut affecter le développement des entreprises locales et créer des tensions entre les entreprises locales et étrangères.

En outre, l'EMN peut devenir un monopole dans le marché du pays d'accueil. Dans ce cas, le marché est perçu comme trop petit pour encourager d'autres EMN à y entrer et la productivité des firmes locales est trop faible pour concurrencer l'EMN (Blomström et Kokko, 1998, p. 5). Il se peut aussi que l'EMN effectue des pratiques anticoncurrentielles afin de faire disparaître les entreprises domestiques et que le pays d'accueil n'ait pas les outils nécessaires pour les combattre.

L'effet de concurrence a cependant des retombées positives. Outre le fait qu'il améliore la productivité des entreprises, il permet d'encourager l'EMN à transférer la technologie de la maison-mère à la filiale pour faire face à la concurrence locale. Ce transfert de technologie accroît la probabilité d'effets d'entraînement entre les filiales et les entreprises domestiques du pays d'accueil (voir Sjölholm, 1997; Görg et Strobl, 2003). Par exemple, les employés travaillant dans les EMN peuvent se déplacer vers les entreprises nationales et apporter des connaissances technologiques et en gestion, telles que des techniques d'inventaires ou de contrôles de qualités. Même si l'EMN attire les meilleurs travailleurs et que seuls les moins bons restent dans les entreprises locales, ces travailleurs pourront être formés et améliorer les compétences scientifiques du pays. Par exemple, l'entrée d'EMN au Kenya a introduit la production mécanique dans l'industrie du savon (Langdon, 1978).

Selon Veugelers et Cassiman (2004), le mouvement de personnel est une source importante de retombées technologiques: lorsque les employés des EMN se déplacent vers les firmes locales ou établissent leur propre entreprise, ils transfèrent leurs connaissances acquises dans les filiales à l'économie locale. Une étude empirique de Görg et Strobl (2005) a démontré que les entreprises qui sont dirigées par des employés travaillant auparavant pour des EMN dans la même industrie bénéficient d'une plus grande croissance de la productivité que les autres firmes domestiques. Ces résultats mettent en évidence le fait que les entrepreneurs apportent avec eux leurs connaissances accumulées dans l'EMN qui peuvent être employées dans la firme domestique.

La présence de firmes étrangères peut aussi permettre aux firmes locales d'apprendre de nouvelles technologies ou de nouvelles méthodes de gestion au travers des effets d'entraînement de compétence ou des effets d'apprentissage ou d'imitation («demonstration effects»). Les

EMN disséminent des informations sur les marchés étrangers que les entreprises locales utilisent pour accroître leurs exportations. Souvent, l'EMN pourra bénéficier de son réseau international existant et sera ainsi en meilleure position que les entreprises domestiques, surtout dans les pays en développement, pour gérer le marketing international, la distribution et le service sur les produits. D'un côté, les contacts entre filiales fournissent les connaissances sur les conditions du marché étranger, sur le marketing international et les réseaux de distribution existants. Ces connaissances peuvent être transférées aux firmes locales (par exemple lors de mobilité du personnel ou lors d'associations industrielles) et celles-ci adaptent en conséquence leurs produits et peuvent effectuer leurs propres exportations. Ce transfert de connaissances avait déjà été observé dans les années 1970 par le rôle des entreprises japonaises de commerce dans les exportations de l'Asie de l'Est (Hone, 1974). D'un autre côté, les EMN sont généralement assez larges pour financer les coûts fixes élevés du développement des transports, des communications et des services financiers essentiels dans les activités d'exportation (Blomström et Kokko, 1998, p. 7). Elles peuvent également profiter de leurs filiales à l'étranger et exercer des pressions sur les gouvernements du pays d'accueil afin de diminuer les barrières au commerce et d'augmenter la libéralisation du commerce. Ceci peut profiter à d'autres entreprises dans d'autres pays. Le transfert et la diffusion de la technologie sont alors accélérés dans les marchés locaux par l'entrée des filiales et les taux d'innovation des pays d'accueil augmentent.

Cependant, le transfert ne peut parfois pas se produire. En effet, afin qu'une retombée de connaissances ait lieu, il faut que l'entreprise étrangère possède des connaissances que les entreprises du pays d'accueil n'ont pas et nécessitent (Caves, 1999, p. 1). En outre, les EMN peuvent opérer dans des enclaves, où ni les produits, ni les technologies ont des parties communes avec ceux des firmes locales (Kokko, 1994). Il peut y avoir ainsi peu de possibilités d'apprentissage, au contraire de la situation dans laquelle les filiales étrangères et les entreprises locales sont en concurrence. La filiale peut aussi réduire ses liens avec des entreprises locales de peur de perdre son avantage spécifique. Il a été démontré que dans certains cas les effets d'entraînement sont plus grands depuis les entreprises domestiques vers les filiales étrangères que l'inverse, surtout dans le cas des activités de R&D (Todo, 2006). Selon Singh (2007, p. 782):

> In fact, in technologically advanced countries, subsidiaries of foreign MNCs gain significantly more than they contribute in terms of knowledge. Even for the remaining countries in our sample, knowledge outflows to foreign MNCs are almost as large as knowledge inflows.

Son analyse se concentre sur la mesure et la comparaison des flux entrant et sortant de connaissances résultant des EMN présentes dans 30 pays. Les flux entrants sont les flux provenant des EMN et se dirigeant vers les organisations du pays d'accueil et les flux sortants sont ceux qui proviennent des organisations du pays d'accueil et se dirigeant vers les EMN. Ses résultats démontrent qu'en Suisse, par exemple, l'intensité des flux de connaissances des EMN étrangères vers les entreprises domestiques est plus faible que l'intensité des flux de connaissances des entreprises domestiques vers les EMN étrangères, comme dans 11 pays sur 20 de son échantillon. Cette analyse prouve selon lui que les filiales des EMN bénéficient davantage des connaissances du pays d'accueil qu'elles n'y contribuent en termes de connaissances. Cette étude est confirmée par Todo (2006) qui démontre qu'au Japon les étendues des retombées depuis les activités de R&D des filiales étrangères vers les entreprises domestiques sont plus faibles que celles des entreprises domestiques vers les filiales. Une des façons de l'EMN de diminuer le transfert de ses compétences spécifiques vers les entreprises locales est de garder ses employés. Ceci peut être une des raisons pour laquelle les salaires des employés des EMN sont plus élevés que ceux des entreprises domestiques.

En outre, les entreprises domestiques doivent avoir les capacités d'absorption nécessaires pour profiter des effets d'entraînement (Narula, 2003b). Les résultats de l'étude de Girma et Görg (2005) montrent clairement que la capacité d'absorption influence les bénéfices des retombées reçues par les entreprises domestiques du pays d'accueil. Selon eux, lors de la première étape du développement de la nation, le transfert technologique par les IDE facilite la diffusion technologique et permet au pays de renforcer ses capacités, ainsi que d'absorber les technologiques appropriées. Cependant, leur étude montre que la diffusion technologique atténue les incitations des firmes locales à faire leur propre R&D. En conséquence, en vue d'obtenir une croissance durable et de permettre aux entreprises locales de faire de l'innovation, les politiques devraient améliorer l'environnement qui permet de stimuler la R&D, par exemple par l'amélioration des systèmes de propriété intellectuelle (Chuan et Lin, 1999).

Le transfert technologique peut également être difficile à l'intérieur de l'EMN. En effet, la connaissance est parfois liée à la localisation et les meilleures pratiques ne se déplacent pas forcément de pays en pays (voir Szulanski, 2003). Non seulement la connaissance tacite est difficile à transférer entre frontières (Kogut et Zander, 1993), mais l'importance de la motivation et de la capacité d'absorption interviennent. Selon une étude de Monteiro et al. (2008) sur les flux de connaissances entre 171 filiales de marketing de 6 entreprises suédoises, la perception du récepteur est un important déterminant dans le transfert. Si le récipient perçoit la filiale comme hautement capable, celle-ci devient une source de connaissances. A l'inverse, les filiales non appréhendées comme de bonnes sources de connaissances et qui ne recherchent pas d'informations sont isolées et offrent de moins bonnes performances. Selon l'étude de Monteiro et al. (2008), la connaissance sera échangée entre les filiales qui se perçoivent elles-mêmes comme appartenant au même groupe, alors que les autres sont écartées de ce partage de connaissance. Elles n'ont ainsi aucun accès aux meilleures pratiques.

– *Liens avec fournisseurs et clients domestiques*

Les filiales étrangères génèrent de la demande pour les biens et services produits localement et augmentent l'offre des biens et services (Scott-Kennel, 2007, p. 54). Soit les filiales étrangères acquièrent des entrants des entreprises domestiques (liens «backward» dans la chaîne de valeur) ou soit elles vendent des produits aux acheteurs domestiques (liens «forward» dans la chaîne de valeur). Ces liens sont créés avec les entreprises domestiques ou avec des filiales d'autres entreprises étrangères.

Il est possible d'illustrer cette demande pour les biens locaux par les EMN investissant fortement en Australie dans le but d'acquérir des minerais de fer. La croissance de la demande de ces minerais dans la région de Pilbara est telle qu'il manque des entrants nécessaires, à l'image des pneus pour les camions s'usant autour des mines ou des locomotives tirant les wagons de minerais de la mine à la côte. Ainsi, les demandes pour les biens et services dans la Western Australia ont augmenté de 11 pour cent en 2007 (The economist, 2008d). Il se peut aussi qu'en vendant ses produits dans l'économie locale, les EMN développent une industrie. Les IDE dans l'exploitation de l'or en Indonésie, par exemple, ont stimulé le développement de l'industrie manufacturière des bijoux (Leyland, 2005).

Cependant, des inquiétudes naissent lorsque les EMN n'utilisent que des produits importés et ne s'intègrent pas dans l'économie locale. Une étude d'Aitken et Harrison (1991) sur des entreprises au Venezuela entre 1976 et 1989 conclut que les effets des IDE sur la productivité des firmes locales sont généralement négatifs, car les entreprises étrangères détournent la demande des produits domestiques pour des produits importés. En Amérique latine,

> extractive activity carried out by TNCs [...] mainly uses imported inputs [...], with the result that it is poorly integrated into local productive structures (except in the case of natural gas), and gives rise to very few productive linkages. (ECLAC, 2004, p. 48)

Au Chili, les liens backward de l'industrie d'exploitation du cuivre avec les entreprises domestiques ont généralement été faibles: la plupart des machines, camions et des produits sophistiqués sont importés (CNUCED, 2007, p. 140). Les offres de services comme la construction, le transport et le nettoyage sont par contre souvent locales, mais ne se situent pas dans des activités à haute valeur ajoutée (CNUCED, 2007, p. 140).

Cependant, les filiales étrangères sont en mesure d'augmenter les standards de qualités et l'efficience de la production. La filiale peut en effet se fournir auprès des firmes domestiques et exercer une pression en vue d'améliorer la qualité et les coûts de fabrication des produits ou services, ou donner une assistance technique aux entreprises domestiques (Penrose, 1971, p. 238). Dans certains pays, plus particulièrement les pays en développement, les EMN ont également participé à l'amélioration des infrastructures locales, telles que le renforcement des routes, de l'offre d'eau ou d'électricité. En Tanzanie, le développement de la région du Lake Victoria Goldfields a amélioré le réseau de routes, les installations de l'aéroport et les hôtels. Grâce à ces progrès, le tourisme s'y déploie (CNUCED, 2007, p. 140). Rio Tinto (Royaume-Uni) doit quant à lui construire des routes, un nouveau port et des systèmes d'électricité et d'offre d'eau plus efficaces au Madagascar, afin d'y développer une mine d'ilménite (New Frontiers, 2007). Il se peut aussi que les EMN exportent depuis le pays d'accueil et créent de nouvelles infrastructures de transport qui pourront être utilisées par les firmes locales pour entrer dans ces mêmes marchés d'exportation (Blomström et Kokko, 1998).

– *Collaboration avec les partenaires domestiques*

Des collaborations peuvent se créer entre les filiales et les acteurs domestiques au travers des alliances, des accords de partage ou de développement de la technologie et d'autres contrats. Les gouvernements encouragent ces liens, car ils permettent d'amplifier les connaissances des acteurs locaux. Dans les années 1980, le gouvernement norvégien, au niveau de ses négociations de concessions, encourageait les entreprises pétrolières étrangères à s'impliquer dans des projets de R&D en collaboration avec les universités et les institutions de recherche locales, ainsi qu'à offrir de l'assistance technique aux firmes locales (Heum, 2002). L'étude de Buckley et al. (2007) souligne que les gouvernements des pays en développement et en transition favorisent fréquemment les IDE entrant dans les industries intensives en technologies par rapport aux industries intensives en main d'œuvre. En effet, ils estiment que ce soutien apportera de nouvelles technologies et des connaissances, engendrant de cette façon des effets d'entraînement vers les firmes locales (Buckley et al., 2007). Cependant, il se peut que les EMN imitent des innovations créées par les entreprises du pays d'accueil. Dans ce cas, les entreprises nationales perdent leurs avantages.

Finalement, les EMN jouent un rôle important dans la formation, la structure et le développement des clusters (Dunning, 2002, p. 25). Afin de profiter des bénéfices de ces derniers, les entreprises doivent y devenir des partenaires actifs (Birkinshaw et Hood, 2000). Par conséquent, les filiales créent des interactions avec les autres entreprises en établissant des relations avec les clients, fournisseurs, gouvernement et autres institutions. Ces contacts permettent de faire circuler les connaissances et les meilleures pratiques. Il est possible de citer l'influence des firmes suisses et allemandes sur la formation des clusters pharmaceutiques de New York, New Jersey et Pennsylvanie (Enright, 1991); l'influence des EMN sur la formation des clusters biotechnologiques en Irlande ou du cluster du software à Singapour (CNUCED, 2005, p. 205); ou encore l'influence d'Intel en 1996 dans la formation du cluster des technologiques de l'information et de la communication au Costa Rica (Ketelhöhn et Porter, 2006).

Les études sur les effets indirects sont nombreuses et donnent des résultats mixtes. Certains articles ont démontré des effets positifs des IDE sur la productivité des entreprises domestiques (Caves, 1974a, Globerman, 1979; Blomström et Wolff, 1994; Kokko, 1994 et 1996; Chuang et Lin, 1999; Blomström et Sjöholm, 1999; Zhu et Tan, 2000; Nadiri, 2001; Buckley et al. 2002; Liu et al., 2000; Haskel et al., 2002; Keller et Yeaple, 2003; Takii, 2005; Todo, 2006; Buckley et al. 2007; Fu, 2008). D'autres études ont trouvé que les IDE affectent négativement la productivité des entreprises domestiques (Singh, 1992; Aitken et Harrison, 1991, 1999; Djankov et Hoekman, 2000[26]; Hu et Jefferson, 2002). Les effets négatifs proviennent souvent des effets d'éviction du marché due à l'entrée de l'EMN. Ainsi, l'étude d'Aitken et Harrison (1999) a démontré que la productivité locale au Venezuela était reliée négativement aux IDE à cause de la forte concurrence exercée par les firmes étrangères sur leurs concurrents domestiques. L'étude de Buckley et al. (2006) relève des effets de spillovers positifs en Chine par les IDE entrants, mais qui décroissent dans leur période d'analyse (1991 à 2001). Les spillovers positifs surviennent lorsque la productivité des firmes locales est améliorée grâce à l'accès aux technologies de pointe utilisées par les filiales étrangères. Cependant, des spillovers négatifs surviennent lorsque les filiales attirent la demande par des prix réduits ou des nouveaux produits.

Les études les plus récentes donnent plusieurs résultats en fonction des types d'IDE, de l'écart technologique entre les firmes du pays d'accueil et les EMN et des liens entre les entreprises (Caves, 1999; Tian, 2007; Driffield et Love, 2006 et 2007; Todo et al. 2006; Fu, 2008; Beugelsdijk et al., 2008; Kolasa, 2008). Selon Driffield et Love (2006), les IDE peuvent stimuler le développement des entreprises domestiques, mais seulement lorsque l'EMN transfère sa connaissance spécifique dans le pays d'accueil dans une motivation d'exploitation des actifs possédés par l'entreprise. Leur étude de 2007 confirme ces résultats et affirme que les IDE motivés par la recherche de technologie conduit à aucun

26 Selon l'étude de Djankov et Hoekman, les IDE ont un effet positif sur la productivité des firmes qui reçoivent les IDE ou leurs partenaires, mais exercent un effet négatif sur les firmes domestiques n'ayant pas de partenaires étrangers.

spillover de productivité, car il n'y a pas de transfert technologique depuis les EMN (Driffield et Love, 2007). Cependant, ces deux études considèrent les EMN qui recherchent de la technologie comme des entreprises en retard technologique. En réalité, des EMN en avance technologiquement peuvent s'installer dans des pays d'accueil afin d'accéder à de nouvelles connaissances, mais aussi en transférer d'autres qu'elles possèdent.

L'étude de Todo et al. (2006) démontre que les activités de R&D des entreprises étrangères ont un effet positif sur la productivité des firmes domestiques de la même industrie en Chine, dans le Chinese Science Park à Pékin (Zhongguancun Science Park). A l'inverse, les activités de production des firmes étrangères n'ont pas d'impact sur la productivité des entreprises domestiques dans la même industrie. Ces résultats suggèrent que les retombées dans la même industrie ont lieu au travers des activités de R&D, et non pas au travers des activités de production. Ceci est expliqué par le fait que les travailleurs locaux employés dans les centres de R&D des firmes étrangères obtiennent un plus grand stock de connaissances que les travailleurs des firmes étrangères qui n'exécutent pas de R&D dans le pays d'accueil. Ensuite, cette connaissance obtenue par les employés peut se diffuser aux firmes domestiques à travers des interactions entre individus ou des changements d'emploi. Cette hypothèse a été démontrée dans l'étude de Todo et Miyamoto (2006) en Indonésie. Selon eux, les entreprises étrangères exécutant de la R&D ont un effet positif sur la croissance de la productivité des firmes domestiques, alors que les entreprises étrangères n'exécutant pas de R&D n'ont pas cet effet. Todo (2006) donne les mêmes résultats au Japon. En outre, l'étude de Todo et al. (2006) met en évidence l'importance de l'écart technologique. Selon leur recherche, la taille des spillovers de connaissances est plus large lorsque l'écart technologique entre les firmes est large.

Ces études sont toutefois focalisées sur les spillovers intra-industriels. Les effets peuvent être différents dans le cas de spillovers inter-industriels. Les études sur les spillovers inter-industriels de Javorcik (2004); Blalock et Gertler (2004) et Kugler (2006) respectivement en Lituanie, Indonésie et en Colombie, ont démontré que les spillovers surviennent seulement à travers les liens entre les entreprises étrangères et leurs fournisseurs locaux dans des industries en amont, mais non horizontalement, c'est-à-dire à l'intérieur de la même industrie.

Les effets directs et indirects sont résumés dans le Tableau 7.

Tableau 7. Effets directs et indirects sur les pays d'accueil

Effets directs	– Augmentation de la productivité – Augmentation des compétences des travailleurs – Meilleures conditions de travail et de sécurité sociale – Modifications des importations ou des exportations – Augmentation des ressources locales financières – Augmentation des capacités locales – Changement environnemental
Effets indirects	– Augmentation de la concurrence – Attraction de la demande locale par les EMN (possibilité d'éviction des entreprises locales) – Attraction des meilleurs travailleurs par les EMN – Transfert de technologie aux entreprises locales (mobilité des travailleurs, effets d'entraînement de compétence ou d'apprentissage, développement technologique par partenariat) – Augmentation des fonds sur les marchés locaux – Augmentation de l'offre et de la demande de biens et services – Amélioration des standards de qualité et de l'efficience de la production – Amélioration des infrastructures locales – Augmentation des performances des firmes locales

Source: Elaboration personnelle

En résumé, les effets sont nombreux et les études empiriques ont de la peine à déterminer si les effets sont positifs ou négatifs, tout comme il est difficile de mesurer l'amplitude de ces effets (Lipsey et Sjöholm, 2005). Une des raisons de ce problème réside dans le fait que les implications dépendent de nombreux facteurs, plus particulièrement des caractéristiques de l'EMN (activités entreprises, motivations des IDE, mode d'entrée de l'IDE, responsabilité sociale de l'EMN) et du pays d'accueil (étape de développement, structure industrielle, cadre macroéconomique social, légal et politique et bases microéconomiques, voir Gugler, 2007). Les gouvernements ne doivent ainsi pas attirer tous les

IDE, mais faire une analyse des IDE qui permettront à l'économie de croître et d'améliorer les conditions qui influencent les effets positifs des IDE (capacité d'absorption, liens entre entreprises et entre entreprises et institutions publiques, actifs complémentaires).

En outre, afin d'éviter les abus des EMN, les gouvernements sont dans l'obligation de réglementer. Les accords bilatéraux pour la promotion et la protection des investissements étrangers ont fortement augmenté depuis la fin des années 1980 et sont devenus la source principale du traitement des IDE. Ces accords ont avant tout comme objectif de protéger les filiales des EMN de la discrimination, du traitement de la nation la plus favorisée, de protéger des risques liés à l'expropriation, des restrictions de transfert de capital, des pertes dues à la guerre (Young et Tavares-Lehmann, 2008). Un accord sur des règles multilatérales de l'investissement n'a pas été établi et ne va probablement pas l'être dans le proche futur (Young et Tavares-Lehmann, 2008). A l'OMC, la problématique des IDE a été abordée lors de l'Uruguay Round (1986-1995) dans une série d'accords, tels que l'accord sur les TRIMs (Agreement on Trade-Related Investment Measures), l'accord sur les TRIPs (Agreement on Trade-Related Intellectual Property Rights), l'accord sur les GATS (General Agreement on Trade and Services), l'accord SCM (Agreement on Subsidies and Countervailing Measures) et l'accord sur les DSU (Agreement on Dispute Settlement Understanding). Cependant, ces accords n'ont pas été créés spécifiquement pour les investissements. Le Doha Round a inclus explicitement les thèmes de l'investissement dans les discussions. Dès lors, ces sujets sont souvent mentionnés, mais n'ont pas abouti à un accord multilatéral. La situation actuelle sur la réglementation internationale de l'investissement consiste alors davantage à un système «Patchwork» (voir Gugler et Tomsik, 2008). Dans ce sens, il existe des réglements bilatéraux entre pays, des codes de conduites plurilatérales utilisées par l'OCDE (Codes de libération des mouvements de capitaux et des opérations invisibles courantes), par la Coopération économique de la zone Asie-Pacifique (Plans d'action individuelle), ou les réglements sur les IDE inclus dans un cadre plus large de règles comme dans le traité établissant la Communauté européenne ou l'Accord de Libre-Echange Nord Américain (ALENA). Les règles sont ainsi multilatérales, plurilatérales ou bilatérales et ont différents standards. L'existence de nombreux instruments légaux et d'initiatives dans le domaine de l'investissement se chevauchant engendre des risques de confusion, d'incertitudes et de conflits légaux (Gugler et Tomsik, 2008).

3.2 Effets sur le pays d'origine

Cette section met en avant les effets positifs et négatifs des investissements directs à l'étranger des entreprises domestiques. Ces effets ont été peu étudiés dans la littérature économique, aux vues des effets des IDE entrants. Ceci provient notamment du fait que la théorie considère généralement que les EMN sont dépendantes de leur emplacement de base. Selon le paradigme éclectique, l'avantage spécifique de la firme est constitué dans son pays d'origine (Dunning, 1988, p. 20; Rugman et Verbeke, 1992a, b, 2007). Les types d'IDE varient par conséquent selon les conditions spécifiques du pays de base de l'EMN (Buckley et al., 2007, p. 146; voir aussi Dicken, 2007, p. 107). Dans le modèle du diamant de Porter (1990, 2005, 2008) également, la compétitivité d'une EMN est générée par ses compétences principales résultant des caractéristiques du pays d'origine.

> Il faudrait toujours veiller à enrichir les capacités domestiques, de sorte que les activités implantées à l'étranger demeurent cadrées et soient vouées à la consolidation de l'avantage concurrentiel premier. (Porter, 1993, p. 583)

Des recherches récentes ont en outre démontré que la majorité des EMN, même les plus internationalisées, opèrent en réalité sur une base régionale ou sont orientées vers leur pays d'origine (voir Delios et Beamish, 2005; Rugman, 2001; Collinson et Rugman, 2008; Oh et Rugman, 2006; Rugman et Girod, 2003; Rugman et Brain, 2003; Rugman et Verbeke, 2002; Filippaios et Rama, 2008; Rugman et Lee, 2008; Arregle et al., 2009). Selon Rugman et Verbeke (2004), 80.3 pour cent des ventes des 320 très grandes entreprises sont effectuées dans leur pays d'origine. Selon l'analyse de Delios et Beamish (2005) sur 1229 EMN japonaises, les stratégies orientées vers la région d'origine prévalent. Finalement, Filippaios et Rama (2008) qui analysèrent 7'000 filiales de 81 EMN dans l'industrie alimentaire et des boissons ont aussi reconnu que la plupart des EMN suivent une stratégie régionale.

Seulement 9 EMN de leur échantillon, dont Novartis et Nestlé, étaient mondiales (avec plus de 20 pour cent de leurs filiales dans trois régions chacune, mais moins de 50 pour cent dans chacune de ces régions), alors que 50 EMN suivent une stratégie orientée vers le pays d'origine (avec au moins 50 pour cent de leurs filiales situées dans le pays d'origine). L'importance du pays d'origine de l'entreprise est due à ses avantages spécifiques basés sur de nombreux facteurs, tels que les capacités nationales (ressources naturelles, travail et terres), la taille du marché, les innovations, les caractéristiques culturelles ou le support et les réglementations du gouvernement (Rugman, 1981, 2005; Rugman et Lee, 2008). Cependant, même si les EMN sont dépendantes du pays d'origine, les IDE ont augmenté et les activités à l'étranger influencent le comportement de la firme et l'économie du pays d'origine. Les implications sur les niveaux d'emploi et de production, sur les retombées vers les entreprises domestiques et sur la productivité des EMN sont détaillées ci-après.

3.2.1. Effets directs

Certaines activités de la chaîne de valeur, en particulier la production et la vente (voir la section 1.3), sont de moins en moins entreprises dans le pays d'origine. En 2006, 85 pour cent du contenu de la voiture Toyota Sienna possédée par l'entreprise japonaise Toyota était fabriqué en Amérique du Nord (USA Today, 2007). Ce déplacement des activités créent des effets sur l'emploi, qui sont différents selon les motifs des activités étrangères. Dans le cas d'activités de recherche de marchés, il se peut qu'une nouvelle filiale fournisse un marché qui était auparavant servi par les exportations du pays d'origine de l'EMN. Ainsi, certains emplois et certaines activités de production peuvent disparaître du pays d'origine, surtout si la filiale est une réplique de l'EMN comportant toutes les activités de la chaîne de valeur ajoutée (stratégie multidomestique). Cependant, certaines activités sont totalement dépendantes du pays d'origine. Par exemple, la qualité des vins dépend principalement d'un climat et de conditions de terre spécifiques. Ce besoin limite l'expansion internationale de la firme par le biais des IDE. En outre, les consommateurs peuvent percevoir la qualité de certains produits comme liée à des sites de productions spécifiques de l'EMN, souvent dans le pays d'origine (Filippaios et Rama, 2008, p. 66). Dans le cas d'activités de recherche de ressources ou d'efficience, il se peut qu'une entreprise ferme une usine dans son pays d'origine pour en ouvrir une autre dans un pays aux coûts de production plus faibles ou aux ressources disponibles. Ces délocalisations font perdre au pays d'origine une partie de leurs activités, surtout celles à faible valeur ajoutée. Dans le cas de recherche d'actifs stratégiques, l'entreprise peut aussi décider de transférer dans un «leading-edge» cluster (Porter, 1990, 1998) une filiale qui deviendra la base d'origine pour une des lignes de produits de l'entreprise. Si la base se situait auparavant dans le pays d'origine, celui-ci a subi une perte.

Le débat sur les pertes d'emplois aux Etats-Unis résultant des IDE a conduit à l'introduction du American Jobs Creation Act et de la disposition Homeland Investment Act en 2004 qui encouragent les investissements dans le pays d'origine. Le Homeland Investment Act permettait aux entreprises américaines de rapatrier une fois (soit en 2004, soit en 2005) les gains générés dans leurs filiales étrangères afin d'être taxées à un taux réduit de 5.25 pour cent au lieu de 35 pour cent, sous certaines conditions incluant le réinvestissement aux Etats-Unis dans le but de créer des emplois. Le flux des IDE sortant des Etats-Unis a ainsi diminué de 222 milliards de dollars en 2004 à -13 milliards en 2005 (CNUCED, 2006, p. 89). Néanmoins, en 2006, les flux sortant des Etats-Unis ont à nouveau atteint 217 milliards de dollars et les Etats-Unis sont devenus le plus grand investisseur à l'étranger, démontrant l'inefficacité de cette mesure. En France, un nombre élevé de rapports est apparu sur les délocalisations, dont celui de Jean Arthuis en 1993 qui démontrait un lien entre délocalisations et chômage (le rapport estimait à plus d'un million les emplois menacés en France). Beaucoup d'études ont suivi cette recherche et ont mis en évidence le fait que le chômage créé par les changements technologiques et la récession ne pouvait pas être attribué aux IDE. En outre, des délocalisations françaises ont pu découlé du fait d'entreprises étrangères et non d'entreprises françaises. Il s'agit d'EMN étrangères qui avaient choisi la France pour y établir des activités de recherche d'efficience et qui ont décidé de relocaliser leur production vers des pays encore meilleur marché. Les effets sur l'emploi dans le pays d'origine et dans le pays d'accueil deviennent ainsi de plus en plus difficiles à distinguer.

Ces inquiétudes des pays d'origine proviennent fréquemment des statistiques soutenant que les emplois à l'étranger ont augmenté plus fortement que les emplois dans le pays d'origine. Par exemple, en Suisse, les effectifs à l'étranger ont progressé davantage que l'emploi national: entre 1993 et 2003, les effectifs de l'industrie à l'étranger ont augmenté de 25 pour cent, alors que l'emploi domestique de l'industrie a baissé dans la même période de 15 pour cent (economiesuisse, 2006, p. 5). Les services ont augmenté leurs effectifs à l'intérieur de 7 pour cent et à l'extérieur de 52 pour cent (economiesuisse, 2006, p. 5). Finalement, la quote-part de l'emploi à l'étranger (part du personnel à l'étranger mesurée à l'effectif national) est passée de 25 pour cent en 1998 à 50 pour cent en 2003 (economiesuisse, 2006, p. 5). Une deuxième statistique pouvant déclencher des craintes de la part des pays d'origine démontre que dans beaucoup de pays développés, les emplois créés à l'étranger par leurs propres EMN à travers les IDE sont plus larges que ceux créés dans le pays par des filiales étrangères (par exemple en Allemagne, les filiales étrangères emploient 2.28 millions d'employés, tandis que les entreprises nationales emploient 4.605 millions d'employés à l'étranger, voir le Tableau 8). Selon le Tableau 8, les emplois effectués à l'étranger par les entreprises nationales sont plus nombreux que les emplois effectués par les entreprises étrangères dans le pays, dans neuf pays sur 12 dont les données sont disponibles. Ceci est dû au fait que ces nations investissent davantage à l'étranger qu'ils ne reçoivent des investissements.

Tableau 8. Emplois liés aux IDE entrants et sortants dans les pays dont les données sont disponibles (en milliers d'employés, année la plus récente disponible)

Economie	*Année*	*Emploi dans le pays d'accueil des filiales étrangères*	*Emploi à l'étranger des EMN basées dans le pays d'origine*	*Différence*
		(A)	*(B)*	*(A-B)*
Autriche	2004	232.8	370.5	- 137.7
République tchèque	2004	620.4	24.8	595.6
Finlande	2001	176.1a	315.1a	-139.0
Allemagne	2004	2 280.0	4 605.0	- 2 325.0
Italie	1999	560.1e	642.5e	-82.4
Japon	2004	430.9	4 138.6	- 3 707.7
Luxembourg	2001	72.9	103.3	-30.4
Macao, Chine	2004	36.7	10.9	25.8
Portugal	2002	150.4a	23.6a	126.8
Suède	2004	544.6a	953.6a	-409.1
Suisse	2004	190.1	1 861.7	- 1 671.6
Etats-Unis	2004	5 116.4a	8 617.2a	- 3 500.8

Source: CNUCED (2007b, traduit)

Cependant, l'augmentation des emplois à l'étranger n'est pas un signe de délocalisation des emplois, mais une preuve d'augmentation des IDE sortants. Dans ce sens, une augmentation des activités à l'étranger ne signifie pas forcément que les activités du pays d'origine diminuent. Premièrement, la baisse du taux d'emploi du pays d'origine peut être due à une faiblesse de compétitivité et non aux IDE (les causes de cette faiblesse ainsi que les raisons du chômage sont complexes et ne sont pas toutes liées aux EMN). Par contre, il se peut que les entreprises n'aient pas pu garder leurs emplois ou activités dans le pays d'origine si elles n'avaient pas pu investir à l'étranger. Lorsqu'une entreprise crée une filiale afin de servir un marché préalablement servi par les exportations, des pertes de production et de travail dans le pays d'origine peuvent apparaître. Néanmoins, la filiale créée à l'étranger a une raison d'être (tel qu'éviter les tarifs à l'importation, ou suivre les concurrents par exemple, voir les chapitres 1 et 2) et ne pas la créer pourrait résulter en une érosion de la compétitivité de la firme et finalement une diminution des emplois dans le pays d'origine (CNUCED, 1994, p. 168).

Deuxièmement, les emplois créés à l'étranger par les IDE peuvent générer de nouveaux emplois et de nouvelles activités dans le pays d'origine par le soutien aux filiales étrangères. Ainsi, établir une filiale à l'étranger permet d'augmenter la production de la firme et crée des besoins qui peuvent être fournis par le pays d'origine, comme la production d'inputs complémentaires ou des services financiers et en ressources humaines.

Troisièmement, l'EMN peut changer la composition de la qualité de l'emploi. En effet, lorsque les EMN déplacent les étapes de production nécessitant des travailleurs peu qualifiés vers des pays à bas coûts, elles peuvent focaliser les emplois qualifiés dans le pays d'origine. L'EMN peut ainsi organiser efficacement ses activités en délocalisant les fonctions à faible valeur ajoutée ou intensive en travail dans les pays à moindres coûts salariaux, tout en permettant au pays d'origine de se centrer sur des activités à haute valeur ajoutée et y engager du personnel hautement qualifié. Ce déplacement de certaines activités de production à l'étranger permet ainsi à l'EMN de générer davantage d'activités à haute valeur ajoutée, comme la R&D, dans le pays d'origine. Cette situation accroît les effets positifs de spillovers dans le pays d'origine étant donné l'importance des externalités des activités de R&D. En outre, l'EMN qui décide de se concentrer sur les activités de R&D dans le pays d'origine crée des externalités par l'établissement d'investissements fixes qui peuvent profiter à d'autres entreprises. Une nouvelle demande peut être créée pour des instituts de formation, des services spécialisés, des firmes techniques de consulting, des centres de recherche qui n'auraient pas eu assez de marché si l'industrie ne s'était pas spécialisée comme résultat des IDE (Blomström et Kokko, 1998, p. 6).

Il se peut aussi que l'économie domestique passe de la production de biens à faible valeur ajoutée à la production de biens à haute valeur ajoutée. Selon le modèle de développement économique nommé «Flying Geese Paradigm» (Akamatsu, 1935, 1961 et 1962, voir la section 3.1), un pays en développement peut passer de l'importation d'un produit à faible valeur ajoutée, à sa production, à son exportation, puis finalement à son abandon pour un produit à plus haute valeur ajoutée. Ce modèle a été modifié pour intégrer l'importance des IDE (voir Kojima, 1973, 2000; Osawa, 2005; Kalotay, 2004 et Kasahara, 2004). Ce paradigme élargi déclare que, lorsque les pays d'accueil s'industrialisent et passent à une nouvelle étape de développement, le type d'IDE résultant des pays d'origine change de caractère et se tourne vers les activités à plus hautes compétences (Kalotay, 2004, p.33).

D'un point de vue empirique, les résultats des études sont mixtes, étant donné que les impacts dépendent de la capacité des pays d'origine à changer la structure de leur main-d'œuvre et de la capacité des entreprises domestiques à réagir aux nouvelles demandes des EMN. En outre, les études devraient toujours vérifier ce qu'il se serait passé en cas d'absence d'IDE. Néanmoins, plusieurs recherches peuvent être mises en avant. L'étude de Kokko (2006) sur les pays développés a conclu que, dans la plupart des cas, l'effet sur l'emploi dans le pays d'origine est légèrement négatif. Selon lui, ceci est lié au déplacement dans la structure de production, par lequel les activités intensives en travail sont déplacées vers les pays d'accueil avec des niveaux de salaires plus faibles, tandis que les opérations plus avancées sont laissées dans le pays d'origine. Des études sur les Etats-Unis rejettent l'hypothèse selon laquelle les IDE à l'étranger causent des pertes d'emploi dans le pays d'origine, mais suggèrent à la place que les IDE sortants ont un impact positif ou non significatif sur les emplois dans le pays d'origine (Hanson, Mataloni et Slaughter, 2005; Folez et al., 2008). Selon une étude sur les entreprises suédoises et allemandes, les emplois dans les filiales étrangères tendent à se substituer aux emplois dans le pays d'origine (Becker et al., 2005). En Italie, les IDE ont des effets négatifs sur les emplois dans le pays d'origine dans le cas d'activités de recherche d'efficience, et des effets positifs ont été relevés pour les activités de recherche de marché dans les pays développés (Mariotti et al., 2003). Ces études sont donc non concluantes pour déterminer l'effet général sur les emplois.

L'expansion géographique permet d'augmenter la productivité des entreprises nationales grâce à leur accès aux avantages spécifiques de la localisation. En effet, il est très probable que les IDE engendrent des bénéfices pour les EMN, étant donné que la décision de s'engager à l'étranger est volontaire (Kokko, 2006, p. 5). Dans le Chapitre 2, il a été établi que la firme pouvait accroître son efficacité en segmentant son processus de production et en déplaçant ses étapes en fonction de la distribution internationale des avantages comparatifs des nations. En outre, lors de recherche d'actifs stratégiques, elles pourront améliorer leur productivité en acquérant de nouvelles technologies ou des avantages stratégiques appartenant à d'autres firmes. Une étude de Zou et

Ghauri (2008) sur des acquisitions d'entreprises chinoises met en avant le fait que les EMN acquièrent par l'achat d'entreprises chinoises des compétences complémentaires à celles qu'elles possèdent. Par l'acquisition, les entreprises étrangères recherchent avant tout à comprendre l'environnement des affaires locales, les processus d'approbation du gouvernement, les politiques en matières d'aménagement du territoire et de droits des brevets, les techniques de communication avec les offreurs, clients ou autres acteurs, la responsabilité sociale dans la communauté locale, les goûts des consommateurs et les techniques de marketing local.

> The main knowledge that was acquired from the local targets was how to deal with the local environment, which was the ultimate goal. (Zou et Ghauri, 2008, p. 219)

Dans cette approche, la croissance de l'EMN n'est plus vue seulement comme une conséquence de la possession d'avantages spécifiques créés dans le pays d'origine et exploités à l'étranger, mais également comme une conséquence de l'accès à de nouvelles connaissances et compétences. Ainsi, la multinationalisation de la firme peut devenir une cause plutôt qu'un effet de la croissance et de la compétitivité de la firme (Rabbiosi et Piscitello, 2007). D'un point de vue empirique, les EMN tendent à être plus performantes que celles n'investissant pas à l'étranger: Rugman (1979), Doms et Jensen (1998) et Helpman et al. (2004) pour les Etats-Unis, Barba Navaretti et Castellani (2004) pour l'Italie, Criscuolo et Martin (2003) pour le Royaume Uni, De Backer et Sleuwagen (2003) pour la Belgique, Pfaffermayer et Bellak (2002) pour l'Autriche. L'étude de Griffith et Simpson (2001) a souligné que la productivité des activités réalisées par des EMN dans le pays d'origine est environ 30 pour cent plus élevée que celle des entreprises domestiques non multinationales. Hijzen et al. (2007) ont démontré dans une étude sur un grand panel de firmes japonaises entre 1995 et 2002 que les IDE japonais sortants tendent à renforcer les activités économiques des firmes japonaises au Japon en termes de production et d'emploi. L'augmentation de la compétitivité est bien illustrée par les EMN provenant de petites nations. Ces entreprises doivent développer rapidement des stratégies internationales car le marché de leur pays d'origine est dans certains cas trop petit pour survivre. Ceci peut leur conférer un avantage spécifique dans la mesure où l'exposition à la concurrence internationale exige de leur part de développer rapidement des stratégies, de changer leurs habitudes et d'augmenter leurs compétences afin d'égaler leurs concurrents internationaux (Elango et Prakash Sethi, 2007, p. 372).

Cependant, l'internationalisation peut aussi comporter un aspect négatif pour la productivité de la firme: l'imitation de ses produits ou la perte de contrôle sur ses technologies clés (Singh, 2007, p. 767. Voir aussi Sanna-Randaccio et Veugelers, 2007). Non seulement cette imitation fait perdre à l'EMN son contrôle sur ses technologies, mais elle peut en outre souffrir d'une diminution dans la demande de ses produits, car sa technologie peut être transférée à des entreprises l'utilisant pour produire des produits concurrents. Les opportunités de contrefaçons surviennent plus facilement par les IDE dans les pays émergents comme la Chine, où l'EMN est parfois obligée de former une co-entreprise avec des firmes locales. Les co-entreprises dans les pays émergents permettent souvent au partenaire local d'obtenir non seulement les dessins de design, mais aussi les outils nécessaires de production qui compensent le manque initial de connaissances. Certaines de ces compagnies locales décident de s'engager dans la production et la distribution de produits de qualité similaire de la marque sans paiements de droits de propriété, ou encore de produire et distribuer des produits de qualité inférieure, mais avec la marque originale (Minagawa et al., 2007, p. 456). Il est possible que ce dernier cas nuise à la réputation de l'EMN. En Chine, le Quality Brands Protection Committee, une organisation anti piraterie de la China Association of Enterprises with Foreign Investment, estime qu'un produit sur deux est contrefait dans le marché chinois. Cette situation peut s'expliquer par le fait que, même si les revenus des chinois ont augmenté et ont créé un enthousiasme pour les produits et marques étrangères, les consommateurs chinois se sont habitués aux biens piratés et bon marché, et ne désirent pas payer les prix plus élevés des biens non piratés (Minagawa et al., 2007, p. 456). Minagawa et al. (2007) ont interviewé une firme chinoise d'emballage qui travaillait comme importateur et distributeur de diverses machines européennes dans les moules, les presses, les remplisseurs de poudre ou de liquide et les équipements étanches. Selon leur enquête, l'entreprise possédait des unités secrètes qui travaillaient sur des demandes particulières, telles que des changements ou des améliorations légères visant à rendre la violation des droits de propriété intellectuelle plus difficile à prouver. En outre, en faisant faire le travail illégal à une autre entreprise plus petite, seule cette petite entreprise serait pénalisée en cas d'enquête.

3.2.2. Effets indirects

Les effets indirects des IDE à l'étranger concernent les retombées qui peuvent profiter aux acteurs du pays d'origine. Les EMN qui s'installent à l'étranger acquièrent de nouvelles connaissances qui peuvent être transférées au pays d'origine (voir le concept de «reverse technology transfer» ou de transfert inversé de technologie ou de connaissances: Dunning, 1958 ; Blomström et Kokko 1996; Braunerhjelm et Svensson, 1996; Cantwell et Santangelo, 1999; Kogut et Chang, 1991; Zander, 1994; Gupta et Govindarajan 2000; Håkanson et Nobel, 2001, Criscuolo, 2002; Foss et Pedersen, 2002; Frost et Zhou, 2005; Piscitello et Rabbiosi, 2007; Yang et al., 2008; Bouquet et al., 2009). Le transfert de connaissances peut prendre place à l'intérieur de l'EMN au travers d'au moins cinq formes (Gupta et Govindarajan 1991): flux de la maison-mère vers les filiales, flux des filiales vers la maison-mère, flux de l'environnement local du pays d'accueil vers la filiale; flux de la filiale vers l'environnement locale; flux entre filiales. Les connaissances étrangères peuvent être transférées au pays d'origine grâce aux flux des filiales vers la maison-mère et ensuite de la maison-mère à l'environnement local. Selon une enquête de Piscitello et Rabbiosi (2007) auprès de 81 EMN italiennes, un quart des filiales était impliqué dans le transfert de connaissances vers leur maison-mère. Les résultats ont en outre démontré que ce transfert augmentait la capacité de la maison-mère à innover.

Ce transfert est possible par le biais de mécanismes basés sur la personne (déplacements de personnel, Pavitt, 1971, rencontres entre unités, formations impliquant des participants de diverses unités, investissements qui profitent à d'autres acteurs, collaborations diverses, relations inter-entreprises lors de conférences ou imitations) ou de mécanismes basés sur des supports (médias, manuels avec instructions, dessins, courriel, librairie informatique). Les mécanismes basés sur des supports seront inefficaces dans le transfert de la connaissance tacite, comparé aux mécanismes basés sur la personne[27].

Les connaissances transférées peuvent concerner divers domaines tels

27 Différentes études ont démontré que la communication codifiée comme les rapports ou l'intranet des entreprises est moins efficace pour transférer la connaissance que la communication personnelles (Buckley et Carter, 2004; Cross et Sproull 2004; Rabbiosi et Piscitello, 2007).

que le marketing, les achats, la technologie, et impliqueront de nouvelles compétences non disponibles dans le pays d'origine. Il peut également s'agir de connaissances portant sur le marketing international et les réseaux de distribution existants, qui peuvent augmenter les exportations des entreprises domestiques. Dans ce cas, les managers qui travaillaient dans les filiales à l'étranger viennent dans le pays d'origine et se déplacent vers une autre entreprise de ce pays avec des connaissances que l'entreprise ne possédait pas (le nouvel employé peut offrir son expérience internationale et ouvrir de nouveaux marchés à l'entreprise). Les firmes du pays d'origine peuvent adapter leurs produits en fonction des nouvelles exigences et effectuer leurs propres exportations grâce aux connaissances des marchés étrangers diffusées par les EMN.

Outre le transfert de connaissances, d'autres retombées économiques peuvent apparaître. L'augmentation de la réputation des EMN influence la réputation des entreprises du pays d'origine de ces EMN. De ce fait, lorsque la production de l'EMN dans le pays d'accueil familiarise le marché avec la réputation du pays d'origine de l'EMN, les entreprises du pays d'origine pourront augmenter leurs exportations. Ainsi, les produits suédois sont appréciés pour leur qualité en Amérique latine en partie car les EMN suédoises ont produit dans cette région depuis des décennies (Blomström et Kokko, 1998, p. 23). Les EMN peuvent en outre profiter de leurs filiales afin de faire pression sur les gouvernements dans le but d'améliorer les conditions des IDE et l'acceptation des filiales étrangères. Ceci peut conférer aux entreprises du pays d'origine un accès facilité aux marchés étrangers par le biais des IDE. Les diminutions des coûts de l'EMN ont aussi diverses influences sur les entreprises domestiques. Lorsque l'EMN réduit ses coûts moyens, elle peut produire des biens intermédiaires qui seront disponibles à des coûts plus faibles aux autres entreprises domestiques. En outre, il est possible que les entreprises domestiques deviennent plus compétitives internationalement grâce à cette diminution des coûts qui se répercutera sur leurs propres produits (Blomström et Kokko, 1998, p. 6). Des effets de spillovers peuvent aussi survenir chez les fournisseurs domestiques des EMN, lorsqu'ils peuvent également diminuer leurs coûts moyens et devenir plus compétitifs par l'augmentation de leur vente aux EMN.

Les études sur les effets des IDE sur les pays d'origine sont peu nombreuses et s'intéressent particulièrement à la productivité des firmes, au niveau d'emploi et au niveau d'exportations (voir les études sur les effets des IDE sortants sur les structures de production, les exportations, ou l'emploi dans le pays d'origine, Kokko, 2006; Castellani et al., 2007, ou sur la productivité des entreprises, Helpman et al., 2004). Ces effets ont souvent des conséquences opposées (Dunning et Lundan, 2008, p. 513) et il est difficile de les généraliser. En outre, les implications sont différentes en fonction de l'activité de la chaîne de valeur ajoutée internationalisée. La partie suivante s'intéressera aux effets de l'internationalisation des activités de R&D.

Les effets sur le pays d'origine sont listés dans le Tableau 9.

Tableau 9. Effets sur les pays d'origine

Effets	– Augmentation/diminution des activités et emplois dans le pays d'origine – Changement dans la qualité des emplois et des activités – Production d'inputs complémentaires – Augmentation d'investissements fixes pouvant profiter à d'autres entreprises – Transfert de compétences intra et inter firmes sur les marchés étrangers – Augmentation/diminution des exportations et des importations – Mise en valeur de la réputation du pays d'origine – Augmentation de biens intermédiaires ou de ressources à coûts plus faibles – Augmentation de la qualité des produits – Augmentation/diminution de la demande de biens aux fournisseurs – Amélioration des conditions des IDE et de l'acceptation des filiales étrangères – Accès facilité aux marchés étrangers par le biais des IDE – Augmentation de la productivité des entreprises

Source: Elaboration personnelle

Conclusion

Les théories expliquant l'existence des EMN remontent aux années 1960. Trois courants permettaient de déterminer quelles étaient les conditions nécessaires aux entreprises pour investir à l'étranger, quelles étaient les variables influençant le choix de la localisation et quel mode d'entrée sur les marchés étrangers l'entreprise chosissait. Hymer (1960, 1968, 1976) a été le premier auteur à expliquer qu'une entreprise devait posséder des avantages monopolistiques afin de surpasser les obstacles liés aux investissements à l'étranger. Son analyse se basait sur la théorie de l'organisation industrielle et a été prolongée entre autres par Kindleberger (1969), Dunning (1971) et Caves (1982). Vernon (1966) a expliqué quant à lui le changement dans la localisation de la production en fonction du cycle de vie du produit. Finalement, la théorie sur la nature de la firme de Coase (1937) est à la base de l'approche de l'internalisation des EMN développée entre autres par Buckley et Casson (1976). Dans ce cas, l'internalisation des activités transfrontières permet de surpasser les coûts de transaction sur le marché.

Le cadre conceptuel développé par Dunning reprend ces approches et fournit une base unique d'explication des déterminants des activités des EMN. Selon son modèle, trois avantages influencent l'existence des EMN et la destination des investissements internationaux: les avantages spécifiques de l'entreprise, les avantages spécifiques de la localisation et les avantages de l'internalisation. Dans ce modèle, une firme peut s'engager dans les IDE lorsqu'elle possède un avantage par rapport à ses concurrents qui sera mieux exploité à l'interne avec des facteurs spécifiques possédés par le pays d'accueil. Les objectifs de cette EMN est de rechercher des marchés, des ressources ou de diminuer les coûts de production. Ainsi, l'EMN est la seule organisation ayant le pouvoir d'optimiser les activités de sa chaîne de valeur ajoutée en mettant en concurrence les avantages spécifiques de plusieurs pays.

En outre, grâce à l'internationalisation, l'entreprise peut acquérir de nouveaux avantages spécifiques. Dans de tels cas, elle acquiert des actifs créés à l'étranger (tels que des capacités technologiques, de l'information, de la créativité humaine, des marques, des réseaux de distribution, des filiales de R&D et des compétences managériales) dont certains appartiennent à des entreprises étrangères et d'autres sont accessibles aux firmes mais immobiles à travers l'espace (Dunning et Wymbs, 1999, p. 184). Suite à cette décentralisation, l'EMN obtient un nouvel avantage spécifique basé sur son habilité à développer et partager ses connaissances entre filiales (Kogut et Zander, 1992; Nohria et Ghoshal, 1997). Cette mise en réseau des connaissances a des impacts sur les pays d'accueil et d'origine dans la mesure où ces derniers peuvent rattraper leur retard technologique en intégrant des connaissances développées dans d'autres régions.

Cette partie a ainsi développé la théorie des entreprises multinationales (EMN). Le cadre conceptuel était basé sur le paradigme éclectique de Dunning, explication la plus large et suivie de l'IDE depuis les années 1980 (Cantwell et Narula, 2003; Caves, 2007). Il est ainsi possible de déterminer les conditions nécessaires à la multinationalisation, les motifs liés à l'internationalisation des activités de production et les retombées économiques de cette internationalisation sur les pays d'accueil et d'origine. Ces concepts sont appliqués dans la deuxième partie aux activités étrangères de R&D, afin de comprendre les enjeux de l'internationalisation de ces activités.

Partie 2

Fondements théoriques de l'internationalisation des activités de recherche et développement

Les activités de R&D sont les activités les plus stratégiques et sensibles des entreprises. Premièrement, elles ont un rôle déterminant dans la création des innovations de l'entreprise, influençant leur compétitivité et leur croissance à long terme. Deuxièmement, ces activités peuvent être différenciées par leur important contenu en connaissances qui engendrent un haut degré d'externalités. Ces connaissances peuvent être disséminées vers les autres acteurs et être imitées par les entreprises concurrentes. Cette situation incite les entreprises à centraliser leurs activités de R&D à proximité du quartier général qui les contrôle et les dirige étroitement. Ainsi, même les très grandes entreprises effectuent dans la plupart des cas la majorité de leurs activités de R&D dans le pays d'origine (Pavitt et Patel, 1999, p. 94; voir aussi Granstrand et al., 1992; Pearce et Singh, 1992; Daniels, 1997; Narula et Dunning, 2000; la Commission européenne, 2006).

Cependant, les entreprises sont incitées à s'installer à l'étranger afin d'accéder à des connaissances locales qui sont souvent inaccessibles à distance. Ce phénomène n'est pas nouveau. En effet, même si l'internationalisation des activités de R&D est particulièrement récente pour les EMN provenant de la France ou de l'Allemagne, les EMN du Royaume-Uni, des Pays-Bas, de la Belgique et de la Suisse principalement ont commencé l'internationalisation de ces activités dans les années 1960 (Cantwell et Hodson, 1991; Pavitt et Patel, 1991; Cantwell, 1995). Cependant, l'internationalisation des activités de R&D a connu un fort essor seulement dès les années 1990. Par exemple, entre 1993 et 2002, les dépenses de R&D de toutes les filiales à l'étranger ont doublé (d'environ 30 milliards de dollars à 67 milliards, CNUCED, 2005). Etant donné cette tendance, de nombreux auteurs se sont intéressés au rôle des activités de R&D à l'étranger (voir entre autres Kuemmerle, 1997, 1999; Pearce, 1999; Veugelers & Cassiman, 2004; Cantwell, 1995; Dunning et Narula, 1995). Dans le premier chapitre de cette partie, nous nous intéresserons aux mobiles de ces activités étrangères. Ceci permettra de mieux comprendre les choix de localisation des activités de R&D expliqués au deuxième chapitre. Finalement, les effets de cette internationalisation sur les économies d'accueil et d'origine sont développés dans le dernier chapitre.

Chapitre 1

Rôles des activités de R&D effectuées à l'étranger

Les théories traditionnelles de l'IDE considèrent que l'entreprise multinationale centralise ses activités innovantes dans le pays d'origine de l'entreprise (voir Vernon, 1966; Caves, 1974a; Kindleberger, 1973; Pavitt et Patel, 1999; Granstrand et al. 1992; Pearce et Singh, 1992). Ces approches argumentent que la centralisation dans le pays d'origine permet de mieux superviser et contrôler cette activité stratégique, de limiter le risque de fuite d'informations à d'autres concurrents, d'éviter les imitations, d'obtenir des économies d'échelle, de diminuer les coûts de coordination et de communication et d'être proche du marché d'origine, qui est le prédominant pour la plupart des EMN. Cependant, cette approche centralisée de la R&D ne suffit plus.

> An ethnocentric strategy to keep R&D in the home country may stop firms from achieving their optimum international knowledge position. (Kotabe et al. 2007, p. 275)

Deux mobiles de l'internationalisation de la R&D ont été avancés par l'un des premiers auteurs à théoriser le rôle des activités de R&D étrangères:

> First, as more and more sources of potentially relevant knowledge emerge across the globe, companies must establish a presence at an increasing number of locations to access new knowledge and to absorb new research results from foreign universities and competitors into their own organizations. Second, companies competing around the world must move new products from development to market at an ever more rapid pace. (Kuemmerle, 1997, p. 61)

Selon cet auteur, les EMN s'installent à l'étranger pour profiter des sources de connaissances étrangères et pour adapter leurs produits aux marchés étrangers. D'autres auteurs ont identifié des motifs additionnels. Håkanson et Nobel (1993) ont analysé 21 mobiles aux investissements étrangers en R&D des firmes suédoises, classifiables en cinq types: motifs de marché, motifs de recherche, motifs de soutien de production, motifs politiques et une combinaison de tous ces motifs. Le Bas et Sierra (2002) font la distinction entre les activités de recherche de technologie (technologie non disponible dans le pays d'origine), d'exploitation des activités du pays d'origine (unités de soutien du marketing international et de soutien de la production internationale), d'augmentation des activités du pays d'origine (recherche de compétences complémentaires au pays d'origine) et de recherche de marché (résultant des fusions et acquisitions pour accéder au marché). Van Pottelsberghe de la Potterie et Guellec (2001) distinguent trois motifs: le motif d'adaptation de la technologie, le motif d'accès à la technologie et le motif de recherche de technologie spéciale développée dans un pays qui a un avantage comparatif dans cette technologie. Ils y ajoutent le motif de fusions et acquisitions qui n'est pas lié directement à la R&D. Gammeltoft (2006) classe quant à lui six motifs: le motif de recherche de marché (exploite les actifs spécifiques de l'entreprise à l'étranger), le motif de production (soutient les opérations manufacturières locales), le motif de recherche de technologie (accède aux ressources scientifiques étrangères), le motif dirigé vers l'innovation (accède à un flux d'idées plus variées), le motif dirigé par les coûts (exploite les différences de facteurs) et le motif politique (demandes nationales ou incitations).

Cependant, un consensus s'est établi dans la littérature, qui divise les motifs en deux catégories: les activités qui exploitent le stock existant de connaissances et celles qui augmentent le stock existant de connaissances de la firme (Dunning et Narula, 1995; Kuemmerle, 1997; Florida, 1997; Cantwell et Janne, 1999; Zander, 1999a et b; Frost, 2001; Ambos et Schlegelmilch, 2008 entre autres). Ces motifs ont été développés sous les termes de «home-base-exploiting site (HBE)» (Kuemmerle, 1999b) ou «asset-exploiting» (Dunning et Narula, 1995) pour le premier et «home-base-augmenting site (HBA)» (Kuemmerle, 1999b), «asset-seeking» ou «asset-augmenting» (Dunning et Narula, 1995) pour le second. Dans ce travail, les termes d'activités d'exploitation ou d'exploration sont utilisés selon la terminologie de March (1991). D'après ce dernier, les activités d'exploitation sont «the refinement and extension of existing competencies, technology and paradigms» (March, 1991, p. 85) et les activités d'exploration sont des «experimentations with new alternatives» (March, 1991, p. 85).

1.1 Exploitation à l'étranger des actifs possédés par l'entreprise

Les activités de R&D étrangères visant l'exploitation des actifs existants correspondent à la valorisation des connaissances préalablement constituées ailleurs, principalement dans le pays d'origine. L'apprentissage de la connaissance consiste en un mouvement unidirectionnel des technologies de la maison-mère vers la filiale, ou d'autres filiales vers la filiale étudiée. Les filiales étrangères exploitent dans ce cas les actifs créés ailleurs. Le transfert des actifs créés par les activités de R&D peut être inclus dans les produits, machines, équipements ou dans les expatriations d'employés possédant des connaissances spécialisées.

La recherche d'exploitation comprend les activités de recherche de marché, de ressources et d'efficience développée dans la première partie. Les activités étrangères utiliseront les avantages spécifiques locaux dans le but de développer les avantages spécifiques concurrentiels possédés par la firme.

1.1.1. Adaptation des produits ou procédés aux conditions étrangères

Par cette motivation, les entreprises effectuent des activités de R&D à l'étranger en vue d'améliorer des produits ou procédés en fonction des conditions spécifiques locales du marché d'accueil. Les activités étrangères profiteront des avantages spécifiques locaux pour développer les produits ou procédés initialement inventés ailleurs (dans le pays d'origine ou dans des filiales innovantes, voir le prochain point 1.2). Les avantages spécifiques locaux correspondent dans ce cas à la connaissance du marché local (connaissance des goûts des consommateurs, des besoins de la population, du niveau d'éducation de la population, des exigences et réglementations du gouvernement ou des standards techniques).

Les conditions spécifiques locales peuvent ainsi concerner premièrement les différences de *goûts des consommateurs*. Dans ce sens, les goûts des consommateurs asiatiques ne sont pas homogènes avec ceux des consommateurs européens. Cette motivation explique aussi pourquoi le pourcentage de R&D effectuée à l'étranger par rapport au pourcentage total de R&D est plus élevé dans les EMN de l'industrie alimentaire et des boissons que dans les autres industries (Cantwell et Janne, 2000). Ceci justifie le besoin d'adapter les produits. C'est pourquoi Nestlé, entreprise alimentaire suisse, a établi un centre de R&D à Singapour en 1979 dont la principale fonction est de développer de la nourriture conforme au style asiatique. Cette motivation est très importante lorsque les marchés sont différents et explique pourquoi la principale motivation des activités de R&D des entreprises provenant de pays développés effectuées en Chine est d'adapter les produits au marché (Motohashi, 2006). Deuxièmement, les *besoins de la population* peuvent être différents. Il est donc important de créer des produits adaptés aux besoins de ces clients potentiels. Ainsi, les utilisateurs de téléphones portables au Japon désirent des appareils affichant les signes japonais. Ces besoins peuvent aussi être liés au niveau de vie des populations. Renault, entreprise française dans l'industrie de l'automobile, a acheté en 1999 Dacia, entreprise roumaine, afin de produire les voitures Logan en les développant pour les marchés émergents dont le niveau de vie des habitants ne leur permet pas d'acheter des voitures semblables à celles des pays riches. Troisièmement, le *niveau d'éducation* peut être différent. Selon Calvin Grieder (2006), patron de Bühler, entreprise suisse spécialiste des technologies pour l'industrie des denrées alimentaires, le moulin à riz dans un village indien fonctionne de façon très rudimentaire avec des gens peu éduqués, tandis que dans un pays développé, l'édifice sera automatisé. Une R&D locale permet ainsi d'adapter les procédés au niveau de la technique locale. Quatrièmement, il existe des différences dans les *réglementations*, ou dans les *exigences des gouvernements*. Par exemple, le processus américain d'approbation des médicaments est complexe et long. Installer un centre de R&D aux Etats-Unis peut ainsi permettre de rendre plus rapide l'approbation, car une présence locale aide à mieux comprendre les spécificités techniques et les règlements. En outre, en possédant un centre de R&D dans le pays d'accueil, les EMN vont améliorer leur force de négociation avec les gouvernements, étant donné l'attrait de ces activités. Cinquièmement, les *standards techniques* peuvent différer. Nokia a ainsi ouvert des centres de R&D en Asie et aux Etats-Unis afin d'avoir accès aux standards NMT, GSM 600/1800/1900 (Renfors et Todorov, 2008, p. 16). Ceux-ci lui ont permis de faire connaître sa marque sur les principaux marchés mondiaux et de devenir un leader mondial. Motorola n'a pas autant bien réussi car elle a concentré sa R&D aux Etats-Unis et a ainsi été en retard dans le développement de téléphone GSM.

Dans de telles situations, l'internationalisation de la production et des ventes jouera un rôle important dans les déterminants de l'internationalisation de la R&D (Pearce, 1989, p. 44). D'ailleurs, une des questions essentielles relatives à l'expansion géographique de la R&D consiste à savoir dans quelle mesure l'augmentation des IDE dans la production ou dans la vente conduit à un déplacement des activités de R&D à l'étranger plus poussé. Selon les données disponibles sur les dépenses en R&D des filiales étrangères dans les pays d'accueil, depuis 1995 la R&D étrangère progresse plus rapidement que le chiffre d'affaires des filiales étrangères ou les importations totales (OCDE, 2008a, p. 12). La croissance entre 1995 et 2003 du chiffre d'affaires sous contrôle étranger a augmenté de 77 pour cent (3'580 milliards de dollars courants à 6'335 milliards) et la croissance des importations totales a augmenté de 47 pour cent (3'238 milliards de dollars courants à 4'770 milliards), tandis que les dépenses de R&D sous contrôle étranger ont progressé de 110 pour cent (34 milliards de dollars à 71 milliards). Cette évolution indique que la R&D est l'un des éléments les plus dynamiques dans la mondialisation et les activités de R&D à l'étranger ont d'autres mobiles que le soutien des activités de ventes.

1.1.2. Recherche de main-d'œuvre disponible et de diminution des coûts

Les activités de R&D requièrent du personnel qualifié qui peut faire défaut dans le pays d'origine des EMN, à cause par exemple du manque d'étudiants dans les filières d'ingénierie, de la petitesse de la nation ou d'une politique d'immigration restrictive. Aux Etats-Unis, le manque de talents a été fortement ressenti par les firmes lorsque, en 2003, le quota de visas de travail pour les professionnels (le visa H1B) a drastiquement diminué de 195'000 à 65'000 (Lewin et al., 2007). Pour remédier à ce désavantage, les entreprises peuvent s'installer dans des pays possédant une main-d'œuvre qualifiée disponible.

En outre, les coûts des activités de R&D sont très élevés et augmentent: les dépenses de R&D ont atteint 729 milliards de dollars en 2004, soit une progression de près de dix pour cent en termes réels par rapport à 2000 (OCDE, 2006b, p. 1). Non seulement les investissements en R&D coûtent cher, mais leurs résultats sont hautement incertains (Dunning, 2002, p. 10): premièrement, il n'est pas sûr que les résultats aboutissent à une innovation; deuxièmement, cette innovation peut rapidement devenir obsolète, surtout lorsqu'elle peut être imitée; troisièmement, l'investisseur ne pourra peut-être pas s'approprier pleinement les résultats de son invention (Andersson et al., 2004, p. 33).

Pour remédier au manque de main-d'œuvre et aux coûts élevés, l'entreprise multinationale peut tirer avantage des différences dans la disponibilité et les coûts des facteurs entre pays. L'EMN peut ainsi effectuer la R&D dans les endroits où les coûts de R&D sont les plus bas ou où le réservoir de main-d'œuvre qualifiée est important, rendant l'organisation de la R&D plus efficiente. Souvent, les entreprises ne déplaceront que les activités secondaires lorsque le motif est uniquement la recherche de main-d'œuvre à coûts plus faibles (CNUCED, 2004, p. 10). Les activités principales seront effectuées dans des emplacements possédant des avantages compétitifs en termes de capacités technologiques. PalmOne développe ainsi ses logiciels aux Etats-Unis, dans son pays d'origine, et son hardware à Taïwan (CNUCED, 2005, p. 195). Ceci lui permet d'augmenter sa productivité grâce à la segmentation de son processus de R&D en fonction de la distribution internationale des avantages compétitifs et comparatifs des nations. Cependant, les faibles coûts de la main-d'œuvre dans les économies émergentes ne signifient pas que les centres de R&D créés dans ces pays aient des missions particulièrement mineures (Harfi et al., 2007, p. 30). La Chine et l'Inde renforcent depuis de nombreuses années leur capacité technologique en dépensant fortement en R&D (voir la Figure 4). Elles attirent ainsi des centres de R&D destinés à créer des innovations majeures, et non seulement à faire de la recherche secondaire (la filiale de R&D de Honeywell en Inde travaille ainsi sur de nouveaux produits, comme sur des instruments qui réduisent les pertes d'électricité ou des thermostats intelligents qui incluent des programmes permettant aux consommateurs de personnaliser leur consommation d'énergie par appareil électroménager pour un jour ou un mois, Prahalad et Krishnan, 2008, p. 207).

En outre, les EMN peuvent profiter des différences dans les réglementations de ces pays. Par exemple, les règles éthiques dans la recherche médicale sont moins strictes en Chine et des scientifiques ont la possibilité d'y tester des techniques bannies ailleurs (Gifford, 2007).

Le Chapitre 2 reviendra plus en détails sur les choix d'emplacement des activités de R&D à l'étranger et sur la part grandissante des activités d'exploration dans les pays émergents.

Figure 4. Dépenses en R&D dans certaines zones OCDE et non OCDE, 2005

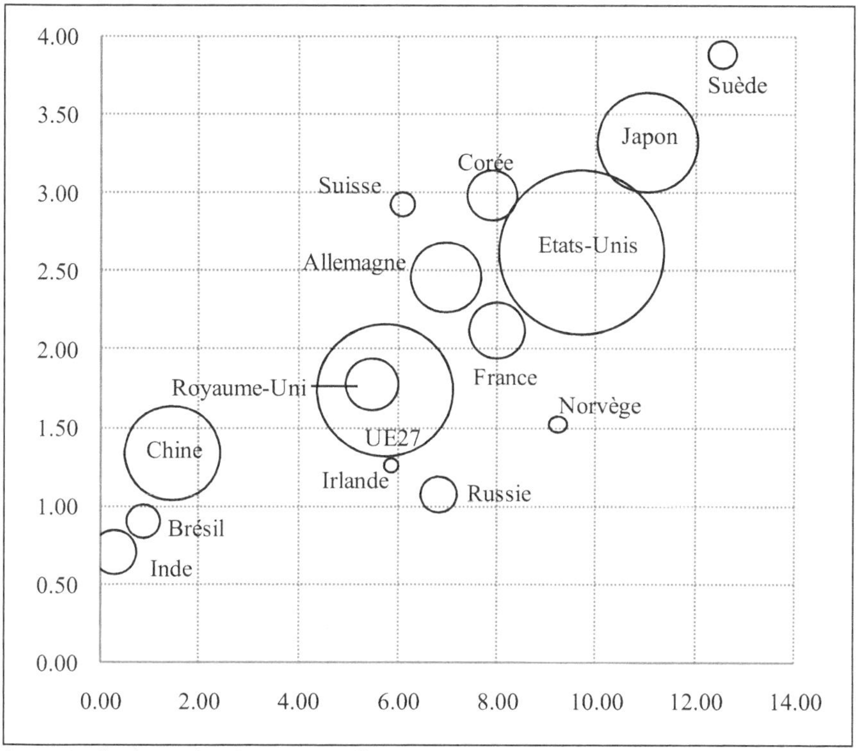

Note: En abscisse: chercheurs par mille personnes employées. Les données pour l'Inde datent de 2000, pour le Brésil, l'UE27, la France et la Suisse de 2004, pour le Royaume-Uni de 1998.

En ordonnée: dépenses intérieures en R&D comme pourcentage du PIB. Les données pour le Brésil et l'Inde datent de 2004.

La dimension des cercles correspond aux dépenses en R&D en milliards de dollars US courants en parité des pouvoirs d'achat. Les données pour le Brésil et l'Inde datent de 2004.

Source: Adapté de OCDE (2007b), p. 29

1.2 Exploration à l'étranger de nouveaux actifs

Depuis la fin des années 1980, de nouvelles théories mettent en exergue la possibilité de créer des actifs spécifiques à l'étranger (Bartlett et Ghoshal, 1989; Cantwell, 1992, 1993, 1995; Dunning, 1998; Kotabe et al. 2007). De ce fait, une nouvelle source importante d'avantages spécifiques de l'EMN consiste en la capacité de ses filiales à l'étranger de créer de nouveaux actifs grâce aux environnements des pays d'accueil (Frost, 2001, p. 101). A travers ce motif, l'entreprise vise à ajouter à ses actifs existants d'autres actifs qui pourront soutenir ou renforcer sa position concurrentielle à long terme. Contrairement au motif d'exploitation des actifs existants, le motif de recherche d'exploration de nouveaux actifs est une stratégie d'augmentation des avantages. Dans cette situation, les avantages stratégiques sont créés dans le pays d'accueil et non dans le pays d'origine. Il peut s'agir de firmes qui acquièrent des entreprises étrangères possédant des actifs stratégiques, telles que Roche, entreprise pharmaceutique suisse qui a acheté en avril 2008 la biotech britannique Piramed, active dans le développement de traitements contre les principaux types de cancer comme celui du sein et du poumon. Certains de ces actifs stratégiques appartiennent ainsi à des entreprises étrangères, alors que d'autres sont accessibles aux firmes mais immobiles à travers l'espace (Dunning et Wymbs, 1999, p. 184). Il s'agit dans ce cas de connaissances spécialisées qui sont localisées dans un environnement particulier. Dans ce sens, Nokia a pu développer des téléphones portables plus petits grâce à son centre de R&D au Japon, pays dans lequel les petits téléphones étaient très populaires dans les années 1990. Aujourd'hui, les téléphones deviennent partout de plus en plus petits et Nokia a obtenu un avantage compétitif grâce à son expérience dans ce domaine.

De nombreux auteurs (Marshall, 1916; Porter, 1990; Cantwell et Janne, 1999; Krugman, 1991, 1995; Kuemmerle, 1999) ont démontré que la connaissance réside généralement dans des clusters industriels hautement spécialisés. Les EMN s'établissent dans ces localisations afin d'acquérir de nouvelles connaissances qui s'ajouteront à celles qu'elles possèdent déjà. Dans ce sens, les résultats des analyses de Cantwell et Piscitello en Europe (2005) suggèrent que la sélection des emplacements des activités de R&D des EMN pour des motifs d'exploration de connaissances dépend de la présence de trois types de spillovers présents dans les clusters: intra-industriels, inter-industriels et de sources externes de connaissances. Premièrement, les spillovers intra-industriels sont associés à la présence de nombreuses firmes actives technologiquement dans un secteur donné et concentrées dans une agglomération[28]. Cette concentration de firmes du même secteur crée des externalités de spécialisation (contrairement aux externalités de diversité dues à la concentration d'industries variées). Les entreprises sont en collaboration et en compétition simultanément, ce qui peut produire des mécanismes stables d'accumulation de connaissances collectives. D'un côté, comme suggéré par le diamant de Porter, les pressions concurrentielles déclenchent l'innovation et provoquent un cercle vertueux duquel les firmes tirent un avantage. L'avantage concurrentiel d'un système régional est ainsi créé et se maintient à travers la rivalité entre entreprises. D'un autre coté, la concentration spatiale stimule l'intensité des échanges et la collaboration entre agents, ce qui crée une attitude commune vers l'innovation. En outre, les EMN peuvent surveiller l'environnement technologique et concurrentiel dans un lieu particulier (Doh et al., 2005, p. 122). Deuxièmement, lors de la présence dans un cluster d'entreprises de plusieurs industries travaillant dans des domaines de recherche distincts, des retombées inter-industrielles peuvent apparaître, appelées «Jacobian spillovers» (voir Jacobs, 1970 et 1986). De tels effets concernent les externalités de diversité, qui favorisent la création de nouvelles idées à travers les secteurs et créent une augmentation de l'envergure de recherche des industries. En effet, plus la R&D dans une région est variée, plus la firme pourrait potentiellement en profiter. En l'absence de fortes forces de concurrence entre firmes, le milieu conduit à l'interaction entre les EMN et les firmes locales et ainsi offre de grandes opportunités aux alliances entre entreprises en vue de collaborations technologiques et d'échanges. Troisièmement, les efforts des firmes pour améliorer la technologie sont aidés par des sources externes de connaissances: centres de recherches publics, universités ou associations industrielles. Grâce à la concentration dans un environnement, des effets d'entraînement scientifique et technologique sont créés. Par exemple, Siemens a un site Technology-To-Business de 15 personnes à Berkeley en Californie. Les membres entretiennent des relations personnelles avec

28 Pour une revue de la littérature sur les modèles théoriques existants des spillovers intra-industriels, voir Ben Hamida (2007).

des scientifiques, des étudiants, des entrepreneurs, des capitalistes ventures et des centres de recherches étatiques ou d'entreprises. A travers ces relations, ils ont des connaissances sur les idées technologiques ou d'affaires émergentes. Les principaux objectifs de ces membres sont d'appliquer ces idées émergentes aux affaires spécifiques de Siemens. Ils ont ainsi eu connaissance par un étudiant de l'Université de Columbia d'une technologie permettant d'optimiser la qualité du service sur les réseaux d'ordinateur. Ensuite, ils ont délivré cette connaissance à la division technologique de Siemens et à la division des communications des fabriques, qui a pu lancer le premier produit WLAN (wireless local area networks) avec les garanties en temps réels des trafics demandées par les clients.

En outre, certains clusters sont plus dynamiques et s'orientent vers de nouveaux domaines non exploités. L'EMN peut observer ces nouvelles avancées et s'y impliquer si elles deviennent intéressantes pour la compétitivité de la firme. Par exemple, le cluster de la Silicon Valley aux Etats-Unis commence à s'intéresser à la «clean technology» (Financial Times, 2008c), c'est-à-dire aux sources énergétiques alternatives telles que l'énergie solaire, l'éthanol, aux nouveaux matériaux et procédés industriels avec des bénéfices environnementaux. Les EMN qui s'y installent et s'intéressent aux développements dans ces nouveaux domaines pourront être les premières à développer des produits innovants. Elles ont la possibilité de créer des postes d'imitation captant la technologie ou la rapatriant, ou des laboratoires d'innovation de proximité engendrant de la technologie pour des débouchés locaux, ou encore des centres d'excellence développant de la technologie pour des débouchés mondiaux (Lallement et al., 2002, p. 40).

Cette stratégie de recherche de nouveaux actifs dans des environnements spécifiques se base sur plusieurs idées:

- le pays d'origine ne peut pas développer l'ensemble des technologies, et le système d'innovation domestique ne représente qu'une part du portefeuille technologique de la firme.
- la connaissance se développe à travers des interactions face-à-face entre individus qui requièrent une présence physique.
- l'entreprise ne développe pas ses innovations seule au moyen de son réseau interne, mais apprend aussi par son réseau externe.

Premièrement, le pays d'origine ne peut pas développer l'ensemble des technologies dont a besoin l'entreprise. Les systèmes d'innovation et les spécialisations technologiques des nations évoluent seulement très graduellement, notamment dans les nouveaux secteurs (Narula et Zanfei, 2004, p. 19). Ces systèmes changent plus lentement que les besoins des firmes et, comme résultat, les entreprises doivent chercher à acquérir à l'étranger les connaissances dont elles ont besoin. Les EMN pourront ainsi profiter des spécialisations locales en termes de stocks technologiques, de programmes et de trajectoires de recherche et de capital humain créatif (Pearce et al., 2008, p. 65). En effet, malgré les convergences économiques et technologiques associées à la production internationale (par le biais des imitations et des diffusions des connaissances et des pratiques), il existe des modèles de spécialisations distincts entre pays, dont l'EMN peut prendre avantage et établir des interactions entre les filiales. Ces spécialisations peuvent s'expliquer par le fait que le potentiel innovateur d'une région dépend de facteurs peu mobiles internationalement, tels que la main-d'œuvre hautement qualifiée, les potentiels de spillovers, les niches de marchés, les institutions de recherche et la régulation (Hotz-Hart, 2000, p. 445). En outre, les secteurs nationaux se spécialisent autour de leur base nationale de connaissances et de leurs avantages spécifiques. Une parfaite convergence ne peut ainsi être attendue, car les spécificités vont rester et être utilisées par chaque région pour défendre sa propre compétitivité. La variété et la diversité entre les régions sont ainsi essentielles dans les sources d'innovation et de nombreux pôles d'excellence avec un haut degré de spécialisation régionale apparaissent (Hotz-Hart, 2000, p. 445).

L'EMN aura un plus grand accès aux connaissances locales des systèmes d'innovation si elle s'y implante, que ses concurrents situés à distance (Song et Shin, 2008).

> By going directly to the places with more expertise in a given technological field the firm is able to penetrate at a lower cost such networks. (Van Pottelsberghe de la Potterie et Guellec, 2001, p. 1259)

Ainsi, deuxièmement, les connaissances ne sont pas toujours «transportables» et impliquent une présence physique pour être accessibles plus facilement (voir les études sur la diffusion locale des connaissances telles que celles de Jaffee et al. 1993; Jaffee et Trajenbert, 1998, 1999; Keller, 2002). En effet, même si les idées et les solutions innovantes se diffusent rapidement à travers l'espace, les connaissances implicites qui permettent d'arriver à ces idées ne sont pas diffusables à travers de larges distances sans déplacer les personnes qui possèdent ces connaissances (Inkpen, 2008, p. 77). Celles-ci sont plus larges et riches que les données et informations et consistent en savoirs, compétences, expériences. Ce type de connaissances est appelé «sticky», car elles «collent» à leur source (Inkpen, 2008, p. 79). Par exemple, un manuel de conduite ne permet pas d'apprendre à conduire. L'individu doit prendre des leçons avec un moniteur. Ces connaissances implicites se développent lors de contacts directs entre individus, par exemple lors de sessions de brainstorming, et peuvent ainsi être créées et capturées par tous les individus présents (Lindgren, 1969). Dans une étude sur le transfert de connaissances dans le domaine médical, il était demandé aux personnes interrogées de classer les trois formes les plus efficaces de communication pour le partage de connaissances (Jabr, 2007, p. 257). Les résultats ont montré que les meetings formels et les discussions informelles étaient inclus dans les formes les plus utilisées. Ainsi, selon une étude d'Usai (2008), la densité de population a un impact significatif sur l'innovation.

Cependant, les entreprises étrangères peuvent être incapables d'accéder à la connaissance tacite intégrée dans les réseaux interpersonnels régionaux (Singh, 2007, p. 768). Il est nécessaire que les individus soient familiers entre eux et échangent fréquemment des idées. En effet, les individus ne partagent leurs connaissances pleinement que lorsqu'ils ont des relations fortes et ne peuvent collaborer sur des idées que s'ils se connaissent. L'idée centrale est qu'une

> connection is more likely to occur between similar than dissimilar people, whether based on geographical proximity, or on cultural (such as race, nationality and religion), genetic (such as gender, age and kinship) or behavioral (such as education, occupation, social class, position, abilities, attitudes or values) resemblance. (Makela et al. 2007, p. 3)

L'effet de similarité interpersonnelle, nommé aussi «homophilie» dans la littérature (qui peut être défini comme une tendance à s'associer avec les personnes qui vous ressemblent) facilite le partage de connaissances entre individus et à l'intérieur des clusters. Il est aussi important que les individus s'attendent à une réciprocité pour que l'interaction ait lieu. Tous ces éléments impliquent que l'EMN doive être présente et doive investir dans ces environnements à connaissances particulières afin d'être en mesure de les capturer. L'entreprise devra en outre communiquer ses idées pour être acceptée par la communauté scientifique locale et pour obtenir les informations désirées (Porter, 1993, p. 588).

Ces connaissances «sticky» sont davantage présentes dans les activités de recherche que de développement. En effet, au début de la chaîne de valeur des activités de R&D, les connaissances sont particulièrement tacites et incluses chez des personnes hautement qualifiées et spécialisées. Plus la recherche se dirige vers le développement et est appliqué au marché, plus les connaissances deviennent codifiables (voir la Figure 5).

Figure 5. Niveau de codifiabilité des activités de recherche et des activités de développement

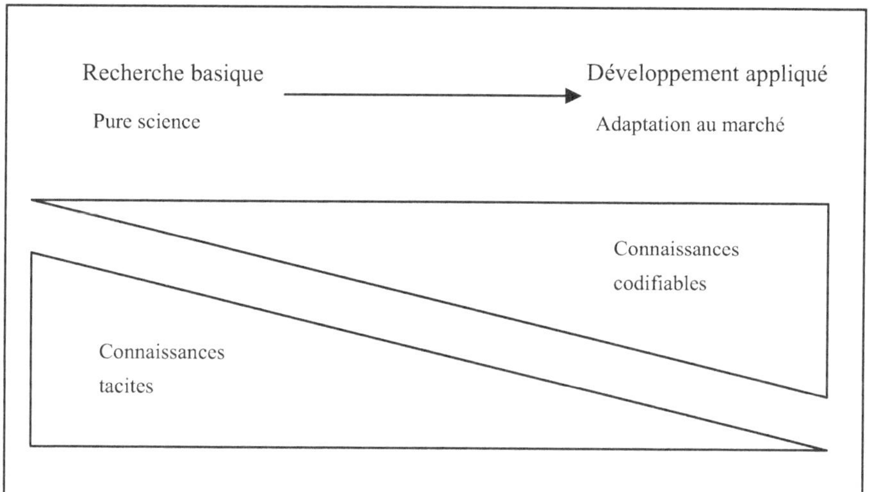

Source: Elaboration personnelle

Troisièmement, l'entreprise ne développe pas ses innovations uniquement avec ses employés, mais apprend aussi par son réseau externe. «Any organization that thinks it does everything the best and need not learn from others is incredibly arrogant and foolish» (John Browne, ancien directeur de British Petroleum, in Prokesch, 1997, p. 147). Une étude de Schrader (1991) a démontré que la fréquence des interactions des employés de R&D de plusieurs firmes a un impact positif sur la fréquence des innovations de ces firmes. Les entreprises qui ne le font pas risquent de manquer des opportunités et voir leur productivité d'innovation baisser. Les ingénieurs de Sony, par exemple, se sont isolés dans les années 1990 en pensant que les idées provenant de l'extérieur de l'entreprise n'étaient pas assez bonnes. Ils ont ainsi développé des produits non voulus, tels que des appareils photos non compatibles avec différentes formes de mémoire utilisée par les clients (Hansen et Birkinshaw, 2007, p. 1234). Alors que des rivaux introduisaient des iPod et Xbox, concurrençant les Walkman et la PlayStation de Sony inventés dans les années 1980, Sony a manqué des opportunités dans les domaines des MP3 et des télévisions à écran plat. Selon des projets de recherche de Hansen et Birkinshaw (2007), sur 130 cadres de 30 EMN et 4000 employés non cadres de 15 EMN, les plus grandes étincelles sont initiées lorsque des fragments d'idées viennent ensemble, principalement lorsque les individus provenant de plusieurs unités brainstorment ou lorsque les entreprises exploitent des partenaires externes en vue de l'obtention d'idées. L'entreprise peut ainsi non seulement apprendre de ses propres expériences et employés, mais également de ses fournisseurs, de ses partenaires, de ses investisseurs, de scientifiques, d'inventeurs, de ses clients (voir la notion de valeur co-créante avec les clients de Prahalad et Ramasmawy, 2004 et Prahalad et Krishnan, 2008), de ses concurrents et d'entreprises qui ne sont pas dans son domaine. Cet échange permettra à l'entreprise d'augmenter ou de déployer son propre savoir avec efficacité. En outre, la circulation des connaissances entre plusieurs institutions de recherche et l'industrie a une influence positive sur la croissance (Gugler, 2003, p. 148).

En partageant les compétences, toutes les parties pourront tirer un avantage et créer une invention qui n'aurait pas pu être développée par une seule partie. Dans ce sens, Schlumberger, une entreprise de services dans le domaine du pétrole, a développé un appareil de forage spécial pour British Petroleum (BP) (Prokesh, 1997). Des scientifiques de BP se sont rendus dans un laboratoire de recherche de Schlumberger afin de travailler avec leurs scientifiques. Schlumberger devait rendre disponible l'appareil d'abord à BP et ensuite l'offrir aux autres, tandis que BP s'engageait à tester l'appareil sur ses puits. Cette solution a créé des opportunités intéressantes aux deux entreprises. Schlumberger a développé un nouveau produit qu'il n'aurait pas pu élaborer sans l'aide de BP (qui a partagé son expérience des forages et des puits de test) et BP a obtenu un appareil plus sophistiqué pour les puits horizontaux avant ses concurrents.

Cette motivation de recherche d'exploration d'actifs stratégiques explique pourquoi de nombreuses entreprises installent des centres de R&D dans des clusters. En effet, dans ces emplacements, les trois idées développées ci-dessus peuvent être reprises: les clusters sont des environnements spécialisés; ils facilitent les interactions entre individus grâce à l'agglomération; ils sont formés par différents agents économiques qui permettent à l'EMN de développer un réseau externe. D'un point de vue empirique, il a été mentionné par Griliches (1990) que les firmes localisées dans les clusters reçoivent davantage de brevets par investissement en R&D lorsque les activités de R&D sont élevées dans le cluster, en comparaison aux firmes non localisées dans le cluster. L'analyse de Zhou et Li (2008) démontre quant à elle que les co-entreprises internationales sont davantage innovantes lorsqu'elles opèrent dans une région avec un haut niveau d'agglomération d'activités innovantes.

1.3 Evolution des rôles

Les principales organisations internationales récoltant des données sur les dépenses en R&D des filiales étrangères sont la CNUCED et l'OCDE. Cependant, leurs statistiques internationales sur les activités étrangères de R&D sont limitées, car la plupart des pays ne collectent pas de données sur les activités de R&D de leurs propres entreprises à l'étranger[29]. Par contre, la plupart des pays fournissent à l'OCDE des données sur les activités effectuées par des entreprises étrangères dans leur pays[30]. Cependant, ces données ne concernent que les activités manufacturières[31] et sont ventilées par origine géographique. Selon une

29 Seulement six pays fournissent des données sur les dépenses d'exécution à l'étranger à l'OCDE pour le rapport du Science, Technology and Industry Scoreboard 2007 et 3 pays fournissent des informations sur les dépenses en R&D à l'étranger de leurs entreprises en 2002 à la CNUCED pour le rapport du World Investment Report 2007.

30 Dans le World Investment Report 2007, cinq pays ont transmis des informations sur les dépenses en R&D des filiales étrangères en 2002 à la CNUCED.

31 Dès 2006, l'OCDE demande des données sur les services. Les résultats ne sont pas encore disponibles.

étude de l'OCDE (2007b) sur les données de filiales étrangères dans 17 pays, il est démontré qu'une différence existe entre la part des filiales étrangères dans le total des dépenses en R&D et la part des filiales étrangères dans les ventes (voir la Figure 6). Dans certains pays, la part des filiales dans les dépenses de R&D est plus élevée que la part des filiales dans les ventes du pays. Ceci indique selon l'OCDE que l'internationalisation des activités de R&D est dans certains cas plus importante que celle de la production et qu'elle ne suit pas forcément les ventes (OCDE, 2007b, p. 172).

Figure 6. Part des dépenses de R&D et des ventes des filiales étrangères dans le total des dépenses de R&D et des ventes du pays, 2003

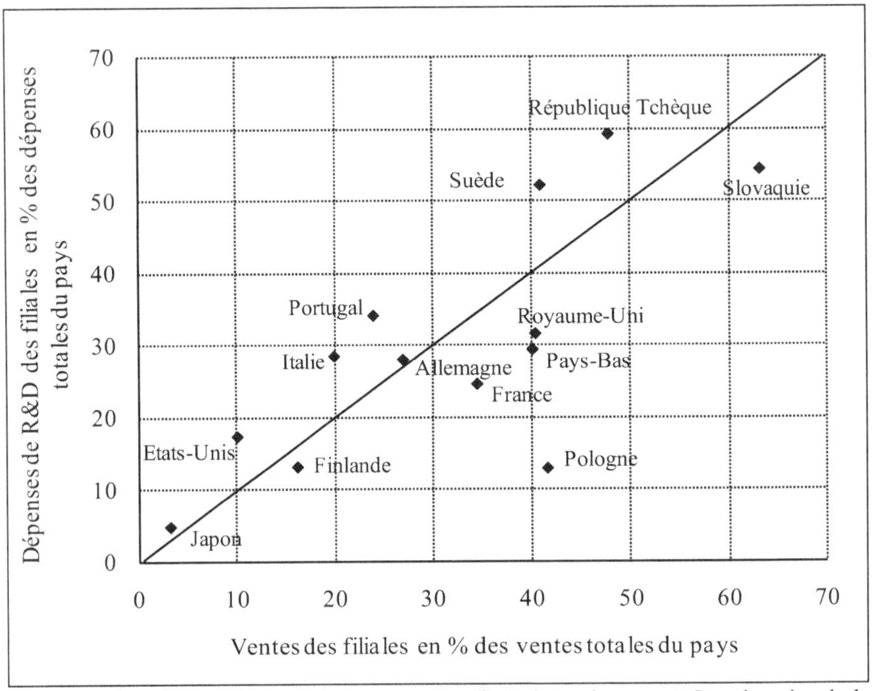

Note: Les données représentent le secteur manufacturier uniquement. Les données de la Finlande, du Pays-Bas et du Royaume-Uni datent de 2001.

Source: OCDE (2007c, consultation mars 2009)

Cependant, ces données ne prennent en compte que 17 pays et ne considèrent pas la Chine et l'Inde par exemple, qui se situent respectivement en troisième et sixième position des destinations de R&D étrangères (voir la Figure 8). Ainsi, il n'est pas possible de déterminer d'une manière précise les motivations de l'internationalisation de la R&D avec les statistiques internationales collectées par l'OCDE et de les comparer entre pays avec une méthodologie commune.

Pour comparer les motivations et suivre leur évolution, il faut donc s'intéresser aux études empiriques dont les données sont collectées par plusieurs sources (telles que les centres de recherche ou universités). Toutefois, en l'absence d'une méthodologie commune, ces études ne sont pas entièrement comparables. Jusqu'à récemment, celles-ci ont largement prouvé que le rôle joué par les unités de R&D étrangères est en majeure partie déterminé par le marché ou les facteurs du côté de la demande: voir par exemple les études pionnières de Mansfield et al. (1979) et Lall (1979) qui ont démontré une haute corrélation entre la R&D et les ventes étrangères. Les études plus récentes de Kuemmerle (1999b), Patel et Vega (1999), Pearce (1999), Love (2003), Balcet et Evangelista (2005), Rose et Volker (2005) et Arthur D Little (2007) arrivent aux mêmes conclusions. Selon les résultats de l'enquête de Kuemmerle (1999b) auprès de 238 sites de R&D appartenant à 32 EMN originaires de 5 pays, 38 pour cent des sites sont motivés par l'exploitation d'actifs existants et 32 pour cent par l'exploration d'actifs stratégiques. Patel et Vega (1999), à travers leur analyse sur les activités brevetées aux Etats-Unis dans les domaines de haute technologie, ont découvert que dans une majorité de cas les entreprises localisaient leur technologie à l'étranger dans les secteurs où ils étaient forts dans le pays d'origine. Ils interprétèrent cette évidence comme la volonté d'adapter les produits, procédés et matériaux aux marchés étrangers et de fournir un soutien technique aux activités étrangères[32]. Ces résultats de Patel et Vega ont été confirmés par Pearce (1999). Selon une étude sur les activités des filiales étrangères en Italie en 2005 de Balcet et Evangelista (2005), les motivations d'adaptation au marché sont les dominantes et les filiales recherchant des actifs stratégiques sont rares. D'après Rose et Volker (2005), la plupart des firmes de leur échantillon (1'554 entreprises localisées en Allemagne) investissant dans la R&D à l'étranger ont comme principal objectif de soutenir les filiales de production et ensuite de profiter de coûts plus faibles à l'étranger (voir la

32 Cependant, ils conclurent que dans le cas suisse, les activités de recherche d'actifs stratégiques sont les plus importantes.

Figure 7). Finalement, l'étude d'Arthur D Little (2007) sur 54 EMN démontre que 63 pour cent d'entre elles installent des activités à l'étranger pour le motif de recherche de marché, 41 pour cent pour la diminution des coûts et 19 pour cent pour l'accès aux ressources qualifiées.

Figure 7. Rôle des activités de R&D à l'étranger des entreprises localisées en Allemagne, 2005

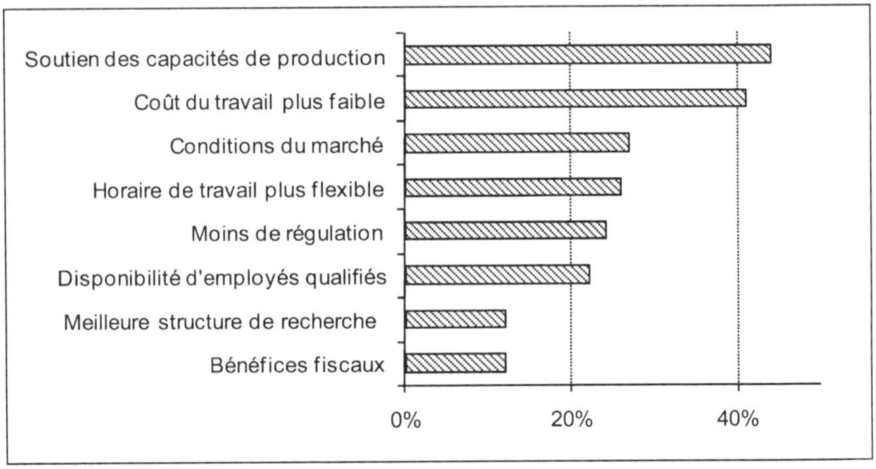

Note: Réponses multiples possibles

Source: Rose et Volker (2005), p. 6 (traduit)

Des études du KOF sur les activités de R&D à l'étranger d'entreprises suisses ont atteint les mêmes conclusions (Arvanitis et Hollenstein, 2007, Arvanitis et al., 2001). Les EMN suisses effectuent des activités de R&D à l'étranger davantage pour des motifs d'exploitation que d'exploration d'actifs stratégiques. Selon leur étude, les entreprises suisses recherchent à l'étranger notamment du personnel en R&D. Ceci peut s'expliquer par le fait que la Suisse est une petite nation (environ 7.5 millions d'habitants en 2006, OFS, 2008). Néanmoins, les activités d'exploration deviennent de plus en plus conséquentes pour ces entreprises (voir Arvanitis et Hollenstein, 2007). L'internationalisation de la R&D d'exploration a pris de l'importance. Celle-ci est due à plusieurs facteurs. Premièrement, la complexité des développements technologiques conduisent les entreprises à un besoin croissant de nouvelles sources technologiques et d'interactions avec des acteurs dotés de connaissances complémentaires. Deuxièmement, la vitesse élevée de création d'activités innovatrices requiert des EMN d'être présentes là où les idées émergent le plus rapidement. Finalement, les pressions croissantes des pays d'accueil des EMN les ont conduites à un accroissement de l'accès et de l'utilisation des ressources locales comme une condition clé de l'obtention de l'accès aux marchés étrangers (Narula et Zanfei, 2004, p. 9).

Cette augmentation des activités d'exploration n'est pas propre à la Suisse. Pour de nombreux auteurs, les motifs d'exploration deviennent de plus en plus importants (voir par exemple, Almeida, 1996; Florida, 1997; Serapio et Dalton, 1999; Niosi, 1999; Pearce, 1999; Cantwell et Noonan, 2002; Le Bas et Sierra, 2002; Rugman et Verbeke, 2003; Ambos, 2005; Kottaridi et al. 2007; Hegde et Hicks, 2008).

> While asset-exploiting activities still predominate as a motivation, the tendency for firms to invest abroad in order to augment their existing assets is now also substantial, and forces scholars of international business to rephrase their enquiries. (Cantwell et Narula, 2001, p. 158)

Le Bas et Sierra (2002) relevèrent que, même si les entreprises européennes internationalisent rarement leur R&D pour compenser leurs faiblesses technologiques[33], il y a néanmoins un haut degré de recours aux stratégies d'exploration. La stratégie la plus fréquente a lieu quand non seulement les entreprises étrangères, mais également les entreprises domestiques sont dotées d'avantages technologiques, préparant le chemin à ce que les auteurs décrivent comme un apprentissage dynamique au travers des interactions avec le contexte local (Le Bas et Sierra, 2002, p. 606). Selon Rugman et Verbeke (2003), l'IDE prend de plus en plus la forme de recherche de connaissances ou de recherche d'avantages stratégiques, par quoi l'EMN tente d'augmenter sa base de connaissances en accédant à des centres étrangers et en devenant un participant à plusieurs clusters de connaissances localisées. Finalement, trois études récentes peuvent encore être citées: l'étude de la Commission européenne sur 95 EMN (2006) qui informe que les facteurs les plus importants indiqués dans l'internationalisation de la R&D étaient la disponibilité des chercheurs, l'accès à la R&D spécialisée, l'accès au

33 Investir à l'étranger pour compenser les faiblesses technologiques signifie selon les auteurs que les entreprises ont un désavantage technologique dans le pays d'origine et un avantage technologique dans le pays d'accueil.

marché et le cadre de propriété intellectuelle. Le coût du personnel de recherche représentait le facteur le moins important. L'étude de Thursby et Thursby (2006) sur 203 EMN indique que les facteurs de localisation les plus importants consistaient en la qualité du personnel en R&D et les marchés, la protection de la propriété intellectuelle et la collaboration avec les universités. Les réductions de taxes et les coûts plus faibles de personnel en R&D figuraient parmi les facteurs les moins importants. Kottaridi et al. (2007), dans leurs études sur 163 filiales au Royaume-Uni, ont démontré que l'environnement externe joue un rôle important dans les décisions des filiales quant au fait d'entreprendre leur propre recherche. Plus particulièrement, l'ancrage dans un milieu local et l'existence de collaborations avec les institutions scientifiques et les centres de recherche locaux sont d'une grande importance dans la décision de l'EMN d'établir sa filiale de R&D. Ces motivations diffèrent également selon les industries. Selon Cantwell et Janne (1999) sur les EMN suisses, les activités d'exploration sont dominantes dans les industries pharmaceutiques et chimiques suisses, tandis que les activités d'exploitation sont importantes pour le secteur métallurgique et celui des machines suisses (et probablement pour le reste du secteur manufacturier). Les industries dépensant le plus en R&D, telles que la chimie ou la pharmacie, sont en effet celles qui rechercheront le plus de nouvelles connaissances émergeant à travers le monde. Selon les résultats de Florida (1997) sur des filiales étrangères en R&D aux Etats-Unis, les activités d'exploration sont plus importantes dans les industries de biotechnologie et de pharmacie. Les industries chimiques et de l'automobile plaçaient davantage d'importance dans les activités d'exploitation. L'étude de Serapio et Dalton (1999) confirme l'hétérogénéité des motifs selon les industries, les firmes biotechnologiques ou en pharmacie étant particulièrement orientées vers la recherche de technologie, tandis que celles de l'automobile le sont vers le marché. L'étude de Shimizutani et Todo (2008) distingue les motifs selon le type de R&D effectuée à l'étranger. Selon leurs résultats sur les activités de R&D étrangères des entreprises japonaises, la recherche basique effectuée à l'étranger exploite la connaissance étrangère avancée, tandis que les activités de développement ou de design sont davantage influencées par la taille du marché du pays d'accueil. Ceci peut s'expliquer par le fait que les connaissances implicites et «sticky» sont davantage présentes dans les activités de recherche que de développement (voir la Figure 5).

En résumé, les études empiriques confirment que les motifs de recherche d'exploitation, en particulier l'adaptation au marché, sont les plus importants, mais que les motifs de recherche d'exploration s'accroissent. En outre, l'étude de Asakawa (2001) sur les EMN japonaises a démontré que le rôle des filiales de R&D change. Ce changement avait déjà été mis en avant en 1977 par Ronstadt. Selon lui, les filiales se transforment du type «Unités de transfert de technologie» vers «Unités de technologie indigène» et finalement vers «Unités de technologie globale». Cette évolution ressemble à celle décrite par Ghoshal et Bartlett (1988) des unités de type «Centre pour global», «Local pour local», «Local pour global» et «Global pour global».

Chapitre 2

Localisation des activités de R&D à l'étranger

La première section de ce chapitre renseigne sur la distribution géographique des activités de R&D. Il est en effet nécessaire de connaître les lieux d'implantation des activités de R&D pour comprendre les motivations des entreprises et les incidences sur les pays d'accueil et d'origine des investissements. Dans un second point, les explications théoriques des facteurs déterminant les emplacements de R&D sont développées. L'approche consiste à expliquer par le paradigme éclectique de Dunning comment les entreprises choisissent les emplacements de leurs activités de R&D. Finalement, étant donné l'importance des brevets comme moyen de protection de la recherche des entreprises, le rôle des droits de propriété intellectuelle dans les IDE en R&D est étudié dans une dernière section.

2.1 Distribution géographique des activités de R&D

Les statistiques existantes déterminant les emplacements des filiales en R&D sont limitées. Les principales organisations récoltant des données sur les dépenses en R&D des filiales étrangères sont la CNUCED et l'OCDE. Selon la dernière enquête disponible de la CNUCED (2005, p. 132) auprès de 68 des 700 EMN les plus dépensières en R&D[34], la

34 L'étude a été effectuée entre novembre 2004 et mars 2005. La CNUCED contacta 316 EMN, selon les 700 plus grandes dépensières en R&D déterminées par le R&D Scoreboard publié par le Department of Trade and Industry (DTI) du Royaume-Uni. Le taux de réponse était de 22 pour cent, car de nombreuses firmes ne dévoilent pas les informations concernant leur R&D, la considérant comme trop sensible stratégiquement pour être révélée (CNUCED, 2005, p. 124). Une telle enquête n'a pas été reconduite. Les informations sur les dépenses de R&D dans les filiales étrangères des World Investment Report de 2006-2007 fournissent des

majorité des activités de R&D effectuées à l'étranger déclarées par les EMN était localisée aux Etats-Unis, au Royaume Uni, en France, en Chine, au Japon et en Inde (voir la Figure 8). Selon cette étude, les pays émergents représentent une importante destination des activités de R&D étrangères et devraient encore en recevoir davantage. En effet, les pays d'accueil de R&D les plus attractifs entre 2005 et 2009 sont la Chine, les Etats-Unis, l'Inde, le Japon et le Royaume-Uni. Singapour figure en neuvième position et le Brésil en onzième (voir la Figure 9). La Suisse, bien qu'elle apparaît en 14ème position dans la Figure 8, n'a pas été citée comme pays attractif entre 2005 et 2009 pour les activités de R&D (voir la Figure 9). Ceci peut indiquer une diminution de l'attrait de la Suisse dans les activités innovantes.

informations seulement sur quelques pays (dans le World Investment Report 2007, 5 pays ont transmis des informations sur les dépenses des filiales étrangères en R&D de 2002 et 3 pays ont donné des informations sur les dépenses en R&D à l'étranger de leurs entreprises en 2002, CNUCED, 2007, p. 285).

Figure 8. Pays d'accueil des activités de R&D étrangères (pour cent des réponses)

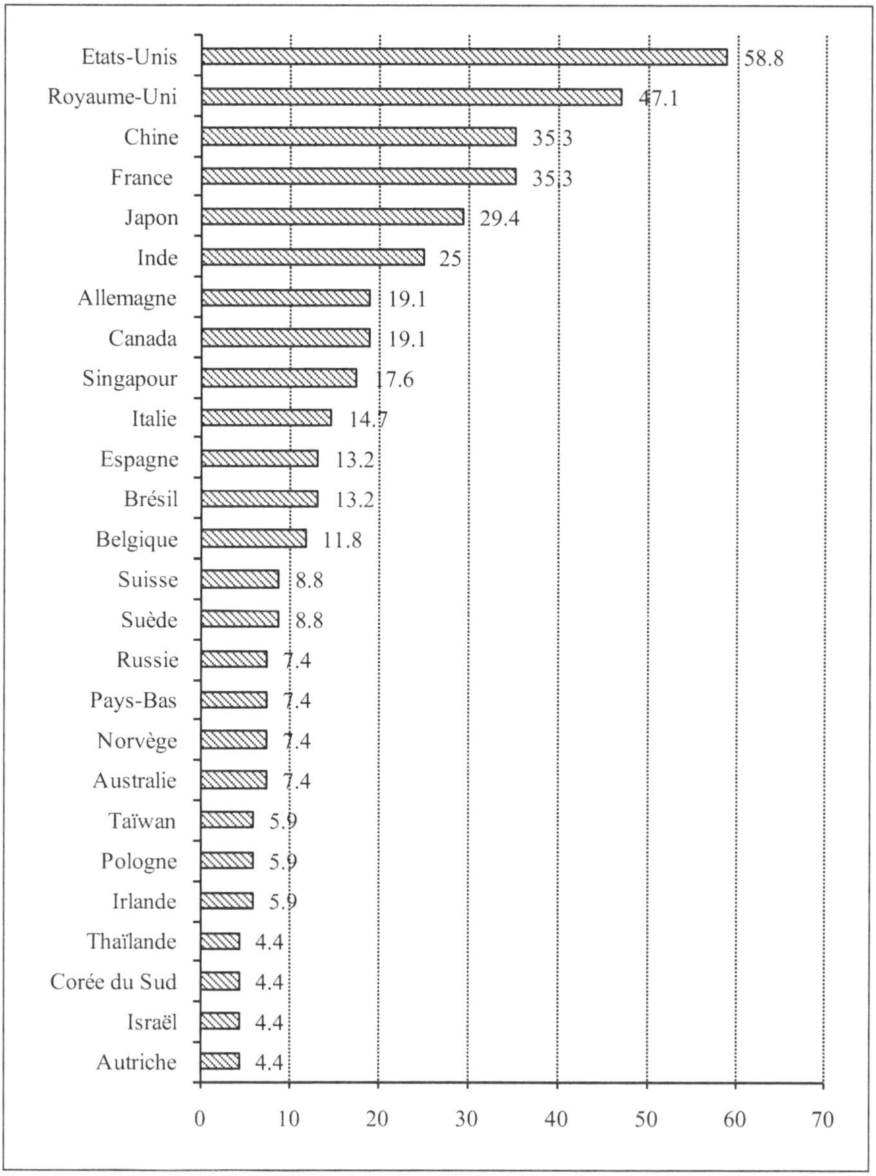

Source: Enquête de la CNUCED effectuée en 2004 (CNUCED, 2005, p. 133, traduit).

Figure 9. Pays d'accueil des activités de R&D les plus attractifs pour la période de 2005-2009 (pour cent des réponses)

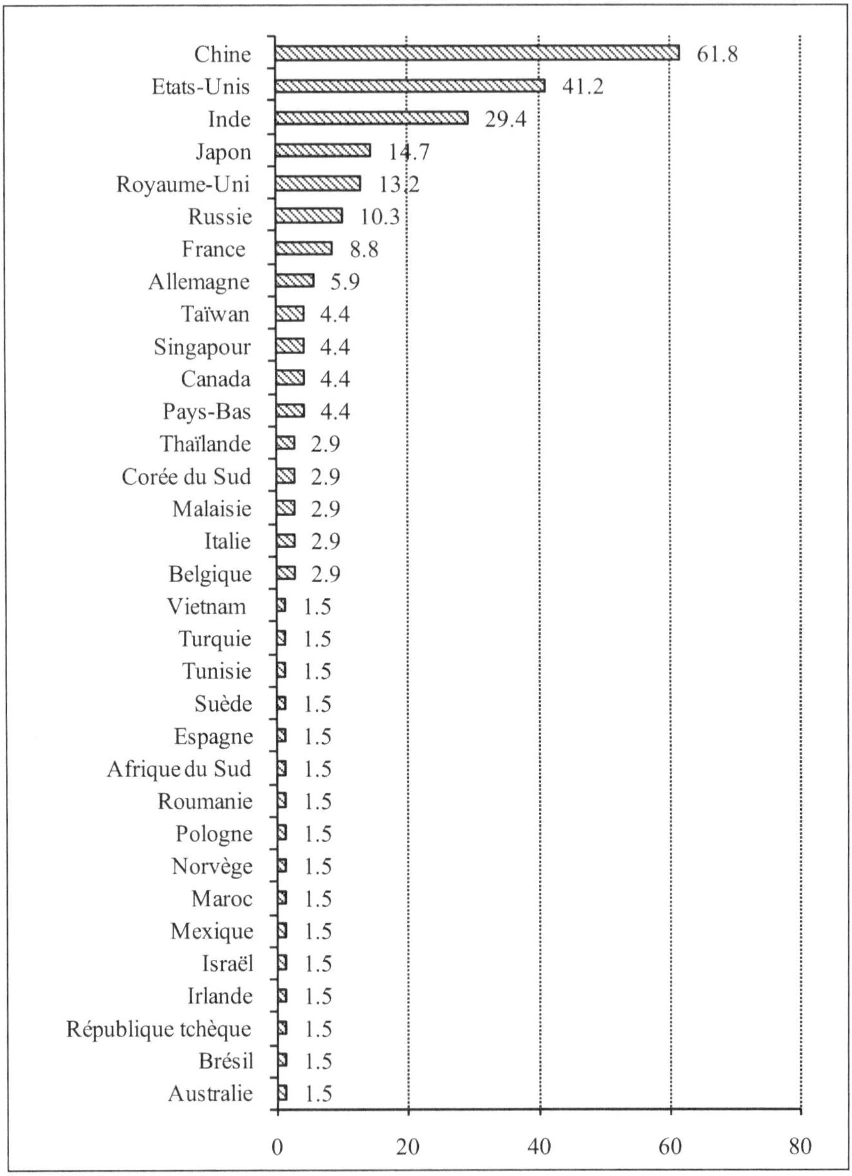

Source: Enquête de la CNUCED effectuée en 2004 (CNUCED, 2005, p. 133, traduit)

La dernière enquête de l'OCDE révèle que le pays accueillant le plus de R&D étrangère en 2003 est les Etats-Unis, suivis de l'Allemagne et du Royaume-Uni (OCDE, 2008b). Cependant, ces données de l'OCDE ne comportent que 12 pays[35] et ne considèrent pas des pays importants déterminés par l'enquête de la CNUCED tels que la Chine ou l'Inde. Ces statistiques internationales sont ainsi limitées, celles de la CNUCED ayant récolté les réponses de 68 EMN et ne renseignant pas sur les montants des dépenses effectuées, et celles de l'OCDE prenant en compte les statistiques fournies par 12 pays d'accueil d'activités de R&D étrangères. Il est donc nécessaire de s'attarder encore sur d'autres enquêtes afin de déterminer l'emplacement des activités de R&D à l'étranger.

Etant donné que 42.7 pour cent des 700 firmes dépensant le plus en R&D proviennent des Etats-Unis (suivis du Japon avec 22 pour cent, de l'Allemagne avec 7.6 pour cent, du Royaume-Uni avec 5.6 pour cent et de la France avec 5 pour cent, CNUCED, 2005, p. 121), localiser les emplacements de R&D des EMN américaines permet de mettre en évidence les destinations les plus importantes. Selon l'enquête du United States Bureau of Economic Analysis du Département du commerce des Etats-Unis (2008), 18 pour cent des dépenses en R&D des filiales des EMN américaines ont été effectués au Royaume-Uni en 2003 (ce qui correspond à 4 milliards de dollars), suivi de 16 pour cent en Allemagne (3.6 milliards) et de 11 pour cent au Canada (2.4 milliards, voir le Tableau 10). La Chine se situe en neuvième position, mais avec seulement 2.5 pour cent des dépenses (565 millions). Même si, selon l'enquête de la CNUCED, les EMN informent qu'elles investissent en R&D dans les pays émergents (Chine, Inde, Russie, Brésil par exemple), il semblerait que le montant des dépenses soit plus faible comparativement aux autres pays d'accueil développés. Cependant, l'augmentation des dépenses dans ces pays est élevée. En effet, les dépenses en Chine sont passées de 35 millions de dollars en 1995 (0.24 pour cent du total des dépenses des filiales étrangères américaines) à 565 millions en 2003 (2.53 pour cent, voir le Tableau 11). Les dépenses en Inde ont augmenté de 22 millions (0.15 pour cent) à 81 millions (0.36 pour cent), et celles en Corée de 41 millions (0.28 pour cent) à 202 millions (0.90 pour cent). A l'inverse, les dépenses au Brésil ont baissé de 437 millions

35 Etats-Unis, Japon, Allemagne, France, Royaume-Uni, Canada, Irlande, Pays-Bas, Espagne, Suède, République Tchèque et Pologne (voir OCDE, 2008b, p. 23)

(2.99 pour cent) à 326 millions (1.46 pour cent). Les dépenses en Russie ne sont pas montrées dans le Tableau 11, car elles correspondent à moins de 0.01 pour cent du total des dépenses.

Tableau 10. Dépenses en R&D des filiales étrangères des EMN américaines par pays, 2003 (en millions de dollars)

Pays	*Dépenses de R&D*	*Pourcentage*
Royaume-Uni	4038	18.08
Allemagne	3676	16.46
Canada	2461	11.02
France	1797	8.05
Japon	1657	7.42
Suède	1404	6.29
Israël	692	3.10
Italie	613	2.75
Chine	565	2.53
Suisse	526	2.36
Singapour	516	2.31
Belgique	464	2.08
Australie	420	1.88
Brésil	326	1.46
Espagne	318	1.42
Malaisie	251	1.12
Hong Kong	227	1.02
Corée, République de	202	0.90
Finlande	102	0.46
Luxembourg	91	0.41
Inde	81	0.36
Taïwan	65	0.29
Danemark	59	0.26
Philippines	52	0.23
Norvège	37	0.17
Pologne	37	0.17
Autriche	35	0.16
Thaïlande	24	0.11
Afrique du Sud	23	0.10
Argentine	22	0.10

Pays	*Dépenses de R&D*	*Pourcentage*
Portugal	21	0.09
République tchèque	18	0.08
Turquie	17	0.08
Grèce	16	0.07
Hongrie	15	0.07
Venezuela	12	0.05
Chili	9	0.04
Nouvelle-Zélande	9	0.04
Colombie	8	0.04
Costa Rica	6	0.03
Egypte	4	0.02
Indonésie	4	0.02
Pérou	2	0.01
Autres*	1406	6.30
Tous les pays	22328	100.0

* Les données de certains pays, comme les Pays-Bas et l'Irlande, ont été effacées afin d'éviter la révélation de données d'entreprises individuelles.

Source: United States Department of Commerce (2008, traduit)

Tableau 11. Dépenses en R&D des filiales étrangères des EMN américaines au Brésil, en Chine, en Inde et en République de Corée

	1997		*1998*		*1999*		*2002*		*2003*	
Pays	*Mio $*	*%*	*Mio $*	*%*	*Mio $*	*%*	*Mio $*	*%*	*Mio $*	*%*
Brésil	437	2.99	446	3.04	288	1.59	305	1.45	326	1.46
Chine	35	0.24	52	0.35	319	1.76	645	3.06	565	2.53
Inde	22	0.15	23	0.16	20	0.11	75	0.36	81	0.36
Corée, Rép.	41	0.28	29	0.20	101	0.56	169	0.80	202	0.90
Tous les pays	14593		14664		18144		21063		22328	

Note: Les données pour 2001 et 2002 sont incomplètes.

Source: United States Department of Commerce (2008, traduit)

En résumé, même si un groupe de pays développés accueille beaucoup de R&D étrangère, certains pays émergents deviennent une destination importante (Gugler et Michel, 2009). Selon l'étude de Thursby et Thursby (2006) sur 249 entreprises intensives en R&D dont la maison-mère est aux Etats-Unis ou en Europe occidentale, la plupart des EMN diminueront leurs activités de R&D dans les pays développés et augmenteront leurs activités dans les pays émergents. La faiblesse des coûts ne constituait pas la raison principale. La recherche de marché, la collaboration avec les universités et la qualité du personnel en R&D étaient citées comme au moins aussi importantes que les coûts. En outre, selon une étude d'Arthur D Little (2007) sur 52 EMN, la destination préférée des EMN pour les activités de R&D est la Chine avec un taux de croissance des ressources en R&D de 27 pour cent par année (suivi de 16 pour cent pour l'Europe de l'Est et 13 pour cent pour l'Inde). En Chine, la motivation principale de la R&D des entreprises automobiles est le potentiel du marché (Arthur D Little, 2007). Le nombre d'étudiants ingénieurs et la législation flexible du travail sont aussi des motifs majeurs. La prochaine section explique les variables influençant le choix de ces destinations.

2.2 Explication des choix de localisation des activités de R&D par le paradigme éclectique

Les données du point 2.1 décrivent les localisations des activités de R&D, mais ne déterminent pas pourquoi les EMN ont choisi ces pays d'accueil et quels types d'activités de R&D elles y effectuent. L'explication du choix des lieux d'implantation des activités de R&D se trouve dans les fondements théoriques de la production internationale développés dans la première partie. La partie précédente nous a enseigné que la théorie la plus complète pour expliquer l'expansion géographique des activités d'une entreprise multinationale est le paradigme éclectique de Dunning (1977, 1979, 1988, 1993a; Dunning et Lundan, 2008). Selon lui, la production internationale est déterminée par la configuration de trois ensembles d'avantages possédés simultanément par l'entreprise: elle doit jouir d'un avantage spécifique par rapport aux entreprises étrangères (avantage spécifique à la firme) qui sera mieux exploité à l'étranger que dans le pays d'origine (avantage de la localisation), et qui engendrera davantage de profit lorsqu'il est internalisé que lorsqu'il est externalisé à d'autres entreprises (avantage de l'internalisation, Dunning, 1979, p. 289). Ces trois atouts influencent les choix de destination des activités étrangères des EMN. L'EMN analyse quels avantages spécifiques elle peut exploiter, créer ou acquérir dans le pays d'accueil en fonction des facteurs spécifiques de ce dernier et des avantages de l'internalisation de l'actif spécifique de la firme. Les avantages de localisation sont liés aux motifs de l'internationalisation de l'entreprise: connaissances spécifiques de la population et du gouvernement local (motif d'adaptation aux conditions locales étrangères); avantages comparatifs dans la disponibilité et le coût de la main-d'œuvre (motifs de recherche de main-d'œuvre et de diminution des coûts) et possession d'actifs stratégiques sous forme de connaissances spécialisées (motifs d'exploration d'actifs stratégiques).

Premièrement, l'EMN choisira d'effectuer ses activités de R&D d'adaptation dans les régions dans lesquelles elle veut vendre ses produits, mais où le marché possède des caractéristiques différentes de celles de son pays d'origine. Le pays d'accueil a dans ce cas des avantages spécifiques liés à la connaissance des particularités de son marché (ou des marchés des pays voisins) et permettra à l'entreprise d'adapter ses produits ou procédés aux différents goûts des consommateurs, aux besoins de la population, aux niveaux d'éducation de la population, aux standards techniques ou aux réglementations locales. Cette motivation de la R&D étrangère a été déterminée comme étant la principale (voir le chapitre précédent). Les lieux de destination de la R&D étrangère sont dans ce cas souvent liés aux lieux de ventes (et de production dans le cas d'adaptation des procédés) des filiales de l'entreprise. Rappelons que la Chine, l'Inde, Singapour, la Russie ou le Brésil deviennent des destinations importantes des activités de R&D (voir la Figure 8 et la Figure 9). Les EMN installent des activités de R&D dans ces pays afin d'adapter leurs produits ou procédés, eu égard aux différences dans les pouvoirs d'achat, niveaux d'éducation, cultures et conditions environnementales entre les principaux pays d'origine des EMN et ces pays d'accueil. En effet, les EMN sont essentiellement originaires des Etats-Unis avec 19.3 pour cent des stocks d'IDE sortants en 2006, du Royaume-Uni avec 12 pour cent et de la France et de l'Allemagne avec chacun 8 pour cent (CNUCED, 2007). En outre dans le top 100 des plus grandes EMN par actifs étrangers, 24 proviennent des Etats-Unis, 13 du Royaume-Uni, 13 de la France, 13 de l'Allemagne et 9 du Japon (CNUCED, 2007, p. 229-231). Finalement, Ces EMN doivent ainsi investir en R&D dans les pays émergents tels que la Chine, l'Inde et le Brésil pour s'adapter aux marchés locaux.

Deuxièmement, l'EMN installe ses activités de R&D dans des pays possédant une main-d'œuvre qualifiée disponible ou dans ceux où les coûts de R&D sont les plus bas. Cette motivation explique pourquoi de nombreuses entreprises ont installé des centres de R&D dans les grands pays émergents et dans les pays de l'Europe de l'Est. De ce fait, les entreprises délocalisent en Inde principalement leurs activités de développement, de tests et d'analyses par logiciels, grâce au nombre élevé d'ingénieurs diplômés et de développeurs en technologie de l'information et grâce aussi à la reconnaissance internationale des diplômes et aux faibles coûts de la main d'œuvre. Cependant, même si ces localisations ont attiré dans un premier temps et attirent encore des activités de R&D pour des raisons de disponibilité de la main-d'œuvre et de coûts, elles sont aussi devenues des destinations privilégiées aux activités de recherche d'actifs stratégiques. L'Inde est devenu ainsi le deuxième pôle de R&D pour Philips, Oracle ou General Electric (Harfi et al., 2007, p. 30). En effet, plus une région reçoit des activités de R&D, plus sa capacité d'absorption peut augmenter et attirer des activités plus novatrices (voir ci-après).

Troisièmement, lorsque la motivation de l'expansion géographique de la R&D est dirigée vers la recherche d'exploration d'actifs stratégiques, l'entreprise investit dans les emplacements où ces actifs peuvent être acquis ou créés. Cette motivation explique une grande partie des activités de R&D étrangères dans les pays développés comme les Etats-Unis ou le Royaume-Uni. D'un côté, l'EMN peut acquérir une entreprise étrangère possédant des actifs spécifiques. L'emplacement des filiales de R&D correspond ainsi à l'emplacement des activités de R&D de l'entreprise acquise. D'un autre côté, certains de ces actifs stratégiques sont accessibles aux firmes mais immobiles à travers l'espace (voir le Chapitre 1, section 1.2). L'EMN installe dans ce cas ses filiales de R&D dans les environnements où sont localisés ces actifs stratégiques. Il s'agit par exemple des entreprises telles que Hewlett-Packard, entreprise américaine de technologie de l'information, Siemens, entreprise allemande de systèmes téléphoniques et Ericsson, entreprise suédoise de systèmes téléphoniques, qui ont implanté des centres de R&D dans le cluster finlandais des technologies de l'information et des communications ; ou encore de General Electric, entreprise conglomérale américaine, qui a installé à Munich en Allemagne, un centre global de recherche proche d'universités et de scientifiques de renom. Ces environnements sont souvent situés dans les pays développés pourvus d'universités, de centres de recherche, d'un grand réservoir de personnel scientifique et qui dépensent fortement en R&D. Selon l'étude de Thursby et Thursby (2006), 49.6 pour cent des efforts de R&D dans les pays développés sont dédiés aux nouvelles sciences (une nouvelle application de science comme résultat de la R&D), contre seulement 22 pour cent dans les pays émergents. La prédominance des pays développés est expliquée, selon cette étude, par le fait qu'il s'y trouvent davantage de compétences scientifiques et que la facilité de collaborations avec les universités y est plus grande. Cependant, les pays émergents intensifient leur attrait pour ce type d'activité. Par exemple, en Chine, même si le motif principal de la R&D étranger est le motif de recherche de marché, dans certaines régions comme à Pékin, le motif principal consiste en la recherche de nouvelles technologies (Motohashi, 2006). Selon cet auteur, ceci est dû à la présence d'institutions scientifiques. En 2006, d'ailleurs, la Chine était la cinquième plus grande source de dépôt de demandes de brevets (même si le nombre relatif de brevets par tête reste faible, le taux de croissance des dépôts de brevets est très élevé, voir la Figure 10).

En outre, les dépenses en R&D y croissent de 20 pour cent par année, 350'000 diplômés en science et technologie sortent des universités chaque année et 22 milliards de dollars ont été dépensés en 2006 dans l'importation de technologie étrangère par l'achat de licences (Bijnens et al., 2007, p. 24). L'impact des universités chinoises peut être marqué par le fait que 42'945 entreprises ont été créées par scissions des universités durant 1997-2004 (Hu et Mathews, 2008). Néanmoins, selon une étude du cabinet Mckinsey (citée par la CNUCED, 2005), seulement 10 pour cent des ingénieurs chinois seraient suffisamment qualifiés pour travailler dans une entreprise multinationale étrangère (les proportions étant de 10 pour cent pour la Russie, de 25 pour cent pour l'Inde et de 50 pour cent pour la Pologne). En outre, ces nombreux diplômés peuvent décider de partir travailler à l'étranger. Finalement, les EMN doivent aussi pouvoir motiver leurs employés à s'expatrier en Chine. Cet attrait peut être difficile étant donné les clusters bien établis dans les pays développés, par exemple à Cambridge au Massachusetts, où les employés ont une meilleure qualité de vie, disposant d'hôpitaux et d'écoles de qualité, de travail pour les partenaires, de contacts avec des universités de renom comme le MIT ou Harvard, de bonnes infrastructures et d'une qualité de l'air et de l'eau meilleure. Au-delà des conditions spécifiques de la localisation liées aux motifs de l'internationalisation, d'autres considérations sur les conditions macroéconomiques du pays d'accueil sont évaluées par l'EMN dans ses choix de localisation des activités de R&D: risques de copiage, politique d'immigration, réseaux de télécommunication, législation sur l'environnement ou sur le génie génétique, législation sur le travail, emplacements géographiques ou qualité de vie.

La protection des droits de brevets joue d'ailleurs un rôle essentiel dans l'internationalisation des activités de R&D et les choix d'emplacements des EMN. Le risque de dissipation de la connaissance aux concurrents est une des principales raisons incitant les EMN à centraliser la R&D, et notamment les activités de R&D stratégiques, dans le pays d'origine. Le point suivant revient sur les principales problématiques liées à la protection des brevets.

Figure 10. Nombre et taux de croissance des brevets triadiques accordés par million d'habitants pour plusieurs pays en 1995 et 2005

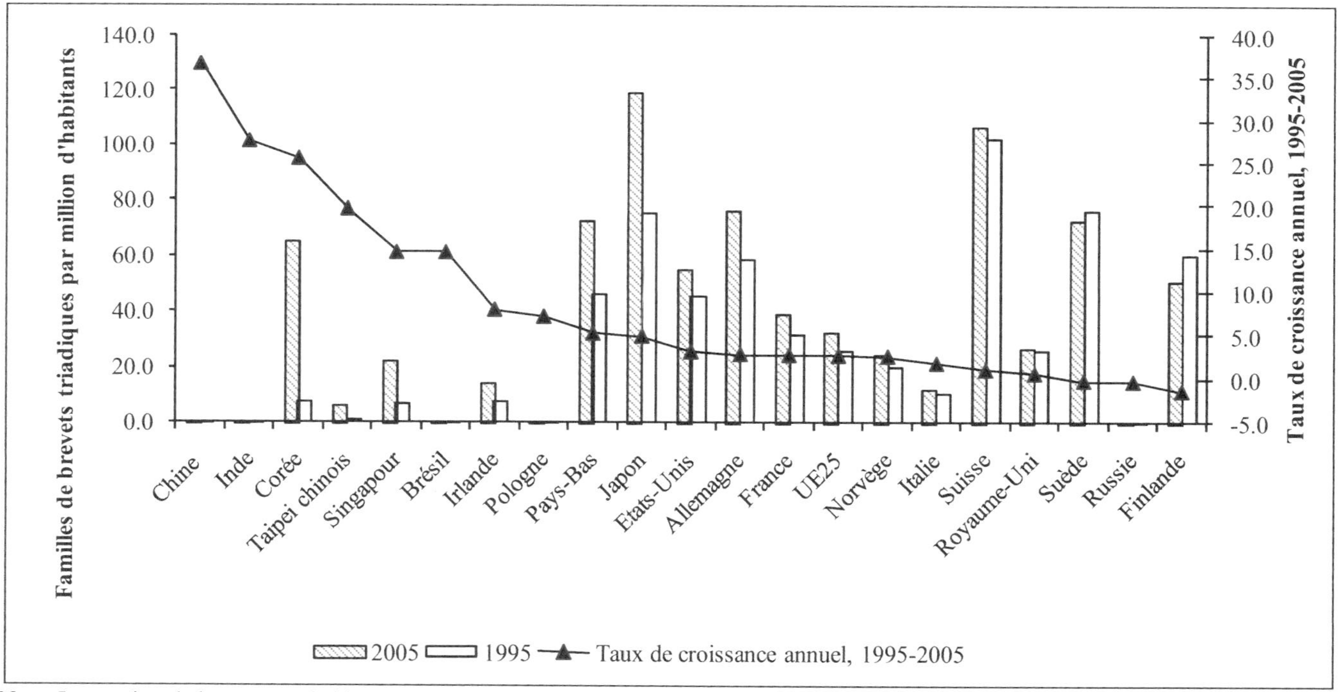

Note: Le nombre de brevets par habitant en Chine, Inde, Brésil et en Pologne est trop faible pour être inséré sur la figure.

Source: Elaboré à partir de la base de données de l'OCDE (2007b)

2.3 Rôle de la protection des droits de brevets

Les droits de brevet sont régis par les législations nationales et les traités et accords internationaux. En matière d'accords internationaux, avant 1995 et l'entrée en vigueur de l'Accord sur les aspects des droits de propriété intellectuelle qui touchent au commerce (Accord sur les ADPIC), la distribution internationale des droits de brevet était très inégale. Cette situation créait des effets négatifs sur le commerce et engendrait des conséquences financières pour les titulaires de brevets dans les pays développés, dont les innovations étaient copiées dans les pays en développement où les droits de brevet étaient faibles, voire inexistants (Allred et Park, 2007). Jusqu'en 1995, le traité multilatéral le plus large était la Convention de Paris de 1883 signée par 11 partenaires (France, Belgique, Brésil, Espagne, Guatemala, Italie, Pays-Bas, Portugal, Salvador, Serbie et Suisse) auxquels s'ajoutèrent rapidement les États-Unis, le Japon, la Grande-Bretagne et l'Allemagne[36]. Ce traité prévoit le traitement non discriminatoire[37] et établit des règles pour la détermination de la priorité des droits[38]. Suite à l'accroissement des demandes de brevets

36 Il existe encore d'autres conventions ou traités à plus petite échelle: voir par exemple la Convention de Berne (signée en 1886) qui équivaut à la convention de Paris en matière de droits d'auteurs, la Convention de Rome (signée en 1961) pour les droits des artistes, des producteurs de phonogrammes et des organismes de radiodiffusion et l'Union internationale pour la protection des obtentions végétales (UPOV) de 1961, 1978 et 1991, qui régit les innovations biotechnologiques.

37 Chaque Membre accorde aux ressortissants des autres Membres un traitement non moins favorable que celui qu'il accorde à ses propres ressortissants en ce qui concerne la protection de la propriété intellectuelle, sous réserve des exceptions déjà prévues (Article 3). En ce qui concerne la protection de la propriété intellectuelle, tous avantages, faveurs, privilèges ou immunités accordés par un Membre aux ressortissants de tout autre pays seront, immédiatement et sans condition, étendus aux ressortissants de tous les autres Membres (Article 4). Les détenteurs de droits étrangers sont ainsi traités aussi favorablement que les ressortissants nationaux.

38 La priorité détermine qui peut déposer une demande de brevet (c'est-à-dire, la première personne à déposer ou la première à inventer). Une demande de priorité établie dans un pays membre doit être reconnue par les autres pays membres. Par exemple, dès qu'une demande pour un brevet est remplie dans un pays, le déposant peut dans les douze mois qui suivent remplir une demande de brevet pour la même invention dans chacun des pays membres, qui doit regarder cette demande comme étant remplie à la date de la première demande.

internationaux, ce traité a été administré depuis 1967 par l'Office Mondial de la Propriété Intellectuelle (OMPI) créé par une convention signée par 51 pays principalement développés. L'OMPI est une agence des Nations Unies depuis 1974 et ainsi exerce une plus grande influence sur les pays en développement. Un autre principal traité que l'OMPI administre est le Traité de coopération en matière de brevets (PCT) qui prévoit, entre autres, un seul dépôt d'une demande internationale de brevet.

Toutefois, la plupart des pays en développement n'étaient pas signataires de chacun de ces traités (Paris, PCT). Ainsi, le sujet de la propriété intellectuelle a été évoqué au cours du Tokyo Round du GATT (1979-1984), mais aucune résolution n'a été atteinte. Finalement, en 1995, par la formation de l'OMC, les standards internationaux de la protection des brevets ont été renforcés et ont été harmonisés grâce à l'entrée en vigueur de l'Accord sur les ADPIC. Cet accord est majeur, portant sur les divers droits de propriété intellectuelle (y compris les brevets, les droits d'auteur, les marques et les secrets commerciaux) et prévoit des normes minimales pour la durée (par exemple, 20 ans), la couverture (l'objet d'invention) et des mécanismes d'application. L'Accord sur les ADPIC dispose que des brevets doivent pouvoir être obtenus dans les pays membres pour toute invention, de produit ou de procédé, dans tous les domaines technologiques sans discrimination, à condition de satisfaire aux critères habituels de nouveauté, d'inventivité et d'applicabilité industrielle (des exceptions sont prévues, voir articles 27: 2 et 3 de l'Accord). Il prévoit également que des brevets peuvent être obtenus et qu'il est possible de jouir de droits de brevet sans discrimination quant au lieu d'origine de l'invention et au fait que les produits sont importés ou sont d'origine nationale (article 27:1). L'OMC prévoit également un forum pour le règlement des différends entre les Etats membres et des sanctions commerciales contre les pays non-conformes, ce qui faisait défaut dans les précédents traités. En outre, les obligations de l'Accord s'appliquent à tous les membres (153 membres à l'OMC en 2009), mais un temps supplémentaire a été accordé pour les pays en développement afin d'implémenter les changements dans leurs réglementations nationales. La période de transition pour les pays en développement a expiré en 2005 et celle pour les pays les moins développés a été étendue jusqu'en 2016, avec une possibilité d'extension.

Cependant, académiquement, une controverse existe depuis longtemps quant aux effets de la protection des brevets sur la croissance économique. D'un côté, la protection des brevets crée des gains dynamiques grâce à son incitation sur l'innovation et sa diffusion. En effet, l'innovation peut être positivement stimulée lorsque le détenteur peut s'approprier les rendements de son innovation.

> Plus les individus ont la possibilté de s'approprier la plus-value sociale découlant des innovations, plus ils sont motivés à prendre des initiatives. En revanche, si la productivité nouvelle profite aux «autres», il n'y a pas de stimulant individual. (Deiss, 1993, p. 99)

En outre, l'innovation est encouragée car le titulaire du brevet doit divulguer ses connaissances, par opposition au principe du secret. Ceci permet aux autres inventeurs de faire des améliorations dans l'innovation, d'éviter de dupliquer les activités de R&D et de stimuler la coopération et les échanges. Ainsi, le fait que le système des brevets permette de disséminer les informations technologiques et d'accélérer la croissance de la productivité n'est pas contesté (Machlup, 1958, p. 76). Néanmoins, d'un autre côté, la protection engendre des inefficacités. Premièrement, les détenteurs des brevets obtiennent un monopole. Ceci est susceptible de diminuer les incitations des détenteurs de brevets à innover s'ils sont confrontés à une rivalité réduite, ce qui provoque une baisse du taux d'innovation. Il n'est en outre pas garanti que la rente du monopoleur soit investie de manière efficace dans la R&D (Brunetti, 2006, p. 3). A la fin du 19ème siècle déjà, plusieurs mouvements anti-brevets avaient émergé suite aux mouvements anti-monopoles, considérant que les brevets étaient associés aux politiques mercantiles et les privilèges monopolistiques. Cependant, des groupes d'intérêt dans les industries gagnèrent de l'influence et finalement la dépression des années 1870 raviva le protectionnisme, mettant fin aux mouvements anti-brevets (Granstrand, 2005, p. 270). En Suisse, par exemple, des référendums en 1866 et 1882 avaient rejeté des propositions d'introduction de lois sur les brevets. Cependant, la Suisse a finalement approuvé de telles lois dans un référendum en 1887, principalement parce que l'industrie des montres était menacée par des imitations étrangères (Granstrand, 2005, p. 270). La loi de 1887 a cependant limité la protection des brevets en Suisse aux inventions mécaniques, étant donné que les firmes de l'industrie chimique suisse ambitionnaient d'imiter l'industrie chimique allemande, plus avancée (la Suisse a néanmoins dû étendre sa couverture de brevets et inclure les procédés chimiques en 1907 suite aux menaces de l'Allemagne, voir Penrose, 1951). Deuxièmement, la protection crée une augmentation des coûts de transaction sur le marché des échanges technologiques, puisque les agents sont tenus d'obtenir des autorisations afin d'utiliser des technologies brevetées (Allred et Park, 2007). Les négociations d'octroi de licences sont particulièrement imposantes lorsque les droits de brevets sont fragmentés (c'est-à-dire lorsque plusieurs titulaires de droits possèdent plusieurs composantes d'une technologie, voir Shapiro, 2001 et 2004 et Menière, 2005). Par exemple, en biotechnologie agroalimentaire, Golden Rice, une variété de riz génétiquement modifié cultivée pour aider à combattre les déficiences en vitamines A, intègre plus de 70 brevets de cinq domaines technologiques (Joly & Hervieu, 2003). La multiplication des titulaires de brevets engendre une hausse des coûts de transaction, ce qui réduit la diffusion de l'innovation et diminue le potentiel de productivité. Troisièmement, les droits de brevets peuvent également affecter négativement l'innovation si les titulaires de droits utilisent leurs brevets à des fins de défense stratégique. Les firmes sont susceptibles dans ce cas d'empêcher les concurrents d'accéder à des techniques nécessaires à la réalisation de leurs propres innovations (Harhoff, 2007). Elles peuvent aussi déposer des brevets utilisés afin de poursuivre en justice d'autres entreprises et s'approprier une partie de leurs profits (Lemley et Shapiro, 2004). La réglemention sur les brevets doit en conséquence être équilibrée entre aucune protection, impliquant un manque d'incitations à innover ou à diffuser les connaissances, et trop de protection, créant un monopole limitant la diffusion des connaissances et l'innovation.

Les effets de la protection des brevets diffèrent selon le stade de développement économique des pays. Selon Allred et Park (2007), les pays en développement, en général, produisent moins d'innovations radicales. Ainsi la vie de brevets ne devrait pas être très longue, car les rendements des innovations permettent moins de récupérer les investissements. En outre, les effets négatifs du renforcement de la protection des brevets sur l'innovation peuvent résulter du fait que les pays en développement ont tendance à effectuer des activités de R&D d'adaptation ou imitative. Selon les auteurs, le renforcement des brevets augmente le coût des intrants technologiques et réduit leur offre, ce qui limite la capacité des agents locaux à apprendre par imitation ou par la pratique. Dans la mesure où des droits de propriété intellectuelle plus forts restreignent la capacité à apprendre par imitation, les agents locaux n'ont pas la base technologique ou les compétences critiques nécessaires à leur agrandissement. Une autre cause de l'influence négative des droits de brevets peut surgir lorsque les connaissances traditionnelles des pays en développement sont brevetées. Dans ce cas, les agents locaux doivent payer l'accès à des connaissances ou des facteurs qui étaient auparavant libres. Ainsi, des droits de brevet étrangers ont été imposés sur les margousiers, dont les fruits permettent de fabriquer des insecticides, ou sur les turmerics, plantes indiennes aux propriétés médicinales (Allred et Park, 2007). Cependant, de forts systèmes de brevets ont un effet positif sur la diffusion des innovations en incitant les entreprises des pays développés à effectuer de la R&D dans les pays en développement. De même, la faiblesse des droits de brevets dans les pays en développement conduirait les entreprises à y introduire peu de meilleures pratiques technologiques (Allred et Park, 2007).

Les résultats des études sur le renforcement des brevets ont généralement démontré que des standards mondiaux élevés de brevets et leur harmonisation ont largement stimulé les innovations des pays développés, mais pas des pays en développement. Les résultats de l'étude d'Allred et Park (2007) sur les droits de brevets suggèrent que les réformes des brevets ont eu des effets positifs dans les pays développés sur l'innovation et sur la diffusion jusqu'à un certain point, au-delà duquel la puissance sur le marché engendre des effets nets négatifs. Dans les pays en développement, ce renforcement des brevets affecte négativement les dépôts de brevets et affecte d'une manière insignifiante la R&D et le dépôt de brevets étrangers. Les réformes des brevets ne semblent ainsi pas influer positivement de manière significative sur les activités novatrices dans les pays en développement. Cependant, en l'absence de propriété intellectuelle, les pays ne sont pas en mesure de développer des innovations et les EMN ne transfèrent pas leurs compétences stratégiques. Ainsi, selon Zhao (2006), les activités de R&D entreprises dans les pays à faibles régimes de protection de la propriété intellectuelle, comme en Inde ou en Chine, sont concentrées sur des technologies qui sont utilisées avec d'autres technologies complémentaires de la firme (Zhao, 2006). En l'absence de ces technologies additionnelles, les diffusions technologiques locales ne constituent pas de menaces majeures pour l'EMN, mais sont très faibles pour les pays d'accueil. Son analyse sur 1'567 entreprises américaines démontre que les technologies développées dans les pays à faible protection sont utilisées à l'intérieur de l'entreprise.

Il peut ainsi être établi que plus le pays se développe et possède des capacités technologiques ou en connaissances, plus les droits des brevets influencent positivement la diffusion de l'innovation, car les EMN sont incitées à y introduire leurs meilleures innovations et les entreprises locales peuvent commencer aussi à innover. Selon Minagawa et al. (2007, p. 466),

> We believe that as the Chinese economy develops, the more technologically advanced Chinese firms themselves will increasingly fall victim to other Chinese imitator firms, and it may be that the self-interest of more advanced Chinese firms will encourage a shift in industrial behaviour and government policy enforcement.

Cependant, lorsque les droits de brevets ne sont pas encore appliqués, les EMN recherchent des stratégies qui leur permettent de protéger leurs avantages en technologie, par exemple en n'effectuant pas de recherche stratégique dans ces pays. Les EMN japonaises de blue chip ont ainsi relocalisé leur R&D sensible et les activités manufacturières high-tech des emplacements risqués vers le Japon (Minagawa et al., 2007, p. 466). En résumé, les brevets jouent un rôle central dans l'encouragement à l'innovation et à sa diffusion. Cependant, l'importance de ce rôle varie selon les pays et les industries.

Chapitre 3

Effets de l'internationalisation des activités de R&D sur les pays d'accueil et d'origine

Les écarts de développement entre pays sont principalement dues aux disparités dans leurs capacités technologiques (Gerschenkron, 1962; Fagerberg, 1988; Verspagen, 1991). Les retards peuvent être rattrapés lorsque les activités de R&D sont augmentées, ce qui influencera positivement la croissance économique (voir les nouvelles théories de la croissance, Lucas, 1988; Romer, 1990 et Aghion et Howitt, 1992).

Grâce à l'internationalisation des activités de R&D, les pays ne sont plus dépendants de leurs seules activités de R&D, mais bien aussi de celles effectuées à l'étranger. En effet, d'un côté, les pays accueillent des activités de R&D d'entreprises étrangères. D'un autre côté, les pays voient leurs entreprises installer des activités de R&D à l'étranger, ce qui est aussi susceptible d'influencer leurs activités dans le pays d'origine. Ce chapitre détaille les effets impliqués par l'internationalisation des activités de R&D sur les pays d'accueil et d'origine.

3.1 Effets sur le pays d'accueil

Cette section étudie les effets des activités de R&D étrangères sur les pays d'accueil, en les distinguant entre effets directs et indirects. Les effets directs sont liés à l'augmentation des capacités novatrices du pays d'accueil par le biais des activités des filiales en R&D. Les effets indirects sont liés aux effets d'entraînement («spillovers») des filiales en R&D vers les autres acteurs domestiques du pays d'accueil.

3.1.1. Effets directs

La filiale de R&D peut augmenter dans le pays d'accueil le nombre de dépôts de brevets, le montant des dépenses en R&D, les emplois dans le secteur à haute valeur ajoutée et les connaissances locales par le biais de ses activités.

Dans certains pays, la contribution des filiales étrangères à la R&D nationale est très significative. En Irlande, plus de 70 pour cent de la R&D privée a été dépensé par les filiales étrangères en 2004 (voir la Figure 11). En outre, dans certains pays (même les pays développés tels que le Royaume-Uni et les Pays-Bas), c'est grâce à la croissance des dépenses des filiales étrangères que les dépenses de R&D de l'industrie n'ont pas enregistré de taux négatifs (OCDE, 2008a). Entre 1995 et 2003, la croissance des dépenses de R&D des filiales sous contrôle étranger au Royaume-Uni était d'environ 75 pour cent, tandis que celle des firmes anglaises était négative (-18 pour cent). Aux Pays-Bas, ces pourcentages étaient de 38 pour cent et de -22 pour cent. Finalement, dans les pays de l'OCDE pour lesquels les données sont disponibles, les dépenses de R&D des filiales étrangères ont progressé entre 0.4 et 4 fois plus vite que celles des firmes sous contrôle national. Finalement, une récente étude de Tsang et al. (2008) sur les investissements en R&D des entreprises domestiques et étrangères à Singapour démontrent que les activités des entreprises étrangères génèrent davantage de valeur ajoutée que les activités des entreprises domestiques. L'étude soutient ainsi l'argument selon lequel les avantages spécifiques possédés par les entreprises étrangères par rapport aux entreprises nationales ont des effets positifs sur la performance en R&D.

Figure 11. Part des filiales étrangères dans l'ensemble des dépenses de R&D du secteur des entreprises, 2004

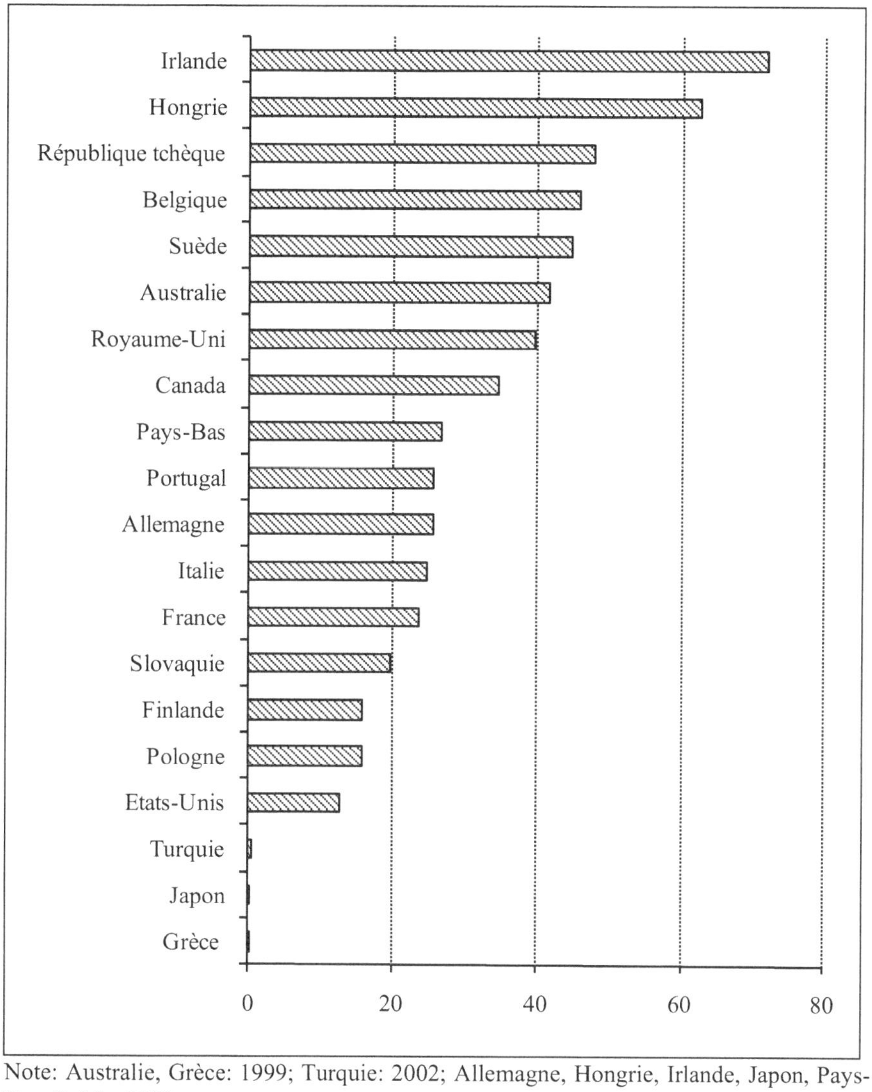

Note: Australie, Grèce: 1999; Turquie: 2002; Allemagne, Hongrie, Irlande, Japon, Pays-Bas, Suède: 2003

Source: OCDE (2007c), consulté en mai 2007

3.1.2. Effets indirects

Les effets indirects sont liés aux retombées économiques des filiales de R&D vers les autres acteurs domestiques. Les connaissances de l'EMN peuvent être transférées aux acteurs domestiques par des canaux tels que les imitations, les mouvements de personnel, les conférences, les réunions et autres interactions entre les EMN, les fournisseurs, les clients et les institutions locales.

L'écart technologique entre pays influence l'ampleur de la diffusion de connaissances. Cet intervalle est déterminé par deux processus: l'innovation, qui tend à augmenter les différences technologique et économique entre les économies, et la diffusion, qui tend à les réduire (Harianto et Safarian, 1997, p. 195. Voir aussi Fagergerg, 1998). Selon ce modèle, les bénéfices de la diffusion dépendent de l'écart entre le pays d'accueil et la frontière technologique:

> the less developed an economy, the bigger the benefit gained from technology diffusion, assuming the other conditions for growth are favourable. (Harianto et Safarian, 1997, p. 195)

Cependant, les études sur ce sujet arrivent à des conclusions contradictoires (Ben Hamida et Gugler, 2008). Selon Wang et Blömstrom (1992), plus l'écart est élevé, plus l'envergure des retombées technologiques vers l'économie locale est importante. Par contre, Cantwell (1989) assume que plus l'écart technologique entre les firmes domestiques et étrangères est faible, plus la capacité des firmes domestiques à capturer les bénéfices de la présence des EMN est élevée. Verspagen et Schoenmakers (2004) ont démontré que les connaissances se diffusent relativement plus vite dans les régions qui ont déjà un niveau de productivité plus élevé et un plus grand stock de connaissances. Ces contradictions découlent du fait que certaines conditions sont nécessaires pour que les retombées aient lieu et soient efficacement utilisées: la capacité d'absorption, la présence d'actifs complémentaires et la présence de liens entre agents (Fu, 2008).

Premièrement, les firmes du pays d'accueil peuvent être incapables d'absorber les flux de connaissances des IDE en R&D. Il est en effet concevable que les individus ne puissent parfois pas utiliser de nouvelles connaissances supérieures simplement parce qu'ils n'ont pas accumulé des compétences complémentaires nécessaires (voir les théories sur la nature cumulative de la connaissance, Doring et Schellenbach, 2004). Les résultats de l'étude de Girma et Görg (2005) montrent clairement que la capacité d'absorption influence les bénéfices des retombées reçues par les entreprises domestiques du pays d'accueil. La relation a une forme de u entre la croissance de la productivité et les IDE agissant avec la capacité d'absorption. Ceci indique que des améliorations dans la capacité d'absorption dans les entreprises augmentent leur habilité à bénéficier des spillovers des IDE. Les effets diffèrent ainsi selon le niveau de développement du pays. Les pays en développement devront accueillir des activités d'exploitation que les agents pourront absorber et qui leur permettront de développer leur capacité d'absorption afin d'accueillir plus tard les activités d'exploration. Du reste, du point de vue des statistiques, dans les pays en développement et émergents, les investissements dans les activités de R&D consistent majoritairement en activités d'exploitation. Les effets de ces activités sur la diffusion des connaissances et des meilleures pratiques peuvent contribuer à la création d'une base scientifique locale qui permet d'attirer également des IDE en R&D visant la recherche d'exploration (Kuemmerle, 1999a, p. 19). Dans ce sens, une étude de Chuang et Lin (1999) sur les entreprises de Taïwan a révélé que les IDE en R&D ont un impact positif ou un effet spillover sur la productivité des firmes domestiques. Selon eux, les pays en développement doivent ainsi encourager les IDE afin de promouvoir les transferts technologiques et améliorer leur capacité d'absorption. Lorsque cette capacité est établie, les gouvernements doivent créer un environnement qui stimule les investissements en R&D, par exemple par l'amélioration des systèmes de propriété intellectuelle, en vue d'obtenir une croissance économique durable. Selon eux, dans la première étape du développement de la nation, le transfert technologique par les IDE facilite la diffusion technologique et permet au pays de renforcer ses capacités et d'absorber les technologies appropriées. Cependant, leur étude montre que la diffusion technologique atténue les incitations des firmes locales à faire leur propre R&D. Ainsi, pour avoir une croissance durable et permettre aux entreprises locales de faire de l'innovation, les politiques devraient améliorer l'environnement qui permet de stimuler la R&D. En Chine, selon une étude de Buckley et al. (2006), le transfert technologique des filiales étrangères dans l'industrie électronique est faible. Ceci est principalement dû à la faiblesse de la propriété intellectuelle, qui décourage les entreprises étrangères à entreprendre des développements technologiques importants. Cette étude est confirmée par Zhang et Van de Bulcke (2007) qui démontrent que la coopération inter-firmes des EMN avec les firmes domestiques dans les clusters en Chine a été limitée à cause du faible environnement légal et du manque de propriété intellectuelle. Comme résultat, les effets de spillovers sont plus faibles et consistent davantage en un effet de démonstration, plutôt que ne servent de véhicule de transfert de connaissances. En outre, comme le paradigme éclectique le décrit, les EMN internalisent leurs activités les plus spécifiques pour diminuer leurs coûts de transaction. Ceci permet de maintenir le contrôle sur les flux technologiques. Dans ces situations, les pays d'accueil peuvent apprendre davantage de l'importation d'actifs physiques qui incluent de la technologie. En Chine, les entreprises locales ont plus appris de l'importation de machines et équipements avec de la technologie avancée que par les IDE. Cependant, grâce à l'amélioration du niveau de protection des droits des brevets et de l'augmentation des capacités innovantes et d'absorption des entreprises locales, cette situation devrait changer et permettre aux EMN d'y effectuer des activités plus stratégiques.

Les pays développés disposent généralement des capacités d'absorption nécessaires pour bénéficier des spillovers des activités d'exploration. Les EMN choisiront principalement les pays développés pour effectuer des activités d'exploration, étant donné le niveau de développement plus avancé et la présence de clusters innovants. Ces clusters innovants peuvent à leur tour se développer grâce à la présence d'entreprises étrangères. Par exemple, IBM et Intel ont établi des centres de R&D dans le cluster des TIC en Israël et leurs chercheurs ont dispensé des cours à l'Israel Institute of Technology (Gugler, 2007, p. 31). Les entreprises ont en outre formé plusieurs alliances et co-entreprises avec les firmes du cluster (par exemple Intel et Cisco). Le principe d'un cluster se situe dans les interactions entre les firmes, instituts, clients et autres acteurs économiques. Ainsi, les connaissances circulent entre ces acteurs et les transferts technologiques sont possibles. En outre, l'entreprise devra investir dans le pays hôte (par exemple dans les universités ou dans l'industrie locale) et communiquer ses idées afin d'être acceptée par la communauté scientifique locale et pour obtenir les informations désirées (Porter, 1993, p. 588). Les entreprises concentrées seront ainsi en collaboration, mais aussi en compétition, ce qui peut produire des mécanismes stables d'accumulation de connaissance collective. Le système d'innovation et la spécialisation technologique du pays d'accueil se développent ainsi plus rapidement. De plus, des collaborations peuvent se créer entre les filiales et les acteurs domestiques à travers des alliances, des accords de partage ou de développement de la technologie et des contrats divers.

Deuxièmement, il se peut que la filiale réduise ses liens avec des entreprises locales de peur de perdre son avantage spécifique par imitation de la part des entreprises concurrentes. Elles peuvent ainsi décider de ne pas transférer leurs connaissances à l'extérieur de la firme et mettre en place un système de prévention de fuite, en travaillant par exemple dans le secret ou en diminuant le taux de rotation du personnel. En outre, les firmes qui s'établissent dans des environnements innovants afin d'acquérir de nouvelles connaissances peuvent n'installer que des postes d'imitation qui captent la technologie et la rapatrient, mais ne contribuent pas à son développement. Ainsi, le pays d'accueil peut perdre son avantage concurrentiel, car ses connaissances vont être transmises aux filiales étrangères et vont réduire la compétitivité des firmes du pays d'accueil dans les marchés globaux (Singh, 2007 p. 767). L'analyse de Singh (2007) indique qu'en majorité l'intensité des flux de connaissances des EMN étrangères vers les entreprises domestiques est plus faible que l'intensité des flux de connaissances des entreprises domestiques vers les EMN étrangères (voir le Chapitre 3 de la partie 1). Cette analyse prouve selon lui que les filiales des EMN bénéficient davantage des connaissances du pays d'accueil qu'elles n'y contribuent en termes de connaissances. Cette étude est confirmée par Todo (2006) au Japon. Les raisons résident dans les motivations des filiales de R&D. Lorsqu'elles sont spécialisées dans la recherche de pointe et le développement de produits innovants, un haut degré de diffusion de connaissances vers le pays d'accueil peut résulter (Singh, 2007, p. 768). Par contre, si la R&D vise comme objectif d'adapter les produits ou procédés aux conditions locales, ou si elle n'est là que dans le but d'imiter ou d'observer les développements technologiques locaux, la filiale contribuera probablement peu à la diffusion des connaissances locales. Néanmoins, cette hypothèse a été contredite par les travaux de Driffield et Love (2006), Girma (2003) et Driffield et Love (2007). Selon une étude de Driffield et Love (2006) sur les flux d'IDE entrant dans certains pays de l'OCDE entre 1984 et 1995, les motivations des IDE en R&D ont un effet différent sur la productivité domestique du pays d'accueil: les effets de spillovers sont positifs lorsque les IDE sont motivés par le désir d'exploiter les avantages concurrentiels possédés et négatifs lorsque les IDE sont motivés par le désir d'accéder à la technologie des firmes locales. Selon les auteurs,

> This is because of the technological leadership exhibited by foreign firms in the former case, while foreign firms engaging in technology sourcing FDI are more likely to be technological laggards. (Driffield et Love, 2006, p. 5)

Ainsi, les EMN motivées principalement par l'accès aux connaissances des firmes locales transférent moins leurs connaissances que celles qui sont motivées par l'adaptation des produits. Les IDE peuvent alors stimuler le développement des entreprises domestiques, mais uniquement lorsque l'EMN transfère sa connaissance spécifique dans le pays d'accueil (Driffield et Love, 2006, p. 15). Girma (2005) arrive aux mêmes conclusions: «technology spillovers tend to occur in sectors where FDI is motivated by traditional asset-exploiting considerations».

En résumé, les effets de la présence d'activités de R&D d'entreprises étrangères dans le pays d'accueil dépendent de l'offre de connaissances de ces entreprises, de l'appropriation effective par les firmes locales et du niveau de développement du pays. Dans les pays en développement, les activités d'exploitation permettront aux agents locaux de développer les capacités d'absorption nécessaires à l'accueil d'activités plus innovantes, et elles permettront aussi d'augmenter leurs stocks de connaissances pour développer leurs propres innovations. Dans les pays développés, les activités d'exploration engendrent deux effets, selon le degré d'implication de l'EMN dans l'économie locale. Soit l'EMN capte la connaissance locale et la rapatrie dans le pays d'origine sans échanger ses propres connaissances, soit l'EMN s'implique dans le cluster et échange ses connaissances. Selon l'auteur, la dernière situation est la plus probable. En effet, l'entreprise devra investir dans le pays d'accueil et communiquer ses idées pour acqueillir des connaissances. En outre, comme vu au chapitre 1, les EMN apprennent de leurs concurrents ou agents et développent de nouvelles idées par l'échange de connaissances entre plusieurs acteurs.

3.2 Effets sur le pays d'origine

La plupart des auteurs reconnaissent que l'internationalisation des activités de R&D des EMN a généralement un emplacement de base dans le pays d'origine dans lequel les technologies clés sont développées (voir les travaux de Granstrand et al. 1992; Pearce et Singh, 1992; Patel et Vega, 1999; Daniels, 1997; Narula et Dunning, 2000; la Commission européenne, 2006). Cet emplacement de base de la R&D est généralement proche du quartier général qui surveille étroitement ces activités (Kuemmerle, 1999a). Ainsi, les EMN effectuent dans la majorité des cas davantage de R&D dans le pays d'origine qu'à l'étranger. Selon la CNUCED (2005), 86.8 pour cent des dépenses en R&D des firmes américaines étaient effectuées aux Etats-Unis en 2002 et 57.5 pour cent de la R&D des firmes suédoises étaient effectuées en Suède. Selon une étude de la Commission européenne sur 95 EMN (2006), dans deux tiers des cas, le pays d'origine est considéré comme le pays le plus attractif pour l'emplacement de la R&D.

Ceci produit plusieurs effets. Premièrement, étant donné que les EMN sont les acteurs clés de la génération et diffusion de l'innovation[39], elles jouent un rôle dominant dans les activités novatrices de leur pays d'origine (Criscuolo et al., 2005). Aux Etats-Unis, par exemple, les entreprises américaines réalisent environ 70 pour cent de la R&D industrielle (en comparaison, elles participent à seulement 30 pour cent du chiffre d'affaires de l'industrie du pays). En Europe des 15, les dépenses de R&D des firmes européennes représentent 84 pour cent des dépenses de R&D de l'ensemble de l'industrie. Au Japon, les dépenses de R&D des firmes nippones représentent 96 pour cent du total des dépenses de R&D (OCDE, 2008a, p. 4). La stratégie en matière de R&D des entreprises nationales est dès lors importante pour le développement économique des nations.

Deuxièmement, aux vues de cette centralisation de la R&D dans le pays d'origine, les effets de l'expansion géographique de la R&D sur le pays d'origine ont été peu évalués, contrairement aux effets des IDE sortants dans les activités de production ou à faible valeur ajoutée. Cette

39 Selon la CNUCED (2005), les EMN représentent 46 pour cent de l'ensemble des dépenses mondiales consacrées à la R&D et 69 pour cent des dépenses de recherche des entreprises.

situation peut être illustrée par le fait que la plupart des pays ne collectent pas de données sur les activités de R&D de leurs propres entreprises à l'étranger. Cependant, les récentes études empiriques démontrent une tendance vers une augmentation de la R&D opérée à l'étranger, limitant l'argument de la centralisation des activités à haute valeur ajoutée. En outre, dans certaines petites nations, les entreprises investissent depuis longtemps à l'étranger. Selon Criscuolo et Patel (2003), à la fin des années 1980, les entreprises suisses, belges et hollandaises investissaient déjà plus de 50 pour cent de leur R&D à l'étranger. Ce chapitre va développer les effets de l'expansion géographique des activités de R&D sur le pays d'origine.

3.2.1. Délocalisation des activités de R&D

Comme lors des discussions sur l'internationalisation des activités de production, des craintes de délocalisations peuvent surgir. La différence entre le transfert des activités de production et celui des activités de R&D s'explique par le fait que celles-ci se situent dans les dernières étapes des activités de la chaîne de valeur ajoutée. Alors que l'un des arguments lors des délocalisations d'usines était de déclarer que les pays devaient développer des activités à haute valeur ajoutée et devenir des sociétés de savoir, le déplacement de ces dernières peut rendre les discours difficiles et éveiller la crainte que ce processus d'internationalisation des activités de R&D ne se fasse au détriment de l'économie nationale.

Néanmoins, le pays d'origine joue un rôle essentiel quant à la compétitivité des firmes.

> The process of creating skills and the important influences on the rate of improvement and innovation are intensively local. Paradoxically, then, more open global competition makes the home base more, not less, important. (Porter, 1990, p. 158)

En effet, même lors de recherche d'exploration, l'EMN doit disposer de connaissances spécifiques initiales pour pouvoir internationaliser sa R&D et pour être en mesure d'absorber les connaissances externes.

> Therefore, there is a complementarity between the initial ownership advantages of the firm and its ability to consolidate and extend these advantages through an international network of competence-creating subsidiaries. MNCs with greater initial ownership advantages have a greater absorptive capacity to be able to extract and utilise the potential for new innovation to be found in foreign centres of excellence. (Cantwell et Narula, 2001, p. 159).

Ainsi, il est faux de penser que les firmes fermeront complètement leur centre de R&D dans le pays d'origine, car elles risqueraient de perdre des liens technologiques dans le pays d'origine, base de l'avantage concurrentiel premier et pays principal des activités de R&D des EMN (CNUCED, 2005, p. 198). En outre, la nature cumulative des connaissances et la nature tacite des connaissances avancées rendent difficile et coûteuse la délocalisation. De ce fait, les centres qui ont en premier accueilli les activités de R&D, comme ceux situés dans le pays d'origine, restent souvent les centres principaux.

Les études qui indiquent une diminution des activités dans le pays d'origine au profit des emplacements à l'étranger utilisent des données en pourcentage. Ainsi, une étude d'Arthur D Little (2007) sur 54 EMN avance que celles-ci vont diminuer leurs ressources en R&D dans leur pays d'origine dans les prochaines années (diminution d'une part de 70 pour cent à 57 pour cent de 2005 à 2010). Cependant, le fait que la part en pourcentage des dépenses en R&D dans le pays d'origine baisse ne signifie pas que les dépenses absolues vont y diminuer. En effet, il se peut que l'entreprise augmente ses dépenses dans le pays d'origine et à l'étranger, mais que les dépenses à l'étranger haussent davantage, ce qui reflète un accroissement de l'internationalisation des activités de R&D. En Allemagne, selon l'étude d'Arthur D Little (2007, p. 4), une diminution de 6 pour cent des travailleurs en R&D affectera 14'000 ingénieurs. Ces diminutions ne sont pas les mêmes pour toutes les industries et l'importance du pays d'origine varie fortement. Pour l'industrie automobile, la part du pays d'origine dans les ressources en R&D va passer de 63 pour cent en 2005 à 51 pour cent en 2010. Selon un entrepreneur interrogé: «We need to reduce costs in engineering jobs too - 50 % of new jobs will be in low-cost countries» (Arthur D Little, 2007, p. 8). Dans l'industrie aérospatiale, même si les ressources vont passer de 87 pour cent en 2005 à 75 pour cent en 2010, le pays d'origine conservera une part importante des activités de R&D. La raison principale avancée pour la délocalisation est le besoin d'être à proximité des clients, étant donné que l'innovation prend de plus en plus place au travers d'interfaces entre le fournisseur et le client.

Un point à mettre en évidence ici est la différence entre la compétitivité de la firme et celle du pays. Les EMN peuvent améliorer leurs avantages concurrentiels et augmenter leur nombre d'employés, alors que leur pays d'origine perd de sa compétitivité et de ses emplois. Le problème de la délocalisation ne se situe pas dans l'EMN cherchant à améliorer sa position concurrentielle, mais dans les faiblesses du système d'innovation du pays d'origine. Celles-ci peuvent concerner l'insuffisance dans l'offre de travailleurs qualifiés, les hauts coûts pour le recrutement d'ingénieurs qualifiés ou d'acquisition de connaissances spécifiques, l'incapacité des acteurs dans le système d'innovation à s'adapter aux technologies changeantes ou aux nouvelles méthodologies de recherches, le manque de dépenses publiques en R&D, le manque d'universités ou de hautes écoles de pointe, le manque de transferts technologiques entre agents, de protection de la propriété intellectuelle ou encore d'entreprises de soutien. Par exemple, selon les données récoltées par Jaumotte et Pain (2005), il est difficile d'augmenter la quantité réelle de R&D domestique à court terme, car l'offre de chercheurs est relativement inélastique. Permettre aux entreprises de s'installer à l'étranger peut surmonter ces désavantages locaux. Il est aussi évident que personne ne sait comment le marché va évoluer et quelles techniques futures deviendront des succès commerciaux. Même si une économie développe les nouvelles technologies (par exemple la nanotechnologie ou la technologie génétique), il n'est pas sûr qu'elles permettent de créer le produit qui sera innovant. Les entreprises doivent alors s'installer dans plusieurs régions pour être proches de tous les potentiels technologiques. Le pays d'origine doit aussi être prêt à s'adapter à tout changement et rester dynamique. Si le système d'innovation du pays d'origine ne peut plus répondre à une discontinuité technologique, ou à une innovation radicale qui s'est produite ailleurs, il se peut que les firmes décident de réduire les activités intensives en connaissances dans leur pays d'origine et de les augmenter ailleurs.

Selon Porter (1990),

> Competitive advantage is created at home: it is where strategy is set, the core product and process technology is created and a critical mass of production takes place. The circumstances in the home nation must support innovation: otherwise the company

> has no choice but to move its home base to a country that stimulates innovation and that provides the best environment for global competitiveness. There are no half measures: the management team must move as well. Porter (1990, p. 194)

Il faut donc améliorer le système d'innovation et les capacités d'absorption du pays d'origine, et non pas empêcher les firmes de développer leur R&D à l'étranger. En effet, le pays d'origine peut profiter de l'internationalisation de ses entreprises par l'amélioration de la compétitivité de la firme et le transfert de connaissances.

> So the role of the MNE must be judged not only in the light of the effect it has on the generation of new knowledge intensive assets, but also on the allocation of these assets; and this, in turn, on the long-term economic interests of the country concerned. Indeed, it is possible to conceive of an MNE doing its home country a service by relocating some of its R&D elsewhere, whenever this opens the door to more productive R&D - or, for that matter, more productive non-R&D activities - in that country. (Dunning et Lundan, 2008, pp. 412-413)

En même temps, pour compenser les investissements effectués à l'étranger, ainsi que le déplacement possible de chercheurs et d'institutions de R&D, le pays doit être capable d'attirer des firmes innovantes, des instituts et des chercheurs étrangers (Veugelers, 2005, p. 43). Le pays doit alors mettre en place un cadre qui favorise l'innovation: ressources humaines qualifiées, protection des droits de propriété intellectuelle, liens entre instituts de recherche et entreprises et politiques de concurrence efficaces.

Le motif principal de décentralisation de la R&D qui risque le plus de mener à une délocalisation de la R&D est le motif d'exploration. En effet, les EMN qui installent leurs activités de R&D dans un emplacement à fort contenu innovant renforcent les activités de R&D locales et donne un signal international sur le niveau du cluster, ce qui peut attirer d'autres investissements locaux en R&D et créer un cercle vertueux qui sera bénéficiaire au pays d'accueil, mais pourrait engendrer une concurrence et des délocalisations dans le pays d'origine. Les autres motifs vus précédemment incitant l'EMN à décentraliser la R&D (adaptation aux conditions locales, diminution des coûts de la main d'œuvre, recherche de main-d'œuvre qualifiée disponible) constituent des motifs importants pour installer la R&D à l'étranger, mais provoquent des risques plus faibles de délocalisation. En effet, les EMN qui adaptent les produits ou procédés aux conditions locales exploitent la

R&D développée dans le pays d'origine. Ces activités sont développées pour le marché local, et non pour le marché global, contrairement aux activités d'exploration. Les activités de R&D liées à la recherche d'efficience sont souvent secondaires, relocalisées en fonction de l'avantage en termes de coûts des pays. Cette stratégie se base sur l'avantage comparatif des nations et non sur l'avantage compétitif. Les activités d'exploration sont ainsi les plus complémentaires et les plus concurrentes aux activités du pays d'origine. En effet, les deux développent des activités qui créent des innovations utilisées dans toute l'organisation de la filiale.

3.2.2. Bénéfices et pertes pour les entreprises

Selon plusieurs études, la dispersion géographique des innovations facilite le développement technologique de la firme et influence sa productivité (Braconier et al., 2001; van Pottelsberghe de la Potterie et Lichtenberg, 2001; Branstetter, 2000; Griffith et al., 2003b; Shimizutani et Todo, 2007; Kotabe et al., 2007; Booz & Company, 2008). Selon l'étude de Booz & Company sur les 1'000 plus grandes entreprises cotées en bourse qui ont le plus investi dans la R&D de produits et de services, la performance financière des entreprises qui ont mondialisé leur stratégie de R&D est plus forte et plus durable que la performance de celles qui investissent peu en R&D à l'étranger. La force compétitive des EMN est améliorée grâce à leur accès aux avantages spécifiques du pays d'accueil appréhendés dans les chapitres précédents (pour les activités d'exploitation: accès aux connaissances du marché local, à la main-d'œuvre disponible, diminution des coûts de la R&D; pour les activités d'exploration: accès aux compétences particulières). En outre, l'intégration des connaissances entre filiales[40] peut représenter une importante source de création de valeur pour les EMN (voir Bartlett et Ghoshal, 1989; Cantwell et Piscitello, 2000; Frost et Zhou, 2005). Plus la connaissance est utilisée, plus grand sera son effet potentiel. Selon John Browne, CEO de British Petroleum,

40 L'intégration des connaissances entre filiales correspond à l'utilisation par une filiale des connaissances provenant d'une autre.

> No matter where the knowledge comes from, the key to reaping a big return is to leverage that knowledge by replicating it throughout the company so that each unit is not learning in isolation. (dans Prokesch, 1997, p. 149)

Nestlé, qui a installé un centre de recherche en nourriture asiatique à Singapour, connecte ce centre avec le centre de recherche de Suède (CNUCED, 2005, p. 195). Lorsque l'unité de R&D suédoise a développé des produits «Taste of Asia», le personnel de Suède s'est rendu à Singapour afin d'apprendre leur cuisine. De plus, le personnel de Singapour a assisté le processus d'introduction de nouilles asiatiques en Europe. Ainsi, si l'entreprise réussit à coordonner ses activités dispersées et à accumuler des savoirs et des savoir-faire issus de plusieurs emplacements, il lui est possible d'obtenir un avantage spécifique (Porter, 1993, p. 64).

Les études empiriques démontrent que les activités d'exploration améliorent davantage la productivité que les activités d'exploitation. Griffith et al. (2003a) ont amené la preuve que les activités de R&D dans les filiales aux Etats-Unis des entreprises du Royaume-Uni ont un impact positif sur la productivité de ces dernières, si les efforts de R&D aux Etats-Unis résultent dans le dépôt de brevets et si la R&D est ancrée localement. Ceci indique que les activités d'exploration ont davantage d'impacts positifs que les activités d'exploitation. De même, Shimizutani et Todo (2007) ont trouvé des évidences sur l'augmentation de la productivité des activités de la maison-mère des entreprises japonaises grâce aux activités de R&D étrangères d'exploration, ce qui n'est pas le cas pour les activités d'exploitation. Ces différences d'effets entre les activités d'exploration et d'exploitation proviennent du fait que les activités d'exploration peuvent être utilisées afin de développer des produits et procédés pour plusieurs marchés, tandis que les activités d'exploitation, surtout celles d'adaptation aux marchés, élaborent des innovations pour un pays particulier. Cependant, les activités d'exploitation engendrent elles aussi des effets positifs à la productivité de l'EMN. Lors de recherche d'adaptation, l'entreprise peut en effet profiter des compétences spécifiques à l'étranger et développer ainsi des produits plus rapidement. Ceci lui permettra d'être plus innovante et finalement plus compétitive. En outre, avec l'augmentation de ses ventes, la demande pour les services procurés par le pays d'origine pour les opérations globales va certainement croître (CNUCED, 2005, p. 195). Dans certains cas, les produits qui n'étaient développés que pour un marché peuvent être étendus à d'autres pays. Par exemple, le produit Nokia 3610 a été développé entièrement dans le centre de recherche de Nokia basé à Pékin pour le marché asiatique en 2002. En 2004, un téléphone portable sur 10 vendu dans le monde par Nokia a été designé à Pékin (West China Metropolitan News, 2004). Lors de recherche de main-d'œuvre disponible ou de coûts plus faibles, l'EMN peut abaisser ses coûts et se centrer davantage sur les activités innovantes. En effet, la capacité novatrice des firmes est souvent entravée par des barrières à l'innovation, telles que le manque de ressources. Accéder aux avantages spécifiques des pays d'accueil permet de limiter ces contraintes et donne la possibilité aux entreprises d'inventer et de commercialiser de nouveaux produits.

L'augmentation de la productivité de l'EMN par l'internationalisation des activités de R&D améliore aussi la productivité de la maison-mère dans le pays d'origine. Selon une étude d'Iwasa et Odagiri (2004), les activités de R&D dans les filiales aux Etats-Unis des entreprises japonaises ont un impact positif sur les dépôts de brevets de la maison-mère des firmes au Japon. Dans le même sens, Shimizutani et Todo (2007) ont constaté des évidences sur l'augmentation de la productivité des activités de la maison-mère des entreprises japonaises grâce aux activités de R&D d'exploration. En outre, les entreprises locales peuvent profiter de spillovers provenant des EMN (grâce au déplacement de la main-d'œuvre ou à l'utilisation de nouvelles infrastructures mises en place par l'EMN, telles que des centres de recherche ou des séminaires) ou profiter de l'augmentation de l'offre de produits ou services de l'EMN lorsqu'elle résulte en une augmentation de la demande de leurs produits. Finalement, un autre bénéfice de l'internationalisation des activités de R&D consiste en le transfert technologique vers le pays d'origine. Dans ce cas, l'EMN accède à des connaissances localisées qui peuvent être ensuite transmises au pays d'origine (voir le prochain point).

Cependant, l'internationalisation des activités de R&D peut aussi impliquer des risques et des coûts pour l'EMN. Premièrement, il se peut que l'entreprise, et en conséquence le pays d'origine étant donné que les technologies clés de l'EMN y sont en majeure partie développées, perde le contrôle sur ses innovations et ainsi affaiblisse sa position stratégique sur les marchés internationaux (OCDE, 2005a, p. 39). Ceci découle du fait que les technologies de l'EMN peuvent tomber dans les mains des concurrents à l'étranger (Singh, 2007, p. 767).

Selon Sanna-Randaccio et Veugelers (2007, p. 48),

> In the presence of local competitors in production, R&D decentralisation becomes more profitable the larger is the know-how base in the local economy that can be sourced, at least when external spillovers are sufficiently symmetric. However, when local competition is strong and the external spillovers are asymmetric, sufficiently in disfavour of the MNE, a strong local know-how base is no longer a motive for R&D decentralisation. Although it increases the benefits from incoming external spillovers, both for the subsidiary and for the parent, at the same time it enlarges the cost of outgoing external spillovers, because the local rival will have a stronger absorptive capacity.

En effet, les parties qui peuvent utiliser des spillovers de connaissances n'ont pas d'incitations à compenser les producteurs de ces externalités (Doring et Schnellenbach, 2004, p. 5). Ainsi, pour les activités de R&D coûteuses, cette possibilité d'augmenter la productivité d'un concurrent peut impliquer une tendance à sousinvestir dans les activités de R&D (Audretsch, 1998, p. 20).

Cette situation n'est pas nouvelle. Les nations ont toujours cherché à se protéger de l'érosion de leurs avantages compétitifs (Dunning et Lundan, 2008, p. 400). Au 19ème siècle, le Royaume-Uni décourageait ses possessions à l'étranger de produire la première génération de biens à technologie moderne (par exemple les produits en acier), ou empêchait l'exportation de nouveaux modèles ou de nouvelles machines, de peur de voir émerger des rivaux. En transférant la technologie à un pays étranger à un coût marginal faible, l'EMN peut éroder l'avantage compétitif du pays d'origine.

> The recipients of the technology are not paying the full marginal social cost of that technology, which inter alia should include the possible erosion of the benefits of technological accumulation of the exporting country. (Dunning et Lundan, 2008, p. 400)

En outre, non seulement cette imitation fait perdre à l'EMN son contrôle sur ses technologies, mais celle-là peut souffrir d'une diminution dans la demande de ses produits et des produits de son pays d'origine. Dans ce sens, sa technologie peut être transférée à des entreprises l'utilisant en vue de produire des biens concurrents, ce qui peut se répercuter au travers d'une diminution des produits faits par les autres firmes de son pays d'origine.

Deuxièmement, l'internationalisation des activités de R&D implique d'autres coûts que ceux d'imitations: perte d'économies d'échelles, coûts de coordination et de contrôle des investissements en R&D et d'intégration des connaissances entre filiales (Singh, 2005). Ces éléments encouragent souvent les entreprises à centraliser leur R&D et à la maintenir à proximité du siège dans le pays d'origine car, étant donné le rôle stratégique de la R&D, des contacts importants avec la direction doivent être conservés (Caves, 1996, p. 164). Ainsi, selon une étude de Kotabe et al. (2007), les entreprises améliorent leur performance innovante dans peu d'emplacements internationaux:

> While it may be advantageous to continually invest in high-quality knowledge resources, our model indicates that, over time, there may be a greater risk of subsequent reduction in the quality of these resources if a firm continues to use higher levels of international knowledge, owing to the higher costs of managing such excessive diversity. (Kotabe et al., 2007, p. 275)

Troisièmement, changer de système d'innovation est long et coûteux:

> It generally takes a long time (several years) for a new laboratory to become integrated in the local science community and to make use of locally available external effects (Perrino/Tipping 1989) ... thus, the costs of choosing the second best location for an R&D site are high and often exceed the cost of choosing the second best manufacturing location by a multiple. (Kuemmerle 1996, p. 123)

Les coûts élevés d'intégration dans les systèmes d'innovation des pays d'accueil, en comparaison aux coûts marginaux relativement faibles qu'induit le fait de rester dans le système d'innovation du pays d'origine, créent une inertie qui rend les firmes hésitantes à internationaliser leurs activités de R&D (Narula, 2002). Par cet effet, un fort ancrage de l'EMN dans le pays d'origine neutralise les incitations pour le déplacement des activités stratégiques vers l'étranger. Un tel ancrage est le résultat de forts liens avec les institutions d'appui, d'affinités culturelles, de présence historique, d'existence d'un système d'innovation bien développé et de clusters industriels forts. Selon une étude de Castellani et Zanfei (2007), les EMN domestiques ont une propension plus élevée à coopérer avec les autres entreprises domestiques, offreurs et universités que ne l'ont les entreprises étrangères. Selon leur échantillon, les filiales étrangères en Italie sont moins impliquées que les EMN italiennes dans les innovations et dans les activités brevetées de l'Italie, et collaborent de façon moins intensive avec les partenaires nationaux. Cette situation indique que les EMN sont plus intégrées dans leur pays d'origine que dans les pays d'accueil.

En résumé, l'EMN augmente sa productivité grâce à son accès aux avantages spécifiques du pays d'accueil, qui lui permettent d'être plus innovante et plus efficiente. Cette augmentation se répercute sur le pays d'origine grâce aux transferts technologiques et à l'augmentation de la demande de biens ou de services. Cependant, certains facteurs incitent l'EMN à centraliser ses activités de R&D dans le pays d'origine: risque d'imitation et de fuite des informations, besoin d'une supervision proche et d'un contrôle des investissements en R&D par la maison-mère, perte d'économies d'échelle, coûts de coordination, de communication et d'intégration des connaissances et ancrage dans le pays d'origine. Le pays d'origine constitue ainsi la première destination de choix des activités de R&D, l'internationalisation permettant de renforcer la compétitivité de l'EMN et de débloquer des ressources ou de transférer de nouvelles connaissances au pays d'origine.

3.2.3. Transferts de connaissances vers le pays d'origine

Les centres de R&D du pays d'origine ont traditionnellement joué un rôle de créateur de savoir, ainsi que d'expéditeur de connaissances vers les pays d'accueil. Aujourd'hui, le pays d'origine devient aussi receveur de nouvelles compétences disponibles dans les pays d'accueil (Michel, 2007, 2008 et 2009). En effet, l'entreprise cherche à accéder aux sources de connaissance externes spécifiques aux emplacements, qui sont complémentaires aux actifs spécifiques qu'elle possède déjà (Castellani et Zanfei, 2007) et qui ne sont pas facilement disponibles dans le pays d'origine. Les pays d'origine peuvent profiter de la dispersion géographique de la R&D, lorsque les filiales à l'étranger transfèrent les nouvelles connaissances acquises vers le pays d'origine (effet nommé transfert inversé de connaissances; voir Criscuolo, 2002 et 2004; Frost et Zhou, 2005). Ce transfert de connaissances peut survenir entre les filiales de l'EMN et sa maison-mère, et peut ensuite se propager vers les autres entreprises domestiques. Il y a donc trois étapes possibles dans le transfert de connaissances: de l'environnement local du pays d'accueil de la filiale vers la filiale; de la filiale vers la maison-mère; enfin de la maison-mère vers l'environnement local du pays d'origine[41]. Les transferts peuvent s'effectuer lors de rencontres entre individus, de mobilité du personnel, de séances de brainstorming avec des partenaires, de formation dans des centres universitaires ou autres, ou encore lors d'imitation de produits ou procédés.

Cependant, «knowledge transfer is a complex phenomenon and in practice, successful transfer is often not easy to achieve» (Easterby-Smith et al., 2008, p. 677). Sur 97 filiales appartenant à 13 EMN suédoises, la majorité des filiales avait de très faibles degrés d'intégration des connaissances avec le reste de l'EMN (Andersson et Forsgren, 2000). Les résultats étaient les mêmes dans l'enquête auprès de 255 filiales étrangères d'EMN allemandes (Kutscker et Schurig, 2002). Si le transfert de connaissances est l'un des principaux attributs de l'EMN (Casson, 1979, p. 17), il est surprenant de constater que l'absence de transfert de connaissances entre unités et individus semble être plus fréquente que sa présence (Forsgren, 2008, p. 36). Les barrières liées à la circulation de connaissances peuvent être résumées en trois points.

Premièrement, il a été développé dans les chapitres précédents que les connaissances étaient plus facilement acquises lorsque l'EMN s'impliquait dans la région d'accueil. En effet, la savoir se diffuse plus rapidement et facilement lorsque l'EMN entretient des liens avec des offreurs, des clients, des concurrents, des institutions de recherche et des universités ou des associations industrielles (Criscuolo, 2002, p. 3). Ceci peut se faire par le biais de participations à des conférences, de travail en équipe avec d'autres entreprises ou institutions publiques, par formation des employés, par vente ou achat de produits. Cet ancrage de l'EMN est nécessaire à l'acquisition de compétences locales. Cet effet est identique pour les acteurs du pays d'origine qui veulent acquérir le savoir de l'EMN. Il faudra que l'EMN soit impliquée dans les activités du pays d'origine et que les acteurs du pays d'origine soient en lien avec l'EMN.

Deuxièmement, les transferts sont plus performants si les récepteurs des connaissances ont les capacités d'absorption nécessaires (OCDE,

41 En réalité, il y a cinq formes de transferts (voir Gupta and Govindarajan, 1991; Larissa Rabbiosi, 2007: (i) flux de la maison-mère aux filiales, (ii) flux des filiales à la maison-mère, (iii) flux de l'environnement local à la filiale, (iv) flux de la filiale à l'environnement local, (v) flux entre filiales. Dans le contexte des implications sur le pays d'origine, seul les trois flux mentionnés dans le texte sont pris en considération.

2005a, p. 38). Celles-ci permettent aux agents d'internaliser et d'utiliser le savoir mis à leur disposition. Ceci signifie que les agents doivent comprendre, appliquer et estimer la valeur des connaissances (Ambos et al., 2006). En outre, les employés ne doivent pas être hésitants à acquérir de nouvelles idées (Inkpen, 2008, p. 88). De ce fait, les EMN dont les employés ont des compétences supérieures et montrent une certaine volonté à absorber et partager les connaissances sont capables d'obtenir de meilleurs résultats dans le transfert de savoir (Cassiman et Veugelers, 2005, p. 4). Ainsi, la possession de connaissances et de pratiques de base, ainsi qu'une manière efficace de gérer les communications et les interactions entre filiales sont essentielles dans le processus de partages de savoir (Adenfelt et Lagerström, 2008). Ces capacités d'absorption sont indispensables dans les trois processus de transfert de connaissances. Autant les filiales que la maison-mère et les acteurs du pays d'origine doivent les posséder en vue d'utiliser efficacement les nouvelles compétences.

Troisièmement, le transfert de connaissances entre les filiales et la maison-mère de l'EMN est difficile, étant donné que les connaissances ne sont pas toujours codifiables (Singh, 2007, p. 766 ; voir le chapitre 1, la section 1.2 de cette partie). Selon une étude de Piscitello et Rabbiosi (2007), la communication codifiée (média écrit) est beaucoup moins efficace au transfert de nouveaux savoirs que la communication interpersonnelle (visites entre unités, comités internationaux, formations impliquant des participants de plusieurs unités). Cependant, la communication interpersonnelle fait face à certains obstacles. D'abord, les différences dans le savoir cognitif, les spécialisations, le langage (Welch et Welch, 2008), les normes sociales et les identités des individus créent des difficultés de communication (Buckley et Carter, 2004, p. 376). Dans ce cas, le transfert de connaissances est facilité lors de connexions et d'interactions fréquentes entre individus. Cependant, les distances géographiques et temporelles créent des obstacles pratiques à ces interactions, aux vue des difficultés de se rencontrer facilement. Il est ainsi essentiel d'augmenter la connectivité à l'intérieur de l'EMN d'une manière ou d'une autre afin de rendre effectif le transfert interne de connaissances (Makela et al. 2007, p. 17). Ensuite, un écart entre la vision adoptée par la direction et les croyances des filiales peut résulter en des incohérences ou des conflits et peut limiter le transfert. Ceci est améliorable lors de rencontres entre les individus. Finalement, il peut arriver que les individus gardent le contrôle de leurs connaissances pour leur bénéfice stratégique et érigent une barrière artificielle au transfert. Les participants doivent ainsi être incités à révéler ce qu'ils savent et à faire circuler leurs compétences.

La gestion des transferts de connaissances est importante pour la productivité de l'EMN. En effet, selon une étude de Singh (2008) sur les brevets de plus de 1'100 firmes, les gains potentiels de l'accès aux idées à l'étranger sont en moyenne compensés par la difficulté d'intégrer la connaissance à travers les emplacements. Ses résultats ont d'ailleurs démontré que la répartition géographique des activités de R&D n'améliore pas la qualité de l'innovation de l'EMN, mais semble être associée négativement à la valeur moyenne des innovations. Cependant, malgré cette importance de gestion des transferts, les études sur le transfert de la filiale à la maison-mère ou aux autres filiales de l'EMN sont rares, et encore plus rares dans le domaine de la R&D. Seules les recherches de Criscuolo (2004) et de Frost et Zhou (2005) pour le transfert de connaissances dans les activités de R&D vers la maison-mère sont connues de l'auteur.

En résumé, pour que les transferts de connaissances soient efficaces, certaines conditions doivent être remplies:

(Transfert entre le pays d'accueil et la filiale)
- Ancrage de l'EMN dans l'environnement local
- Capacités d'absorption nécessaires

(Transfert entre la filiale et la maison-mère)
- Interactions entre filiales et la maison-mère
- Vision commune entre les filiales et la maison-mère
- Volonté d'absorber et de partager les connaissances
- Capacités d'absorption nécessaires

(Transfert entre la maison-mère et les acteurs du pays d'origine)
- Liens entre les acteurs
- Capacités d'absorption nécessaires
- Volonté d'acquérir de nouvelles idées

Le Tableau 12 résume les effets de l'internationalisation de la R&D pour le pays d'origine.

Tableau 12. Coûts et bénéfices de l'internationalisation de la R&D pour le pays d'origine

	Entreprises multinationales	*Pays d'origine*
Bénéfices potentiels	- Amélioration de la force compétitive des EMN grâce à l'accès aux avantages spécifiques du pays d'accueil - Augmentation du taux d'innovation, des ventes et de la ligne de produits - Intégration des connaissances entre filiales, pouvant constituer une importante source de création de valeur - Dépassement des limites du pays d'origine (manque de ressources ou de technologies clés)	- Acquisition de nouvelles connaissances qui sont disponibles pour toute l'EMN et qui peuvent être étendues aux entreprises ou institutions du pays d'origine - Amélioration de la capacité innovante - Augmentation de la demande pour les services procurés par le pays d'origine pour les opérations globales des EMN - Augmentation de la demande pour des biens complémentaires fournis par des entreprises domestiques - Changement de la qualité de l'emploi (les EMN délocalisent à l'étranger les activités de R&D secondaires et concentrent leurs efforts sur les activités de R&D principales dans le pays d'origine)
Coûts potentiels	- Risque d'imitation et de fuite des informations - Perte de contrôle direct sur les investissements en R&D - Perte d'économies d'échelle - Augmentation des coûts de coordination, de communication et d'intégration des connaissances - Coûts d'ancrage local	- Possibilité d'une délocalisation, d'une réduction des dépenses et des emplois en R&D dans le pays d'origine - Possibilité d'imitation des innovations créées dans le pays d'origine

Source: Elaboration personnelle

Les études empiriques qui examinent les effets des activités de R&D à l'étranger sur le pays d'origine sont peu nombreuses. En outre, les études existantes se focalisent principalement sur la firme qui investit à l'étranger, et non sur le pays d'origine (voir le point 3.2.2 de cette deuxième partie). Le peu d'études sur le transfert de connaissances dans les activités de R&D utilise les brevets et citations de brevets comme mesure du flux de connaissances entre filiales et pays d'origine (voir Frost, 2001 et Criscuolo, 2004). Selon les résultats de Frost (2001) et Criscuolo (2004), les filiales à l'étranger utilisent considérablement les sources de connaissances provenant du pays d'origine, démontrant l'importance de la R&D effectuée dans le pays d'origine.

Conclusion

Selon certains auteurs, les entreprises de quelques pays développés tels que la Suisse ou le Royaume-Uni ont commencé l'internationalisation des activités de R&D dans les années 1960 (Cantwell et Hodson, 1991; Pavitt et Patel, 1991; Cantwell, 1995). La première statistique suisse disponible indique en effet que les entreprises situées en Suisse effectuaient à l'étranger en 1989 déjà 39 pour cent de leur R&D (OFS, 2009). Néanmoins, les dépenses mondiales des activités de R&D étrangères ont connu une forte croissance seulement dans les années 1990. Comme preuve, la R&D sous contrôle étranger dans la zone OCDE a augmenté de 110 pour cent entre 1995 et 2003, passant de 34 milliards de dollars courants à 71 milliards[42] (OCDE, 2008a, p. 13). Les entreprises les plus actives dans l'internationalisation des activités de R&D sont originaires de la Suisse, de l'Allemagne, de la Suède et de la Finlande (OCDE, 2008a, p. 13). La majorité des activités de R&D effectuées à l'étranger en 2004 était localisée aux Etats-Unis, au Royaume-Uni, en France, en Chine, au Japon et en Inde (CNUCED, 2005, p. 133).

Malgré cette croissance, plusieurs données indiquent que les activités de R&D sont encore pour la plupart des entreprises effectuées dans le pays d'origine. Ainsi, en 2002, les dépenses des filiales à l'étranger dans le secteur des entreprises équivalaient à seulement 15 pour cent des dépenses intérieures en Belgique et aux Etats-Unis et à 2 pour cent au Japon et en Italie (OCDE, 2008a, p. 4). De plus, en moyenne, les brevets des pays de l'OCDE étaient inventés à 82 pour cent dans le pays d'origine entre 2001 et 2003 (OCDE, 2007b, p. 165). En conséquence, la théorie sur les activités de R&D à l'étranger est encore limitée. Mis à part quelques auteurs pionners dans les années 1970 (Ronstadt, 1977; Terpstra, 1977; Mansfield et al., 1979; Lall, 1979; Behrman et Fischer, 1980), la théorie a été développée principalement dans les années 1990 avec les travaux sur les mobiles des activités de R&D étrangères de

42 Cependant, la croissance des dépenses de R&D des filiales sous contrôle étranger représente une valeur plus faible par rapport au taux de croissance du stock d'IDE entrant: le stock d'IDE entrant dans la zone OCDE est passé de 1535 milliards de dollars courants en 1995 à 4703 milliards en 2003, avec un taux de croissance de 206 pour cent entre 1995 et 2003 (OCDE, 2008a, p. 13).

Dunning et Narula (1995) et Kuemmerle (1997 et 1999).

Jusque dans les années 1990, le rôle de la R&D étrangère consistait essentiellement à suivre la production ou les ventes dans le but d'adapter les produits aux conditions locales (Pearce, 1989). Les explications sur les activités de R&D étrangères étaient ainsi incluses dans la théorie de la production internationale. A cette période, les auteurs étudiaient l'entreprise multinationale comme véhicule de transfert de connaissances depuis le pays d'origine vers les pays d'accueil (Vernon, 1966; Caves, 1974a; Kindleberger, 1973; Pavitt et Patel, 1999; Granstrand et al. 1992; Pearce et Singh, 1992). Il faudra attendre les années 1990 et le fort essor de l'internationalisation de la R&D pour voir apparaître des théories sur le rôle innovant des activités de R&D étrangères. Les travaux de Dunning et Narula (1995) et Kuemmerle (1997, 1999) notamment ont divisé les activités en deux catégories: les activités d'exploitation et d'exploration. Les activités de R&D étrangères d'exploitation des actifs existants valorisent les connaissances préalablement constituées ailleurs, principalement dans le pays d'origine. L'apprentissage du savoir consiste en un mouvement des technologies de la maison-mère vers la filiale, ou d'autres filiales vers la filiale étudiée. Les avantages de localisation des pays sont dans ce cas liés aux connaissances sur les besoins locaux, à la disponibilité des chercheurs et au coût de la main-d'œuvre. Ce mobile explique en partie pourquoi les pays émergents sont une importante destination des activités de R&D étrangères.

Les activités de R&D étrangères d'exploration sont orientées vers l'augmentation du stock de connaissances de l'EMN. Dans ce cas, l'apprentissage de la connaissance consiste en un transfert des savoirs de la filiale vers la maison-mère ou vers les autres filiales. Les activités d'exploration sont ainsi davantage innovantes que les activités d'exploitation, et incorporent des ressources et des nouvelles connaissances provenant de l'extérieur du réseau de la firme (Frost, 2001, p. 105). En outre, les activités d'exploration créent de nouveaux produits ou de nouvelles technologies disponibles pour d'autres régions, tandis que les activités d'exploitation améliorent des produits ou technologies disponibles pour le marché local. Les avantages de la localisation des pays d'accueil sont dans le cas d'exploration liés à la possession d'actifs stratégiques sous forme de connaissances spécialisées. Ce mobile est l'une des raisons expliquant les activités de R&D dans les pays proches de la frontière technologique tels que les Etats-Unis, le Royaume-Uni ou la France et dans les clusters innovants tels que le cluster des biotechnologies au Cambridge Biotech Cluster.

Ainsi, un des rôles des activités de R&D étrangères est d'assimiler les connaissances possédées par le pays d'accueil. Cependant, peu de travaux se sont intéressés à savoir comment ces nouvelles connaissances provenant d'une région sont capturées par l'EMN, intégrées à travers son réseau de filiales et étendues à son pays d'origine. Etudier ce transfert de connaissances est essentiel, étant donné que la théorie sur les entreprises multinationales considère qu'une caractéristique essentielle de ce type d'entreprise est d'assimiler, de générer et de véhiculer les connaissances à travers les frontières (Vernon, 1979; Bartlett et Ghoshal, 1989; Porter, 1990; Kogut et Zander, 1993). Les études sur les effets des activités de R&D se sont principalement attardées sur la productivité des EMN, et non sur les activités de R&D dans le pays d'origine, où la plupart des EMN effectuent le principal de leurs activités de R&D. La partie suivante comble de ce fait ces manquements à la littérature, en explorant la situation de la Suisse, pays internationalisant le plus les activités de R&D.

Partie 3

Internationalisation des activités de recherche et développement des entreprises multinationales suisses

Selon la théorie existante, l'internationalisation des activités de R&D implique de nombreuses conséquences pour le pays d'origine, aussi bien positives que négatives. Cependant, les études empiriques analysant ces conséquences sont rares, malgré l'ampleur croissante du phénomène. Cette partie a ainsi comme objectif de déterminer ce qui advient de la R&D en Suisse alors que les entreprises suisses deviennent de plus en plus mondialisées. Pour ce faire, il sera répondu aux questions liées à l'internationalisation des activités de R&D suisse et à la place du pays d'origine dans un contexte de R&D dispersée:

- Quelle est l'ampleur de l'internationalisation des activités de R&D des entreprises suisses?
- Quelle est l'évolution de cette internationalisation?
- Dans quels pays les entreprises suisses localisent-elles leurs activités de R&D?
- Quels sont les principaux changements dans cette localisation?
- Quelle est la place du pays d'origine dans la répartition géographique des inventions?
- Quels sont les principaux mobiles d'internationalisation des activités de R&D des entreprises suisses?
- Quels sont les bénéfices que la Suisse retire de cette internationalisation?
- Quels sont les risques éventuels liés à cette internationalisation?

Les brevets et citations de brevets des entreprises suisses sont utilisés dans les deux premiers chapitres, afin d'étudier les tendances de l'internationalisation des activités de R&D et la contribution du pays d'origine aux réseaux d'innovation des EMN suisses. Les mobiles des activités de R&D à l'étranger seront aussi déterminés en les divisant en activités d'exploitation et d'exploration, comme vu dans la partie précédente. Le troisième chapitre traite les réponses du questionnaire et donne des résultats sur les transferts de connaissances entre unités de R&D. En outre, diverses questions permettront de compléter l'analyse sur les mobiles des activités de R&D à l'étranger, détaillés par régions d'accueil.

Chapitre 1

Brevets et citations de brevets

Etant donné le manque de données disponibles sur les dépenses de R&D, les indicateurs fondés sur les brevets sont largement utilisés comme mesure des activités de R&D. Selon l'OCDE (2007d),

> Patent-based indicators provide a measure of the output of a country's R&D, i.e. its inventions. (OCDE, 2007d, p. 48)

Non seulement les brevets constituent un indicateur du niveau de l'ensemble des activités novatrices de l'EMN, mais ils permettent en outre de localiser dans quelle région les innovations ont été principalement inventées. Ce chapitre revient plus en détail sur les avantages et inconvénients de l'utilisation des brevets.

1.1 Brevets

Les brevets sont souvent utilisés en vue de refléter les performances d'innovation des pays, des régions ou des entreprises (OCDE, 2006c, p. 6). Les avantages et inconvénients de l'utilisation de cet indicateur ont été largement débattus (voir par exemple Griliches, 1990; Cantwell, 1993, 1995; Pavitt, 1988; Patel et Pavitt, 1991), et la plupart des auteurs ont tendance à conclure que les statistiques sur les brevets sont d'utiles indicateurs:

> In spite of all the difficulties, patents statistics remain a unique source for the analysis of the process of technical change. Nothing else even comes close in the quantity of available data, accessibility, and the potential industrial, organisational, and technological details. (Griliches, 1990, p. 1702)

Plusieurs raisons incitent à l'utilisation des brevets dans les analyses sur la R&D ou l'innovation. Premièrement, un brevet est un titre de protection délivré pour une invention technique avec des promesses de commercialisation. Au sens juridique du terme[43], une invention est une solution inédite à un problème technique, représentée par des produits (tels que des chaussures de ski chauffantes) ou des composés chimiques (tels que de l'aspirine) et des procédés (tels qu'un procédé de lyophilisation du café). Pour être brevetable, une invention doit être nouvelle, ne pas découler de manière évidente de l'état de la technique et être applicable industriellement (Institut fédéral de la propriété intellectuelle, 2006, p. 14). Selon l'OCDE (2001a),

> le brevet est un titre de propriété sur une invention technologique. Il est délivré à une entreprise, un individu ou un organisme public par un office national. Pour être satisfaite, une demande de brevet doit remplir certaines conditions concernant notamment la nouveauté de l'invention, son caractère inventif (non trivial), et son applicabilité industrielle. Le brevet est valide dans un pays, pour une durée limitée (20 ans en général). (OCDE, 2001a, p. 142)

Ainsi, en protégeant l'invention, les brevets constituent une incitation pour la R&D et stimulent les innovations, car le déposant peut interdire à tout tiers l'utilisation de son invention à des fins économiques (Institut fédéral de la propriété intellectuelle, 2008b, p. 12). De ce fait, malgré le pouvoir de monopole du détenteur du brevet qui entrave la concurrence (voir le Chapitre 2 de la Partie 2), les brevets sont considérés comme une condition essentielle au progrès technique et à l'innovation, permettant à l'investisseur de récupérer les engagements financiers de la recherche. La R&D, en tant qu'input considérable des inventions, est ainsi liée aux brevets. Selon la Figure 12, il existe une association positive forte entre les investissements en R&D et les brevets. Les industries intensives en R&D, telles que la pharmacie ou la chimie, sont celles qui déposent le plus de brevets (OCDE, 2007b, p. 90). Inversement, les industries qui déposent généralement moins de brevets investissement moins en R&D (voir les industries du textile ou du papier).

43 Voir la Loi fédérale du 25 juin 1954 sur les brevets d'invention (Loi sur les brevets, LBI) et l'Ordonnance du 19 octobre 1977 relative aux brevets d'invention (Ordonnance sur les brevets, OBI).

Figure 12. Relation entre les investissements en R&D et les dépôts de brevets de plusieurs industries

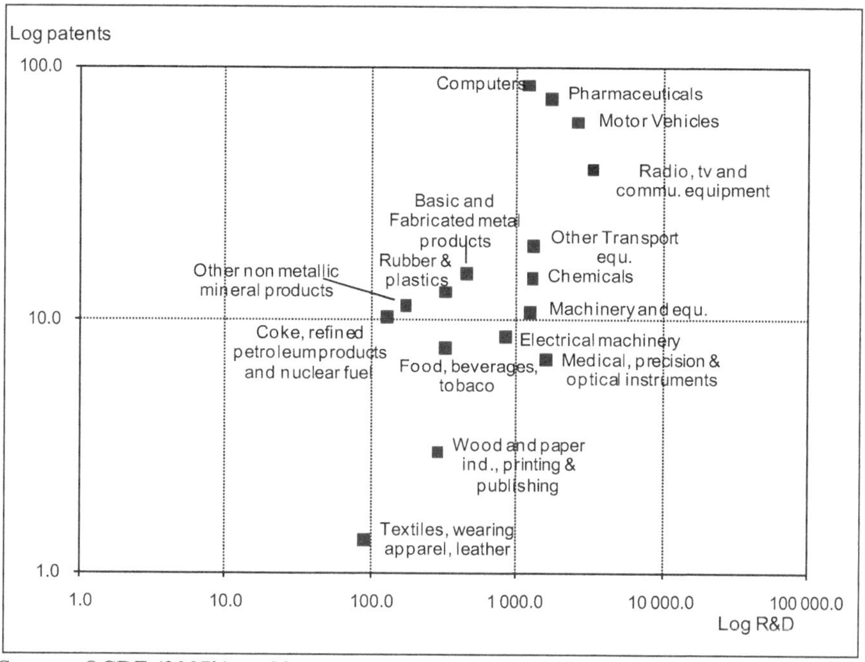

Source: OCDE (2007b), p. 90

Selon Arundel et Kabla (1998),

> patents are of greatest value in a few sectors such as pharmaceuticals, chemicals and machinery, where the cost of copying an innovation is considerably less than the initial cost of invention. (Arundel et Kabla, 1998, p. 129)

A l'inverse, les brevets sont moins importants par rapport à d'autres méthodes d'appropriation, telles que les avantages temporels ou la complexité technique, dans les secteurs qui produisent des biens complexes coûteux à copier ou dans les secteurs où les hauts coûts d'investissement et les niveaux d'expertise créent des barrières à l'entrée qui limitent la concurrence de nouveaux entrants, comme c'est le cas dans l'aérospatial (Arundel et Kabla, 1998, p. 129). En outre, des inquiétudes liées à la facilité d'imitation et à la divulgation d'informations peuvent réduire la propension à breveter (Arundel, 2001).

Deuxièmement, les brevets sont les seuls indicateurs de la R&D apportant autant d'informations sur les caractéristiques techniques et la genèse de l'invention. La classification internationale des brevets (CIB) développée par l'Organisation mondiale de la propriété intellectuelle (OMPI) est la plus utilisée. Ce système contient 60'000 postes hiérarchisés dans lesquels l'ensemble des technologies est divisé en sections, classes, sous-classes et groupes. Cette hiérarchie a été reprise par la bourse suisse afin de catégoriser les entreprises. Le brevet liste aussi les inventeurs, ainsi que leur adresse dans leur pays de résidence. Les inventeurs sont toujours des individus, fréquemment des chercheurs employés par les déposants (dans environ 90 pour cent des brevets de l'Office européen des brevets (OEB), le déposant est une institution telle qu'une entreprise, une université ou un laboratoire public).

Les études sur l'internationalisation de la R&D émettent l'hypothèse que l'adresse de l'inventeur coïncide avec l'emplacement géographique de l'invention (Cantwell, 1992; Zander, 1994; Patel et Vega, 1999; Le Bas et Sierra, 2002; Almeida et Phene, 2008). L'analyse des brevets est ainsi est indicateur de l'internationalisation des activités de R&D et permet de surmonter le manque de données sur les activités de R&D. La seule statistique disponible comprend les IDE en R&D entrants (ventilés par origines et secteurs manufacturiers) de l'OCDE. Il n'existe pas de données disponibles internationalement sur les activités de R&D à l'étranger sortants, ni sur les joint-ventures en R&D, sur les accords de coopération et alliances en R&D, sur la sous-traitance, ni sur le financement de la R&D. En outre, l'identification des détenteurs des filiales en R&D n'est pas aisée (Harfi et al., 2007, p. 10). Une filiale peut être identifiée comme appartenant à une entreprise nationale, mais peut en réalité s'avérer étrangère si l'entreprise est détenue par une entreprise étrangère. Cette situation crée un biais statistique lors de l'évaluation de la proportion des dépenses de R&D effectuées sous contrôle étranger et de l'évaluation de l'origine des investissements (Harfi et al., 2007, p. 10). En Suisse, l'OFS établit une enquête tous les quatre ans sur les ressources financières et humaines investies dans la R&D par les entreprises domiciliées en Suisse. Le dernier rapport de l'OFS sur les dépenses de R&D des entreprises privées a été publié en 2006 et fournit des informations sur les ressources investies dans la R&D en 2004 par 5076 entreprises répondantes. Cette enquête indique que les entreprises situées en Suisse ont internationalisé leurs activités de R&D de façon croissante de 1989 à 2000, mais ont diminué faiblement leurs dépenses de R&D à l'étranger en 2004 (voir la Figure 13). Les sommes que les filiales à l'étranger d'entreprises domiciliées en Suisse allouent à la R&D ont augmenté de 5'270 millions de francs en 1989, à 7'090 millions de francs en 1992, à 8'060 millions de francs en 1996 et à 9'788 millions de francs en 2000 (OFS, 2009). Elles ont ensuite légèrement diminué pour se situer à 9'603 millions de francs en 2004 (les données étant récoltées tous les quatre ans, il n'est pas possible de connaître la situation de 2001, 2002 et 2003). De 1992 à 2000, les entreprises situées en Suisse avaient davantage dépensé en R&D à l'extérieur qu'à l'intérieur de la Suisse (OFS, 2006). Entre 2000 et 2004, les dépenses de R&D en Suisse ont fortement augmenté en ont dépassé les dépenses de R&D étrangères. Ainsi, en 2004, le secteur des entreprises privées dépense 9'659 millions de francs pour ses travaux de R&D intra muros en Suisse et 9'603 millions pour ses dépenses de R&D à l'étranger. Cependant, même si ce rapport fournit d'importants résultats sur l'internationalisation de la R&D des entreprises situées en Suisse, les données ne sont d'une part pas fournies aux chercheurs pour établir d'autres statistiques, et, d'autre part, les entreprises de l'enquête sont situées en Suisse, qu'elles soient ou non suisses. Ceci ne permet pas de déterminer les conséquences de l'internationalisation des activités de R&D pour le pays d'origine. Les données sur les dépenses en R&D ne permettent également pas de fournir des informations ni sur les mobiles des activités à l'étranger, ni sur le transfert de connaissances entre frontières, ni sur la valeur des inventions effectuées en Suisse ou à l'étranger, étant donné que la R&D est un facteur entrant dans le processus d'innovation et non un facteur sortant tel que les brevets.

Figure 13. Dépenses de R&D intra-muros et à l'étranger des entreprises situées en Suisse

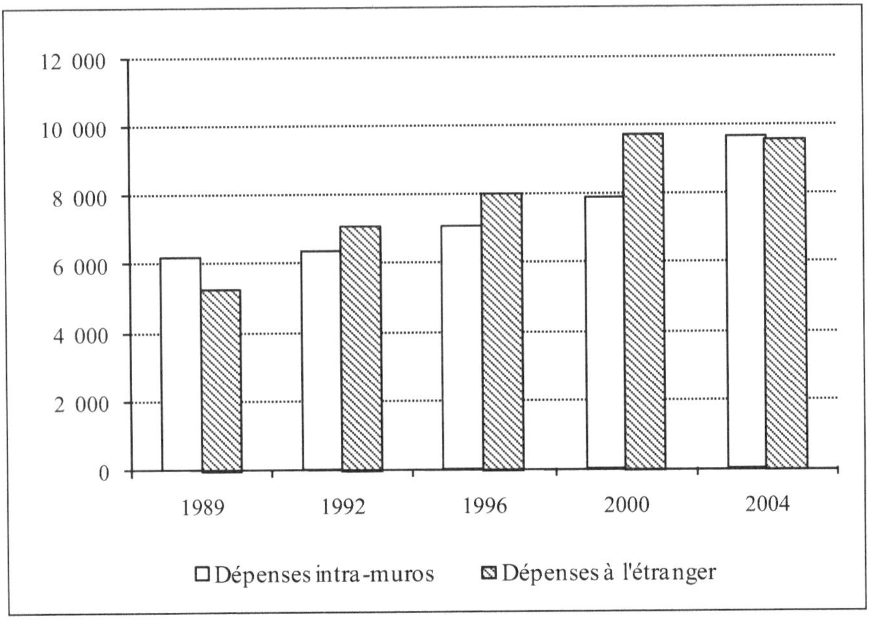

Note: Valeurs nominales

Source: OFS (2009)

Finalement, les données des brevets sont facilement disponibles auprès des offices nationaux ou régionaux, et le coût marginal pour le statisticien est bien moindre que lorsqu'il s'agit de réaliser des enquêtes (OCDE, 2001a, p. 148). Il existe plusieurs sites internet sur lesquels il est possible de faire des recherches sur les brevets, dont:
http://www.swissreg.ch de l'Institut Fédéral de la Propriété Intellectuelle suisse, http://www.espacenet.com, de l'Office européen des brevets, www.depatisnet.dpma.de de l'Office allemand des brevets et des marques, http://www.uspto.gov de l'Office américain des brevets et des marques, et www.ipdl.ncipi.go.jp de l'Office japonais des brevets.

En résumé, les brevets permettent de créer un ensemble détaillé d'indicateurs technologiques, géographiques et organisationnels. Grâce à l'adresse de l'inventeur et du déposant, l'internationalisation des activités de R&D peut être étudiée. Toutefois, certains inconvénients à l'utilisation des brevets doivent être mis en avant. Premièrement, certaines inventions ne sont pas brevetées et certaines inventions brevetées ne sont pas des innovations. En outre, la distribution de la valeur économique des brevets est très asymétrique (OCDE, 2001a, p. 148). De nombreux brevets n'ont pas d'application industrielle, alors qu'un petit nombre d'entre eux ont une valeur considérable. En effet, chaque brevet a la même valeur étant donné qu'il n'existe pas de «marché» des brevets où ceux-ci s'échangent, alors que la qualité de l'invention est très hétérogène. Les brevets sont néanmoins un bon indicateur de la production technologique des entreprises, puisque celles-ci utilisent les brevets sous forme de protection juridique à leurs innovations les plus précieuses suite au coût élevé du dépôt des brevets (Filippaios et al., 2007, p. 6). Toutefois, afin de différencier les brevets en termes de qualité ou d'importance, les citations de brevets sont utilisées (voir point suivant). Deuxièmement, les modifications du droit des brevets rendent délicate l'analyse des évolutions temporelles (OCDE, 2001a, p. 148). Par exemple, les dépôts de brevets à l'UPSTO ont diminué fortement en 1996 (baisse d'environ 8 pour cent par rapport à 1995) à cause du changement dans la durée de protection des brevets. En effet, l'Accord sur les ADPIC implémenté aux Etats-Unis en 1996 a imposé des normes minimales dans la durée de protection de 20 ans depuis la demande de brevet, alors que la durée était de 17 ans depuis l'acceptation du brevet à l'UPSTO. Ainsi, de nombreuses entreprises ont préféré effectuer une demande de brevets avant le changement en 1995 (Khan et Dernis, 2006). Troisièmement, les échantillons utilisés dans les études statistiques sur l'internationalisation des brevets ne sont pas homogènes (Harfi et al., 2007, p. 11). Certains auteurs s'appuient sur la totalité des brevets déposés pour évaluer l'internationalisation des activités de R&D (Sachwald, 2003, cité par Harfi et al., 2007, p. 11); d'autres n'étudient que les plus grandes firmes selon la liste de Forbes (Cantwell et al., 2004); finalement d'autres encore ne prennent en compte que les plus grandes firmes selon le nombre de brevets par firme (Frost et Zhou, 2005). Les mesures utilisent aussi différentes méthodologies: soit tous les inventeurs sont pris en compte dans le calcul des pourcentages de brevets inventés à l'étranger, même si le brevet a plusieurs inventeurs; soit une méthode de pondération des inventeurs est utilisée. Finalement, selon le degré de centralisation des dépôts de brevets par les multinationales, l'internationalisation de la R&D pourra être plus ou moins surestimée (Harfi et al., 2007, p. 11).

Cependant, en tenant en compte de ces inconvénients, les brevets sont encore largement utilisés comme indicateurs de l'internationalisation de la R&D et seront à la base de notre étude empirique. En outre, les citations de brevets expliquées ci-après permettent de limiter un des principaux défauts des brevets, à savoir le manque d'information sur leur qualité.

1.2 Citations de brevets

Chaque demande de brevet fournit une liste bibliographique de citations, c'est-à-dire de références qui peuvent avoir contribué à l'élaboration de la demande originale. Par exemple, comme le décrivent Jaffee et al. (1993):

> a citation of Patent X by Patent Y means that X represents a piece of previously existing knowledge upon which Y builds. (Jaffee et al., 1993, p. 580)

Ces citations indiquent ainsi un lien entre les idées techniques incluses dans les inventions courantes et anciennes (Frost, 2001, p. 109). Ceci permet de délimiter l'envergure du droit de propriété porté par le brevet. Les données bibliographiques disponibles pour une demande de brevet nommé «Power Semiconductor Device» sont notées dans le Tableau 13. La ligne «Documents cités» liste les brevets utilisés par les inventeurs pour développer l'invention.

Il est important de ne pas confondre ces citations de brevets avec celles insérées dans les articles académiques.

> Academics may cite a friend (or neighbour) just to be nice, since the price of doing so is infinitesimal, or even negative if a longer list of references is perceived as making the research look more thorough. (Jaffee et al., 1993, p. 583)

Cependant, lorsqu'un inventeur agit de la sorte lors d'une demande de brevet, il perd de l'argent: si les citations sont incluses dans le brevet final, l'inventeur a réduit l'étendue de son monopole. De plus, l'examinateur des brevets ne laissera pas de telles citations dans le brevet.

Tableau 13. Données bibliographiques d'un brevet

Numéro du brevet:	WO2007009284
Date de publication:	2007-01-25
Inventeur:	RAHIMO MUNAF (CH); STREIT PETER (CH)
Demandeur:	ABB TECHNOLOGY AG (CH); RAHIMO MUNAF (CH); STREIT PETER (CH)
Classification:	
- internationale	*H01L29/744;* H01L29/66;
- européenne	H01L29/10C3; H01L29/744
Numéro de demande	WO2006CH00374 20060718
Numéro(s) de priorité:	EP20050405450 20050722
Documents cités:	*US4170502 ; US3697827 ; US3513367 ; JP61015367 ; XP000112528*

Source: esp@cenet® (2007)

Les citations de brevets sont utilisées à la résolution de plusieurs problématiques. Les études sur la qualité des brevets (voir Harhoff et al, 1999; Harhoff et Reitzig, 2002) utilisent le nombre de citations reçues par un brevet comme l'indication de l'impact technologique des inventions. Dans ce sens, les citations de brevets permettent de déterminer la valeur scientifique de l'invention. L'hypothèse à la base de ces études axées sur la fréquence des citations de brevets est que les brevets ayant une valeur scientifique relativement élevée sont cités plus fréquemment que les brevets de faible valeur. En effet, un brevet souvent cité par d'autres est plus important qu'un brevet faiblement cité (Dufflos, 2005).

Grâce à cette distinction, les citations permettent de déterminer quels centres de recherche sont les «leaders» et quels centres sont secondaires. Dans notre étude, les citations permettront ainsi de déterminer la valeur des inventions créées en Suisse et de la comparer avec la valeur de celles créées à l'étranger.

En outre, les citations sont utilisées dans des études empiriques afin d'estimer les flux de connaissances entre agents ou en vue de déterminer la source géographique des inventions des EMN (voir Jaffee et al. 1993; Almeida, 1996; Almeida et Kogut, 1997; Frost, 2001; Cantwell et Mudambi, 2004; Frost et Zhou, 2005; Singh, 2007; Song et Shin, 2008). Jaffee et al. (1993) ont été les premiers à relever le manque de littérature sur la répartition géographique des effets d'entraînements (ou «spillovers»). Selon eux, plusieurs recherches ont démontré que la productivité des firmes dépend de leurs dépenses en R&D et des dépenses d'autres firmes et institutions, mais il manque des données sur la disponibilité de ces spillovers à travers les frontières. Pour étudier cette problématique, il est nécessaire d'analyser les flux de connaissances. Ceux-ci laissent parfois une trace, sous la forme de citations de brevets. Etant donné que les brevets contiennent des informations géographiques sur leurs inventeurs, nous pouvons déterminer où ces traces conduisent. Ceci permet d'utiliser les brevets comme test de l'étendue de la localisation des spillovers. Jaffee et al. (1993) ont ainsi comparé la localisation géographique des citations avec le brevet original cité. Selon les résultats, les brevets sont davantage cités dans le même endroit où les brevets originaux sont localisés.

L'étude de Almeida (1996) détermine, entre autres, si les EMN s'installent à l'étranger pour acquérir de la connaissance technologique ou non. Les résultats mettent en évidence le fait que les filiales localisées dans la Silicon Valley utilisent davantage les sources de connaissance locales que les firmes américaines localisées dans la même région (Cantwell et Noonan, 2002, étaient arrivées aux mêmes conclusions pour les firmes étrangères en Allemagne). Selon l'auteur, si la connaissance est «sticky» (c'est-à-dire qu'elle ne se déplace pas entre les frontières) et reste confinée dans des frontières spatiales étroites, l'emplacement de la filiale à l'étranger sert de source importante d'avantage compétitif de la firme. En outre, l'étude informe que les IDE des firmes européennes sont dirigés de façon à compenser les faiblesses technologiques de leur pays d'origine.

Frost (2001) utilise les citations de 10'000 brevets issus de filiales américaines entre 1980 et 1990 pour déterminer l'origine géographique des idées techniques incluses dans les innovations des filiales. Il construit des hypothèses expliquant les conditions sous lesquelles les filiales de R&D sont plus enclines à utiliser les sources de connaissances localisées dans le pays d'origine de la firme et/ou dans l'environnement du pays d'accueil de la filiale. Son objectif est d'offrir une explication sur le lieu (pays d'accueil ou d'origine) où les idées techniques qui soutiennent les innovations des filiales étrangères risquent de provenir. Ses résultats soutiennent l'hypothèse selon laquelle les IDE peuvent être motivés en partie par le désir de gagner des connaissances des contextes institutionnels divers dans lesquels l'EMN opère. En même temps, les résultats démontrent le rôle du pays d'origine en tant que source de connaissances pour les filiales innovantes.

Dans le travail de Cantwell et Mudambi (2004), les citations de 812 brevets déposés à l'UPSTO par des filiales étrangères au Royaume-Uni sont utilisées pour déterminer l'emplacement des sources de connaissances (locales ou dispersées). Leurs résultats prouvent que les filiales d'exploration renferment largement des technologies se basant sur les connaissances locales, spécifiques à l'emplacement, tandis que les filiales d'exploitation contiennent largement des technologies se basant sur un domaine géographique large. Les activités d'exploitation étendent et adaptent aux conditions locales les compétences déjà développées dans la firme («slippery technologies»: développement des technologies en fonction d'un espace géographique large). Les activités d'exploration augmentent les profiles de compétences de la firme («sticky technologies»: développement hautement spécifique à la localisation).

L'objectif de l'étude de Frost et Zhou (2005) consiste à déterminer la manière par laquelle la connaissance est utilisée et intégrée entre les réseaux. Les citations de brevets sont utilisées comme indicateur de l'utilisation de la maison-mère de la connaissance technique provenant d'une filiale étrangère. Les firmes de l'industrie de l'automobile ou de la pharmacie qui possèdent au minimum 30 brevets entre 1975-1995 dans des domaines techniques liés à l'automobile ou la pharmacie et qui disposent d'au moins 10 brevets issus de filiales à l'étranger sur cette période sont représentées. Finalement, 104 EMN sont analysées, avec 50'000 brevets. Les résultats montrent que les activités techniques jointes impliquant plusieurs unités constituent un facteur important d'intégration entre les structures de l'EMN.

Dans ce travail, les citations de brevets permettront d'analyser les flux de connaissances entre les filiales et la maison-mère, la qualité des brevets inventés dans le pays d'origine et à l'étranger, et les mobiles d'exploitation et d'exploration des filiales de R&D.

1.3 Bases de données sur les brevets et citations de brevets

Les plus grands offices de brevets au niveau international incluent l'office européen des brevets (OEB), l'office japonais des brevets (JPO) et l'office américain des brevets et marques (UPSTO). Afin d'être protégée à l'étranger, l'entreprise suisse peut passer par les offices nationaux. Néanmoins, les bases légales, les formalités de dépôt et les procédures d'examen et de délivrance diffèrent de pays en pays. L'entreprise a alors la possibilité de faire une demande de brevet européen, soit directement auprès de l'OEB à Munich, soit auprès de l'Institut Fédéral de la Propriété Intellectuelle (IPI) à Berne. Une seule procédure de délivrance permet d'obtenir une protection dans plus de trente pays, y compris en Suisse. L'entreprise peut aussi faire une demande de brevet international. L'Organisation Mondiale de la Propriété Intellectuelle (OMPI), à Genève, met à disposition des déposants une procédure internationale de demande de brevet reposant sur le Traité de coopération en matière de brevets (PCT). Au moyen d'une seule demande PCT, un déposant obtient ainsi une protection de son invention dans 136 pays (2007).

Les entreprises suisses déposent de plus en plus de demandes de brevets européens et internationaux. Entre 1990 et 2004, le nombre de demandes de brevets européens d'origine suisse est passé de 2'000 à plus de 4'600 environ, alors que le nombre de demandes de brevets suisses déposées par des personnes résidant en Suisse est passé de quelque 3'000 à moins de 1'800 (OFS, 2008, voir la Figure 14). La Figure 14 démontre en outre que le nombre de demandes de brevets d'origine suisse a augmenté depuis 2002. Finalement, en comparaison internationale, la Suisse est le pays déposant le plus de brevets par millions d'habitants à l'OEB.

Figure 14. Nombre de demandes de brevets suisses ou européens déposées par des personnes ayant leur domicile ou leur siège en Suisse

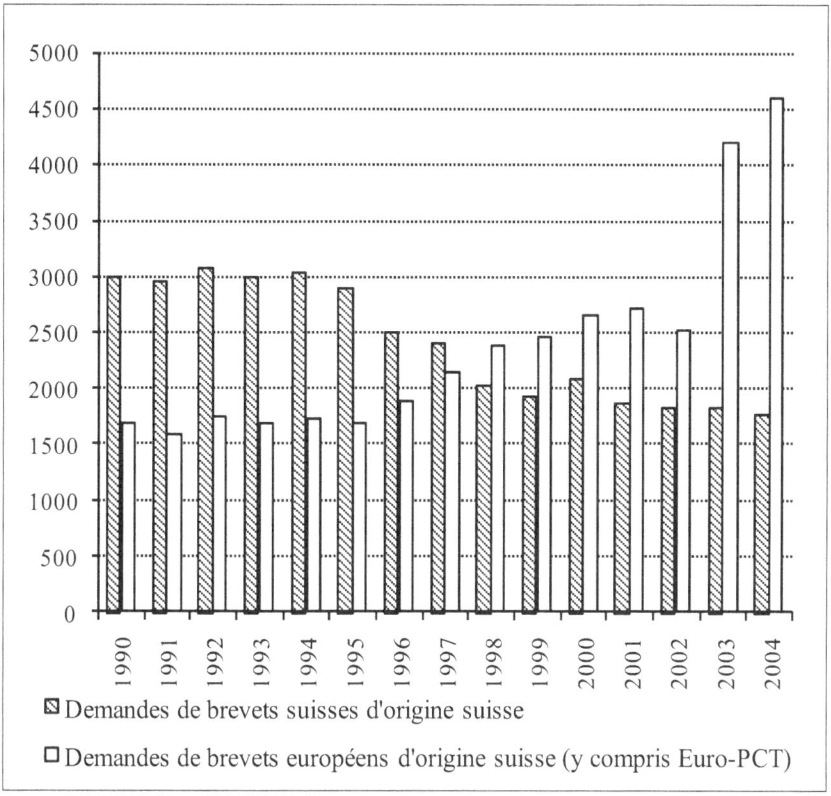

Source: OFS (2008) et IPI (2008a)

En ce qui concerne les citations de brevets, l'UPSTO fournit environ trois fois plus de citations que l'OEB (Michel et Bettels, 2001, p. 191). La raison principale de cette différence est que le déposant, lorsqu'il remplit une demande de brevet aux Etats-Unis, doit légalement donner une liste complète de l'état de l'art relevant, au risque le cas échéant de se voir révoquer le brevet. Ainsi, les déposants tendent à citer chaque référence, même si elles sont vaguement liées au brevet, afin d'éviter de remplir une liste incomplète de références (Michel et Bettels, 2001, p. 192). Les références sont de plus souvent ajoutées par les avocats du déposant plutôt que par le déposant ou l'inventeur lui-même, ce qui limite l'analyse des citations des brevets UPSTO (Hall et al., 2006, p. 24).

A l'OEB, au contraire, le déposant n'est pas légalement obligé de fournir une liste de l'état de l'art. Souvent, c'est l'examinateur OEB qui ajoute les citations durant la recherche. Cependant, il existe une incitation des déposants à citer des brevets, afin d'éviter des oppositions futures (Akers, 2000). Ainsi, le rapport de recherche européen n'inclut que les documents les plus importants et donne la relevance de la citation en termes de trois critères de brevetabilité: nouveauté, activité inventive et application industrielle. Ces caractéristiques permettent aux chercheurs de pondérer les citations. L'examinateur européen va en outre filtrer toutes les références pour vérifier si elles respectent les critères de brevetabilité. Le système japonais ressemble davantage au système européen que celui américain. Néanmoins, les données de citations japonaises sont difficilement accessibles.

Ce chapitre a décrit les brevets et les citations de brevets, ainsi que leur utilité dans les études sur l'internationalisation des activités de R&D. En publiant les adresses des inventeurs et des déposants du brevet, l'internationalisation de la R&D peut être étudiée. Les citations, quant à elles, déterminent la valeur d'une invention et les flux de connaissances entre les centres de R&D. Elles peuvent aussi déterminer l'origine géographique des idées techniques incluses dans les inventions des filiales.

Dans ce présent travail, les brevets et les citations de brevets des entreprises suisses sont utilisés en vue d'analyser les problématiques issues de l'internationalisation des activités de R&D. Les informations sont puisées dans les brevets déposés par les entreprises suisses à l'OEB. D'une part, l'OCDE a créé une base de données spécialement sur les citations de brevets de l'OEB (nommée «OECD/EPO patent citations database») qui est destinée aux recherches statistiques et est mise à disposition des chercheurs. D'autre part, les entreprises suisses déposent de façon croissante leurs demandes de brevet à l'OEB et de moins en moins à l'IPI pour une demande suisse. En outre, en prenant en compte les demandes de brevets provenant de Suisse déposées à l'OEB, seules les demandes pour lesquelles les frais de dépôt se justifient sont comptabilisées. Ainsi, les brevets qui revêtent d'une grande importance économique pour les entreprises sont analysés. Cette procédure suit celle utilisée par l'étude de l'Office fédéral de la formation professionnelle et de la technologie sur le portefeuille technologique suisse (voir Hotz-Hart et Küchler, 2005).

Chapitre 2

Analyse des questions de recherche par les brevets et citations de brevets des entreprises suisses

La problématique de ce chapitre concerne la place du pays d'origine dans un contexte de R&D dispersée. Dans ce but, les inventions effectuées dans les centres de R&D des entreprises suisses en Suisse et à l'étranger sont comparées. Ceci permet d'évaluer si la R&D effectuée en Suisse a diminué et perdu de son importance, ou si elle occupe une place centrale en fournissant une contribution particulière aux réseaux d'innovation des entreprises multinationales suisses. Ainsi, les questions principales sont:

- Quelle est l'ampleur de l'internationalisation des activités de R&D des entreprises suisses?
- Quelle est l'évolution de cette internationalisation?
- Dans quels pays les entreprises suisses localisent-elles leurs activités de R&D?
- Quels sont les principaux changements dans cette localisation?
- Quelle est la place du pays d'origine dans la répartition géographique des inventions?
- Quels sont les principaux mobiles d'internationalisation de la R&D des entreprises suisses?

2.1 Echantillon

L'Office européen des brevets a préparé, sur demande de la Task force de l'OCDE sur les statistiques des brevets, une base mondiale de données des brevets conçue pour aider la recherche statistique. Cette base est appelée «EPO Worldwide Patent Statistical Database» (abrégée PATSTAT). Les autres membres de cette task force sont l'organisition mondiale de la propriété intellectuelle (OMPI), l'office japonais des brevets (JPO), l'office américain des brevets et marques (USPTO), la fondation américaine de science (NSF), et la commission européenne (CE). La première version a été créée en 2005. Elle est régulièrement améliorée et mise à jour.

L'OCDE a créé une base de données spécifique sur les citations de brevets européennes et internationales (nommée «OECD/EPO patent citations database») en puisant les informations de la base de données décrite précédemment, la PATSTAT (pour des informations complémentaires, voir l'Annexe 2). Cette étude utilise la base de données de l'OCDE. Les tables couvrent toutes les demandes de brevets[44] publiées par l'OEB et l'OMPI, via le traité de coopération en matière de brevets (PCT), depuis leur introduction en décembre 1978 jusqu'en septembre 2006. Environ 1'700'000 demandes de brevets publiées par l'OEB montrant les citations résultant de l'OEB sont inscrites, et environ 4'759'951 brevets cités sont listés[45].

La première sélection de ces 1'700'000 demandes de brevets a porté sur les brevets dont le déposant est suisse, afin d'étudier l'internationalisation de la R&D des entreprises suisses. 62'820 brevets suisses ont été sélectionnés entre 1978 et 2006 (voir le Tableau 14). La baisse des publications de brevets de 1990 à 2001 reflétait la tendance mondiale (voir la Figure 15). Cette situation s'explique par le fait que les dépôts de brevets ont fortement augmenté dans les années 1980 grâce à l'installation progressive de l'OEB comme office central des brevets en Europe (l'OEB a reçu sa première demande en 1978) et grâce à l'amélioration des facilités administratives des dépôts. La reprise dès les années 2000 s'explique par l'entrée en vigueur de l'Accord sur les ADPIC, par le renforcement des standards internationaux de la protection des brevets et par l'augmentation des dépenses de R&D.

44 Jusqu'en 2001, l'USPTO publiait généralement seulement les brevets accordés, alors que l'OEB publie toutes les demandes, qu'elles soient accordées, refusées ou enlevées. Formellement, un brevet n'est pas un brevet jusqu'à ce qu'il a été accordé. Ainsi, le terme de demande de brevets est souvent utilisé.

45 Les avantages du brevet européen en tant qu'indicateur de l'internationalisation de la R&D ont été expliqués au point 3.3.1.

Tableau 14. Demandes de brevets à l'OEB d'origine suisse de 1978 à 2006 dans la base de données créée par l'OCDE

Année	*Nombre de demandes*	*Pourcentage*	*Pourcentage cumulatif*
1978	4	.0	.0
1979	452	.7	.7
1980	906	1.4	2.2
1981	1177	1.9	4.0
1982	1260	2.0	6.0
1983	1440	2.3	8.3
1984	1485	2.4	10.7
1985	1692	2.7	13.4
1986	1758	2.8	16.2
1987	1642	2.6	18.8
1988	1711	2.7	21.5
1989	1904	3.0	24.6
1990	1833	2.9	27.5
1991	1753	2.8	30.3
1992	1607	2.6	32.8
1993	1549	2.5	35.3
1994	1453	2.3	37.6
1995	1400	2.2	39.8
1996	1141	1.8	41.7
1997	744	1.2	42.8
1998	487	.8	43.6
1999	407	.6	44.3
2000	228	.4	44.6
2001	254	.4	45.0
2002	3225	5.1	50.2
2003	3913	6.2	56.4
2004	6537	10.4	66.8
2005	6035	9.6	76.4
2006	14823	23.6	100.0
Total	*62820*	100.0	

Source: Elaboration personnelle basée sur l'OECD/EPO patent citations database

Figure 15. Comparaison dans l'évolution entre le nombre de brevets d'origine suisse déposés à l'OEB et le nombre de brevets total déposés à l'OEB entre 1978 et 2006, tirés de la base de données créée par l'OCDE

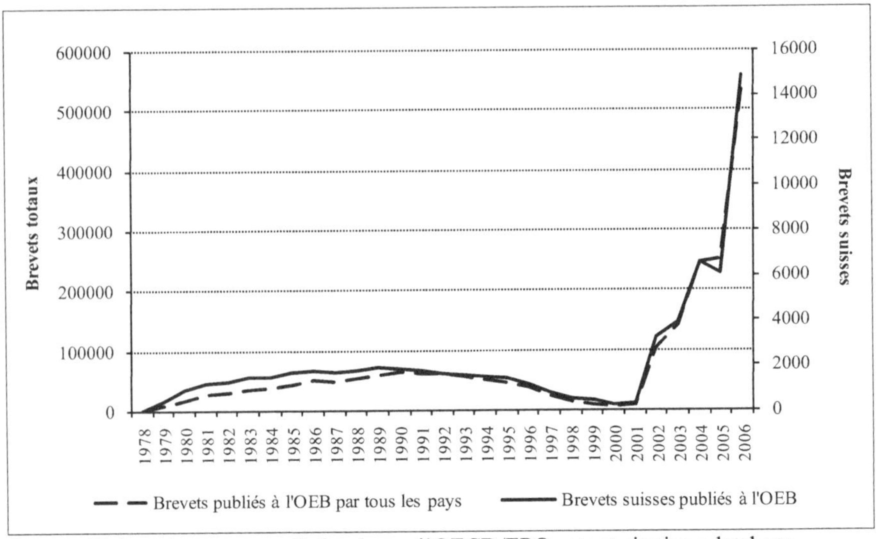

Source: Elaboration personnelle basée sur l'OECD/EPO patent citations database

Dans une deuxième étape, les brevets ont été triés par nom d'entreprises, afin de sélectionner les entreprises ayant publié plus de 20 brevets depuis 2004. Ceci permet de ne considérer que les entreprises dont l'effort innovateur est important (méthode utilisée par Frost et Zhou, 2005). Cette sélection permet aussi d'éliminer les entreprises dont le siège est en Suisse, mais dont aucun effort innovant n'est fait en Suisse (tel STMicroelectronics ou Nobel Biocare). 150 entreprises répondent à ce critère. Finalement, les entreprises qui ne sont pas suisses ont été enlevées de la sélection. Il s'agit de firmes ayant breveté sous le nom de leur filiale de R&D en Suisse, mais qui ont leurs quartiers généraux dans un autre pays. Les universités ou autres centres de recherche publique ont aussi été supprimés de la sélection.

Il reste 71 entreprises suisses (voir le Tableau 15). Sur ces 71 entreprises, une recherche dans leurs rapports annuels et leur site Internet permet de découvrir quelles filiales doivent aussi être prises en compte dans la recherche de brevets par entreprise. La plupart des auteurs (voir Patel et Pavitt, 1991; Patel et Vega, 1999; Criscuolo et Patel, 2003; Cantwell, 2004; Verspagen et Schoenmakers, 2004) intègrent dans leur analyse les filiales déclarées par l'entreprise lors d'une année de référence. Il est ainsi assumé qu'il n'y a pas de changements dans la structure à travers le temps et l'historique des filiales n'est pas établi. Par exemple, Verspagen et Schoenmakers (2004) prennent en compte les filiales détenues à 100 pour cent en 1998, et ne considèrent les brevets que de 1994 à 1997. Ce présent travail considère les filiales déclarées par les entreprises lors d'une année de référence (2005). Toutefois, afin de se rapprocher de la réalité, il retrace dans une certaine mesure l'historique de ces filiales par le biais des sites internet des entreprises.

Finalement, ces 71 entreprises avec leurs filiales ont publié 39'281 brevets, sans les doublons (c'est-à-dire que les brevets qui ont deux déposants ne sont enregistrés qu'une seule fois, étant donné qu'il s'agit du même brevet, donc de la même invention). La moyenne des publications de brevets entre 1978 et 2006 de ces 71 entreprises est de 553 et la médiane de 198. 13 entreprises appartiennent au classement mondial 2008 des plus grandes entreprises cotées en bourse de Forbes (classement basé sur les ventes, les profits, les actifs et la valeur de marché) et 32 firmes appartiennent au classement des 2000 plus grandes entreprises mondiales en termes d'investissements en R&D en 2007 (classement effectué par la Commission européenne, 2008). Ces entreprises sont majoritairement de grandes entreprises (la moyenne des employés de 66 entreprises dont les données sont disponibles est de 17008 employés en 2007 et la médiane est de 4008). 62 entreprises disposent d'au moins 250 employés et 4 entreprises ont entre 130 et 250 employés.

Tableau 15. Entreprises représentées dans l'échantillon

Nom de l'entreprise	*Classification industrielle, dénomination STAN**	*Nombre de brevets, 1978-2006*
ABB (Asea Brown Boveri)	Machines et appareils électriques	5148
Actelion Pharmaceuticals (dès 1997)	Produits pharmaceutiques	48
Ascom	Machines de bureau, comptables et informatiques	326
Basilea Pharmaceutica	Produits pharmaceutiques	43
Bobst	Machines et matériels	156
Bucher Industries	Produits minéraux non métalliques	964
Bühler	Machines et matériels	364

Nom de l'entreprise	*Classification industrielle, dénomination STAN**	*Nombre de brevets, 1978-2006*
C.S.E.M. Centre suisse d'électronique et de microtechnique	Instr. médicaux, de précision, d'optique et d'horlogerie	194
Casale Group	Produits chimiques	180
Ciba Specialty Chemicals Holding	Produits chimiques	1321
Clariant International	Produits chimiques	1485
Conzzeta	Machines et matériels	38
Cytos Biotechnology	Produits pharmaceutiques	29
Debiopharm	Produits pharmaceutiques	31
Dyconex	Appareils de radio, télévision et communication	25
EMS-Chemie	Produits chimiques	256
Endress + Hauser Flow-tec	Instr. médicaux, de précision, d'optique et d'horlogerie	674
Feintool International Holding	Machines et matériels	24
Firmenich	Produits chimiques	278
Franke	Fabrication d'ouvrages en métaux	40
Geberit Technik	Fabrication d'ouvrages en métaux	261
Geistlich Group	Instr. médicaux, de précision, d'optique et d'horlogerie	51
Georg Fischer Haus-technik	Machines et matériels	481
Givaudan	Produits chimiques	337
Habasit	Machines et matériels	33
Holcim	Produits métallurgiques	79
Huber + Suhner	Instr. médicaux, de précision, d'optique et d'horlogerie	93
Komax Holding	Machines et appareils électriques	84
Kudelski	Appareils de radio, télévision et communication	200
Landis+Gyr	Instr. médicaux, de précision, d'optique et d'horlogerie	325
Leister Process Techno-logies	Articles en caoutchouc et matières plastiques	37
Lonza	Produits pharmaceutiques	650
Medela Holding	Instr. médicaux, de précision, d'optique et d'horlogerie	36
Mettler-Toledo	Machines et matériels	229
Müller Martini	Machines et matériels	283
Nestlé	Produits alimentaires et boissons	1739
Netstal-Maschinen	Articles en caoutchouc et matières plastiques	22

Nom de l'entreprise	*Classification industrielle, dénomination STAN**	*Nombre de brevets, 1978-2006*
Novartis	Produits pharmaceutiques	6969
OC Oerlikon	Machines et matériels	1784
Oetiker	Articles en caoutchouc et matières plastiques	74
Pelikan Produktions	Machines de bureau, comptables et informatiques	145
Pentapharm	Produits pharmaceutiques	42
Phonak (Sonova)	Appareils de radio, télévision et communication	232
Precimed	Instr. médicaux, de précision, d'optique et d'horlogerie	38
Reichle & De-Massari	Machines et appareils électriques	68
Richemont International	Cuirs, articles en cuir et chaussures	238
Rieter	Machines et matériels	1250
Roche	Produits pharmaceutiques	5051
Rolex	Instr. médicaux, de précision, d'optique et d'horlogerie	44
RUAG	Produits chimiques	59
Schindler	Machines et matériels	761
Schweiter Technologies	Machines et matériels	82
Serono	Produits pharmaceutiques	198
SFS Industrie Holding	Fabrication d'ouvrages en métaux	145
SICPA Holding	Produits chimiques	83
SIG (Schweizerische Industrie Gesellschaft)	Machines et matériels	232
Sika	Produits minéraux non métalliques	263
Soudronic	Machines et matériels	207
Sulzer	Instr. médicaux, de précision, d'optique et d'horlogerie	1403
Swatch	Instr. médicaux, de précision, d'optique et d'horlogerie	911
Swisscom	Appareils de radio, télévision et communication	237
Syngenta	Produits chimiques	848
Synthes	Instr. médicaux, de précision, d'optique et d'horlogerie	342
Tecan	Instr. médicaux, de précision, d'optique et d'horlogerie	63
Trisa	Industries manufacturières n.c.a.	46
UBS	Machines de bureau, comptables et informatiques	33
Uster Technologies	Instr. médicaux, de précision, d'optique et d'horlogerie	204
Von Roll	Machines et matériels	124

Nom de l'entreprise	*Classification industrielle, dénomination STAN**	*Nombre de brevets, 1978-2006*
Wifag	Machines et matériels	102
WRH Walter Reist Holding	Machines et matériels	377
Zehnder Group	Machines et matériels	62
Total		39281

Note: *Les brevets sont classifiés selon la CIB. Cette classification est basée sur des catégories technologiques et ne peut pas être directement traduite en secteurs industriels. Ainsi, afin d'établir un lien entre la classification des entreprises selon la technologie des brevets et la classification industrielle, il est nécessaire de passer par une table de concordance. Celle utilisée ici a été développée par Schmoch et al. (2003) et est reprise par l'OCDE (2008d, p. 26). Grâce à cette table de concordance, les entreprises de l'échantillon ont pu être classées selon la liste standardisée des activités industrielles de l'OCDE reposant sur la CITI Révision 3.

Source: Elaboration personnelle basée sur l'OECD/EPO patent citations database

L'OCDE effectue une classification des industries selon des statistiques basées sur l'intensité en R&D (représentée notamment par les dépenses en R&D divisées par la production et les dépenses en R&D divisées par la valeur ajoutée; voir OCDE, 2007b, Annexe 1 pour la méthodologie). Il faut noter qu'à l'intérieur d'une industrie, il peut y avoir une certaine distribution de l'intensité de R&D entre firmes. Le Tableau 16 classifie les entreprises de notre échantillon selon la classification technologique élaborée par l'OCDE. Le portefeuille technologique des industries représentées dans notre échantillon est identique à celui analysé par l'OCDE. En effet, selon l'OCDE (2007b, p. 91), les industries de haute technologie représentent 40.6 pour cent des dépôts de brevets suisses entre 2000 et 2004 (40.8 pour cent dans notre échantillon), les industries de moyenne-haute technologie représentent 43.3 pour cent (42.3 pour cent), les industries de moyenne-basse technologie 11 pour cent (12.7 pour cent) et les industries de basse technologie 5.2 pour cent (4.2 pour cent). En outre, il est intéressant de noter que les entreprises suisses ne sont pas actives dans les industries de haute technologie de *Construction aéronautique et spatiale* et dans les industries de moyenne-haute technologie de *Véhicules automobiles, remorques* et *Matériel ferroviaire roulant et autres équipements de transport*. Les industries de haute technologie suisse sont davantage concentrées dans les *Instruments médicaux, de précision, d'optique et d'horlogerie* et les *Produits pharmaceutiques*.

Les industries de moyenne-haute technologie suisses sont concentrées dans les *Machines et matériels* et les *Produits chimiques*.

Tableau 16. Classification des industries représentées dans l'échantillon en fonction de leur niveau technologique

Classification technologique	*Industries*	*Entre-prises*	*Pourcent*
Industrie de haute technologie	Produits pharmaceutiques	9	12.7
	Instr. médicaux, de précision, d'optique et d'horlogerie	13	18.3
	Machines de bureau, comptables et informatiques	3	4.2
	Appareils de radio, télévision et communication	4	5.6
	Construction aéronautique et spatiale	0	0
	Total haute technologie	*29*	*40.8*
Industrie de moyenne-haute technologie	Produits chimiques	9	12.7
	Machines et matériels	18	25.4
	Machines et appareils électriques	3	4.2
	Véhicules automobiles, remorques	0	0
	Matériel ferroviaire roulant et autres équipements de transport	0	0
	Total moyenne-haute technologie	*30*	*42.3*
Industrie de moyenne-basse technologie	Articles en caoutchouc et matières plastiques	3	4.2
	Produits minéraux non métalliques	2	2.8
	Fabrication d'ouvrages en métaux	3	4.2
	Produits métallurgiques	1	1.4
	Construction et réparation de navires	0	0
	Cokéfaction, prod. pétroliers et combustibles nucléaires	0	0
	Total moyenne-basse technologie	*9*	*12.7*
Industrie de basse	Produits alimentaires et boissons	1	1.4

Classification technologique	*Industries*	*Entre-prises*	*Pourcent*
technologie	Cuirs, articles en cuir et chaussures	1	1.4
	Industries manufacturières n.c.a.	1	1.4
	Production de bois, articles en bois, pâtes et papiers, articles en papier	0	0
	Total basse technologie	*3*	*4.2*
	Total des entreprises	71	100.0

Source: Elaboration personnelle en fonction du classement de l'OCDE 2007b

2.2 Répartition géographique des inventions

Etant donné que la bibliographie sur les brevets contient le nom et l'adresse des inventeurs et déposants, la répartition géographique des inventions des entreprises suisses peut être déterminée[46]. Dans ce cas, l'adresse de l'inventeur coïncide avec l'emplacement de l'invention et de la filiale de R&D. Le nom du déposant permet d'identifier l'entreprise. Par conséquent, il sera établi dans quels pays les entreprises suisses effectuent des inventions, quels pays inventent le plus et quelle est l'évolution de cette répartition géographique.

70 pays sont représentés dans l'adresse des 96'651 inventeurs inscrits dans les brevets déposés par les entreprises suisses de l'échantillon (voir l'Annexe 3 pour la liste des pays). Le nombre d'inventeurs (96'651) est plus élevé que le nombre de brevets des entreprises suisses (39'281), car la plupart des brevets listent plusieurs inventeurs. Par exemple, un brevet X peut lister quatre inventeurs provenant de Suisse. Un brevet Y peut lister trois inventeurs provenant de l'Allemagne. Afin que chaque brevet ait la même importance, il est important de pondérer les inventeurs et les

46 Nous assumons que le pays donné dans l'adresse de l'inventeur correspond au pays d'origine de l'invention. Cette méthode est utilisée par la plupart des chercheurs travaillant sur l'internationalisation de la R&D (Cantwell, Zander, Criscuolo) et par l'OCDE. Voir le chapitre 1 au sujet des avantages et inconvénients de l'utilisation des brevets et citations de brevets.

pays d'invention, sinon la Suisse sera comptabilisée quatre fois et l'Allemagne trois fois comme pays d'accueil des inventions, alors qu'uniquement deux inventions existent. Dans ce cas, une méthode de comptage fractionnel est utilisée (méthode utilisée par exemple par Criscuolo, 2004, p. 160; l'OCDE, 2006c, p. 7; Verspagen et Schoenmakers, 2004). Lorsqu' un brevet a 4 inventeurs en Suisse, la Suisse ne sera comptabilisée qu'une seule fois comme pays d'accueil. D'une manière plus formelle, si un brevet a p inventeurs en Suisse et q inventeurs aux Etats-Unis, il est considéré que la filiale suisse a inventé $p/(p+q)$ du brevet, et la filiale aux Etats-Unis a inventé quant à elle $q/(p+q)$ du brevet. Par exemple, si un brevet Z a trois inventeurs, deux dont l'adresse est en Suisse et un dont l'adresse est aux Etats-Unis, la part suisse comptera pour deux tiers de l'invention et la part des Etats-Unis pour un tiers.

Les tableaux de fréquences suivants exposent l'origine des inventions des entreprises suisses avec la méthode de fractionnement. Les filiales de R&D sont dispersées dans 70 pays, mais seulement 5 pays inventent près de 90 pour cent des innovations: la Suisse, l'Allemagne, les Etats-Unis, la France et le Royaume-Uni (voir le Tableau 17). La Suisse est le pays le plus inventif pour les entreprises suisses (43.9 pour cent des brevets ont pour origine ce pays), mais les pays étrangers prennent une part importante dans l'origine des inventions. Pour preuve, en considérant les pays étrangers comme un tout, nous constatons que la part des brevets dont l'inventeur est situé à l'étranger est plus élevée que celle des brevets dont l'inventeur est en Suisse (54.1 pour cent contre 43.9 pour cent). Les pays d'accueil des activités de R&D suisses comprennent ainsi des pays très innovants, comme les Etats-Unis, le Japon et l'Allemagne, arrivant respectivement en 1ère, 3ème et 4ème places de l'indice d'innovation du Global Competitiveness Report 2008-2009 (WEF, 2008, p. 12)[47]. Elles investissent aussi dans les pays proche comme l'Allemagne, la France, l'Italie et l'Autriche.

47 La Suisse était en deuxième position.

Tableau 17. Origine des inventeurs des brevets des entreprises suisses demandés entre 1978 et 2006 (méthode pondérée)

Pays	*Nombre de brevets*	*Pourcentage*	*Pourcentage cumulatif*
Suisse	17259*	43.9**	43.9
Allemagne	8967	22.8	66.8***
Etats-Unis	5118	13.0	79.8
France	1822	4.6	84.4
Royaume-Uni	1566	4.0	88.4
Suède	1290	3.3	91.7
Japon	753	1.9	93.6
Italie	722	1.8	95.5
Autriche	468	1.2	96.7
Autres	1316	3.5	100.0
Total inventeurs	39281	100.0	

Note: Lecture du tableau: *Le chiffre 17259 signifie que 17259 brevets déposés par les entreprises suisses protègent des inventions créées en Suisse. **43.9 pour cent du total des brevets des entreprises suisses protègent des inventions créées en Suisse. ***66.8 pour cent des brevets des entreprises suisses protègent des inventions créées en Suisse et en Allemagne.

Le terme «entreprises suisses» donné dans le libellé des tableaux prend en compte les entreprises suisses de l'échantillon décrit au point 2.1.

Source: Elaboration personnelle basée sur l'OECD/EPO patent citations database

Le Tableau 18 reporte la distribution des entreprises de notre échantillon selon leur degré d'internationalisation des activités de R&D. Selon les résultats, 25 entreprises de notre échantillon créent moins de 25 pour cent de leurs inventions dans leurs filiales étrangères, 30 entreprises inventent entre 25 et 50 pour cent à l'étranger, 9 entreprises inventent entre 51 et 75 pour cent à l'étranger et finalement 7 entreprises inventent plus de 75 pour cent à l'étranger. Ainsi, 16 entreprises (22.5 pour cent) de notre échantillon inventent plus de 50 pour cent dans leurs filiales étrangères. Les plus hautes valeurs ont été trouvées pour Clariant (95.8 pour cent), Serono (89.9 pour cent), Endress + Hauser Flowtec (85.2 pour cent), Roche (82.7 pour cent), OC Oerlikon (82.5 pour cent), et Bucher Industries (82.4 pour cent) (voir le Tableau 19). Ces entreprises effectuent plus de 80 pour cent de leurs activités en R&D à l'étranger. En outre, 19'959 brevets (50.8 pour cent du total des brevets) ont été inventés majoritairement dans les filiales étrangères.

Tableau 18. Distribution des entreprises suisses selon leur pourcentage d'inventions effectuées à l'étranger

	Pourcentage des brevets inventés à l'étranger				*Total*
	<25%	25-50%	51%-75%	>75%	
Nombre de firmes	25*	30	9	7	71
Nombre de brevets	3925**	15395	9763	10196	39281

Note: Lecture du tableau: *Le chiffre 25 signifie que pour 25 entreprises suisses, les inventions ont été effectuées entre 0 et 24 pour cent à l'étranger. **Le chiffre 3925 signifie que pour 3925 brevets des entreprises suisses, les inventeurs sont entre 0 et 24 pour cent basés à l'étranger.

Source: Elaboration personnelle basée sur l'OECD/EPO patent citations database

En prenant en compte les entreprises dont l'effort de recherche est majoritairement situé à l'étranger (voir le Tableau 19), il apparaît premièrement que 75 pour cent de ces entreprises appartiennent aux secteurs industriels de haute et de moyenne-haute technologies (voir le Tableau 21). Les entreprises sont surtout présentes dans les produits pharmaceutiques, les produits chimiques et les machines et matériels. Deuxièmement, la plupart de ces entreprises déposent beaucoup de brevets et ont un nombre élevé d'employés (toutes dépassent la médiane de dépôt de brevets ou celle du nombre d'employés de notre échantillon décrit précédemment, sauf Pelikan, Zehnder et Debiopharm). Les entreprises doivent en effet posséder les capacités nécessaires à internationaliser leur R&D et bénéficier de la recherche effectuée à l'étranger (Penner-Hahn et Shaver, 2005). Les activités de R&D tendent à être coûteuses, à demander des ressources rares, à être risquées et à avoir une haute échelle minimum d'efficacité. Ainsi, ce sont les grandes EMN qui comptabilisent une large part des activités de R&D entreprises à l'étranger. Elles peuvent davantage faire face aux pertes d'économies d'échelle induites par la décentralisation des activités. En outre, les entreprises les plus intensives en demande de brevets sont de grandes EMN leaders en Suisse et ont besoin d'accéder aux connaissances étrangères (Roche, ABB, Oerlikon, Nestlé, Clariant, par exemple). Les entreprises demandant moins de brevets sont souvent dépendantes des grandes entreprises et peuvent rester dans le pays d'origine pour profiter des innovations des grandes entreprises. Il existe d'ailleurs une relation positive entre la capacité technologique et l'internationalisation des activités de R&D (voir la Figure 16).

Tableau 19. Liste des 16 entreprises suisses effectuant plus de la moitié de leurs activités inventives à l'étranger (brevets de 1978 à 2006)

Entreprise	*Classification industrielle*	*Nbre de brevets publiés, 1978-2006*	*% d'inventeurs étrangers*
Clariant International	Produits chimiques	1485	95.8
Serono	Produits pharmaceutiques	198	89.9
Endress + Hauser Flowtec	Instr. médicaux, de précision, d'optique et d'horlogerie	674	85.2
Roche	Produits pharmaceutiques	5051	82.7
OC Oerlikon	Machines et matériels	1784	82.5
Bucher Industries	Produits minéraux non métalliques	964	82.4
Franke	Fabrication d'ouvrages en métaux	40	80.0
ABB (Asea Brown Boveri)	Machines et appareils électriques	5148	73.5
Syngenta	Produits chimiques	848	71.3
Richemont International	Cuirs, articles en cuir et chaussures	238	69.7
Pelikan Produktions	Machines de bureau, comptables et informatiques	144	68.1
Ciba Specialty Chemicals Holding	Produits chimiques	1321	67.7
Zehnder Group	Machines et matériels	62	66.1
SIG (Schweizerische Industrie Gesellschaft)	Machines et matériels	232	60.3
Nestlé	Produits alimentaires et boissons	1739	56.1
Debiopharm	Produits pharmaceutiques	31	51.6

Source: Elaboration personnelle basée sur l'OECD/EPO patent citations database

Figure 16. Internationalisation des activités de R&D des entreprises suisses en 2005 et intensité technologique des entreprises suisses

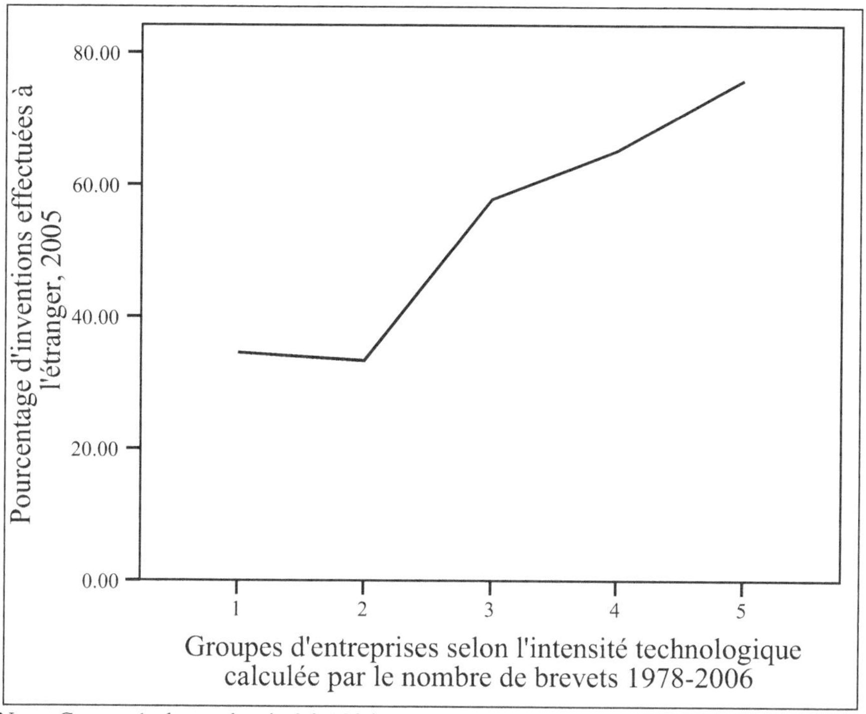

Note: Groupe 1: demandes de 0 à 100 brevets; groupe 2: demandes de 100 à 500 brevets; groupe 3: demandes de 500 à 1000 brevets; groupe 5: demandes de plus de 1000 brevets. Lecture de la figure: les entreprises publiant le plus de brevets se trouvent dans le groupe 5. Selon la figure, ces entreprises sont celles qui en moyenne internationalisent le plus, avec environ 80 pour cent d'inventeurs étrangers.

Source: Elaboration personnelle

En prenant en compte les 16 entreprises dont l'effort de recherche est faiblement situé à l'étranger, c'est-à-dire celles effectuant moins de 10 pour cent de leurs activités de R&D à l'étranger (voir le Tableau 20), il apparaît premièrement que 81.25 pour cent de ces entreprises appartiennent aux secteurs industriels de haute et de moyenne-haute technologies (voir le Tableau 21). La plupart sont des entreprises appartenant à l'industrie des machines et matériels. Ainsi, la comparaison entre les entreprises majoritairement et faiblement internationalisées indique que le degré d'internationalisation des activités de R&D ne dépend pas de la classification en technologie (voir le Tableau 21). Deuxièmement, ces entreprises faiblement internationalisées sont celles publiant le moins dans notre échantillon (elles publient moins que la médiane de dépôt de brevets de notre échantillon décrit précédemment, à l'exception de Swisscom, WRH Walter Reist Holding et C.S.E.M. Centre suisse d'électronique et de microtechnique). Elles incarnent de plus les entreprises avec un nombre d'employés en 2007 plus restreint (elles possèdent moins d'employés que la médiane du nombre d'employés de notre échantillon décrit précédemment, à l'exception de Swisscom, Bobst et Trisa). Cette situation confirme le fait que les entreprises demandant moins de brevets restent généralement dans le pays d'origine et profitent des retombées scientifiques provenant des grandes entreprises.

Tableau 20. Liste des 16 entreprises suisses effectuant moins de 10 pour cent de leurs activités inventives à l'étranger (brevets de 1978 à 2006)

Nom du groupe	*Classification industrielle*	*Nbre de brevets publiés entre 1978 et 2006*	*% d'inventeurs étrangers*
Swisscom	Appareils de radio, télévision et communication	237	1.7
Conzzeta	Machines et matériels	38	2.6
Leister Process Technologies	Articles en caoutchouc et matières plastiques	37	2.7
Wifag	Machines et matériels	102	2.9
Huber + Suhner	Instr. médicaux, de précision, d'optique et d'horlogerie	93	3.2
WRH Walter Reist Holding	Machines et matériels	377	3.7
Netstal-Maschinen	Articles en caoutchouc et matières plastiques	22	4.5
Bobst	Machines et matériels	156	5.1
Trisa	Industries manufacturières n.c.a.	46	6.5
Cytos Biotechnology	Produits pharmaceutiques	29	6.9
C.S.E.M. Centre suisse d'électronique et de microtechnique	Instr. médicaux, de précision, d'optique et d'horlogerie	194	7.2
Reichle & De-Massari	Machines et appareils électriques	68	7.4
Dyconex	Appareils de radio, télévision et communication	25	8.0
SICPA Holding	Produits chimiques	83	8.4
Von Roll	Machines et matériels	124	8.9

Source: Elaboration personnelle basée sur l'OECD/EPO patent citations database

Tableau 21. Classification industrielle des entreprises suisses de notre échantillon en fonction de l'intensité de l'internationalisation des activités de R&D

	Echantillon complet		*Entreprises avec plus de 50 % de R&D à l'étranger*		*Entreprises avec moins de 25 % de R&D à l'étranger*	
Industries	Fréquence	Pour cent	Fréquence	Pour cent	Fréquence	Pour cent
Produits pharmaceutiques	9*	12.7	3**	18.75***	2****	12.5
Instruments	13	18.3	1	6.25	2	12.5
Mach. de bureau, comptables et informatiques	3	4.2	1	6.25	0	0
Appareils de radio, télévision et communication	4	5.6	0	0	2	12.5
Total Ind. de haute technologie	*29*	*40.8*	*5*	*31.25*	*6*	*37.5*
Produits chimiques	9	12.7	3	18.75	1	6.25
Machines et matériels	18	25.4	3	18.75	5	31.25
Mach. électriques	3	4.2	1	6.25	1	6.25
Total Ind. de moyenne-haute technologie	*30*	*42.3*	*7*	*43.75*	*13*	*43.75*
Articles en caoutchouc et matières plastiques	3	4.2	0	0	2	12.5
Produits minéraux	2	2.8	1	6.25	0	0
Ouvrages en métaux	3	4.2	1	6.25	0	0
Produits métallurgiques	1	1.4	0	0	0	0
Total Ind. de moyenne-basse technologie	*9*	*12.7*	*2*	*12.5*	*2*	*12.5*
Produits alimentaires et boissons	1	1.4	1	6.25	0	0
Cuirs et chaussures	1	1.4	1	6.25	0	0
Ind. manufacturières n.c.a.	1	1.4	0	0	1	6.25
Total Ind. de basse technologie	*3*	*4.2*	*2*	*12.5*	*3*	*6.25*
Total des entreprises	71	100	16	100	40	100

Note: Lecture du tableau: *9 entreprises de notre échantillon appartiennent à l'industrie des produits pharmaceutiques. **3 entreprises des produits pharmaceutiques ont plus de 50 pour cent des activités de R&D à l'étranger. ****18.75 pour cent des entreprises ayant plus de 50 pour cent des activités de R&D à l'étranger sont dans l'industrie des produits pharmaceutiques. ****2 entreprises des produits pharmaceutiques ont moins de 25 pour cent de leurs activités de R&D à l'étranger. Voir les termes complets des industries au tableau 16.

Source: Elaboration personnelle basée sur l'OECD/EPO patent citations database

La Figure 17 soulève à nouveau le fait que l'internationalisation des activités de R&D ne dépend par de la classification technologique des entreprises, la moyenne du taux d'internationalisation étant presque identique pour toutes les industries.

Figure 17. Internationalisation des activités de R&D des industries suisses selon la classification technologique des entreprises, 1980-2006

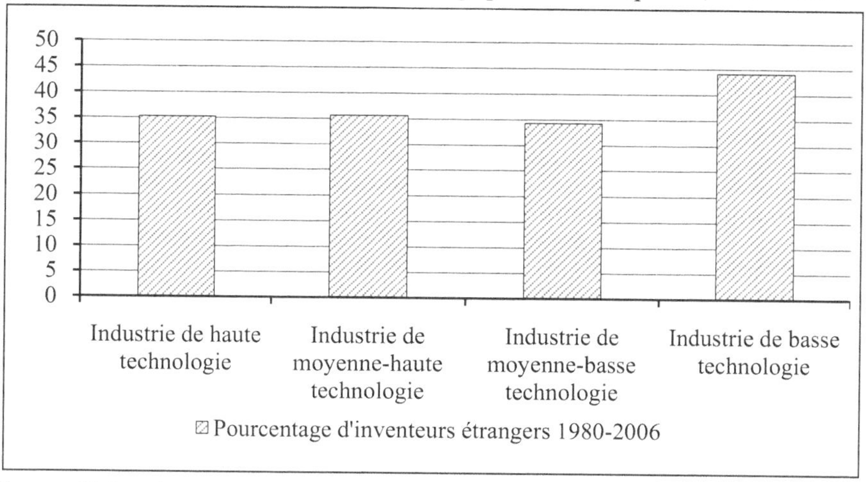

Source: Elaboration personnelle basée sur l'OECD/EPO patent citations database

Selon la Figure 18, les industries pharmaceutique et chimique sont les plus internationalisées. Ceci peut s'expliquer par le fait que les entreprises de ces industries sont souvent très grandes et profitent d'économies d'échelle permettant d'internationaliser leurs activités de R&D et possèdent des capacités d'absorption nécessaires à intégrer la recherche étrangère. En outre, elles développent notamment un avantage concurrentiel dans leur capacité innovatrice et cherchent constamment des spécialistes et des environnements innovants pour développer de nouveaux produits.

Figure 18. Internationalisation des activités de R&D des entreprises suisses classées en industrie, 1980-2006

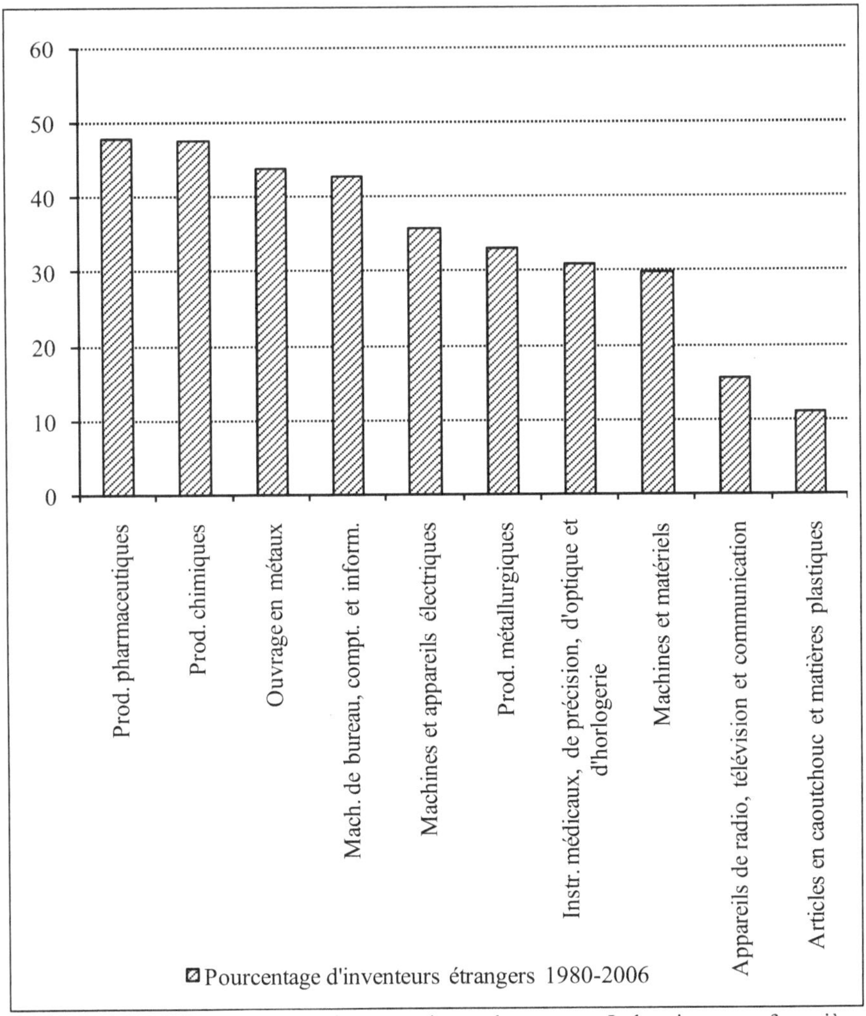

Note: Les industries Cuirs, articles en cuir et chaussures, Industries manufacturières n.c.a., Produits alimentaires et boissons et Produits minéraux non métalliques ne sont pas représentées à cause du faible nombre de firmes de notre échantillon incluses dans ces industries (moins de 3 firmes).

Source: Elaboration personnelle basée sur l'OECD/EPO patent citations database

2.3 Evolution de l'origine des inventions

La croissance de l'internationalisation des activités de R&D a été très forte depuis les années 1980. Selon la quatrième colonne du Tableau 22, les brevets des entreprises suisses générés dans les filiales à l'étranger s'élevaient à 32.7 pour cent du total des brevets sélectionnés en 1980, à 51.5 pour cent en 1990, à 41.5 entre 2000 et à 63.7 pour cent en 2006. Ces résultats confirment le fait que les EMN suisses effectuent une part croissante de leurs activités de R&D à l'extérieur du pays d'origine (voir la Figure 19). L'argument selon lequel les activités de R&D sont centralisées dans le pays d'origine n'est ainsi plus valide pour la Suisse.

La dernière colonne du Tableau 22 illustre cette évolution de l'internationalisation des activités de R&D lorsque toutes les firmes ont le même poids en termes de brevets. Considérons ainsi deux entreprises. L'entreprise X publie 500 brevets dont 100 protègent des inventions effectuées à l'étranger (20 pour cent des inventions sont dans ce cas créées à l'étranger). L'entreprise Y publie 1'000 brevets dont 500 protègent des inventions produites à l'étranger (50 pour cent des inventions sont créées à l'étranger). Le pourcentage d'inventions étrangères serait de 40 pour cent (=600/1500*100) lorsqu'il est calculé sur le nombre de brevets total noté dans la quatrième colonne du Tableau 22. Par contre, le pourcentage d'inventions étrangères serait de 35 pour cent (=(20+50)/2*100)) s'il était calculé sur la moyenne des pourcentages d'inventions étrangères des entreprises (ce pourcentage serait reporté dans la dernière colonne du Tableau 22). Ainsi, au lieu de calculer le pourcentage d'inventions totales créées à l'étranger, le calcul se base sur la moyenne des pourcentages des inventions créées à l'étranger pour chaque entreprise. Les résultats attestent à nouveau d'une croissance de l'internationalisation, bien que plus faible lorsque le calcul est basé sur le total des inventions. L'explication se trouve dans le fait que les grandes entreprises internationalisent davantage leurs activités de R&D.

Tableau 22. Evolution de l'internationalisation des activités de R&D des entreprises suisses, 1978-2006

Année	*Brevets des entr. suisses dont l'inventeur est situé en Suisse*	*Brevets des entr. suisses dont l'inventeur est situé à l'étranger*	*% d'inventions étrangères*	*Moyenne des % d'inventions étrangères des entr. suisses*
1978	2*	1**	33.3***	30.0****
1979	180	75	29.4	26.0
1980	299	145	32.7	33.9
1981	390	171	30.5	30.1
1982	393	184	31.9	35.5
1983	433	284	39.6	31.8
1984	444	284	39.0	28.0
1985	479	357	42.7	32.8
1986	510	440	46.3	32.9
1987	463	458	49.7	32.8
1988	515	543	51.3	36.9
1989	621	650	51.1	29.5
1990	630	668	51.5	36.4
1991	654	634	49.2	26.2
1992	561	680	54.8	38.0
1993	523	581	52.6	35.5
1994	474	596	55.7	35.2
1995	475	578	54.9	36.5
1996	375	436	53.8	40.7
1997	183	315	63.3	38.9
1998	107	200	65.2	40.4
1999	112	120	51.7	35.4
2000	86	61	41.5	26.9
2001	68	98	59.0	48.1
2002	815	1174	59.0	32.2
2003	1045	1532	59.5	36.1
2004	1605	2542	61.3	37.5
2005	1412	2240	61.3	40.7
2006	3403	5970	63.7	40.1

Note: Lecture du tableau: *le chiffre 2 signifie qu'en 1978, 2 brevets de notre échantillon protègent des inventions créées en Suisse. **Le chiffre 1 signifie qu'en 1978, 1 brevet protège une invention créée à l'étranger. ***33.3 pour cent des brevets demandés en 1978 listent des inventeurs étrangers. ****En moyenne, les entreprises de notre échantillon ont, en 1978, 30 pour cent leurs inventeurs à l'étranger.

Source: Elaboration personnelle basée sur l'OECD/EPO patent citations database

Figure 19. Evolution de l'internationalisation des activités de R&D des EMN suisses de notre échantillon, 1978-2006

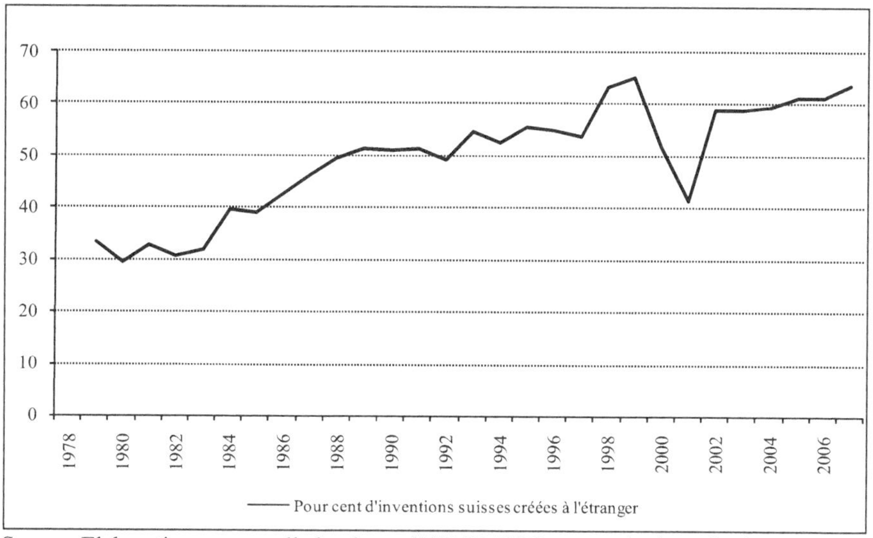

Source: Elaboration personnelle basée sur l'OECD/EPO patent citations database

Le Tableau 23 illustre l'évolution de l'origine géographique des inventions des entreprises suisses en reprenant les cinq plus importants pays d'accueil des activités de R&D: la Suisse, l'Allemagne, les Etats-Unis, la France et le Royaume-Uni. 88.4 pour cent des brevets publiés par les entreprises suisses protègent des inventions créées dans ces cinq pays. La Suisse a toujours été le pays le plus innovant pour les entreprises suisses, sauf en 1998, où elle cédait la première place à l'Allemagne. Selon le Tableau 24, les inventions effectuées par les entreprises suisses en Allemagne et aux Etats-Unis ont connu une très forte croissance, l'Allemagne étant passée de 17 pour cent du total des inventions suisses dans les années 1980 à 25.9 pour cent dans les années 1990, et a faiblement diminué dans les années 2000 pour passer à 23.9 pour cent. Les entreprises suisses créaient 10.9 pour cent de leurs inventions aux Etats-Unis dans les années 1980, 11.4 pour cent dans les années 1990 et finalement 14.5 pour cent dans les années 2000. La France et le Royaume-Uni sont des pays d'accueil moins important que l'Allemagne et les Etats-Unis pour la recherche privée suisse. En outre, le pourcentage des inventions originaire du Royaume-Uni a diminué, passant de 5.8 pour cent en 1980, à 3.3 pour cent dans les années 1990, mais finalement remontant à 3.6 pour cent entre 2000 et 2006. Une des raisons de la relative faiblesse de l'attrait de la France et du Royaume-Uni par rapport aux Etats-Unis et à l'Allemagne se situe dans le fait que ces deux derniers pays se classent dans les pays les plus innovants (arrivant respectivement en 1ère et 4ème places de l'indice d'innovation du Global Competitiveness Report 2008-2009, WEF, 2008, p. 12). A l'inverse, la France et le Royaume-Uni se positionnent respectivement en 14ème et 17ème places. La Suisse étant en deuxième position recherche ainsi des environnements les plus innovants pour développer ses inventions.

Tableau 23. Principaux pays d'accueil des activités de R&D des entreprises suisses, évolution de 1978 à 2006

	Nombre et pour cent d'inventions des entreprises suisses originaires des cinq plus importants pays d'accueil des inventeurs										
Année	*CH*	*%*	*DE*	*%*	*US*	*%*	*FR*	*%*	*GB*	*%*	*Total*
1978	2	66.7	1	33.3	0	0.0	0	0.0	0	0.0	3
1979	180	75.3	23	9.6	28	11.7	0	0.0	8	3.3	239
1980	299	70.2	44	10.3	41	9.6	15	3.5	27	6.3	426
1981	390	72.4	60	11.1	40	7.4	16	3.0	33	6.1	539
1982	393	71.8	59	10.8	34	6.2	17	3.1	44	8.0	547
1983	433	64.8	100	15.0	65	9.7	19	2.8	51	7.6	668
1984	447	64.8	81	11.7	94	13.6	17	2.5	51	7.4	690
1985	479	62.0	127	16.5	76	9.8	30	3.9	60	7.8	772
1986	510	57.4	184	20.7	96	10.8	39	4.4	60	6.7	889
1987	463	54.2	212	24.8	106	12.4	36	4.2	37	4.3	854
1988	515	53.0	222	22.8	141	14.5	45	4.6	49	5.0	972
1989	621	52.0	285	23.9	186	15.6	44	3.7	58	4.9	1194
1990	630	52.2	293	24.3	176	14.6	49	4.1	59	4.9	1207
1991	654	55.5	294	24.9	134	11.4	52	4.4	45	3.8	1179
1992	561	50.1	283	25.3	180	16.1	52	4.6	44	3.9	1120
1993	523	52.0	262	26.0	142	14.1	42	4.2	37	3.7	1006
1994	474	47.7	325	32.7	121	12.2	42	4.2	32	3.2	994
1995	475	50.7	289	30.9	96	10.3	47	5.0	29	3.1	936
1996	375	52.8	208	29.3	74	10.4	28	3.9	25	3.5	710
1997	183	41.3	163	36.8	58	13.1	22	5.0	17	3.8	443
1998	107	41.6	120	46.7	15	5.8	8	3.1	7	2.7	257
1999	112	54.9	64	31.4	18	8.8	9	4.4	1	0.5	204
2000	86	68.3	26	20.6	10	7.9	4	3.2	0	0.0	126
2001	68	46.6	46	31.5	18	12.3	5	3.4	9	6.2	146
2002	815	47.0	529	30.5	218	12.6	101	5.8	72	4.1	1735
2003	1045	47.7	597	27.2	300	13.7	128	5.8	122	5.6	2192
2004	1605	45.8	882	25.2	587	16.8	271	7.7	159	4.5	3504
2005	1412	45.9	736	23.9	560	18.2	207	6.7	161	5.2	3076
2006	3403	42.0	2450	30.2	1504	18.6	477	5.9	268	3.3	8102
Total	17260	49.7	8965	25.8	5118	14.7	1822	5.2	1565	4.5	34730*

Note: CH: Suisse; DE: Allemagne; US: Etats-Unis; FR: France; GB: Royaume-Uni

* Le nombre total de brevets de ce tableau diffère du nombre total effectif de brevets car les totaux des cellules ont été arrondis. En outre, seuls les principaux pays sont pris en compte dans ce tableau.

Source: Elaboration personnelle basée sur l'OECD/EPO patent citations database

Tableau 24. Evolution de l'internationalisation des activités de R&D des entreprises suisses

Période	*CH*	*%*	*DE*	*%*	*US*	*%*	*FR*	*%*	*GB*	*%*	*Autres*	*%*	*Total brevets*
1980-1989	4550	56.4	1374	17.0	879	10.9	278	3.4	470	5.8	519	6.4	8070
1990-1999	4094	46.0	2301	25.9	1014	11.4	351	3.9	296	3.3	841	9.5	8897
2000-2006	8434	38.2	5266	23.9	3197	14.5	1193	5.4	791	3.6	3171	14.4	22052
1980-2006	17078	43.8	8941	22.9	5090	13.0	1822	4.7	1557	4.0	4531	11.6	39019

Note: CH: Suisse; DE: Allemagne; US: Etats-Unis; FR: France; GB: Royaume-Uni

Source: Elaboration personnelle basée sur l'OECD/EPO patent citations database

En comparant ces résultats avec d'autres études, il peut être conclu que les entreprises suisses sont fortement engagées dans la R&D à l'étranger. Pavitt et Patel (1999) analysent la localisation des inventions brevetées aux Etats-Unis par 587 grandes firmes, selon le pays d'origine de l'entreprise. Leurs résultats confirment le fait que les firmes provenant de Suisse entreprennent beaucoup de R&D à l'étranger comparé aux autres pays (47 pour cent contre 11 pour cent pour les toutes les firmes de leur échantillon, voir le Tableau 25).

Tableau 25. Emplacement géographique des activités brevetées aux Etats-Unis, selon le pays d'origine, 1985-1990 (en pourcentage)

Nationalité de la firme	*% dans le pays d'origine*	*% à l'étranger*	*A l'étranger, pays d'accueil*		
			Etats-Unis	*Europe*	*Japon*
Japon	98.9	1.1	0.8	0.3	-
Etats-Unis	92.2	7.8	-	6.0	0.5
Europe*	82.0	18.0	16.7	-	0.4
Canada	66.8	33.2	25.2	7.3	0.3
Italie	88.1	11.9	5.4	6.2	-
France	86.6	13.4	5.1	7.5	0.3
Allemagne	84.7	15.3	10.3	3.8	0.4
Finlande	81.7	18.3	1.9	11.4	-
Norvège	68.1	31.9	12.6	19.3	-
Suède	60.7	39.3	12.5	25.8	0.2
Royaume-Uni	54.9	45.1	35.4	6.7	0.2
Suisse	*53.0*	*47.0*	*19.7*	*26.1*	*0.6*
Pays-Bas	42.1	57.9	26.2	30.5	0.5
Belgique	36.4	63.6	23.8	39.3	-
Toutes les firmes	89.0	11.0	4.1	5.6	0.3

Note: *sont compris dans Europe: l'Italie, la France, l'Allemagne, la Finlande, la Norvège, la Suède, le Royaume-Uni, la Suisse, les Pays-Bas et la Belgique. Voir Pavitt et Patel (1991) pour l'explication de la construction de leur base de données.

Source: Pavitt et Patel (1999), p. 97 (adapté et traduit)

Selon l'étude de Le Bas et Sierra (2002), 58.5 pour cent des brevets possédés par les 13 entreprises suisses de leur échantillon entre 1994 et 1996 sont basés sur des activités de recherche à l'étranger. Ce taux est très élevé par rapport à la moyenne de 19.5 pour cent des brevets de l'ensemble des entreprises de l'échantillon qui ont été inventés en dehors de leur pays d'origine (échantillon établi en fonction du volume de brevets déposés). La part totale des brevets américains attribuable à des emplacements étrangers était d'environ 15 pour cent dans l'étude de Criscuolo et Patel (2003) pour la période 1996-2000, et la Suisse y avait la plus haute part de technologie à l'étranger (68.3 pour cent). L'étude de Cantwell et al. (2004) prend en compte les brevets déposés aux Etats-Unis entre 1969 et 1995 par les entreprises suisses. Les résultats attestent le fait que l'internationalisation de la R&D a augmenté de 8.14 pour cent sur la période totale, passant de 44.38 pour cent entre 1969 et 1972 à 52.52 pour cent entre 1991 et 1995. En prenant en compte les brevets enregistrés à l'OEB, les statistiques démontrent que la part des brevets suisses dont l'inventeur est à l'étranger était de 51.2 pour cent en 2003 (la part en 1980 était de 28 pour cent, voir la Figure 20). Le calcul a été fait avec le nombre de brevets dont le déposant est suisse et qui ont été inventés par au moins un inventeur résidant à l'étranger. Certes, cette statistique de l'Eurostat ne prend pas seulement en compte les entreprises, mais aussi les brevets déposés par les universités, les institutions privées à but non lucratif ou les individus. Cependant, la vaste majorité des brevets sont possédés par des entreprises: en 2003, environ 90 pour cent des demandes de l'OEB par les déposants suisses provenaient de firmes (OCDE, 2006d, p. 31).

Figure 20. Pourcentage d'inventions créées à l'étranger dans les brevets suisses demandés à l'Office européen des brevets, 1980-2003, en pour cent

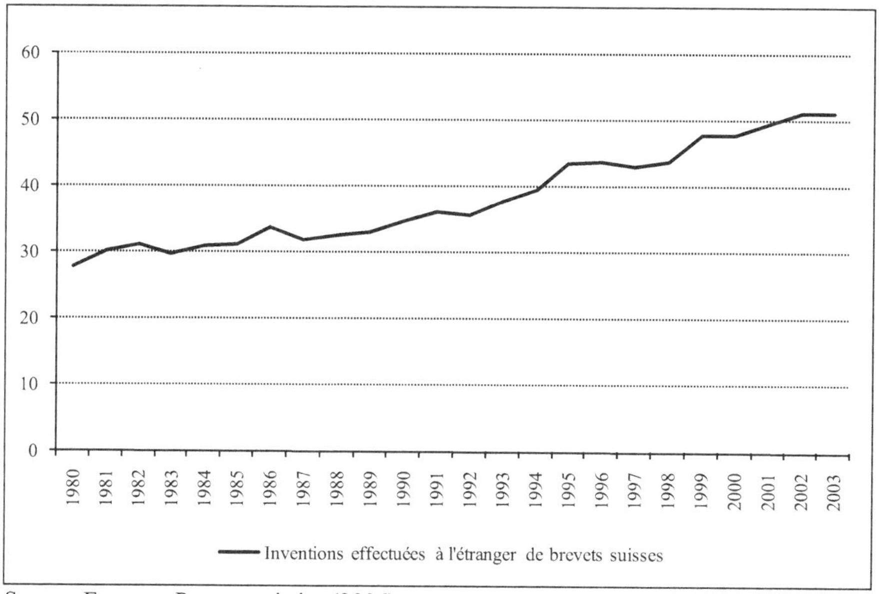

Source: Eurostat, Patent statistics (2006)

En résumé, les études existantes indiquent que les entreprises suisses investissent fortement en activités de R&D à l'étranger (voir le Tableau 26). Selon notre base de données, le pourcentage de la recherche effectuée à l'étranger a augmenté (de 43.6 pour cent dans les années 1980 à 61.8 entre 2000 et 2006) et est concentré dans quelques pays: 72 pour cent des brevets dont l'inventeur est basé dans les filiales à l'étranger étaient localisés en Allemagne, aux Etats-Unis et en France.

Tableau 26. Synthèse des études sur l'internationalisation de la R&D incluant la Suisse

Auteurs	*Périodes*	*Pourcentage d'inventions étrangères*
Patel et Vega (1997)	1992-1996	58.0
Le Bas et Sierra (2002)	1994-1996	58.5
Criscuolo et Patel (2003)	1996-2000	68.3
Cantwell et al. (2004)	1991-1995 (1969-1972)	52.52 (44.4)
Eurostat (2006), OEB	2003 (1977)	51.2 (35.9)
Eurostat (2006), UPSTO	2003 (1977)	59.23 (24.8)
Base de données personnelle	1978-2006	56.1

Source: Elaboration personnelle

Cette internationalisation est-elle une forme de délocalisation ? En d'autres termes, la création d'activités de R&D à l'étranger a-t-elle été accompagnée de cessions d'activités en Suisse ? Selon nos résultats, les entreprises suisses n'ont pas réduit leurs activités de R&D en Suisse (croissance annuelle des inventions créées en Suisse de 6.4 pour cent depuis 1980, voir le Tableau 27). En outre, la Suisse demeure le pays dans lequel les entreprises suisses effectuent le plus d'activités de R&D (1'412 inventions ont été générées en Suisse en 2005, 736 en Allemagne, 560 aux Etats-Unis et 207 en France). Cependant, ce résultat ne suffit pas à rejeter les craintes que la R&D suisse soit marginalisée du point de vue mondial, étant donné que le taux de croissance annuel des inventions étrangères a atteint un taux plus élevé (11.5 pour cent) que celui des inventions suisses (6.4 pour cent) durant la période 1980-2005. De plus, le nombre d'inventions originaires de l'étranger s'élevait à 2'231 en 2005, alors que le nombre d'inventions originaires de Suisse s'élevait à 1'412 en 2005. En d'autres termes, les inventions des entreprises suisses effectuées dans le pays d'origine n'ont pas diminué, mais plutôt augmenté à un taux plus faible que celui de toutes les inventions.

Cependant, d'autres problématiques doivent être discutées afin de détecter une potentielle délocalisation des activités de R&D du pays d'origine et une faiblesse du pays d'origine. En effet, l'un des principaux désavantages des indicateurs basés sur les brevets est que la distribution de valeur des brevets est biaisée, puisque beaucoup de brevets n'ont pas d'application industrielle, alors que d'autres ont une valeur substantielle (OCDE, 2006c, p. 7). Ainsi, les brevets ne prennent pas en compte les différences dans la qualité scientifique des inventions, contrairement aux citations de brevets (Criscuolo, 2002, p. 9). La prochaine section utilisera les citations de brevets et pourra ainsi évaluer la qualité scientifique de la R&D effectuée dans le pays d'origine et à l'étranger, fournissant des informations sur le niveau de capacité technologique du pays d'origine, à savoir la Suisse. Ceci permettra de déterminer le rôle de la R&D du pays d'origine, ainsi que le risque de délocalisation à long terme.

Tableau 27. Taux de croissance annuel du nombre de brevets des entreprises suisses classés par pays d'origine des inventeurs, 1980-2005

	Période	*CH*	*DE*	*US*	*FR*	*GB*	*Brevets des entreprises suisses originaires de l'étranger*	*Brevets des entreprises suisses*
Nombre de brevets	1980	*299	44	41	15	27	146	445
Nombre de brevets	2005	**1412	736	560	207	161	2231	3643
Taux de croissance annuel en %	1980-2005	***6.4	11.9	11.0	11.1	7.4	11.5	8.8

Note: CH: Suisse; DE: Allemagne; US: Etats-Unis; FR: France; GB: Royaume-Uni

Lecture du tableau: *en 1980, 299 brevets déposés par les entreprises suisses protégaient des inventions générées en Suisse. **En 2005, 1412 brevets déposés par les entreprises suisses protégeaient des inventions créées en Suisse. ***Le taux de croissance annuel des brevets déposés par les entreprises suisses et inventés en Suisse est de 6.4 pour cent entre 1980 et 2005.

Source: Elaboration personnelle basée sur l'OECD/EPO patent citations database

2.4 Rôle de la R&D effectuée en Suisse et à l'étranger

La section précédente a explicité la croissance de l'internationalisation des activités de R&D par les entreprises suisses. Il semble raisonnable d'assumer que les sites étrangers concurrencent les sites en Suisse quant aux décisions d'investissements en R&D. Afin de rester à la tête de cette concurrence internationale, les centres de R&D suisses doivent fournir une contribution importante au réseau international de R&D (Fleisch Elgar et al., 2007, p. 21). Cette section évalue la contribution des activités de R&D des EMN suisses effectuées dans le pays d'origine et à l'étranger.

Etant donné que les brevets n'incluent pas d'informations sur la valeur du brevet, le nombre de citations reçues par brevet est utilisé pour mesurer la valeur scientifique du brevet (mesure utilisée entre autres par Criscuolo et Patel, 2003; Harhoff et al, 1999; Harhoff et Reitzig, 2002; Almeida et Phene, 2008). Les citations reçues par un brevet indiquent que les nouvelles idées mises à disposition par l'invention protégée ont servi de base à une future invention (Hall et al., 2006, p.25)[48]. Selon Criscuolo (2002),

> the assumption is that a reference to a previous patent indicates that the knowledge in the latter patent was in some way useful for developing the new knowledge described in the citing patent. (Criscuolo, 2002, p. 10)

Grâce à cette méthode, les citations permettent d'identifier quels pays sont les plus importants et lesquels sont secondaires pour la création d'innovations par les entreprises suisses. Il est ainsi possible de déterminer la contribution de la R&D suisse ou étrangère.

De plus, nous nous interrogerons sur le fait que les filiales étrangères citent des brevets provenant du pays d'origine de la firme et de leur pays d'accueil. Ceci permettra de déterminer d'où provient la connaissance utilisée par les centres de recherche pour faire leur propre effort innovant, et d'analyser si le centre étranger dépend de la R&D suisse ou locale. Grâce à ces informations, la filiale pourra être catégorisée comme

48 Pour une discussion détaillée sur les citations de brevets, voir Jaffe, Trajtenberg et Henderson (1993); Jaffe et Trajtenberg (1999); Branstetter (2000); Almeida (1996); Frost (2001); Hall, Jaffe et Trajtenberg (2000) entre autres.

exploitante (c'est-à-dire qu'elle utilise les inventions du pays d'origine) ou exploratrice (c'est-à-dire qu'elle utilise les connaissances locales afin de développer de nouvelles inventions).

2.4.1. Informations techniques

Dans les résultats suivants, tous les brevets citants ont été déposés par les entreprises suisses de l'échantillon construit à la section 2.1 de la troisième partie. Lorsqu'un brevet X déposé par une entreprise suisse cite un brevet Y, le brevet X est le brevet citant et le brevet Y est le brevet cité. Le brevet Y peut être déposé par n'importe quel acteur (suisse ou non).

Cette section utilise les données provenant de la base de données élaborée par l'OCDE, nommée «OECD/EPO patent citations database». Les données incluent les brevets publiés à l'OEB, de 1978 à 2006. Pour chaque demande de brevets, les tables contiennent des informations sur les déposants et sur les inventeurs (nom, pays et ville), sur le brevet (date et numéro de publication et de demande, code IPC), sur les citations et sur les brevets cités (type de document)[49]. La section 1.1 a développé les arguments favorables à l'utilisation de la base de données européenne par rapport à une utilisation éventuelle de la base de données de l'office américain des brevets. Pour rappel, la plupart des citations des publications de l'OEB ont été ajoutées par les examinateurs de l'OEB, dont la politique est de garder le nombre de citations à un minimum (OCDE, 2006c, p. 38). A l'inverse, les déposants de brevets à l'UPSTO sont légalement obligés de fournir une liste de l'état de l'art, au risque le cas échéant de se voir révoquer le brevet. Ainsi, les déposants tendent à citer chaque référence, même si elle est seulement vaguement liée au futur brevet, afin d'éviter de remplir une liste incomplète de références (Michel et Bettels, 2001, p. 192).

Lorsque le brevet référence plusieurs citations, la méthode de comptage fractionnel est utilisée, comme c'est le cas dans l'étude sur l'origine des inventeurs des brevets (voir la section 2.2). Ainsi, prenons l'exemple d'un brevet listant trois citations. Le brevet X est le brevet citant et les brevets A, B et C sont les brevets cités. Dans notre méthode,

49 Pour davantage d'informations, voir Webb et al., 2005

les brevets cités A, B, C valent un tiers du brevet citant X. Ce fractionnement permet d'obtenir autant de brevets cités que de brevets citants, et d'éviter qu'un brevet citant un grand nombre de brevets soit surévalué dans les statistiques.

Avec cette méthode, 6'620 citations européennes ont été identifiées entre 1978 et 2006 pour les 39'281 brevets décrits dans la section précédente[50]. La méthode de comptage fractionnelle a ensuite été à nouveau utilisée pour le calcul de l'origine des inventeurs des citations. Si le brevet A a trois inventeurs, deux suisses et un américain, la part suisse comptera pour 2/3 du brevet A. Il sera encore nécessaire de pondérer la part suisse par le poids du brevet A dans la citation, 1/3. En conséquence, la part suisse sera pondérée par 2/3*1/3 et la part des USA par 1/3*1/3.

Comme dit précédemment, les brevets publiés par les entreprises de notre échantillon citent 6'620 brevets. Il y a donc 6'620 brevets citants et 6'620 brevets cités. Les brevets citants sont publiés par les entreprises de l'échantillon et les brevets cités sont publiés par n'importe quels acteurs.

Afin de déterminer si ces 6'620 brevets citants sont représentatifs de notre échantillon, il faut comparer les distributions géographiques des inventeurs des brevets citants et du total des brevets. Le Tableau 28 expose l'origine des inventeurs des 6'620 brevets citants. Il est déterminé que 51 pour cent de ces brevets ont des inventeurs provenant de Suisse, 22.9 pour cent d'Allemagne, 10 pour cent des Etats-Unis et 4.8 pour cent de France. Cette répartition ressemble à celle de l'origine des inventeurs de tous les brevets des EMN suisses sélectionnées (39'281 brevets, voir le Tableau 17), où il était déterminé que 43.9 pour cent des inventeurs des brevets provenaient de Suisse, 22.8 pour cent d'Allemagne, 13 pour cent des Etats-Unis et 4.6 pour cent de France. Ainsi, les brevets citants ont la même répartition géographique que l'ensemble des brevets des entreprises.

50 Les citations reçues par un brevet peuvent variées dans le temps: un brevet plus ancien pourrait recevoir plus de citations qu'un brevet plus récent, car il a existé sur une plus longue période (Criscuolo and Patel, 2003, p. 23). Cet effet n'est pas contrôlé dans ce travail. En outre, les brevets qui ne citent pas ne sont pas pris en compte.

Tableau 28. Origine des inventeurs des brevets des entreprises suisses citants, 1978-2006 (méthode pondérée)

Pays	*Fréquence*	*Pourcentage*	*Pourcentage cumulatif*
Suisse	**3376	51.0	51.0
Allemagne	1514	22.9	73.9
Etats-Unis	664	10.0	83.9
France	315	4.8	88.7
Royaume-Uni	224	3.4	92.0
Japon	132	2.0	94.0
Italie	130	2.0	96.0
Suède	76	1.1	97.1
Autres	137	2	100.0
Total	*6568	100.0	

Note: Lecture du tableau: *les entreprises suisses de notre échantillon ont déposé 6568 brevets qui possèdent des citations dans leur bibliographie. **Sur ces 6568 brevets citants, 3376 ont été inventés en Suisse.

Source: Elaboration personnelle basée sur l'OECD/EPO patent citations database

2.4.2. Valeur scientifique de la R&D effectuée en Suisse et à l'étranger

L'hypothèse à la base de cette section soutient que les brevets ayant une valeur scientifique relativement élevée sont cités plus fréquemment que les brevets de faible valeur. Dans ce sens, un brevet souvent cité par d'autres sera plus important qu'un brevet faiblement cité.

Le Tableau 29 expose l'origine des inventeurs des brevets cités par les entreprises suisses. La Suisse est le pays le plus souvent cité (24 pour cent des brevets cités sont inventés en Suisse), suivie de près par l'Allemagne (21.9 pour cent) et les Etats-Unis (19.4 pour cent). En citant majoritairement les inventions créées dans leur pays d'origine, les entreprises suisses informent du fait que la recherche élaborée en Suisse a une grande valeur scientifique et est celle qui est la plus utilisée pour leur propre recherche. Cependant, l'Allemagne et les Etats-Unis suivent de près la Suisse, indiquant clairement que ces deux pays étrangers permettent aux entreprises suisses de développer leurs propres inventions. Les entreprises suisses sont donc fortement influencées par les activités de R&D effectuées à l'étranger.

Ces résultats ont une signification additionnelle. Comme déterminé dans le Tableau 29, les brevets cités sont majoritairement inventés en Suisse, en Allemagne et aux Etats-Unis. Ces pays sont d'ailleurs les premiers pays de destination des activités de R&D des entreprises suisses (voir le Tableau 23). Ainsi, les inventeurs ont tendance à citer davantage les brevets inventés dans leur région. Ce résultat rejoint l'étude de Jaffee et al. (1993), ayant comparé la localisation géographique des citations avec le brevet original cité. Selon leurs résultats, les brevets sont davantage cités dans la localisation dans laquelle les brevets originaux sont créés. Ce résultat sera encore développé dans le point 2.4.4.

Tableau 29. Origine des brevets cités par les entreprises suisses, 1978-2006

Pays	*Nombre de brevets cités*	*Pourcentage*	*Pourcentage cumulatif*
Suisse	*1637	24.7	24.7
Allemagne	1449	21.9	46.6
Etats-Unis	1282	19.4	66.0
Japon	849	12.8	78.8
France	382	5.8	84.6
Royaume-Uni	379	5.7	90.3
Italie	186	2.8	93.1
Pays-Bas	102	1.5	94.7
Autres	354	5.4	100.0
Total pays étrangers	**4973	75.2	
Total tous pays	6620	100.0	

Note: Lecture du tableau: *le chiffre 1637 signifie que les entreprises suisses ont cité dans leurs brevets 1637 inventeurs situés en Suisse. **Le chiffre 4937 signifie que les entreprises suisses ont cité dans leurs brevets 4937 inventeurs situés à l'étranger.

Source: Elaboration personnelle basée sur l'OECD/EPO patent citations database

D'un autre côté, il peut paraître évident que si le nombre de brevets inventés en Allemagne est plus élevé que le nombre de brevets inventés en Suède, nous pouvons nous attendre à ce que le nombre de brevets cités inventés en Allemagne soit plus élevé. Cet effet est nommé «effet de taille» et peut être contrôlé par le poids du pays dans les brevets cités. Nous divisons le nombre de brevets cités par le nombre de brevets citants par pays, qui devient le nombre potentiel de brevets cités. Il existe 3'376 brevets citants inventés en Suisse. Ce nombre correspond ainsi au nombre de brevets cités potentiels. Cependant, les entreprises suisses ne citent que 1'637 brevets inventés en Suisse, c'est-à-dire 48.49 pour cent des brevets cités potentiels (voir le Tableau 30). 1'514 brevets citants sont inventés en Allemagne et 1'449 brevets cités sont inventés en Allemagne. Les entreprises suisses citent alors 95.71 des brevets potentiels inventés en Allemagne. Selon le Tableau 30, il apparaît que les pays étrangers sont cités beaucoup plus fréquemment que les brevets inventés en Suisse, lorsque l'effet de taille est contrôlé. Ceci nous indique que les inventeurs citent beaucoup de brevets inventés en dehors de leur pays de résidence. Le transfert de connaissances est alors prouvé. Il sera développé plus en profondeur dans la dernière partie.

Tableau 30. Origine des brevets cités par les entreprises suisses, effet de taille contrôlé, 1978-2006

Pays	*Brevets cités potentiels*	*Brevets cités*	*Pourcentage*
Suisse	*3376	**1637	48.49
Allemagne	1514	1449	95.71
Etats-Unis	664	1282	193.07
Japon	132	849	643.18
France	315	382	121.27
Royaume-Uni	224	379	169.20
Italie	130	186	143.08
Autres	213	354	214.08

Note: Lecture du tableau: *le chiffre 3376 signifie que les entreprises suisses pourraient potentiellement cités 3376 brevets inventés en Suisse. **Le chiffre 1637 signifie que les entreprises suisses citent effectivement 1637 brevets inventés en Suisse, donc 48.49 pour cent des brevets potentiels.

Source: Elaboration personnelle basée sur l'OECD/EPO patent citations database

Le Tableau 29 a exposé les origines des brevets cités par tous les brevets des entreprises suisses (qu'ils proviennent de filiales de R&D à l'étranger ou de centres de R&D en Suisse). Le Tableau 31 décrit l'origine des brevets cités par les filiales étrangères des entreprises suisses. Il montre, par exemple, que les brevets des filiales étrangères des entreprises suisses citent 29.7 pour cent de brevets inventés en Allemagne durant la période 2003-2006. Selon les résultats, les filiales étrangères utilisent davantage les inventions étrangères que les inventions suisses. En effet, les brevets inventés en Suisse comptent seulement pour 7.9 pour cent des brevets cités entre 2003 et 2006. En outre, la part des brevets suisses diminue: de 21.8 pour cent entre 1979 et 1982 à 7.9 pour cent entre 2003 et 2006.

Tableau 31. Evolution de la distribution géographique des brevets cités par les filiales étrangères des entreprises suisses, 1979-2006

	1979-1982			*1989-1992*			*1999-2002*			*2003-2006*		
	Pays **	Nr	%	Pays **	Nr	%	Pays **	Nr	%	Pays **	Nr	%
*Origine des brevets cités**	US	7	23.2	US	218	27.8	DE	166	28.3	DE***	66	29.7
	CH	7	21.8	DE	194	24.7	US	109	18.7	JP	44	19.5
	DE	6	20.7	JP	95	12.1	JP	100	17.0	US	40	17.7
	GB	6	18.5	CH	83	10.6	CH	53	9.1	CH	18	7.9
	JP	2	6.2	GB	60	7.7	FR	53	9.0	FR	14	6.3

Note: * cités par les filiales étrangères, ** les cinq pays les plus importants
US: Etats-Unis; CH: Suisse; DE: Allemagne; GB: Royaume-Uni; JP: Japon; FR: France
Lecture du tableau: ***66 brevets cités par les filiales étrangères des entreprises suisses ont été inventés en Allemagne, ce qui correspond à 29.7 pour cent des brevets cités en 2003-2006.

Source: Elaboration personnelle basée sur l'OECD/EPO patent citations database

Les brevets les plus cités sont identifiés afin d'analyser la qualité scientifique des activités de R&D à l'étranger comparée à celle des activités du pays d'origine. Les brevets hautement cités sont ceux qui ont été cités deux fois ou plus. Les 290 brevets hautement cités comptent pour 9.3 pour cent de tous les brevets cités. Le Tableau 32 indique que les brevets inventés en Suisse sont les brevets les plus souvent cités.

Tableau 32. Origine des brevets les plus cités par les entreprises suisses, 1978-2006

Pays	*Nombre de brevets hautement cités*	*Pourcentage*	*Pourcentage cumulatif*
Suisse	320	52.2	52.2
Etats-Unis	110	18.0	70.2
Allemagne	76	12.3	82.5
Japon	31	5.1	87.6
Royaume-Uni	27	4.4	91.9
France	17	2.8	94.7
Italie	9	1.5	96.2
Canada	5	.8	96.9
Autres	18	2.9	100.0
Total	613	100.0	

Source: Elaboration personnelle basée sur l'OECD/EPO patent citations database

Le Tableau 32 a exposé les brevets les plus cités par tous les brevets des entreprises suisses, qu'ils soient inventés en Suisse ou à l'étranger. Le Tableau 33 présente les brevets hautement cités par les filiales à l'étranger. Il en ressort que les filiales de R&D à l'étranger citent 32.5 pour cent de brevets inventés aux Etats-Unis, 23.9 pour cent de brevets inventés en Allemagne, 11.7 pour cent de brevets inventés au Japon et seulement 11.3 pour cent de brevets inventés en Suisse. Ce résultat confirme ceux obtenus auparavant, à savoir que les filiales à l'étranger accordent une plus haute valeur aux inventions faites à l'étranger qu'en Suisse.

Tableau 33. Origine des brevets les plus cités par les filiales étrangères des EMN suisses, 1978-2006

Pays	*Nombre de brevets hautement cités*	*Pourcentage*	*Pourcentage cumulatif*
Etats-Unis	46	32.5	32.5
Allemagne	34	23.9	56.4
Japon	17	11.7	68.2
Suisse	16	11.3	79.5
Royaume-Uni	9	6.4	85.9
France	6	4.1	90.0
Italie	6	3.9	93.9
Suède	4	2.5	96.4
Autres	5	3.7	100.0
Total	143	100.0	

Source: Elaboration personnelle basée sur l'OECD/EPO patent citations database

En conclusion, les entreprises suisses utilisent fortement les connaissances provenant des pays d'accueil. D'importantes inventions ne sont ainsi plus seulement produites en Suisse, mais aussi à l'étranger. La prochaine section évalue l'évolution de cette situation.

2.4.3. Evolution de l'origine des inventeurs des brevets cités par les entreprises suisses

Les tableaux suivants présentent les pays d'origine des inventeurs des brevets cités, pour les périodes 1979-1982, 1989-1992, 1999-2002, 2003-2006.

Il est démontré dans le Tableau 34 qu'entre 1979-1982 les brevets cités sont pour la plupart inventés en Suisse (45.4 pour cent). En d'autres termes, les inventions faites en Suisse étaient dans cette période d'une grande valeur scientifique pour les entreprises multinationales suisses. Cependant, la part de la Suisse diminue: de 45.4 pour cent en 1979-1982 à 24.4 pour cent en 1989-1992, à 19.7 pour cent en 1999-2002 et finalement à 19.7 pour cent en 2003-2006. Entre 1989-1992 et 1999-2002, Les brevets cités proviennent à parts presque égales de la Suisse, des Etats-Unis et de l'Allemagne. En 2003-2006, les brevets cités proviennent d'une proportion presque identique de l'Allemagne, de la Suisse, du Japon et des Etats-Unis. De ce fait, les EMN suisses accordent une valeur de moins en moins importante aux inventions effectuées en Suisse par rapport à celles créées à l'étranger.

Tableau 34. Evolution de l'origine des brevets cités par les entreprises suisses

	1979-1982		*1989-1992*		*1999-2002*		*2003-2006*	
	*Pays**	*%*	*Pays**	*%*	*Pays**	*%*	*Pays**	*%*
Origine	CH	45.4	CH	24.4	DE	23.0	DE**	21.9
des	DE	18.3	US	21.3	CH	19.7	CH	19.7
brevets	US	14.0	DE	20.8	US	18.1	JP	19.3
cités	GB	9.7	JP	12.0	JP	16.4	US	16.7
	JP	6.0	GB	6.6	FR	7.7	FR	4.8

Note: * les cinq pays les plus importants

US: Etats-Unis; CH: Suisse; DE: Allemagne; JP: Japon; GB: Royaume-Uni; FR: France

Lecture du tableau: **21.9 pour cent des brevets cités par les entreprises suisses en 2003-2006 ont été inventés en Allemagne.

Source: Elaboration personnelle basée sur l'OECD/EPO patent citations database

Le Tableau 35 indique les brevets cités seulement par les brevets des entreprises suisses inventés à l'étranger. Il s'agit par exemple du pays de l'inventeur d'un brevet cité par un brevet d'une entreprise suisse inventé dans une filiale américaine. Entre 1979-1982, les brevets étrangers citent d'une manière presque identique les inventions effectuées aux Etats-Unis, en Suisse, en Allemagne et au Royaume-Uni. Les brevets suisses perdent ensuite de la valeur en faveur de l'Allemagne (pays le plus important), des Etats-Unis et du Japon, qui occupe une part de plus en plus imposante. Ces résultats indiquent que les filiales étrangères dépendent moins des inventions créées en Suisse qu'à l'étranger, et donc que les sites de R&D suisses n'apportent pas une contribution cruciale au réseau mondial de R&D des entreprises suisses.

Tableau 35. Evolution de l'origine des brevets cités par les filiales étrangères des entreprises suisses

	1979-1982		*1989-1992*		*1999-2002*		*2003-2006*	
	*Pays***	*%*	*Pays***	*%*	*Pays***	*%*	*Pays***	*%*
*Origine des brevets cités**	US	23.2	US	27.8	DE	28.3	DE***	29.7
	CH	21.8	DE	24.7	US	18.7	JP	19.5
	DE	20.7	JP	12.1	JP	17.0	US	17.7
	GB	18.5	CH	10.6	CH	9.1	CH	7.9
	JP	6.2	GB	7.7	FR	9.0	FR	6.3

Note: * cités par les filiales étrangères, ** les cinq pays les plus importants
US: Etats-Unis; CH: Suisse; DE: Allemagne; JP: Japon; GB: Royaume-Uni; FR: France
Lecture du tableau: ***29.7 pour cent des brevets cités par les filiales étrangères des entreprises suisses en 2003-2006 ont été inventés en Allemagne

Source: Elaboration personnelle basée sur l'OECD/EPO patent citations database

La prochaine section détermine plus précisément l'endroit dans lequel les filiales de R&D à l'étranger puisent leurs idées: leur environnement local ou le pays d'origine.

2.4.4. Localisation des sources de connaissances

La section précédente nous a appris que la R&D effectuée en Suisse contribuait de moins en moins au développement des innovations des filiales de R&D des entreprises multinationales suisses par rapport aux pays étrangers. Cette section s'intéresse aux types de filiales de R&D à l'étranger: activités d'exploitation ou d'exploration.

Selon le Tableau 36, les brevets des entreprises suisses inventés en Allemagne citent davantage les brevets inventés en Allemagne que les brevets du pays d'origine, soit la Suisse. Ils citent 642 brevets inventés en Allemagne (42.5 pour cent des brevets cités) et 157 brevets inventés en Suisse (10.4 pour cent). Les brevets des entreprises suisses inventés aux Etats-Unis citent 359 brevets inventés aux Etats-Unis (54.2 pour cent), contre 52 brevets inventés en Suisse (7.9 pour cent). Les brevets inventés en France citent 83 brevets français (26.6 pour cent) et 57 brevets suisses (18.3 pour cent).

Ces résultats indiquent clairement que les filiales de R&D à l'étranger citent de manière prédominante leur pays d'accueil que le pays d'origine ou que d'autres pays. Ainsi, il peut être conclu que les filiales de R&D à l'étranger ont un caractère exploratoire plutôt qu'exploitant, et puisent des sources de connaissances de leur environnement local. Selon ces résultats, les activités de R&D étrangères peuvent être qualifiées d'exploration. En effet, lorsque les centres à l'étranger citent les inventeurs locaux, nous pouvons assumer que les activités sont dépendantes du système d'innovation du pays d'accueil et ont pour but de profiter des sources de connaissances locales afin d'apporter de nouvelles connaissances à la firme.

Patel et Vega (1999) démontrent par l'utilisation des brevets que la stratégie dominante des entreprises suisses concernant la R&D est la stratégie d'exploration, suivie de la stratégie d'exploitation. Par contre, il n'existe que peu de stratégies visant la recherche pure de technologie, c'est-à-dire la recherche de technologie due à une base domestique de connaissances faible. Le Bas et Sierra (2002) utilisent en outre les données sur les brevets et concluent que les stratégies les plus importantes sont celles d'exploitation et d'exploration, mais que les deux sont de même importance. Cantwell & Janne (1999) démontrèrent grâce aux brevets que la stratégie d'exploration domine dans l'industrie chimique et pharmaceutique, tandis que la stratégie d'exploitation est caractéristique du secteur métal et machines.

Cependant, pour étudier les effets de l'internationalisation de la R&D sur le pays d'origine, les travaux qui ne font la distinction qu'entre les activités d'exploitation ou d'exploration ne sont pas suffisants, car ils ne permettent pas de déterminier dans quelle mesure la technologie créée à l'étranger permet de proliférer et d'accroître le potentiel du pays d'origine (Lallement et al., 2002, p. 40). Pour mieux cerner cette question, il est nécessaire d'établir si la recherche effectuée à l'étranger retourne vers le pays d'origine.

En ce qui concerne le flux de connaissances des filiales vers la maison-mère, notre échantillon indique que les inventeurs en Suisse des EMN suisses citent les brevets inventés à l'étranger: 61.5 pour cent des brevets cités par les brevets des EMN suisses inventés en Suisse étaient inventés à l'étranger. Ceci peut indiquer un transfert inversé de connaissances («reverse technology transfer»), c'est-à-dire un flux de connaissances depuis l'étranger vers le pays d'origine.

Afin d'analyser le transfert inversé de connaissances à l'intérieur de l'EMN, les brevets cités inventés dans les filiales à l'étranger appartenant aux EMN suisses, et non tous les brevets inventés à l'étranger, doivent être pris en compte. Ainsi, un brevet appartenant à une filiale étrangère citée par la maison-mère mesure le transfert inversé de connaissances à l'intérieur de l'EMN (outil développé par Frost et Zhou, 2005, p. 679). Il s'agit par exemple d'un brevet d'une entreprise suisse inventé en Suisse qui référence un brevet inventé par sa filiale aux Etats-Unis.

Les résultats montrent que sur les 6'620 brevets cités par les entreprises suisses, 1'540 citations sont inter-firmes (une entreprise suisse cite une autre entreprise suisse de notre échantillon). Sur ces 1'540 citations inter-firmes, 1'375 sont des citations intra-firmes (une entreprise suisse cite ses propres inventions). Il existe 127 citations de la maison-mère à ses propres filiales, 169 citations des filiales à leur propre maison-mère, 406 citations entre filiales et finalement 673 citations de la maison-mère à elle-même. Ainsi, nous pouvons affirmer qu'il existe une mise en réseau des connaissances. En outre, nos données supportent l'hypothèse de la présence de flux de connaissances depuis les filiales à l'étranger vers la maison-mère (127 citations). Une analyse par les données des questionnaires pourra affiner les conclusions sur les flux de connaissances entre les filiales et la maison-mère.

Tableau 36. Tableau de contingence entre l'origine des brevets citants et l'origine des brevets cités par les entreprises suisses, 1978-2006

		Nombre de brevets cités par les entreprises suisses selon l'origine de l'invention								
		CH	DE	FR	GB	IT	JP	US	Autr.	Tot.
Nombre de brevets citants des entreprises suisses selon l'origine de l'invention	CH	1298 (39)	573	154	160	73	406	508	200	3372
	DE	157 (10)	642 (43)*	79	68	39	180	260	86	1511
	FR	57 (18)**	55	83 (27)	12	10	31	38	26	312
	GB	17 (8)	38	10	83 (38)	4	24	38	7	221
	IT	17 (13)	19	16	3	38 (30)	14	12	10	129
	JP	7 (5)	14	3	4	1	72 (55)	23	7	131
	US	52 (8)	69	21	35	13	78	359 (54)	35	662
	Autr.	29 (12)	38	16	10	8	41	42	62	246
	Tot.	1634 (25)	1448	382	375	186	846	1280	433	6584

Lecture du tableau: Entre parenthèses: les pourcentages. *642 (ou 42.5 pour cent) des brevets des entreprises suisses inventés en Allemagne ont cité des brevets inventés en Allemagne. 57 (ou 18.3 pour cent) des brevets des entreprises suisses inventés en France ont cité des brevets inventés en Suisse.

US: Etats-Unis; CH: Suisse; DE: Allemagne; JP: Japon; GB: Royaume-Uni; FR: France; IT: Italie; Autr: autres pays; Tot.: Total

Source: Elaboration personnelle basée sur l'OECD/EPO patent citations database

La Figure 21 montre que plus les entreprises effectuent des inventions à l'étranger, en pourcentage de toutes les inventions des EMN suisses, moins les inventions inventées en Suisse ne sont citées, en pourcentage de toutes les inventions citées. Cette situation est confirmée avec la régression linéaire de la Figure 22 qui démontre qu'il existe une relation négative forte entre la recherche effectuée à l'étranger et le niveau d'évaluation de la recherche suisse. Cette situation signifie que les activités de R&D à l'étranger consistent de plus en plus en activités exploratrices.

Figure 21. Inventions des entreprises suisses effectuées à l'étranger et en Suisse citées par les entreprises suisses, 1980-2005, en pour cent

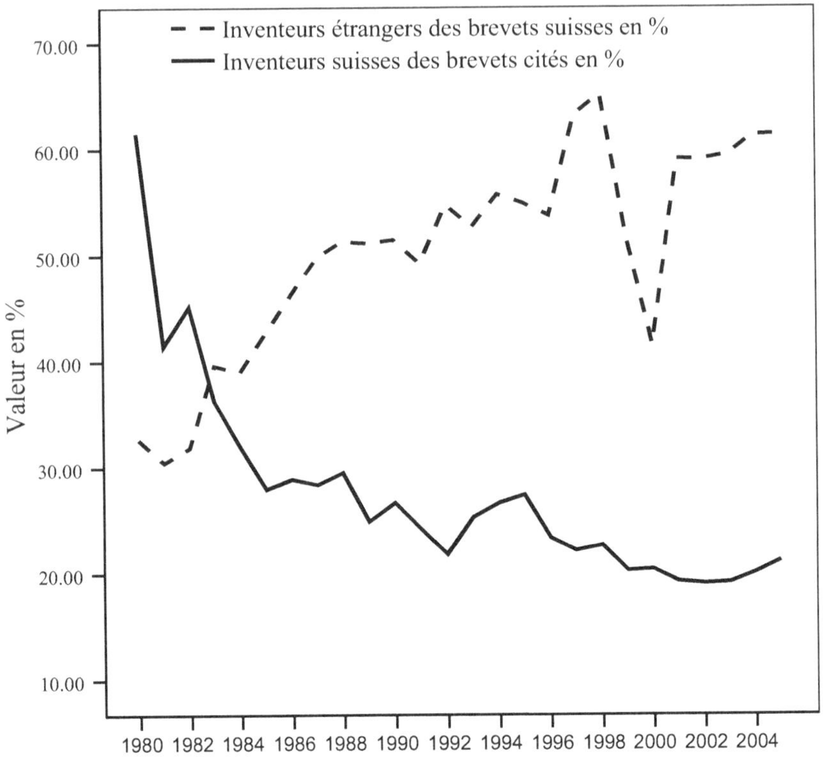

Source: Elaboration personnelle basée sur l'OECD/EPO patent citations database

Figure 22. Inventions des entreprises suisses effectuées à l'étranger et en Suisse citées par les entreprises suisses, en pour cent

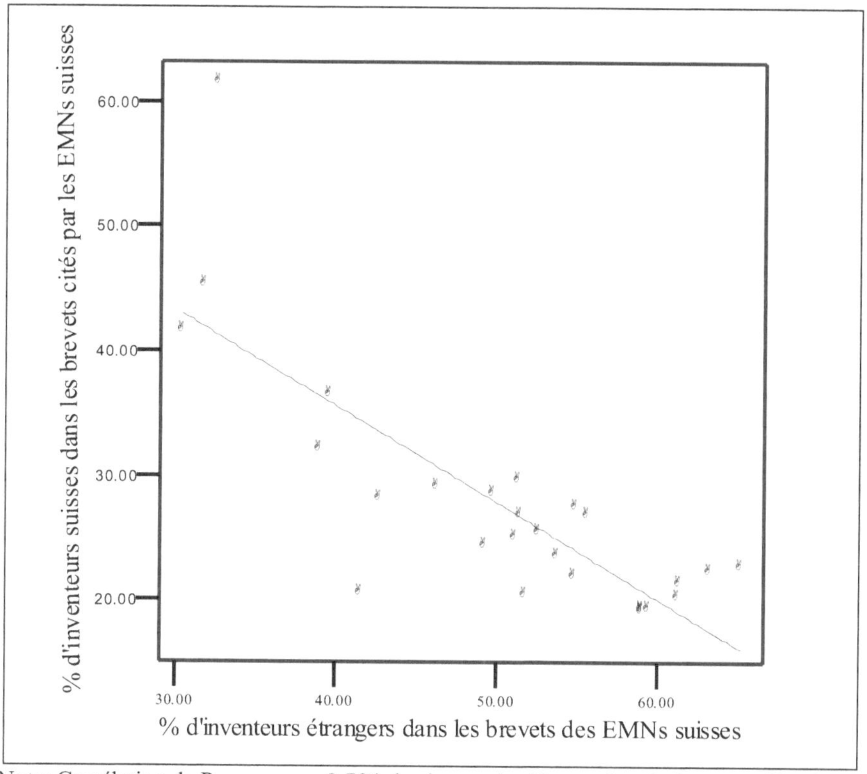

Note: Corrélation de Pearson r = -0.794: le signe - signifie que la relation entre X et Y est inversement proportionnelle (X est ici la recherche effectuée à l'étranger et Y le niveau d'évaluation de la recherche suisse). Par convention, la relation entre X et Y est dite forte si r se situe entre 0.5 et 0.8. La relation entre la recherche effectuée à l'étranger et le niveau d'évaluation de la recherche suisse est ainsi forte. En outre, la valeur de p est inférieure à 0.05, ce qui signifie que l'hypothèse nulle est rejetée. Une corrélation entre X et Y existe bel et bien au sein de la population.

Source: Elaboration personnelle basée sur l'OECD/EPO patent citations database

L'objectif de cette section était de déterminer le rôle des activités de R&D à l'étranger et dans le pays d'origine comme source de connaissances. Il peut être assumé que la Suisse est une source de connaissances pour les inventions créées en Suisse. Par contre, les inventions créées à l'étranger sont de plus en plus dépendantes de leur environnement local (et non des connaissances provenant de la Suisse). Ainsi, les filiales étrangères deviennent exploratoires. Cette section a également apporté une première indication sur la présence d'un transfert de connaissances entre les filiales étrangères et les centres suisses. Ce résultat sera encore analysé dans le prochain chapitre afin d'étudier comment la R&D suisse profite de l'internationalisation des activités de R&D.

En conclusion, l'étude des brevets déposés par les entreprises les plus innovantes à l'OEB entre 1978 et 2006 a établi la répartition géographique des activités de R&D des entreprises suisses, l'évolution de cette dispersion, la place du pays d'origine dans l'internationalisation des activités de R&D et finalement la localisation des sources de connaissances utilisées par les entreprises suisses.

Selon les données, les activités de R&D des entreprises suisses sont principalement concentrées en Suisse, en Allemagne, aux Etats-Unis et en France. Entre 1980 et 2006, 43.8 pour cent des brevets ont été inventés en Suisse, 22.9 pour cent en Allemagne, 13 pour cent aux Etats-Unis et 4.7 pour cent en France. En 2005, la Suisse reste le pays où les entreprises suisses effectuent le plus d'activités de R&D (1412 inventions ont été générées en Suisse en 2005, 736 en Allemagne, 560 aux Etats-Unis et 207 en France). Non seulement la Suisse est le pays le plus important dans l'élaboration des inventions des EMN suisses, mais, en outre, les EMN suisses n'ont pas réduit leurs activités en Suisse (croissance annuelle de 6.7 pour cent depuis 1980).

Toutefois, cela n'est pas suffisant pour écarter les craintes que la R&D suisse soit marginalisée au niveau mondial, étant donné que les inventions effectuées dans les filiales étrangères ont augmenté vers un taux plus élevé (12 pour cent) que celles inventées en Suisse (9.2 pour cent) durant la période 1980-2005. Par exemple, la croissance des brevets dans les filiales de R&D en Allemagne était de 12.5 pour cent. En outre, le pourcentage de la recherche effectuée à l'étranger a augmenté (de 43.6 pour cent dans les années 1980, à 61.8 entre 2000 et 2006). En d'autres termes, les centres de R&D suisses apportent la plus grande contribution à l'innovation des EMN suisses, mais cette position s'affaiblit en faveur des filiales étrangères. Il faut cependant noter que les brevets n'incluent pas d'informations sur la valeur scientifique du brevet, ni sur le rôle de la R&D étrangère.

L'utilisation des citations des brevets des filiales comble ces insuffisances en renseignant sur la valeur des inventions effectuées dans les filiales de R&D et dans le pays d'origine. En suivant les études sur la qualité des brevets (par exemple Harhoff et al, 1999; Harhoff et Reitzig, 2002), nous avons utilisé le nombre de citations reçues par un brevet comme indication de l'impact scientifique des inventions. Grâce à cette méthode, les citations ont permis de déterminer que les centres de R&D suisses étaient toujours les leaders pour les entreprises suisses. En effet, les résultats ont démontré que les brevets des EMN suisses ont tendance à citer plus fortement les brevets inventés en Suisse. Néanmoins, les brevets cités inventés en Suisse ont fortement diminué depuis les années 1980: de 45.4 pour cent en 1979-1982 à 24.4 pour cent en 1989-1992, à 23 pour cent en 1999-2002 et finalement à 21.9 pour cent en 2003-2006. En 2003-2006, les brevets cités proviennent dans une proportion presque identique de l'Allemagne, de la Suisse, du Japon et des Etats-Unis. De ce fait, les EMN suisses donnent une valeur de moins en moins importante aux inventions effectuées en Suisse par rapport à celles créées à l'étranger. En outre, les filiales à l'étranger accordent une plus haute valeur aux inventions faites à l'étranger qu'en Suisse. En ne sélectionnant que les brevets des filiales étrangères, il devient évident que les filiales citent les brevets provenant des pays étrangers de manière plus prononcée que ceux du pays d'origine. Par exemple, en 2003-2006, les brevets cités par les inventeurs des filiales étrangères étaient 29.7 pour cent des brevets inventés en Allemagne, et seulement 7.9 pour cent des brevets inventés en Suisse. En conséquence, les filiales de R&D tirent principalement leur connaissance de leur pays d'accueil afin de développer leurs innovations. Il est ainsi possible de déterminer que les filiales étrangères ont davantage un caractère exploratoire qu'exploitant. Jusqu'à récemment, l'hypothèse des activités d'exploitation a prévalu dans l'analyse des facteurs influençant la décision des multinationales suisses. Basé sur l'analyse des citations de brevets des EMN suisses, cette partie empirique a au contraire prouvé l'importance des connaissances créées par les filiales étrangères des entreprises multinationales suisses, qui justifie la deuxième hypothèse d'exploration.

L'étude des brevets et citations de brevets a indiqué une présence de transfert technologique entre les filiales et la maison-mère. Cependant, le nombre de brevets inventés dans les filiales étrangères cités par la maison-mère est faible (127 sur 3'372 brevets cités par la maison-mère). Le prochain chapitre évaluera plus en détails ce transfert inversé de connaissances.

L'étude des brevets a été très utile à l'évaluation de l'ampleur de l'internationalisation des activités de R&D et à la détermination des emplacements desquels les entreprises multinationales tirent leurs connaissances. Cependant, les brevets et citations de brevets ne fixent pas en détail les mobiles de la R&D à l'étranger. En outre, supposer que l'adresse de résidence de l'inventeur coïncide avec l'adresse du laboratoire implique un biais en Suisse. En effet, ce pays dispose d'une main-d'œuvre relativement petite et engage une grande proportion de travailleurs frontaliers. Ainsi, un inventeur résidant en France peut travailler dans un centre en Suisse. L'invention sera ainsi comptabilisée dans la filiale de R&D en France, alors que le centre inventif est un Suisse. En conséquence, des entreprises de notre échantillon ont des inventeurs à l'étranger, mais leurs rapports annuels enseignent qu'elles ne possèdent pas de filiales étrangères (C.S.E.M, Cytos, Dyconex et Trisa). Il est alors utile de faire appel à une méthode complémentaire à celle des brevets pour notre étude. Le chapitre suivant utilisera les questionnaires en vue de pallier ces limites.

Chapitre 3

Analyse des questions de recherche par une enquête auprès des entreprises suisses

Un questionnaire (voir l'Annexe 5) a été envoyé en mai 2008 aux 71 EMN suisses les plus innovantes, décrites dans le chapitre précédent. En août 2008, 35 entreprises (49.3 pour cent) ont répondu (voir le Tableau 37)[51]. 17 firmes figurent dans le classement des 2'000 plus grandes entreprises mondiales en termes d'investissements en R&D en 2007 (classement effectué par la Commission européenne, 2008). 42.4 pour cent de ces firmes appartiennent aux industries de haute technologie, 39.4 pour cent aux industries de moyenne-haute technologie, 12.1 pour cent aux industries de moyenne-basse technologie et 6.1 pou cent aux industries de basse technologie (classification de l'OCDE, 2007b, voir le Tableau 38).

Premièrement, les résultats du questionnaire permettent de compléter l'analyse des brevets et citations de brevets sur la répartition géographique des activités de R&D. Deuxièmement, une section sur les forces incitant à la centralisation dans le pays d'origine sera élaborée. Troisièmement, les motifs des activités de R&D à l'étranger des EMN suisses seront détaillés, en les distinguant selon les régions de destination. Finalement, des questions relatives aux transferts de connaissances seront étudiées dans la dernière section.

Tableau 37. Entreprises ayant répondu aux questionnaires

Nom de l'entreprise	*Classification industrielle*	*Nombre de brevets*
ABB (Asea Brown Boveri)	Machines et appareils électriques	5148
Actelion Pharmaceuticals (dès 1997)	Produits pharmaceutiques	48
Bobst	Machines et matériels	156
Bühler	Machines et matériels	364
Clariant International	Produits chimiques	1485

51 Deux entreprises ont tenu à rester anonymes.

Nom de l'entreprise	*Classification industrielle*	*Nombre de brevets*
Cytos Biotechnology	Produits pharmaceutiques	29
Debiopharm	Produits pharmaceutiques	31
Dyconex	Appareils de radio, télévision et communication	25
Endress + Hauser Flowtec	Instr. médicaux, de précision, d'optique et d'horlogerie	674
Feintool International Holding	Machines et matériels	24
Firmenich	Produits chimiques	278
Geberit Technik	Fabrication d'ouvrages en métaux	261
Geistlich Group	Instr. médicaux, de précision, d'optique et d'horlogerie	51
Holcim	Produits métallurgiques	79
Komax Holding	Machines et appareils électriques	84
Lonza AG	Produits pharmaceutiques	650
Medela Holding	Instr. médicaux, de précision, d'optique et d'horlogerie	36
Nestlé	Produits alimentaires et boissons	1739
Novartis	Produits pharmaceutiques	6969
OC Oerlikon	Machines et matériels	1784
Phonak (Sonova)	Appareils de radio, télévision et communication	232
Serono	Produits pharmaceutiques	198
SFS Industrie Holding	Fabrication d'ouvrages en métaux	145
SIG (Schweizerische Industrie Gesellschaft)	Machines et matériels	232
Sika	Produits minéraux non métalliques	263
Sulzer	Instr. médicaux, de précision, d'optique et d'horlogerie	1403
Syngenta	Produits chimiques	848
Tecan	Instr. médicaux, de précision, d'optique et d'horlogerie	63
Trisa	Industries manufacturières n.c.a.	46
UBS	Machines de bureau, comptables et informatiques	33
Von Roll	Machines et matériels	124
Wifag	Machines et matériels	102
Zehnder Group	Machines et matériels	62
2 anonymes		

Source: Elaboration personnelle, classification industrielle basée sur l'OCDE 2007b

Tableau 38. Industries représentées dans les entreprises ayant répondu, en fonction du niveau technologique

Classification du niveau technologique	*Industries*	*Entreprises*	*Pour cent*
Ind. de haute technologie	Produits pharmaceutiques	6	18.2
	Instr. médicaux, de précision, d'optique et d'horlogerie	5	15.2
	Mach. de bureau, comptables et informatiques	1	3.0
	Appareils de radio, télévision et communication	2	6.1
	Total Ind. de haute technologie	14	42.4
Ind. de moyenne-haute technologie	Produits chimiques	3	9.1
	Machines et matériels	8	24.2
	Mach. et appareils électriques	2	6.1
	Total Ind. de moyenne-haute technologie	13	39.4
Ind. de moyenne-basse technologie	Articles en caoutchouc et matières plastiques	0	0.0
	Produits minéraux non métalliques	1	3.0
	Fabrication d'ouvrages en métaux	2	6.1
	Produits métallurgiques	1	3.0
	Total Ind. de moyenne-basse technologie	4	12.1
Ind. de basse technologie	Produits alimentaires et boissons	1	3.0
	Cuirs, articles en cuir et chaussures	0	0.0
	Industries manufacturières n.c.a.	1	3.0
	Total Ind. de basse technologie	2	6.1
	Total des entreprises	33 (2 anonymes)	100.0

Source: Elaboration personnelle en fonction du classement de l'OCDE, 2007b

3.1 Distribution géographique des activités de R&D

Les résultats du questionnaire montrent que les entreprises suisses considèrent leurs activités de R&D effectuée en Suisse comme celles qui contribuent le plus à leur avancement technologique (voir le Tableau 39). Le deuxième pays d'importance est l'Allemagne, suivi des Etats-Unis, du Royaume-Uni et de la France. Cette distribution des plus importants pays de destination des activités de R&D est presque identique à celle des brevets, à l'exception de la France qui était plus importante que le Royaume-Uni (voir le Tableau 17).

Les entreprises investissent plus fortement en Chine qu'au Japon, alors que la Chine n'était listée qu'en vingt-quatrième position dans les adresses des inventeurs des brevets, et bien que le Japon arrivait en septième place (voir l'Annexe 3). La Chine et les pays asiatiques sont les régions dont l'importance a la plus grande tendance à augmenter (voir la dernière colonne du Tableau 39). Les destinations du Royaume-Uni et de la France enregistrent les plus faibles tendances à augmenter.

Tableau 39. Distribution géographique des activités de R&D des entreprises multinationales suisses

Pays	*Degré d'importance (0 à 4)*	*Tendance (-1 à 1)*
Suisse	3.97	.18
Allemagne	2.32	.27
Etats-Unis	2.23	.41
Royaume Uni	1.42	-.05
France	1.38	.09
Autres pays européens	1.31	.22
Chine	1.28	.74
Pays asiatiques (à l'exception de la Chine)	.97	.69
Japon	.81	.14
Autres pays développés (non européens)	.67	.10
Autres pays en voie de développement	.54	.26

Note: Question posée aux entreprises: «Please rate roughly the contribution of research by country of your own R&D to the technological advancement of your company.»
Deuxième colonne: degré d'importance. Echelle: aucune importance = 0, 1, 2, 3, 4 = importance majeure
Dernière colonne: tendance future. Echelle: diminution = -1, 0, +1 = augmentation
(Les valeurs manquantes sont exclues)

Source: Questionnaire 2008, voir l'Annexe 5

Le Tableau 40 et le Tableau 41 soulignent à nouveau l'importance de la Suisse dans le développement des innovations des entreprises suisses. Les entreprises ne devaient citer qu'un seul pays dans le Tableau 40, tandis qu'au Tableau 39, les entreprises devaient évaluer l'importance de plusieurs pays. 26 entreprises considèrent que la Suisse est le pays qui contribue le plus à leurs innovations. Cinq entreprises ont cité l'Allemagne. Le Liechtenstein, la Suède et les Etats-Unis ont chacun été cités une fois. Selon le Tableau 41, les entreprises suisses possèdent des centres d'excellence principalement en Suisse, suivie de l'Allemagne et des Etats-Unis.

Tableau 40. Pays le plus important pour le développement des innovations des entreprises suisses

Pays	*Fréquences*	*Pourcentage*
Suisse	26	76.47
Allemagne	5	14.71
Liechtenstein	1	2.94
Suède	1	2.94
Etats-Unis	1	2.94
Total	34	100.00

Note: Question posée aux entreprises: «Please indicate which country contributes mostly to your company's innovation.». L'entreprise ne peut citer qu'un seul pays.
Source: Questionnaire 2008, voir l'Annexe 5

Tableau 41. Localisation des centres d'excellence d'entreprises suisses

Pays	*Fréquences*	*Pourcentage*
Suisse	29	34.52
Allemagne	14	16.67
Etats-Unis	13	15.48
Royaume-Uni	6	7.14
Chine	4	4.76
France	4	4.76
Italie	3	3.57
Inde	2	2.38
Japon	2	2.38
Singapour	2	2.38
Autriche	1	1.19
Belgique	1	1.19
Liechtenstein	1	1.19
Slovénie	1	1.19
Suède	1	1.19
Total	84	100.00

Note: Question posée aux entreprises: «In which countries does your company have a centre of excellence? (Unit with an important source of value creation)».
Source: Questionnaire 2008, voir l'Annexe 5

3.2 Forces de centralisation dans le pays d'origine

Selon l'enquête, plusieurs facteurs justifient la centralisation des activités de R&D en Suisse. D'une part, certains facteurs inhibent l'internationalisation de la R&D. Il s'agit principalement dans nos résultats, par ordre décroissant d'importance, des économies d'échelle dans la R&D, des coûts de coordination et de communication, des risques d'imitation et de la fuite d'informations, de la nécessité d'une étroite surveillance et de contrôle de la R&D et de l'ancrage dans le système suisse d'innovation (voir le Tableau 42). Ainsi, les hauts coûts des activités de R&D démotivent les entreprises à les internationaliser. Le risque d'imitation et de fuites des informations représentent les critères qui ont les plus fortes tendances à augmenter selon les EMN, mettant en avant le caractère risqué de ces activités et justifiant la protection des droits des brevets. Les politiques des pays d'accueil et de la Suisse, ainsi que le besoin d'être proche du marché suisse, ne sont pas des arguments très relevants de la centralisation.

Tableau 42. Facteurs décourageant l'internationalisation des activités de R&D

Motifs	*Degré d'importance (0 à 4)*	*Tendance (-1 à 1)*
Economies d'échelle dans les activités de R&D	1.97	.20
Coûts de coordination et de communication	1.94	.06
Risque d'imitation	1.88	.32
Risque de fuites des informations	1.82	.23
Besoin d'une supervision et d'un contrôle de la R&D	1.76	.03
Ancrage dans le système d'innovation suisse	1.75	.03
Les politiques gouvernementales dans les pays d'accueil y rendent les activités de R&D difficiles	.91	.03
Les politiques gouvernementales en Suisse incitent la centralisation des activités de R&D	.70	.00
Besoin d'avoir la R&D proche du marché suisse	.65	-.23
Addition / Moyenne	13.38 / 1.49	0.67 / 0.07

Note: Question posée: «Please indicate roughly the relative importance to your company during the last decade of the inhibiting factors to internationalization of R&D»
Source: Questionnaire 2008, voir l'Annexe 5

D'autre part, la centralisation des activités de R&D en Suisse est due aux avantages compétitifs de la Suisse. Ces motifs sont en moyenne plus importants que ceux qui inhibent l'internationalisation de la R&D (voir les degrés d'importance des Tableau 42 et Tableau 43). Selon les EMN, l'accès aux travailleurs qualifiés et à la science et technologie suisses était d'un grand impact. Le soutien de la production suisse se situe en deuxième position. Soutenir les marchés suisses, diminuer les coûts du personnel et les réglementations gouvernementales suisses exercent un rôle moindre. Ces résultats sont cohérents avec le haut niveau de compétitivité de la Suisse, dont certains indices la positionnent comme leader de l'innovation: cinquième place en intensité de R&D (part des dépenses nationales de R&D par rapport au produit intérieur brut) avec un taux de 2.9 pour cent (OCDE, 2007b); deuxième place dans les familles triadiques des brevets par million d'habitants (OCDE, 2007b); première place dans les dépenses de R&D par habitant (International Institute for Management Development, 2007); première place dans les dépenses d'innovation (Commission européenne, 2007) et première place dans la qualité des institutions de recherche scientifique (World Economic Forum, 2007). En outre, selon Augusto Lopez-Carlos, chef économique du WEF,

> Switzerland's top ranking reflects a combination of a world class capacity for innovation and the presence of a highly sophisticated business culture. (Lopez-Carlos et al., 2006, p. xv).

Selon le rapport du WEF, les dépenses importantes des entreprises suisses en R&D et le fort système de protection de propriété intellectuelle permettent à la Suisse de posséder un haut niveau d'innovation qui lui assure une croissance économique à long terme.

Néanmoins, les réponses des entreprises ont démontré qu'elles n'effectuaient pas particulièrement des activités de R&D en Suisse dans le but de profiter de la présence d'un cluster, étant donné le peu de clusters très innovants en Suisse. Cependant, les clusters occupent une position de plus en plus centrale dans le développement des innovations (voir la Partie 2). Dans ces milieux, la concentration spatiale de diverses institutions stimule l'intensité des échanges et la collaboration entre agents et crée une attitude commune favorable à l'innovation. L'entreprise y apprend non seulement de ses propres expériences et employés, mais aussi de ses fournisseurs, de ses partenaires, de ses investisseurs, de scientifiques, d'inventeurs, de ses clients, de ses concurrents et d'entreprises qui ne sont pas dans son domaine (Gugler et Brunner, 2007). En outre, les pressions concurrentielles déclenchent l'innovation et provoquent un cercle vertueux duquel les firmes tirent un avantage. L'avantage concurrentiel d'un système régional est alors créé et se maintient à travers la rivalité entre entreprises. La Suisse devrait ainsi développer davantage de clusters, afin de permettre aux entreprises suisses de profiter de ces milieux innovants et d'obtenir un avantage compétitif sur le plan international.

Tableau 43. Motifs des activités de R&D en Suisse

Motifs	*Degré d'importance (0 à 4)*	*Tendance (-1 à 1)*
Créer un meilleur accès aux travailleurs hautement qualifiés	2.91	0.25
Soutien de la production suisse	2.48	0.00
Créer un meilleur accès à la science et la technologie suisse	2.41	0.31
Etre présent dans un cluster local	1.72	0.14
Soutien des clients et marchés suisses	1.51	-0.04
Créer un meilleur accès à du personnel en R&D efficace en termes de coûts	1.42	0.04
Réglementations gouvernementales suisses	1.18	0.00
Addition / Moyenne	13.63 / 1.95	0.7 / 0.0

Note: Question posée: «Please indicate roughly why your company undertakes R&D activities in Switzerland».

Source: Questionnaire 2008, voir l'Annexe 5

En résumé, beaucoup de facteurs expliquent les raisons pour lesquelles les EMN entreprennent la plupart de leurs activités dans le pays d'origine. Par conséquent, les avantages du pays d'accueil per se ne sont pas suffisants pour inciter les firmes à partir de leur pays d'origine. Cependant, les firmes considèrent de nouveaux emplacements qui peuvent offrir une certaine complémentarité aux activités de R&D du pays d'origine (Fredriksson et Liang, 2006, p. 9). La section suivante développe les motifs d'internationalisation des activités de R&D suisses.

3.3 Motifs d'internationalisation des activités de R&D

Cette section présente les facteurs incitant les entreprises multinationales à internationaliser leurs activités de R&D. Les questions posées aux entreprises suisses étaient semblables à celles de Granstrand (1999) en vue d'établir une comparaison des résultats. Le Tableau 44 met en évidence les moteurs de l'internationalisation des activités de R&D des entreprises suisses dans les pays développés, le Tableau 45 dans les pays en développement et le Tableau 46 en Chine.

Les motifs d'internationalisation de la R&D dans les pays développés ont été perçus comme plus importants que les motifs d'internationalisation dans les pays en développement et en Chine (les deux motifs les plus importants dans les pays développés ont un degré d'importance de 2.56 et 2.31, dans les pays en développement de 2 et 1.52 et en Chine de 2.27 et 1.85). En outre, l'addition des degrés d'importance montre que les motifs d'internationalisation dans les pays développés prédominent (17.26), suivis de ceux en Chine (14.52) et de ceux dans les pays en développement (12.09). Cette situation est cohérente avec la prédominance des pays développés dans la destination des activités de R&D (voir le Chapitre 2 de la Partie 2). Toutefois, les motifs d'internationalisation de la R&D suisse en Chine ont les plus fortes tendances à la hausse (l'addition des tendances vaut 3.74), suivis par les pays en développement (addition de 2.74) et des pays développés (addition de 1.77), ce qui montre le rôle croissant de la Chine et des pays en développement comme pays d'accueil.

La comparaison entre les tableaux des motifs d'internationalisation (Tableau 44, Tableau 45 et Tableau 46) et le tableau des motifs de centralisation (Tableau 42) de la section précédente démontre que les tendances à l'augmentation des facteurs de centralisation sont généralement plus faibles que celles de l'internationalisation (moyenne de centralisation de 0.07 contre les moyennes d'internationalisation de 0.20 pour les pays développés, 0.30 pour les pays en développement et 0.42 pour la Chine). La plus forte force d'internationalisation (degré d'importance 2.56) a été perçue à plus fort impact que la plus forte force de centralisation (degré d'importance 1.97). Les moyennes des degrés d'importance des motifs d'internationalisation dans les pays développés et dans la Chine (1.92 dans les pays développés et 1.61 en Chine) sont également plus grandes que celle de la centralisation (1.49). Ces résultats sont cohérents avec l'augmentation effective de l'internationalisation de la R&D suisse, qui va ainsi continuer.

Concernant les motifs, le soutien à la clientèle locale et aux marchés locaux constitue la force motrice la plus forte dans les pays développés, les pays en développement et en Chine. La création d'un meilleur accès à la main-d'œuvre hautement qualifiée a la plus forte tendance à augmenter dans les pays développés et les pays en développement. La création d'un meilleur accès à la science et la technologie a la plus forte tendance à augmenter en Chine (suivie de près par l'accès à la main-d'œuvre hautement qualifiée). Les incitations du gouvernement local dans les trois régions de destination représente le motif le plus étroit. Les motifs avec les plus faibles tendances à augmenter dans les pays développés concernent les réglementations locales et les incitations du gouvernement local.

Tableau 44. Motifs d'internationalisation des activités de R&D dans les pays développés

Motifs	*Pays développés*	
	Importance 0;1;2;3;4	Tendance -1;0;1
Soutien des clients et marchés locaux	2.56	.27
Créer un meilleur accès aux travailleurs hautement qualifiés	2.31	.44
Créer un meilleur accès à la science et technologie	2.29	.31
Soutien de la production locale	2.17	.11
Etre présent dans un cluster local	1.86	.11
Ambitions locales des filiales	1.71	.26
Réglementations du pays d'accueil	1.65	.07
Créer un meilleur accès à du personnel en R&D efficace en termes de coûts	1.38	.12
Incitations du gouvernement local	1.33	.08
Addition / Moyenne	17.26 / 1.92	1.77 / 0.20

Note: Question posée: «Please indicate roughly the relative importance of the following motives and driving forces behind your company's internationalization of R&D during the last decade.»

Source: Questionnaire 2008, voir l'Annexe 5

Tableau 45. Motifs d'internationalisation des activités de R&D dans les pays en voie de développement

Motifs	*Pays en voie de développement*	
	Importance 0;1;2;3;4	Tendance -1;0;1
Soutien des clients et marchés locaux	2.00	.38
Soutien de la production locale	1.52	.27
Réglementations du pays d'accueil	1.50	.20
Créer un meilleur accès aux travailleurs hautement qualifiés	1.42	.52
Créer un meilleur accès à du personnel en R&D efficace en termes de coûts	1.31	.30
Créer un meilleur accès à la science et technologie	1.25	.32
Ambitions locales des filiales	1.14	.29
Etre présent dans un cluster local	1.07	.29
Incitations du gouvernement local	.88	.17
Addition / Moyenne	12.09 / 1.34	2.74 / 0.30

Note: Voir la note du Tableau 44.

Source: Questionnaire 2008, voir l'Annexe 5

Tableau 46. Motifs d'internationalisation des activités de R&D en Chine

Motifs	*Chine*	
	Importance 0;1;2;3;4	Tendance -1;0;1
Soutien des clients et marchés locaux	2.27	.48
Réglementations du pays d'accueil	1.85	.33
Soutien de la production locale	1.75	.40
Créer un meilleur accès aux travailleurs hautement qualifiés	1.63	.58
Créer un meilleur accès à la science et technologie	1.61	.59
Créer un meilleur accès à du personnel en R&D efficace en termes de coûts	1.60	.35
Etre présent dans un cluster local	1.35	.38
Ambitions locales des filiales	1.33	.40
Incitations du gouvernement local	1.13	.23
Addition / Moyenne	14.52 / 1.61	3.74 / 0.42

Note: Voir la note du Tableau 44.

Source: Questionnaire 2008, voir l'Annexe 5

Une étude du Swiss Institute for Business Cycle Research (KOF) datant de 2007 confirme que le motif principal pour effectuer la R&D à l'étranger est la recherche de marché (support de la production et des ventes locales). La prédominance du motif de soutien aux marchés locaux s'explique par le fait que la Suisse possède un marché national relativement restreint. Les entreprises suisses doivent alors vendre à l'étranger si elles veulent augmenter leur profit. Les EMN installent donc des unités de R&D à l'étranger qui, en jouissant d'un lien géographique direct entre les marchés et la production, peuvent ajuster les produits ou procédés aux besoins locaux ou aux conditions locales.

L'émergence de l'Asie comme emplacement pour les investissements en R&D en est le meilleur exemple. Pendant trois décennies, le PIB et le PIB par habitant en Chine ont augmenté, respectivement à une moyenne approximative de 9 et 8 pour cent par an. En conséquence, une classe moyenne et supérieure a vu le jour avec une augmentation du pouvoir d'achat (Schwaag Serger, 2006, p. 230). Cette croissance de la taille du marché donne l'opportunité aux entreprises suisses de vendre leurs produits dans ce pays. Toutefois, la culture chinoise, les goûts, les besoins, l'éducation et les règles demeurent très différents de ceux de la Suisse. Les entreprises doivent donc adapter leurs produits, services ou procédés à ces conditions locales. Une présence dans le pays est ainsi nécessaire, car ce sont les Chinois qui connaissent le mieux les conditions locales. Ils possèdent ainsi un avantage compétitif. Par conséquent, l'une des principales motivations pour investir dans la R&D en Chine est orientée vers le marché (Motohashi, 2006).

Créer un meilleur accès au travail hautement qualifié représente aussi un facteur important dans les choix de localisation des activités de R&D à l'étranger des entreprises suisses. Par exemple, lorsque Novartis a déplacé son centre directionnel de R&D de Suisse à Cambridge, Paul Herrling, Head of Corporate Research in Novartis, déclara que

> Basel was traditionally our biggest and most productive site and attracted the best people from Europe, but we think we've achieved the critical mass size there and there's a danger of it becoming too big. (Nature Medicin, 2002, p. 540)

Le centre à Cambridge accueillera environ 1'000 scientifiques et spécialistes en technologies quand il sera complètement fini, lesquels pourront compter sur un investissement de plus de 4 milliards de dollars

US d'ici 2013. En outre, selon Joerg Reinhardt, Chief Executive Officer of Novartis Vaccines and Diagnostics,

> We don't plan to diminish activities in Basel and we will continue to maintain that site. But Cambridge is a highly attractive site in terms of scientists and academic network. (Nature Medicin, 2002, p. 540)

L'implantation d'un centre de R&D par Novartis à Cambridge explique aussi l'importance des clusters dans les choix d'internationalisation. Ainsi, dans le Cambridge Biotech Cluster à Cambridge au Massachusetts, l'entreprise profite des connaissances spécialisées en recherche médicale par la présence de nombreuses institutions telles que le Massachusetts General Hospital, le Whitehead Institute for Biomedical Research, le Children's Medical Center Corporation, le Dana-Farber Cancer Institute, le Beth Israel Deaconess Medical Center, de nombreuses universités comme le MIT, Harvard Medical School, Boston University, University of Massachusetts Medical Center et de nombreuses entreprises telles que Amgen, Bayer, Immunogen et de nombreuses start-up. L'entreprise acquiert ces connaissances non seulement en recrutant des chercheurs (la compagnie a d'ailleurs engagé un ancien professeur de la Harvard Medical School comme vice-président de la R&D), mais aussi en stimulant ses scientifiques grâce à l'échange d'idées. Selon Daniel Vasella

> When you work in Cambridge and you go to a restaurant, you're more likely to bump into someone with an interesting idea who is an expert in his or her field than if you're in other places in the world. (cité dans O'Connell, 2007, p. 26)

En outre, le centre se situe entre la Harvard Business School et le MIT, ce qui facilite les interactions entre individus. Des pôles technologiques ont aussi émergé en Asie. Certains de ces parcs sont très compétitifs et attirent beaucoup d'entreprises internationales. Ainsi, Novartis s'est installé en Chine afin d'avoir recours aux savoirs chinois traditionnels dans le but de créer le Coartem, contre le paludisme, développé avec des partenaires tels que l'Académie militaire chinoise des sciences médicales. La Chine recense environ 14 parcs nationaux scientifiques (China Development Gateway, 2008).

Les coûts de la main-d'œuvre en R&D ne constituent pas un motif dominant. Selon notre enquête et contrairement à ce qui est communément supposé, le plus bas niveau de salaires en Chine est d'une importance secondaire lorsque les entreprises suisses décident d'y investir. Ceci peut s'expliquer par le fait que les coûts du travail du personnel qualifié augmentent en Chine et dans les pays émergents, étant donné que la demande de talents augmente. En Inde, par exemple, le taux de salaire pour les travailleurs dans les activités «high-end» attaignait 53 pour cent du taux équivalent pour les travailleurs étrangers en 2005. En 2008, ce pourcentage a atteint 65 pour cent (Booz & Company, 2008, p. 56). Les incitations du gouvernement local constituent à leur tour un faible facteur d'internationalisation. Les entreprises regarderont davantage si le système national d'innovation est efficace et si elles peuvent profiter de capacités scientifiques et de technologiques de pointe.

Les résultats confirment l'évolution du rôle des filiales de R&D à l'étranger indiquée par Asakawa (2001), consistant à passer d'un centre d'exploitation des technologies transférées de la maison-mère à un centre de développement ou d'exploration d'inventions. Selon lui, le rythme de cette évolution est plus lent pour les filiales situées dans les pays en développement. Cependant, en Inde et en Chine, il est fort possible que le rôle de la R&D évoluera dans un très court laps de temps (Asakawa, 2005). L'analyse des entreprises suisses montre que les activités d'exploration ont augmenté dans les pays en développement et en Chine, avec une plus grande tendance à l'augmentation en Chine (0.58 et 0.59 pour la tendance des motifs d'accès aux travailleurs qualifiés et d'accès à la science et technologie étrangères en Chine contre 0.52 et 0.32 dans les pays en développement) et un plus haut degré d'importance (1.63 pour le motif d'accès aux travailleurs qualifiés et 1.61 pour le motif d'accès à la science et technologie en Chine, contre 1.42 et 1.25 dans les pays en développement). Ce motif est déjà élevé dans les pays développés (degré d'importance de 2.31 pour le motif d'accès aux travailleurs qualifiés et 2.29 pour le motif d'accès à la science et technologie). En outre, les EMN n'ont pas l'intention d'augmenter de manière significative ce motif dans les pays développés, comparé aux autres régions (tendances de 0.44 et 0.31).

L'accès aux connaissances étrangères se fait aussi par les acquisitions d'entreprises étrangères (voir le Tableau 47). Le groupe bâlois Lonza a ainsi acquis en 2006 les unités de recherche biotechnologique et de biopharmacie microbienne du groupe américain Cambrex. Ce secteur, qui produit une large palette de produits de niche dans le domaine des sciences de la vie, permet à Lonza l'accès à un marché complémentaire qui réalise des marges élevées et possède un fort potentiel de croissance. En 2004, le groupe Roche a acquis Igen International Inc., une entreprise dont les quartiers généraux sont au Maryland aux Etats-Unis. Cette acquisition procure à Roche l'accès aux diagnostiques humains in-vitro du secteur de l'immunochimie (Roche, 2005, p. 90), ainsi qu'aux brevets principaux de ce domaine, lui conférant la possibilité de puiser dans les nouveaux segments du marché de l'immunochimie, l'un des principaux domaines de croissance de la division. Cependant, selon le Tableau 47 qui met en avant le motif de fusions et acquisitions comme facteur d'internationalisation des activités de R&D, les entreprises suisses de notre échantillon ont indiqué qu'elles acquièrent relativement peu d'entreprises étrangères afin d'accéder à leurs activités de R&D. Le degré d'importance de ce motif est de 1.07, degré très faible en comparaison aux degrés d'importance des motifs d'internationalisation du Tableau 44, du Tableau 45 et du Tableau 46. Cependant, le degré d'importance des acquisitions d'activités de R&D à travers l'acquisition d'autres entreprises, lorsque la première motivation n'était pas d'acquérir des capacités de R&D, est élevé. Par le biais des acquisitions, les entreprises ont ainsi accès aux activités de R&D, mais acquièrent peu d'autres entreprises uniquement à ce dessein.

Tableau 47. Fusions-acquisitions et motifs d'internationalisation des activités de R&D

Motifs	*Degré d'importance (0 à 4)*	*Tendance (-1 à 1)*
Acquisition des unités de R&D à travers l'acquisition d'une entreprise (la première motivation n'était pas d'acquérir les capacités de R&D)	2.11	.43
La première motivation de l'acquisition était d'acquérir les capacités de R&D	1.07	.42

Source: Questionnaire 2008, voir l'Annexe 5

3.3.1. Comparaison des résultats avec les entreprises japonaises et suédoises

Les questions posées dans notre étude étaient semblables à celles de l'enquête de Granstrand (1999) auprès de 24 grandes entreprises japonaises et 23 grandes entreprises suédoises. Néanmoins, l'étude de Granstrand a été élaborée en 1999, ce qui implique un biais temporel dans les comparaisons de résultats. Toutefois, il semble utile de comparer nos deux études afin de relever les grandes différences entre les entreprises provenant de plusieurs pays d'origine. Dans les résultats de Granstrand, l'accès à la science et à la technologie étrangères constituait le plus fort motif d'internationalisation des entreprises japonaises, alors que les acquisitions étrangères et le soutien aux clients et aux marchés locaux représentaient les motifs les plus importants pour les entreprises suédoises (voir le Tableau 48 et la Figure 23)[52]. Etant donné que le premier motif d'internationalisation des entreprises multinationales suisses est l'adaptation aux marchés locaux, il peut être conclu que les entreprises suisses sont proches des entreprises suédoises dans leurs motifs d'internationalisation. Cependant, les différences entre les trois groupes de pays sont faibles. Seul le motif d'accès aux sciences et la technologie étrangères est particulièrement significatif pour les entreprises japonaises. Néanmoins, ce motif d'accès aux sciences et à la technologie étrangères devient significatif pour les trois pays. Le coût du personnel jouait un rôle peu relevant pour les trois pays d'origine.

52 Le motif d'acquisitions étrangères dans l'étude de Granstrand concerne les acquisitions en général, qui ne sont pas distinguées en celles qui ont comme objectif d'acquérir les capacités de R&D et celles qui ont d'autres objectifs, contrairement à notre étude.

Tableau 48. Motifs d'internationalisation des activités de R&D des entreprises suisses, japonaises et suédoises

Motifs d'internationalisation	*Entreprises suisses*		*Entreprises japonaises*		*Entreprises suédoises*	
	Imp. 0 à 4	Tend. -1 à 1	Imp. 0 à 4	Tend. -1 à 1	Imp. 0 à 4	Tend. -1 à 1
Soutien des clients et marchés locaux	2.56 (1)*	.27	2.26 (3)	.63	2.33 (2)	.18
Créer un meilleur accès à la science et technologie	2.29 (2)	.31	3.16 (1)	.84	1.75 (4)	.82
Soutien de la production locale	2.17 (3)	.11	2.32 (2)	.68	1.87 (3)	.18
Acquisitions étrangères	2.13 (4)	.58	1.61 (7)	.17	2.38 (1)	.67
Ambitions locales des filiales	1.71 (5)	.26	1.83 (4)	.39	1.53 (5)	.27
Créer un meilleur accès à du personnel en R&D efficace en termes de coûts	1.38 (6)	.12	1.68 (6)	.42	1.25 (6)	.36
Incitations du gouvernement local	1.33 (7)	.08	1.83 (4)	.28	1.13 (7)	.18
Addition	13.57	1.73	14.69	3.41	12.24	2.66

Note: *Les chiffres entre parenthèses correspondent au classement des motifs par pays d'origine des entreprises. Le questionnaire de Granstrand ne contenait pas tous les motifs listés dans notre questionnaire. Le motif «Incitations du gouvernement local» coïncide avec le motif «Local government regulations» du questionnaire de Granstrand. Les résultats de l'étude de Granstrand ne sont pas distingués en fonction des pays développés, en développement et de la Chine. La comparaison se fait avec les résultats des pays développés de notre étude, étant donné qu'ils accueillent le plus grand nombre d'activités de R&D.

Source: Elaboration personnelle. Données sur les entreprises japonaises et suédoises adaptées de Granstrand (1999), p. 282.

Figure 23. Motifs d'internationalisation des activités de R&D des entreprises suisses, japonaises et suédoises

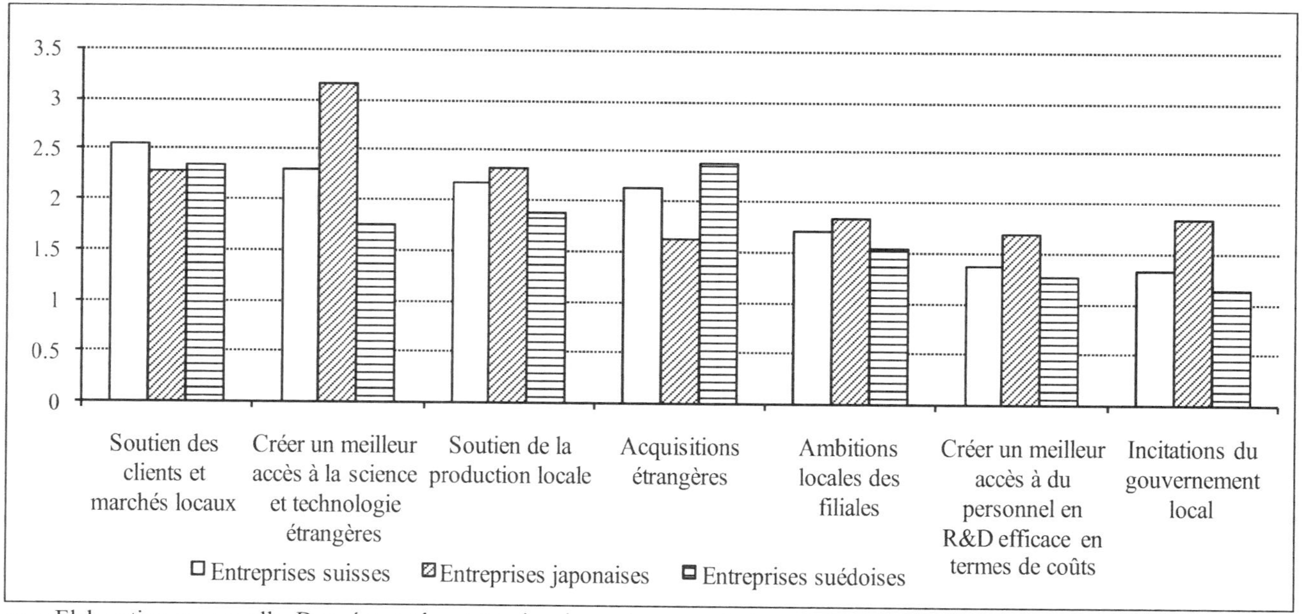

Source: Elaboration personnelle. Données sur les entreprises japonaises et suédoises adaptées de Granstrand (1999), p. 282.

Les plus fortes inhibitions à l'internationalisation des sociétés japonaises ont consisté en la nécessité d'une étroite surveillance de la R&D et les coûts de coordination et de la communication (voir le Tableau 49 et la Figure 24). Pour les entreprises suédoises, la plus forte inhibition a été les économies d'échelle, suivie des coûts de coordination et de la communication. Les économies d'échelle représente le facteur inhibant le plus fort pour les entreprises multinationales suisses, suivies par les coûts de coordination et de la communication. Les coûts de coordination et de communication sont ainsi un motif important de la centralisation des activités de R&D des entreprises provenant des trois pays. Les économies d'échelle sont plus importantes pour les entreprises suisses et suédoises que japonaises. Cependant, l'importance des motifs est beaucoup plus forte pour les entreprises suédoises que suisses (l'importance du motif des économies d'échelle vaut 2.68 pour les entreprises suédoises, contre 1.97 pour les entreprises suisses). L'addition des motifs de centralisation sont plus élevées pour les entreprises suédoises et japonaises que pour les entreprises suisses, démontrant une plus forte tendance à l'internationalisation des entreprises suisses. Le seul motif de centralisation plus important pour les entreprises suisses que suédoises ou japonaises est le risque de fuites d'informations. En outre, la différence entre les additions des motifs d'internationalisation et les additions des motifs de centralisation est plus élevée pour les entreprises suisses, suivies des japonaises et des suédoises. En résumé, les entreprises suisses peuvent être distinguées par leur fort degré d'internationalisation.

Tableau 49. Facteurs décourageant l'internationalisation des activités de R&D des entreprises suisses, japonaises et suédoises

Motifs de centralisation des activités de R&D	*Entreprises suisses*		*Entreprises japonaises*		*Entreprises suédoises*	
	Imp. 0 à 4	Tend. -1 à 1	Imp. 0 à 4	Tend. -1 à 1	Imp. 0 à 4	Tend. -1 à 1
Economies d'échelle dans les activités de R&D	1.97 (1)*	.20	1.90 (4)	.00	2.68 (1)	.50
Coûts de coordination et de communication	1.94 (2)	.06	2.19 (2)	-.05	2.32 (2)	.29
Risque de fuites des informations	1.82 (3)	.23	1.33 (5)	.19	1.58 (4)	.07
Besoin d'une supervision et d'un contrôle étroits de la R&D	1.76 (4)	.03	2.65 (1)	-.10	2.16 (3)	.21
Politiques gouvernementales	.70 (5)	.00	.90 (6)	.10	.95 (6)	.00
Besoin d'avoir la R&D proche du marché domestique	.65 (6)	-.23	2.14 (3)	.10	1.47 (5)	-.15
Addition des motifs de centralisation	8.84	0.29	11.11	0.24	11.16	0.92
Différences des additions des motifs d'internationalisation avec les additions des motifs de centralisation	4.73	1.44	3.58	3.17	1.08	1.74

Note: *Les chiffres entre parenthèses correspondent au classement des motifs par pays d'origine des entreprises.

Le questionnaire de Granstrand ne contenait pas tous les motifs mis dans notre questionnaire. Ces motifs ont de ce fait été enlevés du tableau.

Source: Elaboration personnelle. Données sur les entreprises japonaises et suédoises adaptées de Granstrand (1999), p. 282.

Figure 24. Facteurs décourageant l'internationalisation des activités de R&D des entreprises suisses, japonaises et suédoises

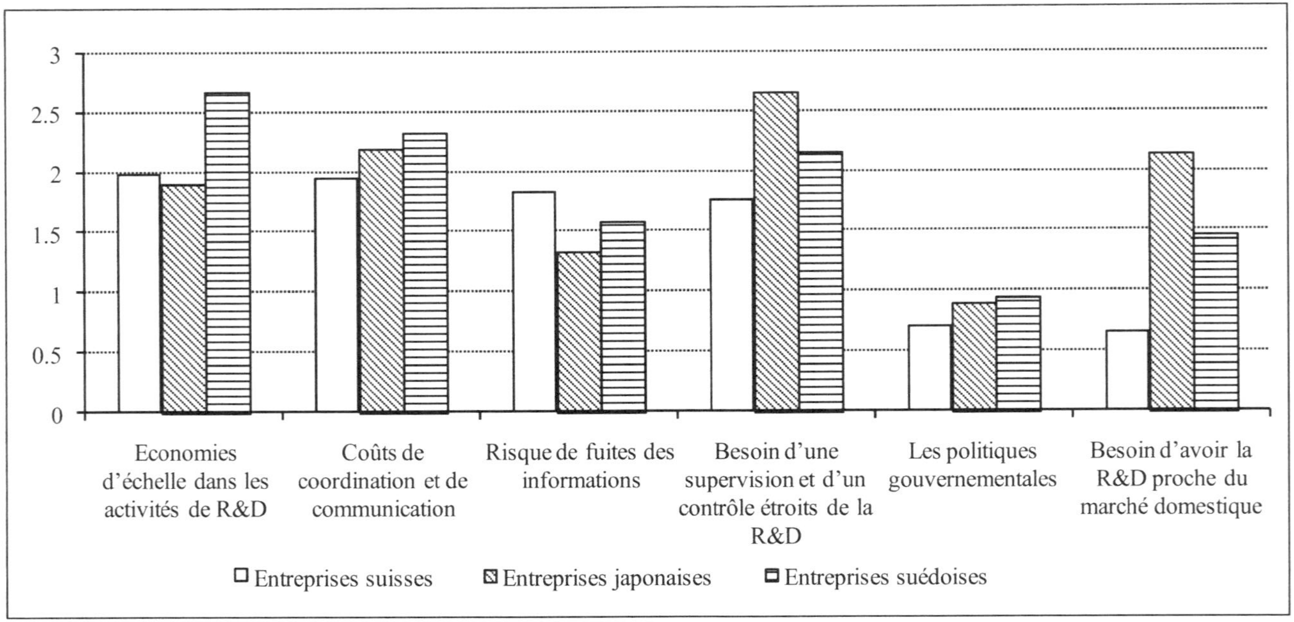

Source: Elaboration personnelle. Données sur les entreprises japonaises et suédoises adaptées de Granstrand (1999), p. 282.

3.3.2. Comparaison des résultats par industrie

Les facteurs d'internationalisation peuvent être distingués par industrie. Seules les industries représentées par au moins trois entreprises sont incluses dans les résultats suivants, par souci de représentativité. Les données montrent que l'accès aux connaissances étrangères (accès à la science et technologie étrangères, présence dans un cluster et accès aux travailleurs hautement qualifiés) est très important pour les entreprises pharmaceutiques, aussi bien dans les pays développés, qu'en développement et en Chine (voir les figures suivantes: Figure 25, Figure 26, Figure 27 et le Tableau 50). Pour l'industrie des instruments de précision, l'accès aux connaissances étrangères est capital dans les pays développés, mais beaucoup moins important dans les pays en développement et en Chine. Dans ces dernières régions, l'industrie des instruments de précision effectuent de la R&D principalement en raison des réglementations du pays d'accueil. L'industrie chimique est surtout motivée à effectuer de la R&D dans les pays développés pour soutenir les clients et marchés locaux, ainsi que la production locale. Dans les pays en développement, l'industrie cherche non seulement à soutenir les clients et marchés locaux, mais aussi à avoir accès à une main-d'œuvre meilleur marché. En Chine, le motif d'accès à une main-d'œuvre meilleur marché dépasse même le motif de soutien au marché. Dans l'industrie des machines et matériels, l'ambition des filiales étrangères est particulièrement mise en avant dans les pays développés. Etre présent dans un cluster local et l'accès à la science et technologie étrangère sont moins marqués que pour les autres industries. Dans les pays en développement et en Chine, le soutien aux clients et marchés locaux constitue le motif le plus fort.

Figure 25. Motifs d'internationalisation de la R&D des entreprises suisses dans les pays développés, par industrie

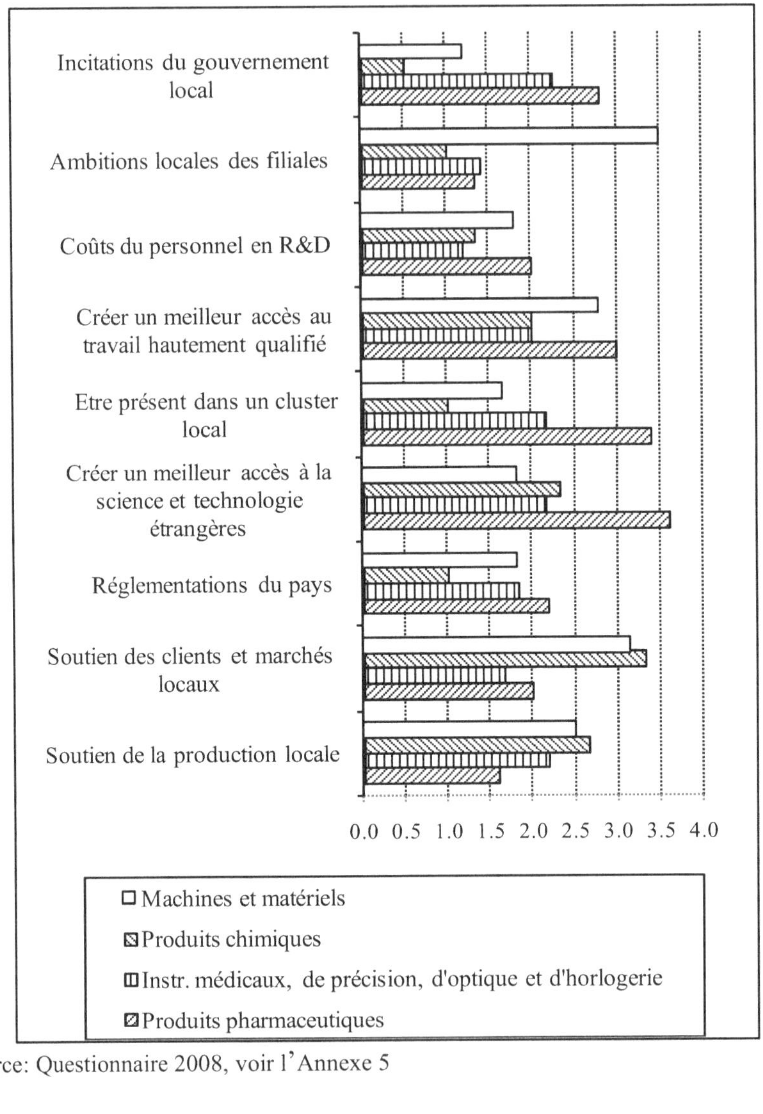

Source: Questionnaire 2008, voir l'Annexe 5

Figure 26. Motifs d'internationalisation de la R&D des entreprises suisses dans les pays en développement, par industrie

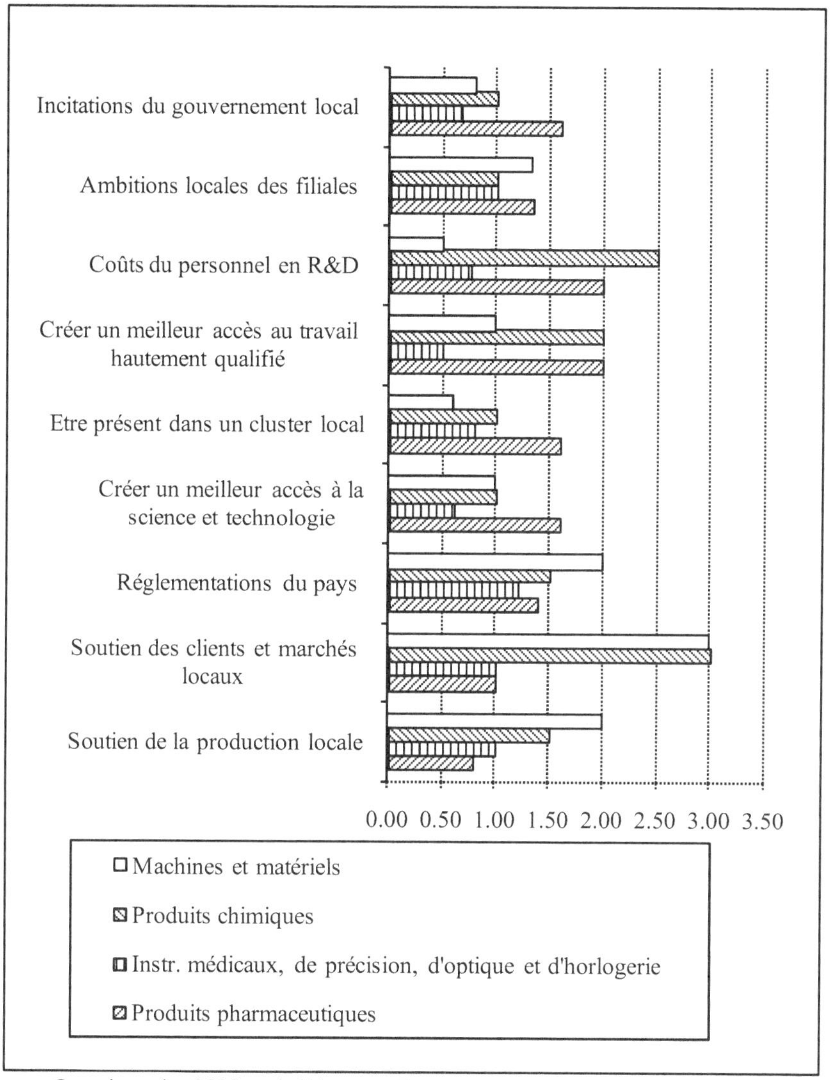

Source:Questionnaire 2008, voir l'Annexe 5

Figure 27. Motifs d'internationalisation de la R&D des entreprises suisses en Chine, par industrie

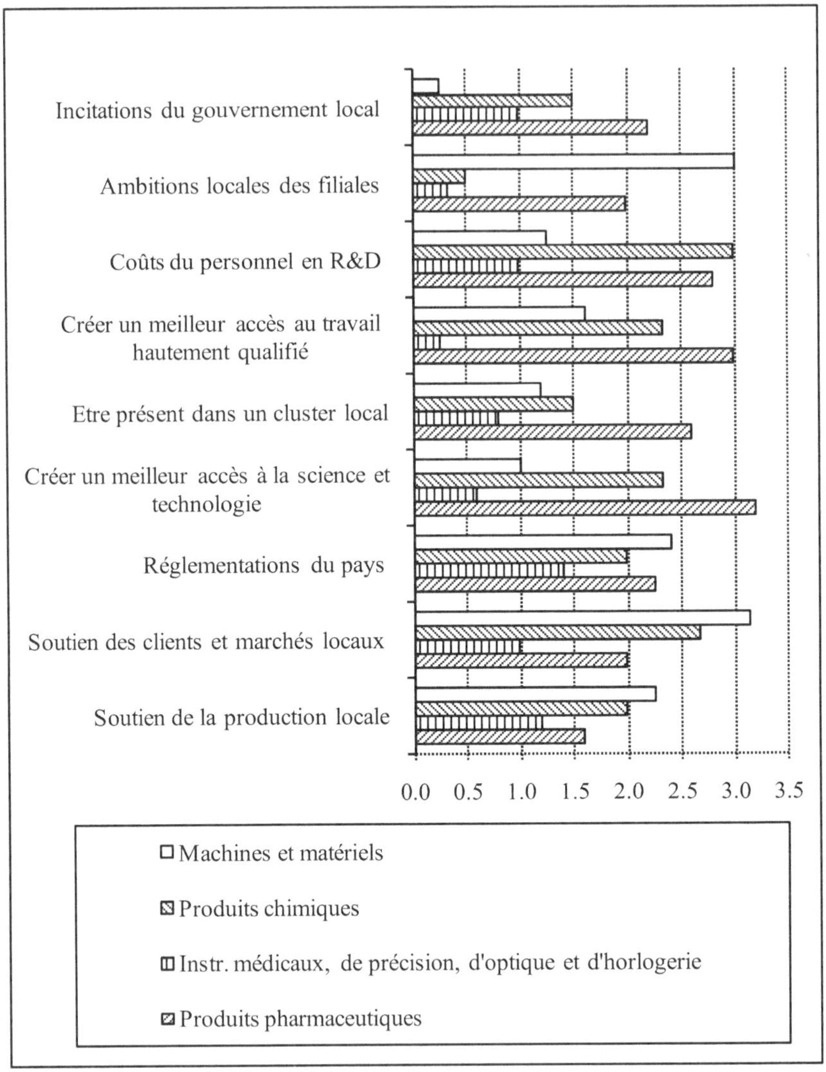

Source: Questionnaire 2008, voir l'Annexe 5

Tableau 50. Motifs d'internationalisation des activités de R&D les plus importants selon l'industrie

	Motif le plus important par région de destination		
Industries	*Pays développés*	*Pays en développement*	*Chine*
Produits pharmaceutiques	Créer un meilleur accès à la science et technologie étrangères (3.60)*	Créer un meilleur accès au travail hautement qualifié et créer un meilleur accès à du personnel en R&D efficace en termes de coûts (2.00)	Créer un meilleur accès à la science et technologie étrangères (3.20)
Instruments médicaux, de précision, d'optique et d'horlogerie	Incitations du gouvernement local (2.25)	Avoir une opération de R&D dans le pays étranger rend ce marché plus accessible à cause des réglementations du pays (1.20)	Avoir une opération de R&D dans le pays étranger rend ce marché plus accessible à cause des réglementations du pays (1.40)
Produits chimiques	Soutien des clients et marchés locaux (3.33)	Soutien des clients et marchés locaux (3.00)	Créer un meilleur accès à du personnel en R&D efficace en termes de coûts (3.00)
Machines et matériels	Ambitions locales des filiales (3.50)	Soutien des clients et marchés locaux (3.00)	Soutien des clients et marchés locaux (3.14)

Note: *Entre parenthèses, les degrés d'importance

Source: Questionnaire 2008, voir l'Annexe 5

3.4 Transferts de connaissances

L'importance de transférer des connaissances depuis la maison-mère vers les filiales a depuis longtemps été mise en avant (Dunning, 1958, Vernon, 1966). Inversement, les études analysant le transfert de connaissances depuis les filiales vers la maison-mère sont peu nombreuses (voir Frost, 1998; Hakanson et Nobel, 2001; Frost et Zhou, 2005; Ambos et al. 2006; Rabbiosi, 2008). Ce transfert de connaissances peut concerner tous les domaines d'activités de l'EMN. L'étude de Ambos et al. (2006) sur 246 transferts inversés de connaissances à l'intérieur de 33 EMN prend en compte les domaines du marketing, du système d'achat, de la technologie et de la distribution. Cependant, il n'existe selon l'auteur aucune étude sur le transfert de connaissances entre les filiales de R&D et la maison-mère se basant sur un questionnaire. Les seules études sur le transfert inversé de connaissances dans les activités de R&D utilisent les citations de brevets (Criscuolo, 2002 et 2004 et Frost, 2001).

Un brevet appartenant à une filiale étrangère et cité par sa maison-mère est la mesure du transfert inversé de connaissances à l'intérieur de l'EMN utilisée dans ces recherches. Dans le point 2.4.4 précédent, les citations des brevets suisses ont mis en évidence le fait qu'il existe un transfert de connaissances faibles depuis les filiales étrangères des entreprises suisses vers leurs unités en Suisse (127 sur 3'372 brevets cités par la maison-mère appartiennent à leurs filiales étrangères). Cependant, cette mesure n'enseigne que sur la présence d'un flux de connaissances, mais n'indique ni les difficultés des transferts de connaissances, ni le type de connaissances transférées. Notre questionnaire permet de dépasser ces limites.

Les réponses de notre questionnaire démontrent premièrement que le transfert de connaissances de la maison-mère[53] vers les filiales concerne principalement les clients et les marchés locaux (voir le Tableau 51). Ceci confirme les résultats obtenus précédemment sur la priorité du motif de soutien aux clients et marchés locaux. En deuxième position, les connaissances transférées se rapportent aux idées locales, attestant de l'importance grandissante des activités de R&D étrangères qui recherchent de nouveaux actifs stratégiques. En outre, le transfert de connaissances liées à la science et technologie a la plus forte tendance à augmenter, confirmant cette importance.

53 Le questionnaire spécifiait aux répondants que l'expression «parent company» ou maison-mère définit les unités suisses de l'entreprise.

Tableau 51. Types de connaissances transférées des filiales vers la maison-mère

Type de connaissances transférées	*Degré d'importance (0 à 4)*	*Tendance (-1 à 1)*
La connaissance transférée est liée aux clients et marchés locaux	2.39	.22
La connaissance transférée est liée aux idées locales	2.07	.36
La connaissance transférée est liée aux produits locaux	2.04	.19
La connaissance transférée est liée à la science et technologie locales	1.97	.50
La connaissance transférée est liée aux procédés locaux	1.71	.00

Note: Question posée: «Please rate to which extent you agree with the following propositions about the types of knowledge which were transferred from your foreign subsidiaries to your parent company.»

Source: Questionnaire 2008, voir l'Annexe 5

Les activités de R&D suisses utilisent les connaissances des filiales provenant principalement des Etats-Unis et de l'Allemagne (voir le Tableau 52). Les pays développés sont ainsi les premiers fournisseurs de nouvelles connaissances pour les entreprises suisses. Cependant, la Chine arrive en troisième position, devant le Royaume-Uni et la France, démontrant l'importance de ce pays dans le développement technologique des entreprises. En outre, les entreprises utilisent des connaissances dans les pays dans lesquels elles possèdent des centres d'excellence (voir le Tableau 41). Ceux-ci représentent ainsi des sources importantes de nouvelles connaissances utiles à toute l'organisation de l'entreprise.

Le classement des principaux pays d'où la maison-mère tire ses connaissances provenant d'acteurs externes à la firme est le même, à l'exception de la Chine qui arrive en cinquième position (voir le Tableau 53). Ainsi, les entreprises transfèrent davantage les connaissances provenant de leurs filiales de R&D en Chine que celles provenant d'entreprises ou d'universités en Chine.

Tableau 52. Pays d'origine des transferts inversés de connaissances à l'intérieur de l'entreprise

Question	*Degré d'importance (0 à 4)*	*Tendance (-1 à 1)*
Est-ce que vos unités suisses utilisent les connaissances de vos filiales de R&D étrangères?	2.28	.56
Principalement de quels pays?	*Fréquence*	*Pourcentage*
Etats-Unis	16	28.57
Allemagne	9	16.07
Chine	7	12.50
Royaume-Uni	6	10.71
France	5	8.93
Singapour	3	5.36
Italie	2	3.57
Japon	2	3.57
Autriche	1	1.79
Canada	1	1.79
Union européenne	1	1.79
Finlande	1	1.79
Mexique	1	1.79
Suède	1	1.79
Total	56	

Source: Questionnaire 2008, voir l'Annexe 5

Tableau 53. Pays d'origine des transferts inversés de connaissances externe à l'entreprise

Question	*Degré d'importance (0 à 4)*	*Tendance (-1 à 1)*
Est-ce que les centres de R&D suisses de votre entreprise reçoivent de nouvelles connaissances de R&D étrangère effectuée par d'autres entreprises ou d'autres agents, tels que les universités étrangères?	2.45	.54
Principalement de quels pays?	*Fréquence*	*Pourcentage*
Etats-Unis	17	28.33
Allemagne	16	26.67
Royaume-Uni	7	11.67
France	5	8.33
Chine	5	6.67
Union Européenne	2	3.33
Asie	1	1.67
Australie	1	1.67
Autriche	1	1.67
Belgique	1	1.67
Canada	1	1.67
Finlande	1	1.67
Japon	1	1.67
Pays-Bas	1	1.67
Singapour	1	1.67

Source: Questionnaire 2008, voir l'Annexe 5

Selon les données disponibles, le transfert de connaissances de la maison-mère vers les filiales est plus élevé que le transfert de connaissances des filiales vers la maison-mère (voir le Tableau 54, lignes 1, 2 et 3). 29 entreprises ont répondu aux questions du Tableau 54. Pour 2 entreprises seulement, le transfert de connaissances des filiales vers la maison-mère était plus important que le transfert de connaissances de la maison-mère vers les filiales; tandis que pour 14 entreprises, le transfert de la maison-mère vers les filiales est plus important que l'inverse. Finalement, pour 13 entreprises, l'importance du transfert est identique. Selon ces résultats, pour 14 entreprises sur 29, les connaissances développées en Suisse sont davantage utiles et transférables dans les filiales de R&D que l'inverse. Cependant, les entreprises ont déclaré que la maison-mère bénéficiait grandement de la R&D entreprise à l'étranger (voir la quatrième ligne du Tableau 54). Ceci indique que même si la maison-mère est le centre le plus important, les filiales étrangères participent fortement au développement innovant de l'entreprise.

Tableau 54. Transferts de connaissances entre les filiales et la maison-mère

Question	*Degré d'importance (0 à 4)*
Est-ce que vos unités suisses utilisent les connaissances de vos filiales de R&D étrangères?	2.28
Est-ce que vos filiales de R&D étrangères utilisent les connaissances créées dans votre maison-mère?	3.00
Est-ce que les connaissances transférées de la maison-mère vers les filiales sont plus élevées que les connaissances transférées des filiales vers la maison-mère?	2.31
Est-ce que votre maison-mère bénéficie de la R&D entreprise dans vos filiales?	2.70

Note: Le questionnaire spécifiait que: «The expression «parent company» defines Swiss units of your company and «foreign subsidiaries» defines foreign R&D units which belong to your company».

Source: Questionnaire 2008, voir l'Annexe 5

Le chapitre précédent a déterminé par les citations de brevets que les activités de R&D étrangères étaient exploratrices, citant davantage les inventions locales que celles du pays d'origine. Les réponses au questionnaire révèlent que les entreprises transfèrent des connaissances de l'étranger vers le pays d'origine, mais que ce transfert est plus faible que celui du pays d'origine vers les filiales. Ceci indique que les filiales, même si elles sont exploratrices, créent des inventions qui ne sont pas forcément utiles pour le pays d'origine. Il se peut aussi que les connaissances découvertes à l'étranger ne soient pas facilement transférables, étant donné les difficultés inhérentes au transfert de connaissances entre frontières (voir le point 3.2.3 de la Partie 2). En outre, selon Yang et al. (2008, p. 5), le transfert inversé de la maison-mère aux filiales est beaucoup plus difficile que le transfert conventionel. Le Tableau 55 met en avant les difficultés du transfert inversé des connaissances selon notre échantillon.

La difficulté la plus importante concerne la haute spécificité des activités étrangères, suivie du manque de connaissances ou technologies pertinentes de la maison-mère. Ainsi, les difficultés du transfert de connaissances sont liées aux types d'activités effectuées à l'étranger. En effet, puisque les activités adaptent principalement les produits aux marchés locaux, les nouvelles connaissances des filiales sont liées aux marchés d'accueil et sont difficiles à transférer à la maison-mère. En outre, en troisième position figure la difficulté «Les connaissances/technologies sont inférieures à celles disponibles dans la maison-mère». Ceci démontre que les connaissances provenant de Suisse sont de qualité supérieure aux connaissances étrangères pour les entreprises suisses.

La faiblesse du transfert est moins liée aux difficultés inhérentes au transfert, telles que la résistance de l'unité de réception, la communication ou la coordination, les coûts d'adaptation ou la codifiabilité. Ainsi, les obstacles à la communication semblent être relativement faibles au sein des organisations des entreprises suisses.

Tableau 55. Difficultés du transfert de connaissances des filiales vers la maison-mère

Barrières liées au transfert de connaissances	*Degré d'importance (0 à 4)*	*Tendance (-1 à 1)*
Haute spécificité	1.81	.16
Les connaissances/technologies ne sont pas relevantes pour la maison-mère	1.77	.00
Les connaissances/technologies sont inférieures à celles disponibles dans la maison-mère	1.50	-.12
La distance géographique rend le transfert de connaissances difficile	1.50	.05
Incompatibilité technologique avec la maison-mère	1.48	.05
Résistance de l'unité de réception	1.41	-.35
Faible communication ou mécanisme de coordination	1.36	-.11
Incompatibilité culturelle avec la maison-mère	1.27	-.16
Coûts requis pour adapter la compétence au nouveau contexte trop élevés	1.05	-.05
Faible codifiabilité	.82	-.07

Notes: Question posée: «If the subsidiaries' knowledge was not transferred to the parent company, please indicate why». Les barrières listées proviennent de l'étude de Rabbiosi (2008).

Source: Questionnaire 2008, voir l'Annexe 5

En résumé, selon les réponses aux questionnaires, les entreprises suisses considèrent le pays d'origine comme le pays le plus important en matière de contribution à leurs activités de R&D. Les facteurs incitant à effectuer de la R&D en Suisse concernent principalement les avantages compétitifs de ce pays, comme la présence de travailleurs qualifiés et le système scientifique et technologique. De plus, les avantages liés aux coûts tels que les pertes d'économies d'échelle et les coûts de coordination et de communication démotivent les entreprises à internationaliser leurs activités de R&D.

Malgré ces facteurs de centralisation dans le pays d'origine, les entreprises suisses effectuent des activités de R&D à l'étranger. Les motifs d'internationalisation ont tendance à être plus importants que les motifs de centralisation, démontrant que l'internationalisation devrait croître. Le premier pays d'accueil est l'Allemagne, suivi des États-Unis et du Royaume-Uni. Les données ont aussi montré l'importance grandissante de la Chine et des pays asiatiques comme destinations des activités de R&D des entreprises suisses, résultat qui n'avait pas été observé dans l'étude des brevets.

Le soutien à la clientèle locale et aux marchés locaux constitue le facteur d'internationalisation le plus fort dans les pays développés, les pays en développement et en Chine. La création d'un meilleur accès à la main-d'œuvre hautement qualifiée a la plus forte tendance à augmenter dans les pays développés et les pays en développement. La création d'un meilleur accès à la science et la technologie a la plus forte tendance à augmenter en Chine (suivie de près par l'accès à la main-d'œuvre hautement qualifiée). Ces résultats confirment l'évolution du rôle des filiales de R&D à l'étranger indiquée par Asakawa (2001, 2005) de passer d'un centre d'exploitation des technologies transférées de la maison-mère à un centre d'exploration d'inventions.

Finalement, la dernière section de ce chapitre a analysé le transfert inversé de connaissances. Les connaissances transférées des filiales vers la maison-mère sont moins nombreuses que les connaissances transférées de la maison-mère vers les filiales. Les transferts des filiales vers la maison-mère concernent principalement les clients et les marchés locaux, suivis des idées locales. Les difficultés du transfert de connaissances sont davantage liées aux types d'activités effectuées à l'étranger qu'aux difficultés inhérentes au transfert, telles que les problèmes de communication.

Cette section confirme ainsi l'importance du pays d'origine dans le progrès technologique de l'entreprise. Cependant, les entreprises ont déclaré que la maison-mère bénéficiait grandement de la R&D entreprise à l'étranger. Ainsi, même si la maison-mère représente le centre prépondérant, les filiales étrangères participent fortement au développement innovant de l'entreprise.

Conclusion

Les données des brevets et les réponses du questionnaire ont toutes deux démontré que le pays d'origine joue un rôle essentiel dans un contexte de forte internationalisation de la R&D. En effet, selon l'analyse des brevets, la Suisse est le pays le plus inventif pour les entreprises suisses et les entreprises n'ont pas diminué les activités de R&D effectuée en Suisse depuis 1980. Selon les résultats de l'enquête, les entreprises considèrent la Suisse comme le pays le plus important pour effectuer leur R&D. Les facteurs incitant à effectuer de la R&D dans le pays d'origine pour les entreprises suisses concernent principalement les avantages compétitifs de la Suisse, tels que la présence de travailleurs qualifiés et le système scientifique et technologique suisse.

Toutefois, les entreprises suisses investissent fortement dans les activités de R&D à l'étranger, en comparaison aux entreprises provenant d'autres pays. Selon les données sur les brevets, le pourcentage d'inventions d'entreprises suisses créées à l'étranger se situait à environ 30 pour cent dans les années 1980 et a augmenté rapidement pour se situer à 65 pour cent en 1998. Après une baisse en 1999 et 2000, les entreprises ont à nouveau fortement inventé à l'étranger dans les années 2000, effectuant 63,7 pour cent de leurs inventions à l'étranger en 2006. Les entreprises qui investissent majoritairement en activités de R&D à l'étranger relèvent principalement des secteurs des produits pharmaceutiques, des produits chimiques et des machines et matériels. L'argument selon lequel les activités de R&D sont centralisées dans le pays d'origine n'est ainsi plus valide pour la Suisse. En outre, les inventions étrangères citent majoritairement les inventions créées dans leur pays d'accueil, puisant ainsi davantage des sources de connaissances de leur environnement local que de celles du pays d'origine. Ceci démontre que les entreprises suisses utilisent plusieurs sources de connaissances. Les résultats des questionnaires ont également démontré que les facteurs incitant à l'internationalisation des activités de R&D des entreprises suisses sont plus forts que les facteurs incitant leur centralisation, présageant de la poursuite de cette internationalisation.

La partie empirique a déterminé le rôle des activités de R&D étrangère. Les résultats de notre enquête ont prouvé que les entreprises effectuent principalement des activités dans le but de soutenir les clients et les marchés locaux et en vue d'accéder à la science et la technologie locale et aux travailleurs hautement qualifiés. Les entreprises investissent ainsi dans des pays possédant des connaissances faisant défaut dans le pays d'origine. Ceci facilite le développement novateur de la firme et peut en outre combler le retard technologique du pays d'origine lors de transfert de connaissances. Nous trouvons ainsi une concentration d'activités dans quelques pays développés (Allemagne, Etats-Unis, France, Royaume-Uni et Japon), avec une augmentation dans les pays asiatiques. L'analyse montre de plus que les arbitrages opérés sur les niveaux de salaire perdent de leur impact. La réduction des coûts ne constitue pas de ce fait la variable clé dans l'internationalisation des activités de R&D.

Finalement, la partie empirique a observé les flux de connaissances entre filiales et maison-mère pour analyser dans quelle mesure la technologie créée à l'étranger est capturée par le pays d'origine. Les données sur les brevets ont premièrement indiqué que les maisons-mères citent 127 inventions créées dans leurs propres filiales à l'étranger. Ce résultat implique qu'il existe un transfert de connaissances depuis la filiale vers le pays d'origine. Cependant, les données ont aussi déterminé le fait que les filiales à l'étranger citent 169 inventions créées dans leur maison-mère. Il existe ainsi un transfert inversé des connaissances, mais ce transfert est plus faible que le transfert traditionnel de la maison-mère aux filiales. En outre, le nombre de citations est faible (127 sur 6'620 citations totales). Les connaissances développées à l'étranger ne sont ainsi pas toujours transférées vers le pays d'origine. Elles sont souvent locales, liées à leur contexte et ainsi difficiles à déplacer. Ceci confirme l'hypothèse selon laquelle les connaissances ne sont pas toujours diffusables à travers de larges distances, étant donné qu'elles collent à leur source (voir la section 1.2 de la deuxième partie). Il existe une mise en réseau des connaissances, mais celle-ci est pour l'instant limitée. Par conséquent, un des défis stratégiques des quartiers généraux des entreprises aujourd'hui réside dans le choix et l'établissement des mécanismes qui soutiennent et améliorent les transferts de connaissances entre unités (Björkman et al. 2004, Foss et Pedersen, 2004). Ceci permettra d'éviter la duplication des efforts de recherche et rendra possible à toute l'organisation de bénéficier des résultats trouvés dans les filiales. Les quartiers généraux doivent alors s'assurer que les employés des centres de R&D du pays d'origine ne sont pas résistants à accepter des connaissances venues des filiales. En outre, les entreprises ont de nouveaux défis d'identification et de reconnaissance des filiales avec des connaissances relevantes (voir Forsgren et al. 2000, Holm et al. 1995). De plus, ils doivent sélectionner les emplacements correctes pour les filiales de R&D, car faire le choix d'une localisation désavantageuse pour de telles activités peut avoir de sérieuses répercussions sur la performance de l'entreprise, étant donné le coût d'ancrage. Finalement, ils doivent prévoir des mécanismes de coordinations améliorant le transfert de connaissances.

Conclusion générale

L'internationalisation des activités de R&D donne la possibilité aux entreprises d'accéder aux compétences les plus pointues et d'augmenter leur capacité d'innovation. Les entreprises suisses profitent de cette opportunité en investissant fortement, et depuis de nombreuses années, en activités de R&D à l'étranger. Selon les données sur les brevets, elles élaborent depuis 1988 la majeure partie de leurs inventions à l'étranger, principalement en Allemagne, aux Etats-Unis, en France et au Royaume-Uni. Ainsi, en 2006, 63.7 pour cent des inventions des entreprises suisses étaient créées à l'étranger. En dispersant leurs investissements en R&D, les entreprises suisses améliorent leurs produits et services selon les particularités des régions. En outre, elles recherchent d'une manière croissante des compétences spécialisées et des talents à l'étranger. Les filiales deviennent alors créatrices d'innovations. L'hypothèse de centralisation des activités de R&D dans le pays d'origine soutenue par de nombreux auteurs doit en conséquence être rejetée dans le cas suisse.

Cette situation pourrait être considérée comme une indication d'une faiblesse de la compétitivité et d'une marginalisation de la recherche de la Suisse. Toutefois, le pays dans lequel les entreprises suisses effectuent la plus grande partie de leurs activités novatrices demeure la Suisse (en 2006, 42 pour cent des inventions des entreprises suisses étaient créées en Suisse, contre 30 pour cent en Allemagne et 18 pour cent aux Etats-Unis). En outre, l'examen des citations de brevet comme mesure de la valeur scientifique des inventions du pays d'origine et des inventions étrangères indique que la Suisse demeure la principale source de connaissances des entreprises suisses. Finalement, selon les réponses des entreprises suisses à un questionnaire envoyé en 2008, la Suisse est le pays le plus novateur pour leurs activités de R&D et la création de centres de R&D à l'étranger n'a pas été accompagnée de la fermeture de centres en Suisse. Par conséquent, la Suisse joue un rôle continu pour la compétitivité des firmes suisses et conserve son importance en tant que leader dans le développement des innovations de celles-ci. Cette place centrale de la Suisse s'explique entre autres par les caractéristiques des activités de R&D: risquées, incertaines et coûteuses. Les entreprises sont alors incitées à concentrer ces activités dans le pays d'origine, afin de bénéficier d'économies d'échelles et en vue de les agglomérer près de la direction. En outre, les entreprises suisses ont tendance à considérer la Suisse comme le lieu idéal pour leurs activités de R&D, car elles peuvent bénéficier des avantages compétitifs dans l'innovation de ce pays. La citation de Porter peut par conséquent être appliquée à la Suisse:

> The process of creating skills and the important influences on the rate of improvement and innovation are intensively local. Paradoxically, then, more open global competition makes the home base more, not less, important. (Porter, 1990, p. 158)

Les craintes de marginalisation ne doivent par ailleurs pas faire oublier les effets positifs liés à l'internationalisation des activités de R&D. D'une part, les entreprises investissant en R&D à l'étranger sont en général davantage productives que celles qui ne le font pas et peuvent ainsi dégager des ressources pour leurs activités de R&D. D'autre part, les entreprises acquièrent à l'étranger de nouvelles connaissances non disponibles dans le pays d'origine, qu'elles ont la possibilité d'intégrer au sein de leur organisation et de transférer aux entreprises ou institutions de recherche du pays d'origine. Ainsi, alors que les centres de R&D du pays d'origine ont traditionnellement endossé le rôle de créateur de connaissances et d'expéditeur de connaissances vers les pays d'accueil, le pays d'origine devient aussi receveur de nouvelles connaissances des pays d'accueil. Nous nous tournons donc vers une mise en réseau des centres de R&D. Ceci permet d'augmenter les compétences des chercheurs et peut de plus combler le retard technologique du pays d'origine.

L'internationalisation des activités de R&D n'est pas sans incidences pour la politique économique suisse. En premier lieu, la Suisse est en compétition avec d'autres emplacements pour les dépenses en R&D privées. L'attrait de la Suisse pour ces ressources passe par une politique de soutien des conditions locales pour l'investissement en R&D, incluant le processus d'internationalisation de la R&D (en aidant par exemple les acteurs domestiques à adopter des innovations créées à l'étranger, en attirant les talents étrangers, en promouvant les collaborations entre les acteurs domestiques et les acteurs à l'étranger et en soutenant l'expansion internationale de la recherche domestique, Guimón, 2009). En second lieu, étant donné que la circulation du savoir est bénéfique à l'innovation, les instruments politiques peuvent aussi être orientés dans la direction de l'aide aux transferts de connaissances des pays étrangers vers la Suisse (en encourageant par exemple la mobilité internationale des chercheurs ou l'expansion à l'étranger de centres de recherche universitaires). Les transferts de connaissances en Suisse peuvent également être incités en favorisant les contacts entre institutions de recherche, associations, hautes écoles et entreprises. Il est en outre important de soutenir les clusters, étant donné que les échanges entre participants y sont très nombreux. Finalement, le risque principal causé par l'internationalisation de la R&D est lié à l'imitation des technologies sans le consentement de l'entreprise. Par conséquent, la Suisse doit promouvoir l'harmonisation et la protection des droits de propriété intellectuelle au niveau mondial. Il n'est toutefois pas judicieux d'interdire les importations parallèles sous prétexte que la libéralisation provoquerait un déplacement des centres de recherche. En effet, les données sur les brevets indiquent que les entreprises pharmaceutiques de notre échantillon internationalisent déjà leurs activités de R&D, alors que les importations parallèles de médicaments sont interdites. En 2005, elles effectuaient 52 pour cent de leurs activités inventives à l'étranger.

En conclusion, ce présent travail a permis de comprendre les enjeux de l'internationalisation des activités innovantes. Il a notamment comblé le manque de littérature sur les retombées économiques de cette internationalisation sur le pays d'origine. En outre, l'approche théorique a développé les raisons qui incitent une entreprise à internationaliser ses activités par le mode des investissements directs, ainsi que les facteurs déterminant les emplacements d'accueil. La partie empirique a étudié l'internationalisation des activités de R&D des entreprises suisses de façon novatrice. C'est en effet la première étude analysant les brevets des entreprises suisses d'une manière si approfondie. La recherche s'est basée sur les brevets et les citations de brevets publiés entre 1978 et 2006 par les 71 entreprises suisses les plus innovantes. L'analyse des brevets a entre autres établi la répartition géographique des activités de R&D des entreprises suisses et l'évolution de cette distribution. L'étude des citations des brevets des entreprises suisses est la première étude renseignant sur la valeur scientifique des inventions effectuées dans les filiales de R&D et en Suisse. Ceci a été utile à l'évaluation de la place du pays d'origine dans l'internationalisation des activités de R&D et à la détermination des emplacements desquels les entreprises multinationales tirent leurs connaissances. Les résultats ont de plus été complétés qualitativement aux vues des réponses données à un questionnaire. Les mobiles des activités de R&D étrangères des entreprises suisses ont été exposés, ainsi que le transfert inversé de connaissances, alors que celui-ci avait peu été investigué dans la littérature. En définitive, ce présent travail apporte de nouvelles considérations sur un phénomène de grande ampleur, l'internationalisation de la R&D, qui est un facteur majeur de la croissance économique. Aussi bien les institutions politiques que les gestionnaires d'entreprises et les chercheurs peuvent trouver des éléments d'aide à la décision dans cette recherche.

Les prochaines études sur les effets de l'internationalisation des activités de R&D devraient s'attarder sur le système d'innovation suisse. Ceci permettrait entre autres de déterminer si les acteurs domestiques possèdent les capacités nécessaires à l'absorption des nouvelles technologies acquises à l'étranger. En outre, une étude des domaines technologiques recherchés à l'étranger déterminerait si les profils étrangers et suisses sont similaires ou non, et dans quels emplacements les nouvelles technologies d'une industrie spécifique émergent.

Bibliographie

ADENFELT, M. et K. LAGERSTRÖM (2008). «The Development and Sharing of Knowledge by Centres of Excellence and Transnational Teams: A Conceptual Framework». *Management International Review* 48(3), pp. 319-338.

ADLER, N. J. et F. GHADAR (1990). «Strategic Human Resource Management: A Global Perspective». In PIEPER, R. (ed.). *Human Resource Management: An International Comparison*. Berlin: Walter de Gruyter.

AFP (2008). «Acier: ArcelorMittal n'obtient pas de feu vert pour contrôler China Oriental». 4.08.2008.

AGARWAL, J. P. (1980). «Determinants of Foreign Direct Investment: A Survey». *Weltwirschaftliches Archiv* 116, pp. 739-773.

AGHION, P. et P. HOWITT (1992). «A model of growth through creative destruction». *Econometrica* 60, pp. 323–51.

AITKEN, B. J. et A. E. HARRISON (1991). «Are There Spillovers From Foreign Direct Investment? Evidence from Panel Data for Venezuela». mimeo, MIT and the World Bank.

-, (1999). «Do domestic firms benefit from direct foreign investment? Evidence from Venezuela». *The American Economic Review* 89(3), pp. 605-618.

AITKEN, B. J., HARRISON, A. E. et R. E. LIPSEY (1996). «Wages and foreign ownership A comparative study of Mexico, Venezuela, and the United States». *Journal of International Economics* 40(3-4), pp. 345-371.

AKAMATSU, K. (1935), «Wagakuni Yomo Kogyohim no Boeki Suisei 'The Trend of Japan's Trade in Woolen Manufactures». *Shogyo Keizai Ronso,* Journal of Nagoya Higher Commercial School.

-, (1962). «A Historical Pattern of Economic Growth in Developing Countries». *The Developing Economies* 1, pp. 3-25.

AKERLOF, G. A (1970). «The Market for 'Lemons': Quality Uncertainty and the Market Mechanism». *The Quarterly Journal of Economics* (3), pp. 488-500.

AKERS, N (2000). «The referencing of prior art documents in European patents and applications». *World Patent Information*, 22(3), pp. 306-315.

ALCHIAN, A. (1950). «Uncertainty, evolution, and economic theory». *Journal of Political Economy* 58, pp. 211-221.

ALCHIAN, A. et H. DEMSETZ (1972). «Production, information costs and economic organisation». *American Economic Review* 62, pp. 777-795.

ALIBER, R. Z. (1970). «A Theory of Direct Foreign Investment». In KINDLEBERGER, C. P. (ed). *The International Corporation: A Symposium*. Cambridge, Mass.: MIT Press.

-, (1971). «The Multinational Enterprise in a Multiple Currency World». In DUNNING, J. H. (ed). *The Multinational Enterprise*. London: Allen & Unwin.

-, (1983). «Money, multinationals and sovereigns». In KINDLEBERGER, C. P. et D.

B. AUDRESCH (eds). *The Multinational Corporation in the 1980s*. Cambridge, Mass: MIT Press.

ALLRED, B. B et W. G PARK (2007). «Patent rights and innovative activity: evidence from national and firm-level data». *Journal of International Business Studies,* 38(6), pp. 878-900.

ALMEIDA, P. (1996). «Knowledge sourcing by foreign multinationals: patent citation analysis in the US semiconductor industry». *Strategic Management Journal* 17, pp. 155-165.

ALMEIDA, P. et B. KOGUT (1997). «Exploration of technological diversity and the geographic localization of innovation». *Small Business Economics* 9, pp. 21-21.

ALTSHULER, R. et H. GRUBERT (2003). «Repatriation Taxes, Repatriation Strategies, and Multinational Financial Policy». *Journal of Public Economics* 87(1), pp. 73-107.

AMBOS, B. (2005). «Foreign Direct Investment in Industrial Research and Development: A Study of German MNCs». *Research Policy*, pp. 395-410.

AMBOS, T., AMBOS, B. et B. B. SCHLEGELMILCH (2006). «Learning from foreign subsidiaries: An empirical investigation of headquarters' benefits from reverse knowledge transfers». *International Business Review* 15(3), pp. 294-312.

AMBOS, B. et B. B. SCHLEGELMILCH (2008). «Innovation in Multinational Firms: Does Cultural Fit Enhance Performance». *Management International Review* 48(2), pp. 189-206.

ANDERSSON, T., SCHWAAG-SERGER, S. SÖRVIK, J. et E. WISE HANSSON (2004). *The Cluster Policies Whitebook*. IKED, Sweden.

ANDERSSON, U. et M. FORSGREN (2000). «In search of centres of excellence: Network embeddedness and subsidiary roles in multinational corporations». *Management International Review* 40(4), pp. 329–350.

ARREGLE, J.-L., BEAMISH, P. W et L. HEBERT (2009). «The regional dimension of MNEs' foreign subsidiary localization». *Journal of International Business Studies* 40(1), pp. 86-107.

ARROW, K. J. (1969). «The organisation of economic activity: issues pertinent on the choice of market and non market considerations». In Joint Economic Committee (ed). *The Analysis and Evaluation of Public Expenditures: the PPB System*. Washington, DC: US Government Printing Office.

-, (1975). «Vertical integration and communication». *Bell Journal of Economics* 5(1), pp. 173-183.

ARTHUIS, J. (1993). *Rapport d'information n° 337 (1992-1993) [du Sénat] sur l'incidence économique et fiscale des délocalisations hors du territoire national des activités industrielles et de service.*

Arthur D Little (2005). «Manufacturing Site Selection in China».

-, (2007). «Delocalization of R&D - Development to follow the production trend?».

ARUNDEL, A. et I. KABLA (1998). «What percentage of innovations are patented? empirical estimates for European firms». *Research Policy* 27(2), pp. 127-141.

ARUNDEL, A. (2001). «The relative effectiveness of patents and secrecy for appropriation». *Research Policy* 30(4), pp. 611-624.

ARVANITIS, S., BEZZOLA, M., DONZE, L., HOLLENSTEIN, H. et D. MARMET (2001). *Die Internationalisierung der Schweizer Wirtschaft: Ausmass, Motive, Aus-*

wirkungen. Hochschulverlag an der ETH Zürich, Konjunkturforschungsstelle.
ARVANITIS, S. et H. HOLLENSTEIN (2007). «Determinants of Swiss Firms' R&D Activities at Foreign Locations. An Empirical Analysis Based on Firm-level Data». In BENITO, G.R.G. et H. GREVE (eds.). *Progress in International Business Research* 1, Elsevier, Amsterdam, pp. 61-90.
ASAKAWA, K. (2001). «Organizational tension in international R&D management: the case of Japanese firms». *Research Policy* 30(5), pp. 735-757.
-, (2005). «Accelerating R&D Investments into India and China». *Research Institute of Economy, Trade and Industry*.
AUDRETSCH, D. B. (1998). «Agglomeration and the location of innovative activity». *Oxford Review of Economic Policy* 14, pp. 19-29.
Australian Bureau of Statistics (2008). *Labour Force, Februar 2008*.
AYDALOT, P. (1986). *Milieux innovateurs en Europe = innovative environments in Europe*. Paris: GREMI.
BAIN, J. S. (1956). *Barriers to New Competition*. Cambridge, Mass: Harvard University Press.
BALCET, G. et R. EVANGELISTA (2005). «Global Technology: Innovative Strategies of Multinational Affiliates in Italy». *Transnational corporations,* août 2005, CNUCED.
BANQUE MONDIALE (2005). *Doing business in 2006: Creating jobs*. Washington D.C.
BARBA NAVARETTI, G. et A. J. VENABLES (2004). *Multinational firms in the world economy*. Princeton University Press.
BARBA NAVARETTI, G. et D. CASTELLANI (2004). «Does investing abroad affect performance at home? Comparing Italian multinational and national enterprises». *CEPR Discussion Papers*.
BARKEMA, H. G. et F. VERMEULEN (1998). «International expansion through start-up or acquisition: A learning perspective». *Academy of Management Journal* 41(1), pp. 7–26.
BARRELL, R. et N. PAIN (1996). «An economonetric analysis of US foreign direct investment». *The Review of Economics and Statistics* 78(2), pp. 200-207.
-, (1999). «The growth of foreign direct investment in Europe». In BARRELL, R. et N. PAIN (eds). *Innovation, investment and the diffusion of technology in Europe: German direct investment and economic growth in postwar Europe*. Cambridge: Cambridge University Press.
BARTIK, T. J. (1985). «Business Location Decisions in the United States: Estimates of the Effects of Unionization, Taxes and Other Characteristics of States». *Journal of Business and Economic Statistics* 3, pp. 14-22.
BARTLETT, C. A. et S. GHOSHAL (1989). *Managing across Borders: The Transnational Solution*. Boston: Harvard Business School Press.
-, (1992). *Transnational Management: Text, Cases and Readings in Cross-Border Management*. Homewood, Illinois: Irwin.
BAZ, A. (2005). «What is a maquiladora?»
http://www.udel.edu/leipzig/texts2/vox128.htm (Consulté le 15.05.2008).

BEAUDRY, C. et A. SCHIFFAUEROVA (2008). «Who's right, Marshall or Jacobs? The localization versus urbanization debate.» *Research Policy* 38(2), pp. 318-337.
BECKER, S. O., EKHOLM, K., MUENDLER, M.-A. et R. JAECKLE (2005). «Location Choice and Employment Decisions: A Comparison of German and Swedish Multinationals». *CESifo Working Paper Series* 1374.
BEHRMAN, J. N. (1972). *The Role of International Companies in Latin America: Autos and Petrochemicals*. Lexington, MA: Lexington Books.
BEHRMAN, J. N. et W. A. FISCHER (1980). *Overseas R&D Activities of Transnational Companies*. Cambridge, MA: Oelgeschlager, Gunn & Hain.
BEN HAMIDA, L. (2007). *Inward Foreign Direct Investment and Intra-Industry Spillovers: The Swiss Case*. Thèse de Doctorat, Université de Fribourg.
BEN HAMIDA, L. et P. GUGLER (2008). «FDI and Spillovers in the Swiss Manufacturing Industry: Interaction effects between Spillover Mechanism and Domestic Absorptive Capacities». In FELDMAN, M. P. et G. D. SANTANGELO (eds). *New Perspectives in International Business Research*, Progress in International Business Research, Vol. 3, Emerald.
BEUGELSDIJK, S., SMEETS, R. et R. ZWINKELS (2008). «The impact of horizontal and vertical FDI on host's country economic growth». *International Business Review* 17, pp. 452-472.
BIJNENS, G., WU, C. et N. TOONE (2007). «Fitting China into your global footprint». *Arthur D Little Prism 1*.
BIRKINSHAW, J. et N. HOOD (2000). «Characteristics of foreign subsidiaries in industry clusters». *Journal of International Business Studies* 31(1), pp. 141-54.
BIRKINSHAW, J., BRAUNERHJELM, P., HOLM, U. et S. TERJESEN (2006). «Why Do Some Multinational Corporations Relocate Their Headquarters Overseas?». *Working Paper Series in Economics and Institutions of Innovation* 54, CESIS - Centre of Excellence for Science and Innovation Studies.
BJORKMAN, I., BARNER-RASMUSSEN, W. et L. LI (2004). «Managing knowledge transfer in MNCs: the impact of headquarters control mechanisms». *Journal of International Business Studies* 35(5), pp. 443-455.
BLALOCK, G. et P. J. GERTLER (2004). «Learning from exporting revisited in a less developed setting». *Journal of Development Economics* 75(2), pp. 397-416.
BLATTNER, N. 2005). «Investitionen und Finanzierung von Schweizer Firmen im Ausland». *Forum der Schweizer Aussenwirtschaft Finanzierung des Auslandgeschäfts*, Zürich, Novembre.
BLOMSTRÖM, M. et E. WOLFF (1994). «Multinational Corporations and Productivity Convergence in Mexico». *NBER Working Papers 3141*, National Bureau of Economic Research, Inc.
BLOMSTRÖM, M. et A. KOKKO (1996). «Multinational Corporations and Spillovers». *CEPR Discussion Paper* 1365.
-, (1998). «Multinational corporations and spillovers». *Journal of Economic Surveys* 12(2).
-, (2003). «Human Capital and Inward FDI». *EIJS Working Paper Series* 167, The European Institute of Japanese Studies.

BLOMSTRÖM, M et F. SJÖHOLM (1999). «Technology transfer and spillovers: Does local participation with multinationals matter?». *European Economic Review* 43, pp. 915–923.

BLOMSTRÖM, M. (2002). «The Economics of International Investment Incentives». In OECD (ed.) *International Investment Perspectives*, Paris, pp. 165-179.

BOOZ & COMPANY (2008). «Beyond Borders: The Global Innovation 1000». *Strategy+Business* 53.

BOSKIN, M. et GALE, W. G. (1987). «New Results on the Effects of Tax Policy on the International Location of Investment». In FELDSTEIN, M. (ed). *The Effects of Taxation on Capital Accumulation*. Chicago: University of Chicago Press, pp. 201-219.

BOUQUET, C., MORRISON, A. et J. BIRKINSHAW (2009). «International attention and multinational enterprise performance». *Journal of International Business Studies* 40 (1), pp. 108-131.

BRACONIER, H., EKHOLM, K. et K. H. MIDELFART-KNARVIK (2001). «In Search of FDI-Transmitted R&D Spillovers: A Study Based on Swedish Data». *Welfwirtschaftliches Archiv* 137, pp. 644-665.

BRACONIER, H., NORBÄCK, P.- J. et D. URBAN (2005). «Multinational enterprises and wage costs: vertical FDI revisited». *Journal of International Economics* 67(2), pp. 446-470.

BRANSTETTER, L (2000). «Is Foreign Direct Investment a Channel of Knowledge Spillovers? Evidence from Japan's FDI in the United States». *NBER Working Papers 8015*.

BROUSSEAU, E. (1992). «Biens conditionnels et incertitudes». *Cahiers français,* 254, pp. 60-64.

BROWN, D., DEARDORFF, A., et R. STERN (2003). «The Effects of Multinational Production on Wages and Working Conditions in Developing Countries». *NBER Working Paper* 9669.

BROWN, W. B. (1976). «Islands of conscious power: MNCs in the theory of the firm». *MSU Business Topics*, pp. 37-45.

BRUNETTI, A. (2006). «Trouver le juste milieu en matière de brevet, un défi pour la politique économique». *La Vie économique* 7/8, p. 3.

BUCKLEY, P. J. et M. C. CASSON (1976). *The Future of Multinational Enterprise*. Second Edition. London: Macmillan.

-, (1981). «The optimal timing of a foreign direct investment». *Economic Journal* 91, pp. 75-87.

-, (1988). «A theory of cooperation in international business». In Farok Contractor et Peter Lorange (eds). *Cooperative Strategies in International Business*. Lexington, MA: Lexington Books, pp. 31-54.

-, (1998). « Analyzing foreign market entry strategies: extending the internalization approach». *Journal of International Business Studies* 29(3), pp. 539-562.

-, (2001). «The *Future* moral basis of global capitalism: beyond the eclectic theory». *International Journal of Multinational Enterprise*. Second Edition. London: Macmillan.

BUCKLEY, P. J. et H. DAVIES (1980). «Foreign Licensing in Overseas Operation: Theory and Evidence from the UK ». In HAWKINS, R. G. et A. J. PRASAD (eds). *Technology, Transfer and Economic Development.* Greenwich, Conn.: JAI Press.

BUCKLEY, P. J. et B. R. ROBERTS (1982). *European direct investment in the U.S.A. before World War I.* London: Macmillan.

BUCKLEY, P. J. (1983a). «New Theories of International Business: Some Unresolved Issues». In CASSON, M. C. (ed.) *The Growth of International Business.* London: George Allen and Unwin, pp 34-50.

-, (1983b). *Direct investment in the United Kingdom by smaller European firms.* London: Macmillan.

-, (1990). «Macroeconomic Versus International Business Approach to Direct Foreign Investment: A Comment on Professor Kojima's Interpretation». In BUCKLEY, P. J. (ed). *International Investment.* Aldershot: Edward Elgar.

BUCKLEY, P. J. et K. GLAISTER (2002). «What do we know about international joint ventures?». In Farok Contractor et Peter Lorange (eds.). *Cooperative Strategies and Alliances.* Oxford: Elsevier Science, pp. 49-69.

BUCKLEY, P. J., CLEGG, J. et C. WANG. (2002). «The Impacts of FDI on the Performance of Chinese Manufacturing Firms». *Journal of International Business Studies*, 33(4), pp. 637-655.

BUCKLEY, P. J., CLEGG, J. et H. TAN (2003). «The art of knowledge transfer: secondary and reverse transfer in China's telecommunications manufacturing industry». *Management International Review* 43 (2), pp. 67-94.

-, (2007). «Knowledge Transfer to China: Policy Lessons from Foreign Affiliates». In BUCKLEY, P. J. (ed). *The Multinational Enterprise and the Globalization of Knowledge.* Palgrave Macmillan.

BUCKLEY, P. J. et P. GHAURI (2004). «Globalisation, Economic Geography and the Strategy of Multinational Enterprises». *Journal of International Business Studies* 35(2), pp. 81-98.

BUCKLEY, P. J. et J. M. CARTER (2004). «A formal analysis of knowledge combination in multinational enterprises». *Journal of International Business Studies* 35(5), pp. 371–384.

BUCKLEY, P. J., CLEGG, J. et C. WANG (2006). «Inward FDI and host country productivity: evidence from China's electronics industry». *Transnational Corporations* 15(1), pp. 13-38.

-, (2007). «The impact of foreign ownership, local ownership and industry characteristics on spillover benefits from foreign direct investment in China». *International Business Review* 16(2), pp. 142-158.

BUCKLEY, P.J., CROSS, A.R., TAN, H., LIU, X. et H. VOSS (2008). «Historic and Emergent Trends in Chinese Outward Direct Investment». *Management International Review* 48(6).

BUCKLEY, P. J. et N. HASHAI (2009). «Formalizing internationalization in the eclectic paradigm». *Journal of International Business Studies* 40(1), pp. 58-70.

BULCKE, D. van den (1980). *Investment and divestment policies of multinational corporations in Europe.* New York: Praeger.

BusinessWeek (2005). «A New Lab Partner for the US?» 22.08.2005.

CANTWELL, J. (1989). *Technological Innovation and Multinational Corporations*. Oxford: Basil.

-, (1992). «The internationalisation of technological activity and its implications for competitiveness». In GRANSTRAND, O, HÅKANSON, L. et S. SJÖLANDER (eds.). *The Internationalisation of R&D and Technology*. Chichester: John Wiley, pp. 75-95.

-, (1993). «Corporate Technological Specialisation in International Industries». In CASSON, M. C. et J. CREEDY (eds). *Economic Inequality and Industrial Concentration*. Aldeshot: Edward Elgar, pp. 216-232.

-, (1995). «The globalisation of technology: what remains of the product cycle model ?» *Cambridge Journal of Economics* 19, pp. 155-174.

-, (ed) (2004). *Globalization and the Location of Firms*. Cheltenham: Edward Elgar.

-, (2009). «Location and the Multinational Enterprise». *Journal of International Business Studies* 40 (1), pp. 35–41.

CANTWELL, J. et C. HODSON (1991). «Global R&D and UK competitiveness». In CASSON, M. C. (ed.). *Global Research Strategy and International Competitiveness*. Oxford: Blackwell Scientific Publications, pp. 133-182

CANTWELL, J. et G. SANTANGELO (1999). «The frontier of international technology networks: sourcing abroad the most highly tacit capabilities». *Information Economics and Policy* 11, pp. 101-123.

CANTWELL, J. et O. JANNE (1999). «Technological globalisation and innovative centers: the role of corporate technological leadership and locational hierarchy». *Research Policy* 28, pp. 119-144.

-, (2000). «The Role of Multinational Corporations and National States in the Globalization of Innovatory Capacity: The European Perspective». *Technology Analysis & Strategic Management* 12(2), pp. 243-262.

CANTWELL, J. A. et L. PISCITELLO (2000). «Accumulating technological competence: Its changing impact on corporate diversification and internationalization». *Industrial and Corporate Change* 9(1), pp. 21-51.

CANTWELL, J. et R. NARULA (2001). «The Eclectic Paradigm in the Global Economy». *International Journal of the Economics of Business* 8(2), pp. 155-172.

-, (eds.) (2003). *International Business and the Eclectic Paradigm: Developing the OLI framework*. London et New York: Routledge.

CANTWELL, J. et C. A. NOONAN (2002). «The regional distribution of technological development: evidence from foreign-owned firms in Germany». In FELDMAN, M.P. et N. MASSARD (eds). *Institutions and Systems in the Geography of Innovation*, Kluwer Academic Publishers, Dordrecht, pp. 199–230.

CANTWELL, J. et E. KOSMOPOULOU (2002). «What determines the internationalisation of corporate technology?». In V. HAVILA, FORSGREN, M. et H. HÅKANSON (eds.). *Critical Perspectives on Internationalisation*. Oxford: Pergamon, pp. 305-334.

CANTWELL, J., GLAC, K. et R. HARDING (2004). «The internationalization of R&D - the Swiss case». *Management International Review* 44(3), pp. 57-82.

CANTWELL, J. et R. MUDAMBI (2004). «On the geography of knowledge sourcing: a typology of MNE subsidiairies». *DRUID Summer Conference 2004*, Danemark.

CANTWELL, J. et L. PISCITELLO (2005). «Recent Location of Foreigh-owned Research and Development Activities by Large Multinational Corporations in the European Regions: The Role of Spillovers and Externalities». *Regional Studies* 39(1), pp. 1-16.

CAPAR, N. et M. KOTABE (2003). «The relationship between international diversification and performance in service firms». *Journal of International Business Studies* 34(4), pp. 345–355.

CARLTON, D. W. (1983). «The Location and Employment Choices of New Firms: An Econometric Model with Discrete and Continuous Endogenous Variables». *Review of Economics and Statistics* 65, pp. 440-449.

CASSON, M. (1979). *Alternatives to the multinational enterprise*. London: Macmillan.

-, (1987). *The Firm and the Market*. Oxford: Basil Blackwell.

-, (2000). *Economics of international business: a new research agenda*. London: Edward Elgar.

CASTELLANI D., ILARIA, M. et L. PISCITELLO (2007). «Outward FDI And Skill Upgrading at Home. Evidence fom the Italian Case». *34th Annual Conference of the Academy of International Business*, London.

CASTELLANI, D. et A. ZANFEI (2007). «Internationalisation, innovation and productivity: how do firms differ in Italy ?». *The World Economy* 30 (1).

CAVES, E. R. (1971). «Industrial corporations: the industrial economics of foreign investment»: *Economica* 39, pp. 1-27.

-, (1974a). «Causes of direct investment: foreign firms' shares in Canadian and United Kingdom manufacturing industries». *Review of Economics and Statistics* 56, pp. 272-293.

-, (1974b). «Multinational firms, competition and productivity in host country markets». *Economica* 41, pp. 176-193.

-, (1974c). «Industrial organisation». In DUNNING, J. H. (ed.). *Economic analysis and the Multinational Enterprise*. London: Allen & Unwin.

-, (1974d). «Multinational firms, competition and productivity in host country markets». *Economica* 41, pp. 176-93.

-, (1982). *Multinational enterprise and economic analysis*. Cambridge University Press.

-, (1996). *Multinational enterprise and economic analysis*. Second edition, Cambridge University Press.

-, (1999). «Spillovers from Multinationals in Developing Countries: the Mechanisms at Work». *William Davidson Institute Working Papers Series* 247.

-, (2007). *Multinational enterprise and economic analysis*. Third edition, Cambridge University Press.

CHANG, S. (1995). «International expansion strategy of Japanese firms: capability building through sequential entry». *Academy of Management Journal* 38(2), pp. 383–418.

CHO, K. R. et P. PADMANABHAN (1995). «Acquisition vs new venture: The choice of foreign establishment mode by Japanese firms.» *Journal of International Management* 1(3), pp. 255–285.

CHUANG, Y. C. et C. M. LIN (1999). «Foreign Direct Investment, R&D and Spillover Efficiency: Evidence from Taiwan's Manufacturing Firms.» *The Journal of Development Studies* 35(4), pp. 117-137.

Clariant (2005). *Rapport annuel 2005.*

-, (2006). *Clariant Factbook 1/06.*

CLAVER CORTÉS, E., FRANCISCO, J., MOLINA, A. et D. QUER RAMÓN (2003). «Stratégie compétitive et environnement sectoriel». *Revue française de gestion* 4(145), pp. 93-111.

CNUCED (1994). *Transnational Corporations, Employment and the Workplace. World Investment Report 1994.* New York et Genève: Nations Unies.

-, (2004). *Incidences de l'IED sur le développement: mondialisation de la R&D par les sociétés transnationales et conséquences pour les pays en développement.* Genève.

-, (2005). *Transnational Corporations and the Internationalization of R&D, World Investment Report.* New York et Genève: Nations Unies.

-, (2006). *FDI from Developing and Transition Economies: Implications for Development. World Investment Report 2006.* New York et Genève: Nations Unies.

-, (2007). *Transnational Corporations, Extractive Industries and development. World Investment Report 2007.* New York et Genève: Nations Unies.

-, (2007b), *Principaux indicateurs IDE.* www.unctad.org/fdistatistics (11.04.2008)

-, (2008a). *Transnational Corporations and the Infrastructure Challenge. World Investment Report 2008.* New York et Genève: Nations Unies.

-, (2008b). *Principaux indicateurs IDE.* www.unctad.org/fdistatistics (24.02.2009).

-, (2009). *Assessing the impact of the current financial and economic crisis on global FDI flows.* New York et Genève: Nations Unies.

COASE, R. H. (1937). «The Nature of the Firm». *Economica* 4, pp. 386-405.

COHEN, W. M. et D. A. LEVINTHAL (1990). «Absorptive capacity: a new perspective on learning and innovation». *Administrative Science Quarterly* 35, pp. 128-152.

COLLINSON, S. et A. M. RUGMAN (2007) «The Regional Character of Asian Multinational Enterprises». *Asia Pacific Journal of Management* 24(4), pp. 429-446.

-, (2008). «The regional nature of Japanese multinational business». *Journal of International Business Studies* 39(2), pp. 215-230.

Commission de la Communauté européenne (2006). *Communication de la Commission au Parlement européen, au Conseil et Comité économique et social européen - Mise en œuvre du partenariat pour la croissance et l'emploi: faire de l'Europe un pôle d'excellence en matière de responsabilité sociale des entreprises.*

Commission européenne (2006). *Monitoring industrial research: Survey on business trends in R&D investment.* Brussels: DG Research and DG Joint Research Centre.

-, (2007). *Science, technology and innovation in Europe.*

-, (2008). *2008 EU R&D Investment Scoreboard.* Luxembourg.

Conseil national de l'Information statistique (2001). *Les investissements directs étrangers en France.*

CRICK, D. et M. V. JONES (2000). «Small high-technology firms and international high-technology markets». *Journal of International Marketing* 8(2), pp. 63-85.

CRISCUOLO, P. et P. PATEL (2003). «Large firms and internationalisation of R&D: 'hollowing out' of national technological capacity?». *SETI Workshop*, Rome.

CRISCUOLO, C. et R. MARTIN (2003). «Multinationals, foreign ownership and US productivity leadership: evidence from the UK». Mimeo.

CRISCUOLO, P. (2002). «Reverse Technology Transfer: A Patent Citation Analysis of the European Chemical and Pharmaceutical sectors». *Research Memoranda* 036, Maastricht: MERIT.

-, (2004). *R&D Internationalisation and Knowledge Transfer: Impact on MNEs and their Home Countries.* Thèse de Doctorat, Maastricht: MERIT.

CRISCUOLO P., NARULA, R. et B. VERSPAGEN (2005). «Role of home and host country innovation systems in R&D internationalisation: a patent citation analysis». *Economics of Innovation and New Technology* 14(5), pp. 417-433.

CUERVO-CAZURRA, A., MALONEY, M. M et S. MANRAKHAN (2007). «Causes of the difficulties in internationalization». *Journal of International Business Studies* 38.

CUERVO-CAZURRA, A. et M. GENC (2008). «Transforming disadvantages into advantages: developing-country MNEs in the least developed countries». *Journal of International Business Studies* 39, pp. 957–979.

CUSHMAN, D. O. (1985). «Real Exchange Rate Risk, Expectations, and the Level of Direct Investment». *Review of Economics and Statistics* 67(2), pp. 297-308.

-, (1988). «Exchange-Rate Uncertainty and Foreign Direct Investment in the United States». *Weltwirtschaftliches Archiv* 124, pp. 322-335.

CUTLER, H. et T. OZAWA (2007). «The Dynamics of the 'Mature' Product Cycle and Market Recycling, Flying-Geese Style: An Empirical Examination and Policy Implications». *Contemporary Economic Policy* 25 (1), pp. 67-78.

DASTIDAR, P. (2009). «International corporate diversification and performance: Does firm self-selection matter?». *Journal of International Business Studies* 40(1), pp. 71-85.

DE BACKER, K. et L. SLEUWAGEN (2003). «Why are foreign firms more productive than domestic firms?». Mimeo.

DE MOOIJ, R.A. et S. EDERVEEN (2005). «Explaining the Variation in Empirical Estimates of Tax Elasticities of Foreign Direct Investment». *Tinbergen Institute Discussion Paper*, TIþ2005-108/3.

DEISS, J. (1993). *Manuel d'économie politique.* Collection vie et économie. Fribourg: Editions Fragnière.

DEL SOL, P. et J. KOGAN (2007). «Regional competitive advantage». *Journal of International Business Studies* 38, pp. 901-927.

DELBECQUE, V. (2007). «Impact de la fiscalité sur les IDE: Application à un panel d'entreprises françaises». *EconomiX Working Papers*.

DELIOS, A. et P. W. BEAMISH (2005). «Regional and global strategies of Japanese firms». *Management International Review* Special Issue 1, pp. 19–36.

DICKEN, P. (2007). *Global Shift. Mapping the changing countours of the world economy.* London: SAGE Publications.

DIKOVA, D. et A. van WITTELOOSTUJN (2007). «Foreign direct investment choice». *Journal of International Business Studies* 38.

DJANKOV, S. et B. M. HOEKMAN (2000). «Foreign Investment and Productivity Growth in Czech Enterprises«. *World Bank Economic Review* 14(1), pp. 49-64.

DOH, J.P., JONES, G.K., TEEGEN, H. et R. MUDAMBI (2005). «Foreign Research and Development and Host Country Environment: An Empirical Examination of U.S. International R&D». *Management International Review* 25 (2), pp. 121-154.
DOMS, M. et B. JENSEN (1998). «Comparing wages, skills, and productivity between domestically and foreign-owned manufacturing establishments in the United States». In BALDWIN R., LIPSEY R. et J.D. RICHARDSON (eds). *Geography and Ownership as Basis for Economic Accounting*. University of Chicago Press.
DORING, T. et J. SCHELLENBACH (2004). «What do we know about geographical knowledge spillovers and regional growth?». *Research Notes, Working paper series* 14. Deutsche Bank Research, Frankfurt am Main, Allemagne.
DRIFFIELD, N. et J. H. LOVE, (2006). «Does The Motivation for Foreign Direct Investment Affect Productivity Spillovers to the Domestic Sector?». *Applied Economics Quarterly* 52(1), pp. 3-27.
-, (2007). «Linking FDI motivation and host economy productivity effects: conceptual and empirical analysis». *Journal of International Business Studies* 38, pp. 460–473.
DUFLOS, G. (2005). «Les déterminants des comportements d'innovation dans l'industrie pharmaceutique américaine». Séminaire 13 juillet 2005, *R.E.P.E.R.E.S*, France.
DUNNING, J. H. (1958). *American Investment in British Manufacturing Industry*. Londres: Allen & Unwin (réimprimé en 1976. New York: Arno Press).
-, (1971). *The Multinational Enterprise*. Londres: Allen et Unwin.
-, (1977). «Trade, Location of Economic Activity and the MNE: A Search for an Eclectic Approach». In OHLIN, B., HESSELBORN, P.O., et P. M. WIJKMAN (eds). *The International Allocation of Economic Activity*. Londres: Macmillan.
-, (1979). «Explaining Changing Patterns of International Production: In Defence of the Eclectic Theory». *Oxford Bulletin of Economics & Statistics* 41(4), pp 269-95.
-, (1982). «Explaining the international direct investment position of countries: towards a dynamic or developmental approach». In BLACK, J. et J.H. DUNNING (eds.). *International capital movements: papers of the fifth annual conference of the International Economics Study Group*, pp. 84-116. Surrey: Macmillan Publishers Ltd.
-, (1988a). «The Eclectic Paradigm of International Production: A Restatement and Some Possible Extensions». *Journal of International Business Studies* 19(1), pp. 1-31.
-, (1988b). *Explaining International Production*. Unwin Hyman.
-, (1993). *Multinational Enterprises and the Global Economy*. Wokingham: Addison-Wesley Publishing Company.
-, (2000). «The eclectic paradigm as an envelope for economic and business theories of MNE activity». *International Business Review* 9, pp. 163-190.
-, (2001). «The Eclectic (OLI) Paradigm of International Production: Past, Present and Future». *International Journal of the Economics of Business* 8(2), pp. 173-190.
-, (2002). «Regions, Globalization and the Knowledge Economy: The Issues Stated». In DUNNING, J. (Ed.) *Regions, Globalisation, and the Knowledge-Based Economy*. Oxford: Oxford University Press, pp. 7-41.
-, (2003a). «Some antecedents of internalization theory». *Journal of International Business Studies* 34(2), pp. 108-115.

-, (2003b). «The moral response to capitalism: can we learn from the Victorians?» In J. BIRKINSHAW, S. GHOSHAL, C. MARKIDES, J. STOPFORD et G. YIP (eds.), *The future of the multinational company*, pp. 14-33. Sussex: John Wiley & Sons Ltd.

-, (2009). «Location and the multinational enterprise: A neglected factor?». *Journal of International Business Studies* 40(1), pp. 5-19.

DUNNING, J. H. et R. NARULA (1994). «Transpacific Foreign Direct Investment and the Investment Development Path: The Record Assessed». *Essays in International Business* 10.

-, (1995). «The R&D Activities of Foreign Firms in the US». *International Studies in Management and Organisation* 25, pp. 39-73.

-, (1996). *Foreign Direct Investment and Governments.* Routledge: London and New York.

DUNNING, J. H. et C. WYMBS (1999). «The geographical sourcing of technological based assets by multinational enterprises». In ARCHIBUGI, D., HOWELLS, J. et J. MICHIE (eds). *Innovation Policy in a Global Economy*, pp. 185-224.

DUNNING, J. H., SUHK PAK, Y. et S. BELDONA (2007). «Foreign ownership strategies of UK and US international franchisors: An exploratory application of Dunning's envelope paradigm». *International Business Review* 16(5), pp. 531-548.

DUNNING, J. H et S. M. LUNDAN (2008). *Multinational Enterprises and the Global Economy*. Edward Elgar Publishing.

DUNNING, J. et P. GUGLER (2008). *Foreign Direct Investment, Location and Competitiveness*. Progress in International Business Research, Vol. 2, EIBA, Elsevier.

EASTERBY-SMITH, M., LYLES, M. A et E. W. K. TSANG (2008). «Inter-Organizational Knowledge Transfer: Current Themes and Future Prospects». *Journal of Management Studies* 45(4), pp. 677-690.

ECLAC (2004). *Foreign Investment in Latin America and the Caribbean 2003*. Santiago, Chile: United Nations.

Economiesuisse (2006). *Rapport annuel 2006.*

ELANGO, B. et S. P. SETHI (2007). «An exploration of the relationship between country of origin (COE) and the internationalization-performance paradigm». *Management International Review* 47(3), pp. 369-392.

ENDERWICK, P. (1989). *Multinational Service Firms*. Routledge: New York.

-, (1992). «The Scale and Scope of Service Sector Multinationals». In BUCKLEY, P. et M. CASSON (eds.). *Multinational Enterprises In The World Economy: Essays in Honor of John Dunning*. Edward Elgar: Brookfield, VT, pp. 134–152.

ENRIGHT, M.J. (1991). *Geographic concentration and industrial organization.* Thèse de Doctorat, Harvard University, Cambridge, MA.

Eurostat (2006). *Patent statistics 2006.*

EVANS, P. (1979). *Dependent Development: The Alliance of Multinational, State and Local Capital in Brazil*. Princeton: Princeton University Press.

FAGERBERG (1998). «Why growth differ». In DOSI, G. (eds.). *Technical change and economic theory*. Cambridge, Mass.: MIT Press.

FEILS, D. J. et M. RAHMAN (2008). «Regional Economic Integration and Foreign Direct Investment: The Case of NAFTA». *Management International Review* 48(2), pp. 147-163.

FILIPPAIOS, F., RAMA, R., PEARCE, R. et M. PAPANASTASSIOU (2007). «The strategic technological internationalisation of the world's 100 largest Food and Beverages Multinationals». *IB Conference 2007*, Reading.

Financial Times (2007a). «Aston Martin to build abroad». 21 Novembre 2007.

-, (2007b). «Carrefour plans India entry». 15 Novembre 2007.

-, (2007c). «Ford sales may hit car parts jobs». 21 Novembre 2007

-, (2008a). «Intangibles: Why it is hard to value a mystery». 4 janvier 2008.

-, (2008b). «Cost of low-cost European automobile cycle» 14 avril 2008

-, (2008c). «New, new brain drain in the Valley». 16 janvier 2008

-, (2009). «Big blueprint for IBM». 3 mars 2009.

FISCHER, W. A. et M. von ZEDTWITZ (2004). «Chinese R&D: Naissance, Renaissance or Mirage?». *R&D Management* 34 (4), pp. 349-365.

FLEISCH, E., HEIKO, G., THOMAS, F. et C. B. SÁNCHEZ (2007). «Les tendances à l'internationalisation de la production, de la R&D et de la conception». *La Vie économique* 1/2-2007.

FLORIDA, R. (1997). «The globalization of R&D: results of a survey of foreign-affiliated R&D laboratories in the USA». *Research Policy* 26, pp. 85-103.

FORSGREN, M., JOHANSSON, J. et D. SHARMA (2000), «Development of MNC centres of excellence». In HOLM, U. et T. PEDERSEN (eds.). *The Emergence and Impact of MNC Centres of Excellence*. London: Macmillan, pp. 45–67.

FORSGREN, M. (2002). «The concept of learning in the Uppsala internationalization process model: a critical review». *International Business Review* 11(3), pp. 257-277.

-, (2008). «A critical review of the evolutionary theory of the MNC». In DUNNING, J. et P. GUGLER (eds.) *Foreign Direct Investment, Location and Competitiveness*. Progress in International Business Research, Vol. 2, EIBA, Elsevier.

FOSFURI, A., MOTTA, M. et T. RONDE (2001). «Foreign Direct Investment and Spillovers Through Workers' Mobility». *Journal of International Economics* 53, pp. 205-222.

FOSS, N. J. et T. PEDERSEN (2002). «Transferring Knowledge in MNCs: The Role of Sources of Subsidiary Knowledge and Organizational Context». *Journal of International Management* 8, pp. 49-67.

-, (2004). «Organizing knowledge processes in the multinational corporation: an introduction». *Journal of International Business Studies* 35(5), pp. 340-349.

Frankfurter Allgemeine Zeitung (2006). «Die Käufer des neuen Jahrtausends». 22 décembre 2006, p. 23

FREDRIKSSON, T. et G. LIANG (2006). «Features of National Innovation Systems and Determinants of International R&D Locations: Conceptual Framework and Empirical Exploration». *AIB Conference 2006*, Pékin.

FREEMAN, C. et L. SOETE (1997). *The Economics of Industrial Innovation*. London: Pinter.

FROOT, K. A. (1990). «Multinational Corporations, Exchange Rates, and Direct Investment». In W. BRANSON, J. F. et M. GOLDSTEIN (eds). *International Policy Coordination and Exchange Rate Fluctuations*, pp. 307-346. Chicago: University of Chicago Press.

FROST, T. (1998). *The geographic sources of innovation in the multinational enterprise: U.S. subsidiaries and host country spillovers 1980-1990.* Thèse de Doctorat, Massachusetts Institute of Technology, Boston.

-, (2001). «The geographic sources of foreign subsidiaries' innovations». *Strategic Management Journa* 22, pp. 101-123 .

FROST, T. et C. ZHOU (2005). «R&D co-practice and 'reverse' knowledge integration in multinational firms». *Journal of International Business Studies* 36(6), pp. 676-687.

FU, X. (2008). «Foreign Direct Investment, Absorptive capacity and Regional Innovation Capabilities: Evidences from China». *OECD Global Investment Forum* 27-28 mars 2008, Paris.

FURUOKA, F. (2005). «Japan and the 'Flying Geese' Pattern of East Asian Integration». *eastasia.at* 4(1).

GABRIELSSON, M., KIRPALANI, V. H. M., DIMITRATOS, P., SOLBERG, C. A. et A. ZUCCHELLA (2008). «Born globals: Propositions to help advance the theory». *International Business Review* 17, pp. 385-401.

GALAN, J. L, GONZALEZ-BENITO, J. et J. A ZUÑIGA-VINCENTE (2007). «Factors determining the location decisions of Spanish MNEs: an analysis based on the investment development path». *Journal of International Business Studies* 38, pp. 975-997

GAMMELTOFT, P. (2006). «Internationalisation of R&D: trends, drivers and managerial challenges». *International Journa of Technology and Globalisation* 2(1/2), pp.177–199.

GASSMANN, O. et M. von ZEDTWITZ (1999). «New concepts and trends in international R&D organization». *Research Policy* 28(2-3), pp. 231-250.

GHOSHAL, S. et C. BARTLETT (1988). «Innovation process in multinational corporations». In TUSHMAN, M. et W. MOORE (eds.). *Readings in the management of innovation*, pp. 499–518. New York: Harper Collins.

GHOSHAL, S. et N. NOHRIA (1993). «Horses for courses: organizational forms for multinational corporations». *Sloan Management Review*, pp. 23-35.

GIDDY, I. H. et A. RUGMAN (1979). «A Model of Foreign Direct Investment Trade and Licensing». *Graduate School of Business Administration*, Columbia University, New York.

GIFFORD, R. (2007). *China Road: A Journey into the Future of a Rising Power.* Bloomsbury

GIORGIO MARRANO, M., HASKEL, J. et G. WALLIS (2007). «What Happened to the Knowledge Economy? ICT, Intangible Investment and Britain's Productivity Record Revisited». *Department of Economics, Queen Mary, University of London, Working Paper* 603.

GIRMA, S. (2005). «Absorptive Capacity and Productivity Spillovers from FDI: A Threshold Regression Analysis». *Oxford Bulletin of Economics and Statistics* 67(3), pp. 281-306.

GIRMA, S. et H. GÖRG (2005). «Foreign direct investment, spillovers and absorptive capacity: evidence from quantile regressions». *Discussion Paper Series 1: Economic Studies* 2005,13, Deutsche Bundesbank, Research Centre.

GLASS, A. et K. SAGGI (2002). «Multinational Firms and Technology Transfer». *Scandinavian Journal of Economics* 104, pp. 495-514.
GLICKMAN, N. et D. P. WOODWARD (1989). The New Competitor: How Foreign Investors are Changing the U. S. Economy. New York: Basic Books.
GLOBERMAN, S. (1979). «Foreign Direct Investment and `Spillover' Efficiency Benefits in Canadian Manufacturing Industries». *Canadian Journal of Economics*, 12(1), pp. 42-56.
GLOBERMAN, S., RIES, J. C. et I. VERTINSKY (1994). «The Economic Performance of Foreign Affiliates in Canada». *Canadian Journal of Economics* 27(1), pp. 143-56.
GODECHOT, O. (2006). «*Hold-up* en finance. Les conditions de possibilité des bonus élevés dans l'industrie financière». *Revue française de sociologie* 47(2), pp. 341-371.
GOERZEN, A. et S. MAKINO (2007). «Multinational corporation internationalization in the service sector: a study of Japanese trading companies». *Journal of International Business Studies* 38, pp. 1149–1169.
GOLDBERG, L. S. et C. D. KOLSTAD (1995). «Foreign Direct Investment, Exchange Rate Variability, and Demand Uncertainty». *International Economic Review* 36(4), pp. 855-873.
GOLDBERG, L. S. «Exchange Rates and Foreign Direct Investment». A paraître in *Encyclopedia of the World Economy*. Princeton University Press.
GÖRG, H, et E. STROBL (2005). «Spillovers From Foreign Firms Through Worker Mobility: An Empirical Investigation». *Scandinavian Journal of Economics* 107 (4), pp. 693-709
GÖRG, H, STROBL, E. et F. WALSH (2007). «Why do Foreign Firms Pay More? The Role of on-the-job Training». *CEPR Discussion Paper* 6171, London: Centre for Economic Policy Research.
GRAHAM, E. M. et P. R. KRUGMAN (1991). *Foreign Direct Investment in the United States*. Washington DC: Institute for International Economics.
GRANDSTRAND, O (1999). «Internationalization of corporate R&D: a study of Japanese and Swedish corporations». *Research Policy* 28(2-3), pp. 275-302.
-, (2005). «Innovation and Intellectual Property Rights». In FAGERBERG, J., MOWERY, D. et R. R. NELSON (eds.) *Handbook of Innovation*. Oxford: Oxford University Press.
GRIEDER, C. (2006). «A long terme, la délocalisation est dans l'intérêt de la Suisse », Interview dans *Bilan* 198, p. 28.
GRIFFITH, R. et H. SIMPSON (2001). «Characteristics of foreigh-owned firms in British manufacturing». *The Institute for Fiscal Studies Working paper* 01/10.
GRIFFITH, R, HARRISON, R. et J. van REENEN (2003a). «Technology sourcing by UK Manufacturing firms: an empirical analysis using firm-level patent data». *The Institute for Fiscal Studies Working paper*, London.
GRIFFITH, R., REDDING, S. et H. SIMPSON (2003b). «Productivity Convergence and Foreign Ownership at the Establishment Level». *CEP Discussion Papers* dp0573, Centre for Economic Performance, LSE.
GRILICHES, Z. (1990). «Patent Statistics as Economic Indicators: A Survey». *Journal of Economic Literature* 28(4), pp. 1661-1707.

GROSSE, R. (1996). «International Technology Transfer in Services». *Journal of International Business Studies* 27, pp. 781-800.
-, (2004). «The Theory of the Multinational Firm». In HITT, M. et J. CHENG (eds.). *Theories of Multinational Enterprise*. Boston: Elsevier, pp. 83-97.
GRUBERT, H. (2004). «The Tax Burden on Direct Cross-Border Investment: Company Strategies and Government Response». In SORENSEN, P. B. (ed.). *Measuring the Tax Burden on Labour and Capita*. Cambridge, Mass.: MIT Press, pp. 129-170.
GUGLER, P. (2003). «Profils de croissance des pays industrialisés au cours des années 1990: convergence ou disparité?». In GUGLER, P. et R. RATTI (eds). *L'espace économique mondial et régional et mutation. Hommage au Professeur Gaston Gaudard*. Schulthess: Zürich.
-, (2007). «Foreign Investment and Poverty Reduction». *NCCR Trade Regulation Annual Conference*, 3 et 4 juillet 2007, Berne.
-, (2008). «Chine companies worldwide». VoxEU.org. http://www.voxeu.org/index.php?q=node/1565 (consulté le 20 mars 2009).
GUGLER, P. et S. BRUNNER (2007). «FDI Effects on National Competitiveness: A Cluster Approach». *International Advances in Economic Research* 13(3), pp. 268-284.
GUGLER, P. et V. TOMSIK (2008). «International Framework on FDI: Towards a Multilateral Agreement on Investment». In DUNNING, J. et P. GUGLER (eds.) *Foreign Direct Investment, Location and Competitiveness*. Progress in International Business Research, Vol. 2, EIBA, Elsevier.
GUGLER, P. et J. MICHEL (2009). «Foreign innovation in an emerging country: a study based on Swiss MNEs' R&D activities in China». A paraître dans l'ouvrage de PEARCE, R. (ed). *China and the Multinationals: International Business and the Entry of China into the Global Economy*. The New Horizons in International Business series. Editeur: Edward Elgar.
GUIMON, J. (2009). «European policies to benefit from the globalization of corporate R&D». *IB Conference 2009*, University of Henley Business School, Royaume-Uni.
GUPTA, A. K. et V. GOVINDARAJAN (1991). «Knowledge flows and the structure of control within multinational corporations». *Academy of Management Review*, 16(4), pp. 768–792.
-, (2000). «Knowledge flows within multinational corporations». *Strategic Management Journal* 2, pp. 473-496.
GUPTA, V. et R. SUBRAMANIAN (2008). «Seven perspectives on regional clusters and the case of Grand Rapids office furniture city». *International Business Review* 17, pp. 371-384.
HAJKOVA, D. NICOLETTI, G., VARTIA, L. et K.-Y. YOO (2006). «La fiscalité et l'environnement des entreprises comme déterminants des investissements directs étrangers dans les pays de l'OCDE». *Revue économique de l'OCDE* 43(2).
HÅKANSON, L. et R. NOBEL (1993). «Determinants of Foreign R&D in Swedish MNCs». *Research Policy* 22, pp. 397-411.
-, (2001). «Organization characteristics and reverse technology transfer», *Management International Review*, Special Issue, 41(4), pp. 392-420.

HALL, B., JAFFEE, A. et M. TRAJTENBERG (2000). «Market Value and Patent Citations: A First Look». *Department of Economics, Working Paper Series* 1036, Institute for Business and Economic Research, UC Berkeley.

HALL, B., THOMA, G. et S. TORRISI (2006). «The market value of patents and R&D: evidence from European firms». *CESPRI Working Papers* 186.

HANSEN, M. T. et J. BIRKINSHAW (2007). «The Innovation Value Chain». *Harvard Business Review*, pp.121-130.

HARFI, M., MATHIEU, C. et E. PFISTER (2007). *Internationalisation de la R & D des entreprises et attractivité de la France*. Centre d'analyse stratégique.

HARFI, M. et C. MATHIEU (2008). «Internationalisation de la R & D des entreprises et attractivité de la France». *Horizons stratégiques* 7. Centre d'analyse stratégique.

HARHOFF, D., NARIN, F., SCHERER, F. M. et K. VOPEL (1999). «Citation Frequency and the Value of Patented Innovation». *The Review of Economics and Statistics* 88(3), pp. 511-515.

HARHOFF, D. et M. G. REITZIG (2002). «Determinants of Opposition Against EPO Patent Grants - The Case of Biotechnology and Pharmaceuticals». *CEPR Discussion Paper* 3645.

HARHOFF, D. (2007). «Strategic Patenting and Patent Policy». *EC-BEPA Workshop on EU Patent Policy* – Brussels, September 19th, 2007.

HARIANTO, F. et A.E. SAFARIAN (1997). «MNEs and technology diffusion: a Southeast Asian experience». In BUCKLEY, P. J. et J.-L. MUCCHIELLI (eds). *Multinational firms and international relocation*. Cheltenham ; Northampton: E. Elgar.

HARRISON, A. E. et J. SCORSE (2005). «Do foreign firms pay more? Evidence from the Indonesian manufacturing sector 1990-99». *Organisation Internationale du Travail, Working Paper* 98.

HARTMAN, D. G. (1981). «Domestic Tax Policy and Foreign Investment: Some Evidence». *NBER Working Paper* No. 784.

-, (1984). «Tax Policy and Foreign Direct Investment». *Journal of Public Economics* 26, pp. 107-121.

HARZING, A. -W. (2000). «An empirical analysis and extension of the Bartlett and Ghoshal typology of multinational companies.» *Journal of International Business Studies* 31(1), pp. 101–120.

HASKEL, J. E., PEREIRA, S. C. et M. J. SLAUGHTER (2002). «Does Inward Foreign Direct Investment Boost the Productivity of Domestic Firms?» *NBER Working Papers* 8724, National Bureau of Economic Research, Inc.

HEGDE, D. et D. HICKS (2008). «The maturation of global corporate R&D: Evidence from the activity of U.S. foreign subsidiaries». *Research Policy* 37(3), pp. 390–406.

HELMS, L. J. (1985). «The Effect of State and Local Taxes on Economic Growth: A Time Series Cross Section Approach». *Review of Economics and Statistics* 67, pp. 574-582.

HELPMAN, E., MELITZ, M. et S. YEAPLE (2004). «Export versus FDI with Heterogenous Firms», *American Economic Review* 94(1), pp. 300-316.

HENNART, J.-F. (1982). *A Theory of Multinational Enterprise*. Ann Arbor: University of Michigan Press.

-, (1986). «What is internalization». *Weltwirtschaftiliches Archiv* 122, pp. 791-804.

HENNART, J.-F. et Y. R. PARK (1993). «Greenfield vs. Acquisition: the strategy of Japanes investors in the United states.» *Management science* 39(9), pp. 1054-1070.
HESS, S. et S. PRASARD (2007). «Relative Treatment of Workers in Mexico vs. China: Implications for Location Decisions». *International Journal of Commerce and Management* 17(3), pp. 183-193.
HEUM, P. (2002). «Local content development in offshore petroleum projects: the Norwegian experience». Bergen: SNF, mimeo.
HIJZEN, A., INUI, T. et Y. TODO (2007). «The Effects of Multinational Production on Domestic Performance: Evidence from Japanese Firms». *Discussion papers 07006, Research Institute of Economy, Trade and Industry* (RIETI).
HINES, J.R. et E.M. RICE (1994). «Fiscal Paradise: Foreign Tax Havens and American Business», *Quarterly Journal of Economics* 109/1.
HINES, J.R (1996). «Altered States: Taxes and the Location of Foreign Direct Investment in America». *American Economic Review* 86, pp. 1076-1094.
HIRSCH, S. (1976). «An international trade and investment theory of the firm». *Oxford Economic Papers* 28, pp. 258-270.
HOLM U., JOHANSON J. et P. THILENIUS (1995). «Headquarters' knowledge of subsidiary network contexts in the multinational corporation». *International Studies of Management and Organizations* 25(1-2), pp. 97-120.
HOLTBRÜGGE, D., BERG, N. et J. F. PUCK (2007). «To bribe or to convince? Political stakeholders and political activities in German multinational corporations». *International Business Review* 16 (1), pp. 47-67.
HONE, A. (1974). «Multinational corporations and multinational buying groups». *World Development* 2, pp. 145-9.
HOTZ-HART, B. (2000). «Innovation Networks, Regions, and Globalization». In CLARK, G. L., FELDMAN, M. P. et M. S. GERTLER (eds.) *The Oxford Handbook of Economic Geography*. Oxford: Oxford University Press, pp 432-450.
HOTZ-HART, B. et C. KÜCHLER (2005). «Une nouvelle dynamique dans le portefeuille technologique suisse». *La Vie économique* 1/2-2005.
HU, A. G. et G. H. JEFFERSON (2002). «FDI Impact and Spillover: Evidence from China's Electronic and Textile Industries». *The World Economy* 25, pp. 1063–1076.
HU, C.-M. et J. A. MATHEWS (2008). «China's national innovative capacity». *Research Policy* 37(9), pp. 1465-1479.
HU, Y.-S. (1995). «The International Transferability of the Firm's Advantages». *California Management Review* 37 (4), pp. 4-88
HUNG, K. H, GU, F. F. et C. K. YIM (2007). «A social institutional approach to identifying generation cohorts in China with a comparison with American consumers». *Journal of International Business Studies* 38 (5), pp. 836-53.
HYMER, S. H. (1960). *The International Operations of National Firms: A Study of Direct Foreign Investment*. PhD Dissertation, Published posthumously, Cambridge, Mass: The MIT Press, 1976.
-, (1968). «La grande firme multinational». *Revue Economique* 14(b), pp. 949-973
-, (1976). *The international operations of national firms: a study of direct foreign investment*. Cambridge Mass: MIT Press.

-, (1979). *The multinational corporation, a radical approach.* Cambridge: Cambridge University Press.
INKPEN, A. C (2008). «Managing Knowledge Transfer in International Alliances». *Thunderbird International Business Review* 50(2), pp. 77-90.
INKPEN, A. et P. BEAMISH (1997). «Knowledge, bargaining power, and the instability of international joint ventures». *Academy of Management Review* 22(1), pp. 177–202.
Institut Fédéral de la Propriété Intellectuelle (2006). *Inventer, fabriquer, commercialiser*, Berne.
-, (2008a). *Statistiques 2007.* Berne
-, (2008b). *Inventer, fabriquer, commercialiser.* Berne
International Institute for Management Development (2007). *The World Competitiveness Yearbook.*
Invest Korea (2004). *Korea, Choice of the Major Corporates: Outlines of Outstanding Business Success.* Seoul: IK.
ISHIKAWA, J. (1992). «Learning by Doing, Changes in Industrial Structure and Trade Patterns, and Economic Growth in a Small Open Economy». *Journal of International Economics* 33(3-4), pp. 221-244.
IWASA, T. et H. ODAGIRI (2004). «Overseas R&D, knowledge sourcing, and patenting: an empirical study of Japanese R&D investment in the US». *Research Policy* 33(5), pp. 807-829.
JABR, N. H. (2007). «Physicians' attitudes towards knowledge transfer and sharing». *Competitiveness Review*: An International Business Journal incorporating Journal of Global Competitiveness 17(4), pp. 248 – 260.
JACOBS, J. (1970). *The Economy of Cities.* New York et Toronto.
-, (1986). *Cities and the Wealth of Nations.* Harmondsworth
JAFFEE, A. B., TRAJTENBERG, M. et R. HENDERSON (1993). « Geographic localization of knowledge spillovers as evidenced by patent citations». *The Quarterly Journal of Economics* 108(3), pp. 577-598.
JAFFEE, A. B., TRAJTENBERG, M. (1998). «Flows of knowledge from universities and federal labs: Modeling the flow of patent citations over time and across institutional and geographic boundaries». *NBER Working Paper* 6507.
-, (1999). «International knowledge flows: Evidence from patent citations». *Economics of Innovation and New Technology* 8, pp. 105–136.
JAUMOTTE, F. et N. PAIN (2005). «From Ideas to Development: The Determinants of R&D and Patenting». *OECD Economics Department Working Papers* 457.
JAVORCIK, B. S. (2004). «Does foreign direct investment increase the productivity of domestic firms? In search of spillovers through backward linkages». *American Economic Review* 94, pp. 605–627.
JOHANSON, J. et J.-E. VAHLNE (1977). «The internationalization process of the firm: a model of knowledge development and increasing foreign commitments». *Journal of International Business Studies* 8(1), pp. 23-32.
-, (1990). «The mechanisms of internationalization». *International Marketing Review* 7(4), pp. 11–24.

JOHNSON, H. (1970). «The effective and welfare implications of the international corporation». In KINDLEGEGER, C. P. (ed). *The International Corporation*. Cambridge: Mass.: MIT Press.
JOLY, P.-B. et J. HERVIEU (2003). «La Marchandisation du Vivant. Pour une Mutualisation des Recherches en Génomique». *Futuribles* 292, pp. 5-29.
JONES, M. V. (1999). «The Internationalisation of Small UK High Technology Firms», *Journal of International Marketing*, 7(4), pp. 15-41.
Journal of International Business Studies, Call for Paper Volume 39 (4), 2008.
KALOTAY, K. (2004). «The European flying geese: New FDI patterns for the old continent?». *Research in International Business and Finance* 18(1), pp. 27-49.
KARPATY, P. (2007). «Productivity Effects of Foreign Acquisitions in Swedish Manufacturing: The FDI Productivity Issue Revisited». *International Journal of the Economics of Business* 12(2), pp. 241-260.
KASAHARA, S. (2004). «The Flying Geese Paradigm: A Critical study of Its Application to East Asian Regional Development». United Nations Conference on Trade and Development, *Discussion Paper* 169, April.
KATRISHEN, F. et N. SCORDIS (1998). «Economies of scale in services: a study of multinational insurers». *Journal of International Business Studies* 29(2), pp. 305–324.
KELLER, M. (1989). *Rude awakening: The rise fall and struggle for recovery at General Motors*. New York: William Morrow.
-, (2002). «Geographic localization of international technology diffusion». *American Economic Review* 92, pp. 120–142.
KELLER, W et S. YEAPLE (2003). «Multinational enterprises, international trade, and productivity growth: Firmlevel evidence from the United States». *NBER Working Paper* 9504.
KETELHÖHN, N. W. et M. PORTER (2006). «Building a Cluster: Electronics and Information Technology in Costa Rica». *Harvard Business School.*
KINDLEBERGER, C. P. (1969). *American Business Abroad.* Cambridge MA: MIT Press.
KOBRIN, S. J. (1994). «Is there a Relationship between a Geocentric Mind- Set and Multinational Strategy?». *Journal of International Business Studies* 25(3), pp. 493-511.
KOGUT, B. et S. J. CHANG (1991). «Technological capabilities and Japanese foreign direct investment in the United States». *Review of Economics and Statistics* 73, pp. 401–413.
KOGUT, B. et U. ZANDER (1992). «Knowledge of the Firm: Combinative Capabilities and the Replication of Technology». *Organization Science* 3(3), pp. 383–397.
-, (1993). «Knowledge of the firm and the evolutionary theory of the multinational corporation». *Journal of International Business Studies* 24(4), pp. 625-645.
KOH, A. (2005). «John Dunning: A Profile». *Otago Management Graduate Review* 3, pp. 37-49.
KOJIMA, K. (1973). «A Macroeconomic Approach to Foreign Direct Investment». *Hitotsubashi Journal of Economics* 14, pp. 1-21.

-, (1975). «International Trade and Foreign Investment: Substitutes of Complement». *Hitotsubashi Journal of Economics* 16, pp. 1-12.
-, (1985). «Japanese and American Direct Investment in Asia: A Comparative Analysis». *Hitotsubashi Journal of Economics* 26, pp. 1-35.
-, (2000). «The 'flying geese' model of Asian economic development: origin, theoretical extensions, and regional policy implications». *Journal of Asian Economics* 11, pp. 375-401.
KOKKO, A. (1994). «Technology, market characteristics and spillovers». *Journal of Development Economics* 43, pp. 279-293.
-, (1996). «Productivity spillovers from competition between local firms and foreign affiliates». *Journal of International Development* 8, pp. 517-30.
-, (2006). «The Home Country Effects of FDI in Developed Economies». *EIJS Working Paper Series* 225, The European Institute of Japanese Studies.
KOLASA, M. (2008). «How does FDI inflow affect productivity of domestic firms? The role of horizontal and vertical spillovers, absorptive capacity and competition». *Journal of International Trade & Economic Development* 17(1), pp. 155-173.
KORHONEN, P. (1994). *Japan and the Pacific Free Trade Area*. London: Routledge.
KOTABE, M., DUNLAP-HINKLER, D., PARENTE, R. et MISHRA, H. A (2007). «Determinants of cross-national knowledge transfer and its effect on firm innovation». *Journal of International Business Studies* 38(2), pp. 259-282.
KOTTARIDI, C., PAPANASTASSIOU, M. et C. PITELIS (2007). «Determinants of MNE Subsidiaries Decision to Set Up Own R&D Laboratories - Theory and Evidence». *Working Paper* 07, Department of Economics, University of Peloponnese.
KRUGMAN, P. (1991). *Geography and Trade*. Cambridge: MIT Press.
-, (1995). «Innovation and agglomeration: Two parables suggested by city-size distributions». *Japan and the World Economy* 7(4), pp. 371-390.
KUEMMERLE, W. (1997). «Building Effective R&D Capabilities Abroad». *Harvard Business Review*.
-, (1999a). «The Drivers of Foreign Direct Investment into R&D: An Empirical Investigation». *Journal of International Business Studies* 30 (1), pp. 1-24.
-, (1999b). «Foreign direct investment in industrial reseach in the pharmaceutical and electronics industries – results from a survey of multinational firms». *Research Policy* 28, pp. 179-199.
KUGLER, M. (2006). «Spillovers from foreign direct investment: Within or between industries?». *Journal of Development Economics* 80, pp. 444–477.
KUTSCKER, M. et A. SCHURIG (2002). «Embeddedness of Subsidiaries in Internal and External Networks: A Prerequisite for Technological Change». In HAVILA, V., FORSGREN, M. et H. HÅKANSSON (eds). *Critical Perspectives on Internationalization*. Amsterdam: Pergamon.
LALL, S. (1979). «The International Allocation of Research Activity by U.S. Multinationals». *Oxford Bulletin of Economics and Statistics* 41(4), pp. 313-333
-, (1980). «Monopolistic advantages and foreign involvement by US manufacturing industry». *Oxford Economic Papers* 32, pp. 102-122.

LALLEMENT, R., MOUHOUD, E. M. et S.PAILLARD (2002). «Polarisation et internationalisation des activités d'innovation: incidences sur la spécialisation technologique des nations». *Région et Développement* 16, pp. 17-54.

LANGDON, S. (1978). «The Multinational Corporation in the Kenya political economy». In KAPLINSKY, R. (ed.), *Readings on the Multinational Corporation in Kenya*. Nairobi: Oxford University Press

LARIMO, J. (2003). «Form of investment by Nordic firms in world markets». *Journal of Business Research* 56(10), pp. 791–803.

LE BAS, C. et C. SIERRA (2002). «Location versus country advantages' in R&D activities: some further results on multinationals' locational strategies». *Research Policy* 31, pp. 589-609.

Le Temps. «Roumanie, l'exil ne séduit plus». 15.04.2008.

LEMLEY, M.A. et C. SHAPIRO (2004). «Probabilistic Patents». *University of California at Berkeley Working Paper* CPC 04-046.

LEVY, B. (2007). «The interface between globalization, trade and development: Theoretical issues for international business study». *Internation Business Review* 16, pp. 594-612.

LEWIN, A. Y. et C. PEETERS (2006). «The Top-Line Allure of Off-shoring». *Harvard Business Review*, pp. 22-24.

LEWIN, A.Y., MASSINI, S. et C. PEETERS (2007). «From Offshoring to Globalization of Human Capital and Innovation». *EIBA Conference 2007*, Catania, Italie.

LEYLAND, J. (2005). *A touch of gold: gold mining's importance to lower-income countries*. London: World Gold Council.

LI, J. et A. M. RUGMAN (2007). «Real options and the theory of foreign direct investment». *International Business Review* 16, pp. 687-712.

LI, J. et S. GUISINGER (1992). «The globalization of service multinationals in the «triad» regions: Japan, Western Europe and North America». *Journal of International Business Studies* 23(4), pp. 675–696.

LICHTENBERG, F. R. (1992). «R&D investment and international productivity differences». *NBER Working Paper* 4161.

LIPSEY, R. E. et F. SJOHOLM (2001). «Foreign Direct Investment and Wages in Indonesian Manufacturing». *NBER Working Papers* 8299.

-, (2005). «The Impact of Foreign Direct Investment on Development-Why such Different Answers?». In MORAN, T. H., GRAHAM, E. M. et M. BLOMSTRÖM (eds). *Does Foreign Direct Investment Promote Development?* Peterson Institute, pp. 23-43.

LIU, X., SILER, P., WANG, C. et Y. WEI (2000). «Productivity Spillovers From Foreign Direct Investment: Evidence From UK Industry Level Panel Data». *Journal of International Business Studies* 31(3), pp. 407-425.

LOPEZ-CARLOS, A., PORTER, M. E., SALA-I-MARTIN, X. et K. SCHWAB (2006). *Global Competitiveness Report 2006-2007*. Palgrave Macmillan.

LOVE, J. H et F. LAGE-HIDALGO (2000). «Analysing the Determinants of US Direct Investment in Mexico». *Applied Economics,* Taylor and Francis Journals, 32(10), pp. 1259-67.

LOVE, J. H (2003). «Technology sourcing versus technology exploitation: an analysis of US foreign direct investment flows». *Applied Economics*, Taylor and Francis Journals, 35(15), pp. 1667-1678.

MACHLUP, F. (1958). *An economic review of the Patent system Study*. US Senate Committee of the Judiciary, Subcommittee on Patents, Trademarks and Copyright.

MAGEE, S. P. (1981). «Information and multinational corporation: an appropriability theory of foreign direct investment». In BHAGWATI, J. N. (ed). *The New International Economic Order*. Cambridge, Mass.: MIT Press, pp. 123-135.

MAKELA, K., KALLA, H. K. et R. PIEKKARI (2007). «Interpersonal similarity as a driver of knowledge sharing within multinational corporations». *International Business Review* 16 (1), pp. 1-22.

MANSFIELD, E., TEECE, D. et A. ROMEO (1979). «Overseas Research and Development on Foreign Sales Performance». *Economica* 46, 182, pp. 187-196.

MARCH, J. G. (1991). «Exploration and Exploitation in Organizational Learning». *Organization Science* 2, pp. 71-87.

MARIOTTI S., MUTINELLI, M. et L. PISCITELLO (2003). «Home country employment and foreign direct investment: evidence from the Italian case». *Cambridge Journal of Economics* 27, pp. 419-431.

MARSHALL, A. (1890). *Principles of Economics*. London: McMillan.

-, (1916). *Principles of Economics - An introductory volume*. Seventh edition. London: Mac Millan.

-, (1920). *Principles of Economics*. Eighth edition. London: Mac Millan.

McMANUS, J. C. (1971). «The theory of the multinational firm». In PAQUET, G. (ed.). *The Multinational Firm and the Nation State*. Toronto: Collier-Macmillan.

McPHERSON, J.M., SMITH-LOVIN, L. et J.M. COOK (2001). «Birds of a feather: Homophily in social networks». *Annual Review of Sociology* 27, pp. 415–444.

MELLAHI, K., GEORGE FRYNAS, J. et P. FINLAY (2005). *Global Strategic Management*. Oxford: Oxford University Press.

MENIERE, Y. (2005). *Inside the patent thicket: patent based strategies and R&D efficiency when innovations are cumulative and complementary*. Thèse de doctorat. Ecole des mines de Paris.

MERCHANT, H. et A. GAUR (2008). «Opening the 'Non-Manufacturing' Envelope: The Next Big Enterprise for International Business Research». *Management International Review* 48(4), pp. 379-396.

MEYER, K. (1998). *Direct investment in economies in transition*. Cheltenham: Edward Elgar.

MICHEL, J. et B. BETTELS (2001). «Patent citation analysis, a closer look at the basic input data form patent search reports». *Scientometrics* 51(1), pp. 185-201.

MICHEL, J. (2007). «The effects of FDI in R&D on home countries, the case of Switzerland». *EIBA Conference*, Catania, Italie.

-, (2008). «Foreign R&D Activities of Swiss Multinational Enterprises: Trends, Drivers and Implications at Home». *EIBA Conference*, Tallinn, Estonie.

-, (2009). «Roles of home and host countries in the development of multinational enterprises' innovations». *IB Conference*, John H Dunning Centre for International Business, Centre for Institutional Performance, Reading, Royaume Uni.

MINAGAWA, T. J., P. TROTT et A. HOECHT (2007). «Counterfeit, imitation, reverse engineering and learning: reflections from Chinese manufacturing firms». *R&D Management* 37 (5), pp. 455-467.
MONTEIRO, L. F., ARVIDSSON, N. et J. BIRKINSHAW (2008). «Knowledge Flows Within Multinational Corporations: Explaining Subsidiary Isolation and Its Performance Implications.» *Organization Science* 19(1), pp. 90-107.
MOOSA, I. A. (2002). *Foreign Direct Investment. Theory, evidence and practice.* Hampshire et New York: Palgrave.
MOTOHASHI, K. (2006). «R&D of Multinationals in China: Structure, Motivations and Regional Difference». Discussion papers 06005, *Research Institute of Economy, Trade and Industry.*
MUCCHIELLI, J.-L. (1998). *Multinationales et mondialisation.* Collections Points, E41, Seuil.
MUDAMBI, R. et S. A ZAHRA (2007). «The survival of international new ventures». *Journal of International Business Studies* 28, pp. 333-352.
MUNIR, M. (2002). «Survey – Turkey: Infrastructure & investment: Builder of troublesome projects in difficult places.» *Financial Times*, 2 mars.
NACHUM, L. et S. ZAHEER (2002). «MNEs in the digital economy ?». *ESRC Centre for Business Research, University of Cambridge, Working Paper* 236.
NADIRI, M.I. (1991), «U.S. Direct Investment and the Production Structure of the Manufacturing Sector in France, Germany, Japan, and the U.K.». mimeo, New York.
NARULA, R. (1996). *Multinational Investment and Economic Structure.* Routledge.
-, (1998). «The investment development path revisited: Some emerging issues», in: CANTWELL, J. (ed). *Foreign Direct Investment and Technological Change.* Edward Elgar: Cheltenham, pp. 350-390.
-, (2002). «Innovation systems and "inertia"' in R&D location: Norwegian firms and the role of systemic lock-in». *Research policy* 31, pp. 795-816.
-, (2003a). *Globalization and technology.* Polity Press, Cambridge.
-, (2003b). «Multinational Firms, Regional Integration and Globalising Markets: Implications for Developing Countries». In DEVLIN, R. et A. ESTEVADEORDAL (eds). *Bridges for Development: Policies and Institutions for Trade and Integration.* Inter-American Development Bank.
-, (2008). *International Strategic Management* Lecture 6. Université de Henley Business School.
NARULA, R. et J. H. DUNNING (2000). «Industrial Development, Globalization and Multinational Enterprises: New Realities for Developing Countries». *Oxford Development Studies,* 28(2).
NARULA, R. et A. ZANFEI (2004). «Globalisation of Innovation: the role of Multinational Enterprises», in FAGERBERG, J., MOWERY, D. et R. R. NELSON (eds.) *Handbook of Innovation,* Oxford University Press.
Nature Medicine (2002). *Novartis moves research HQ to US.* 8, pp. 539 – 540. London.
New Frontiers (2007). «Madagascar is becoming an attractive mining destination». 15 mars 2007.
NEWMAN, R. J. (1983). «Industry Migration and Growth in the South». *Review of Economics and Statistics* 65, pp. 76-86.

NIOSI, J. (1999). «The Internationalisation of R&D: From Technology Transfer to the Learning Organization». *Research Policy* 28, pp. 107-117.
NOHRIA, N. et S. GHOSHAL (1997). *The Differentiated Network: Organizing Multinational Corporations for Value-Creation.* San Francisco: Jossey-Bass.
OCDE (1993). *Manuel de Frascati 1993.*
-, (1996). *Définition de référence de l'OCDE des investissements directs internationaux.*
-, (2001a). «Nouveaux indicateurs de la science et de la technologie». *STI Revue* 27.
-, (2001b). *Principes d'applications en matière de prix de transfert à l'intention des entreprises multinationales et des administrations fiscales.*
-, (2005a). *Internationalisation of R&D: Trends, issues and implications for S&T policies.*
-, (2005b). *Proposed Guidelines for Collecting and Interpreting Technological Innovation Data. Oslo, Manual.*
-, (2006a). *OECD Reviews of Innovation Policy: Switzerland.*
-, (2006b), *Science, Technologie et Industrie: Perspectives de l'OCDE, édition 2006 - Principales conclusions.*
-, (2006c). «Global Overview of Innovative Activities from the Patent Indicators Perspective», *STI Working Paper* 3.
-, (2006d). *Compendium of patent statistics.*
-, (2007a). *International Investment Perspectives 2007.*
-, (2007b). *Science, Technology and Industry Scoreboard 2007.*
-, (2007c). *AFA database.*
-, (2007d). *OECD Factbook 2007 - Economic, Environmental and Social Statistics.*
-, (2008a). *Tendances récentes de l'internationalisation de la R&D du secteur entreprises.*
-, (2008b). *The Location of Investment of Multinationals linked to Innovation.*
-, (2008c). *Activities of multinationals — Volume II.*
-, (2008d). *2008 Compendium of patents statistics.*
-, (2008e). *OECD Employment Outlook.*
OCO Consulting (2007). *Panorama del'investissement international dans le monde en 2006.*
O'CONNELL, A. (2007). «Novartis's Great Leap of Trust». *Harvard Business Review* 85(3).
OFS (2006). *Statistique de la R-D.* Neuchâtel.
-, (2008). *Encyclopédie de la Suisse.* Neuchâtel.
-, (2009). *Indicateurs Science et Technologie.* Neuchâtel.
OH, C.H. et A. M. RUGMAN (2006). «Regional Sales of Multinationals in the World Cosmetics Industry». *European Management Journal* 24(2-3), pp. 163-173.
-, (2007). «Regional Multinationals and the Korean Cosmetics Industry». *Asia Pacific Journal of Management* 24(1), pp. 27-42.
OZAWA, T. (1979). «International investment and industral structure: new theoretical implications from the Japanese experience». *Oxford Economic Papers* 31, pp. 72-92.

-, (2005). *Institutions, Industrial Upgrading, and Economic Performance in Japan – The 'Flying-Geese Paradigm of Catch-up Growth.* Northampton, Massachusetts: Edward Elgar.
PAPKE, L. E. (1987). «Subnational Taxation and Capital Mobility: Estimates of Tax-Price Elasticities». *National Tax Journal* 40, pp. 191-204.
-, (1991). «Interstate Business Tax Differentials and New Firm Location». *Journal of Public Economics* 45, pp. 47-68.
PAVITT, K. (1971). «The Multinational Enterprise and the Transfer of Technology». In DUNNING, J. H. (ed.). *The Multinational Enterprise*. Allen et Unwin, pp. 61-86.
-, (1988). «Uses and Abuses of Patent Statistics». In VAN RAAN, A. (ed.). *Handbook of Quantitative Studies of Science and Technology*. Amsterdam: North Holland, pp. 504-536.
PAVITT, K. et P. PATEL (1999). «Global Corporations and National Systems of Innovation: Who Dominates Whom?». In ARCHIBUGI, D., HOWELLS, J. et MICHIE, J. (1999). *Innovation Policy in a global economy*. Cambridge University Press, Royaume Uni.
PATEL, P. et K. PAVITT. (1991). «Large Firms in the Production of the World's Technology: An Important Case of "Non-Globalisation"». *Journal of International Business Studies* 22 (1), pp. 1-21.
PATEL, P. et M. VEGA (1999). «Patterns of Internationalization of Corporate Technology: Location vs. Home Country Advantages». *Research Policy* 25, pp. 1059-1079.
PEARCE, R. (1989). *The Internationalisation of research and development by multinational enterprises*. London: The Macmillan Press Ltd, University of Reading European and International Studies.
-, (1999). «Decentralised R&D and strategic competitiveness: globalised approaches to generation and use of technology in multinational enterprises (MNEs)». *Research Policy* 28, pp. 157-178.
PEARCE, R. et S. SINGH (1991). *Globalizing Research and Development*, McMillan, Londres.
PEARCE, R., DIMITROPOULOU, D. et M. PAPANASTASSIOU (2008). «Locational Determinants of FDI in the European Union: The Influence of Multinational Strategy». In DUNNING, J. et P. GUGLER (eds.) *Foreign Direct Investment, Location and Competitiveness*. Progress in International Business Research, Vol. 2, EIBA, Elsevier.
PENG, M. W. (2001). «The Resource-Based View and International Business». *Journal of Management* 27(6), pp. 803-829.
-, (2006). *Global Strategy*. Thomson, South-Western.
PENG, M.W. et A. DELIOS (2006). «What Determines the Scope of the Firm over Time and around the World? An Asia Pacific Perspective». *Asia Pacific Journal of Management* 23(4), pp. 385-405.
PENROSE, E. T. (1951). *The Economics of the International Patent Systems of Innovation*. Cheltenham: Edward Elgar.
-, (1956). «Foreign investment and growth of the firm». *Economic Journal* 60, pp. 220-235.
-, (1958). *The Theory of the Growth of the Firm*. Oxford: Basil Blackwell.

-, (1971). «The State and the Multinational Enterprise in less-developde Countries». In DUNNING, J. H. (ed.). *The Multinational Enterprise.* Allen et Unwin, pp. 221-240.
PFAFFERMAYER, M. et C. BELLAK (2002) «Why foreign-owned are different: a conceptual framework and empirical evidence for Austria». In JUNGNICKEL, R. (ed.). *Foreign-owned firms: are they different?* Palgrave-Macmillan, Houndmills.
PHENE, A. et P. ALMEIDA (2008). «Innovation in multinational subsidiaries: The role of knowledge assimilation and subsidiary capabilities». *Journal of International Business Studies* 39, pp. 901–919.
PIORE, M. J. et C. F. SABEL (1984). *The Second Industrial Divide.* New York: Basic Books.
PISCITELLO, L. et L. RABBIOSI (2007). «The impact of knowledge transfer on MNEs' parent companies. Evidence from the Italian case». In PISCITELLO, L. et G. SANTANGELO (eds.). *Do Multinationals Feed Local Development and Growth?.* International Business and Management Series, Elsevier, pp. 169-194.
PORTER, M. (1985). *Competitive Advantage.* New York: Free Press.
-, (1986). «Changing Patterns of International Competition». *California Management Review* 27, pp. 9-40.
-, (1990). *The Competitive Advantage of Nations.* London & Basingstoke: Macmillan
-, (1993). *L'avantage concurrentiel des nations.* Paris: InterEditions.
-, (1998). Clusters and the new economics of competition. *Harvard Business Review,* November-Decembre 1998, pp. 77-90.
-, (2004). *La concurrence selon Porter.* Pearson Education France, Paris.
-, (2005). «Building the Microeconomic Foundations of Prosperity: Findings from the Business Competitiveness Index». In PORTER, M., SCHWAB, K. et A. LOPEZ-CLAROS (eds). *The Global Competitiveness Report 2005–2006*, Palgrave Macmillan, World Economic Forum: New York, pp. 43–77.
-, (2008). *On Competition.* Harvard Business School Press.
PORTER, M. et M. B. FULLER (1986). «Coalitions and global strategy». In PORTER, M. (ed.). *Competition in Global Industries.* Boston, MA: Harvard Business School Press, pp. 315-344.
PRAHALAD, C. K. et V. RAMASWAMY (2004) *The future of competition: Co-creating unique value with customers.* Harvard Business School Press.
PRAHALAD, C. K. et M. S. KRISHNAN (2008). *The new age of innovation. Driving co-created value through global networks.* McGraw-Hill.
PRO INNO Europe (2007) «The implications of R&D offshoring on the innovation capacity of EU firms». Helsinki School of Economics.
PROKESCH, S. E. (1997). «Unleashing the Power of Learning: An Interview with British Petroleum's John Browne». *Harvard Business Review*, 75(5), pp. 146-168.
RABBIOSI, L. (2008). «The Impact of Subsidiary Autonomy on MNE Knowledge Transfer: Resolving the Debate». *SMG Working Paper* No. 16/2008.
RALL, W. (1989). «Organization für den Weltmarkt». *Zeitschrift für Betriebswirtschaft*, 59(10), pp. 1074-1089.
RAMASAMY, B. et M. C. H. YEUNG (2007). «The Determinants of Foreign Direct Investment in Services». *Working Paper Series The University of Hong Kong.*

RAPP, W. V. (1967). «A Theory of Changing Trade Patterns under Economic Growth: Tested for Japan». *Yale Economic Essays*, pp. 69-135.

-, (1975). «The Many Possible Extensions of Product Cycle Analysis». *Hitotsubashi Journal of Economics* 16 (1), pp. 22-29.

REID, R. S. (1981). «The decision-maker and export entry and expansion». *Journal of International Business Studies* 12(2), pp. 101-112.

RENFORS, V. et R. TODOROV (2008). «The Drivers of Foreign Direct Investment into Research and Development: an empirical Investigation». Course Assignment. Solvay Business School.

RICHARDSON, G. B. (1972). «The Organisation of Industry». *Economic Journal* 82(327), pp. 883-896.

RIOUX, M. (2000). «Débats économique et concurrence». *Cahier de recherche*, Groupe de recherche sur l'intégration continentale.

Roche (2005). *Rapport annuel 2005.*

RODRIGUEZ, X. et J. PALLAS (2008). «Determinants of foreign direct investment in Spain,» *Applied Economics* 40(19), pp. 2443-2450.

ROLLAND, M. (2006). «L'Inde: du potentiel et des problèmes». Interview dans *Bilan* 198, du 15 au 28.02.2006.

ROMER, P. (1990). «Endogenous technological change». *Journal of Political Economy* 98, pp. 71-102.

RONSTADT, R. (1977). *Research and Development Abroad by U.S Multinationals.* Praeger, New York. Babson College. New York: Praeger.

ROONEY, D., HEARN, G. et A. NINAN (eds., 2005). *Handbook on the knowledge economy*, Edward Elgar Publishing.

ROSE, G. et T. VOLKER (2005). *Offshoring of R&D: Examination of Germany's attractiveness as a place to conduct research.* Berlin, DIHK.

ROTHSCHILD, M. et J. STIGLITZ (1971). «Equilibrium in Competitive Insurance Markets: An Essay on the Economics of Imperfect Information». *The Quarterly Journal of Economics* 90 (4), pp. 629-649.

RUGMAN, A. (1979). *International diversification and the multinational enterprise.* Lexington. Heath.

-, (1981). *Inside the Multinationals: The Economics of Internal Markets.* New York: Columbia University Press.

-, (1982). *New theories of the Multinational Enterprise.* London: Croom Helm.

-, (1986). «New theories of the multinational enterprise: an assessment of internalisation theory». *Bulletin of Economic Research* 38, pp. 101-118.

-, (2001). *The End of Globalization: Why Global Strategy Is a Myth & How to Profit from the Realities of Regional Markets.* Amacom.

-, (2005). *The Regional Multinationals.* Cambridge: Cambridge University Press.

RUGMAN, A. et A. VERBEKE (1992a). «Multinational enterprises and national economic policy», in BUCKLEY, P. J. et M. CASSON (eds.). *Multinational Enterprises in the World Economy*, Aldershot, Edward Elgar, pp. 160–170.

-, (1992b). «A note on the transnational solution and the transaction cost theory of multinational strategic management». *Journal of International Business Studies* 23(4), pp. 761–772.

-, (2001). «Subsidiary-specific advantages in multinational enterprises». *Strategic Management Journal* 22(3), pp. 237–251.
-, (2003). «Multinational Enterprises and Clusters: An Organizing Framework». *Management International Review* 43(3), pp. 151-169.
-, (2007). «Liabilities of Regional Foreignness and the Use of Firm-Level versus Country-Level Data: A Response to Dunning *et al.* (2007)». *Journal of International Business Studies* 38(1), pp. 200-205.
RUGMAN, A. et GIROD, S. (2003). «Retail Multinationals and Globalization: The Evidence Is Regional». *European Management Journal* 21(1), pp. 24-37.
RUGMAN, A.. et C. BRAIN (2003). «Multinational Enterprises Are Regional, Not Global». *Multinational Business Review* 11(1), pp. 3-12.
RUGMAN, A. et R. M. HODGETTS (2003). *International Business.* 3rd Edition, Harlow, UK: Pearson Education Limited.
RUGMAN, A. et C. H. OH (2008). «Friedman's Follies: Insights on the Globalization / Regionalization Debate». *Business and Politics* 10(2), article 4, pp. 1-14.
RUGMAN, A. et H. LEE (2009). «Multinationals and Public Policy in Korea». *Asian Business and Management* 8, pp. 59-82.
RUSS, K. N. (2007). «The endogeneity of the exchange rate as a determinant of FDI: A model of entry and multinational firms». *Journal of International Economics* 71(2), pp. 344-372.
SANNA-RANDACCIO, S. et R. VEUGELERS (2007). «Multinational knowledge spillovers with decentralised R&D: a game-theoretic approach». *Journal of International Business Studies* 38, pp. 47-63.
SANTHAPPARAJ , A. S., SREENIVASAN, J. et J. C. K. LOONG (2006). «Competitive Factors of Semiconductor Industry in Malaysia: The Managers' Perspective». *Competitiveness Review*: An International Business Journal, 16(3-4), pp. 197-211.
SCHMOCH, U., LAVILLE, F., PATEL, R. et R. FRIETSCH (2003). «Linking Technology Areas to Industrial Sectors: Final Report to the Ec Commission». Karlsruhe/Paris/Brighton: *DG Research.*
SCHRADER, S. (1991). «Informal technology transfers between firms: Cooperation through information trading». *Research Policy* 20, pp. 889-910.
SCHUMPETER, J. A. (1912). *The Theory of Economic Development.* Leipzig: Duncker and Humblot.
SCHWAAG SERGER, S. (2006). «China: From Shop Floor to Knowledge Factory?» in KARLSSON, M. (ed.). *The Internationalization of Corporate R&D.* itps, Swedish Institute For Growth Policy Studies
SCOTT-KENNEL, J. (2007). «Foreign Direct Investment and Local Linkages: An Empirical Investigation». *Management International Review* 47(1), pp. 51-77.
SERAPIO, M. G. et D. H. DALTON (1999). «Globalization of industrial R&D: an examination of FDI in R&D in the United States». *Research Policy* 28, pp. 303-316.
SHAPIRO, C. (2001). «Navigating the Patent Thicket: Cross-Licenses, Patent-Pools, and Standard-Setting». In JAFFE, A., LERNER, J. et S. STERN (eds.). *Innovation Policy and the Economy*, 1, pp. 119-150.
-, (2004). «Navigating the Patent Thicket: Cross Licenses, Patent Pools and Standard Setting». *Levine's Working Paper Archive*, UCLA Department of Economics.

SHIGE, M. CHUNG-MING, L. et Y. RHY-SONG (2002). «Asset-Exploitation Versus Asset-Seeking: Implications for Location Choice of Foreign Direct Investment from Newly Industrialized Economies». *Journal of International Business Studies* 33(3), pp. 403-421.

SHIMIZUTANI, S. et Y. TODO (2007). «Overseas R&D Activities by Japanese Multinational Enterprises: Causes, Impacts, and Interaction with Parent firms». *ESRI Discussion Paper Series* 07-E-008, Economic and Social Research Institute, Tokyo.

-, (2008). «What determines overseas R&D activities? The case of Japanese multinational firms». *Research Policy* 37, pp. 530–544

SHINOHARA, M. (1972). *Growth and Cycles in the Japanese Economy.* Tokyo: Institute of Economic Research, Hitotsubashi University.

-, (1982). *Industrial Growth, Trade, and Dynamic Patterns in the Japanese Economy.* Tokyo: University of Tokyo Press.

SIDERI, S. (1997). «Globalisation and Regional Integration». *European Journal of Development Research* 9(1), pp. 38-81.

SINGH, J. (2005). «Distributed R&D, cross-regional ties and quality of innovation output», *AIB 2005 Annual Meeting.*

-, (2007). «Asymmetry of knowledge spillovers between MNCs and host country firms». *Journal of International Business Studies* 38, pp. 764-786.

-, (2008). «Distributed R&D, cross-regional knowledge integration and quality of innovative output». *Research Policy* 37(1), pp. 77-96.

SINGH, R. D H. (1992). «Government introduced price distortion and growth, evidence from twenty nine developing countries». *Public Choice* 73, pp. 83-99.

SJÖHOLM, F. (1997). «Technology Gap, Competition and Spillovers from Direct Foreign Investment: Evidence from Establishment Data». *Working Paper Series in Economics and Finance* 212, Stockholm School of Economics.

SLANGEN, A. H L et J.-F. HENNART (2008). «Do multinationals really prefer to enter culturally distant countries through greenfields rather than through acquisitions? The role of parent experience and subsidiary autonomy.» *Journal of International Business Studies* 39, pp. 472–490.

SLEMROD, J. (1990a). «Tax Effects on Foreign Direct Investment in the United States: Evidence from a Cross-country Comparison». In RAZIN, A. et J. SLEMROD (eds). *Taxation in the Global Economy.* Chicago: University of Chicago Press.

-, (1990b). «The Impact of the Tax Reform Act of 1986 on Foreign Direct Investment to and from the United States». In SLEMROD, J. (ed.). *Do Taxes Matter? The Impact of the Tax Reform Act of 1986.* Cambridge, Mass.: MIT Press.

SMITH, K. (2005). «Measuring innovation». In FAGERBERG, J., MOWERY, D. C. et R. R. NELSON (eds). *The Oxford Handbook of Innovation.* Oxford: Oxford University Press.

SOLSTEN, E. et S. W. MEDITZ (1988). «Spain: A Country Study». Washington: *GPO for the Library of Congress.*

SONG, J. et J. SHIN (2008). «The paradox of technological capabilities: a study of knowledge sourcing from host countries of overseas R&D operations». *Journal of International Business Studies* 39, pp. 291–303

STEENSMA, H. K., BARDEN, J. Q., DHANARAJ, C., LYLES, M. et L. TIHANYI (2008). «The evolution and internalization of international joint ventures in a transitioning economy». *Journal of International Business Studies* 39, pp. 491–507.

STIGLITZ, J. E. (1971). «Perfect and Imperfect Capital Markets». *Econometric Society Meeting*, New Orleans.

-, (2000). «Reflections on the theory and practice of reform». In KRUEGER, A. (Ed.). *Economic Policy Reform: The Second Stage*. University of Chicago Press, Chicago, pp. 551–584.

STOIAN, C. et F. FILIPPAIOS (2008). «Dunning's eclectic paradigm: A holistic, yet context specific framework for analysing the determinants of outward FDI: Evidence from international Greek investments». *International Business Review* 17, pp. 349-367.

SWEDENBORG, B. (1979). *The Multinational Operations of Swedish Firms: An Analysis of Determinants and Effects*. Stockholm: Almquist et Wiksell.

SwissCham China (2006). «Foreign R&D: new impulses for the Chinese economy?». *The Bridge, Journal of SwissCham China*, issue 6 2005/2006.

SZULANSKI, G. (2003). *Sticky Knowledge: Barriers to Knowing in the Firm*. Sage Publications.

TAKII, S. (2005). «Productivity spillovers and characteristics of foreign multinational plants in Indonesian manufacturing 1990-1995». *Journal of Development Economics* 76, pp. 521–542.

TALLMAN, S. B. (1992). «A Strategic Management Perspective on Host Country Structure of Multinational Enterprises». *Journal of Management* 18(3), pp. 455-471.

TALLMAN, S., HENKINS, M., HENRY, N. et S. PINCH (2004). «Knowledge, clusters and competitive advantage». *Academy of Management Review* 28 (2), pp. 258-271.

TEECE, D. J. (1981). «The multinational enterprise: market failure and market power considerations». *Sloan Management Review* 22, pp. 3-18.

-, (1985). «Transaction cost economics and the multinational enterprise: an assessment». *Journal of Economic Behaviour and Organisation* 7, pp. 21-45.

-, (1987). «Profiting from technological innovation: implications for integration, collaboration, licensing and public policy». In TEECE, D. J. (ed). *The Competitive Challenge*. Cambridge, Mass.: Ballinger.

TERPSTRA, V. (1977). «International Product Policy: The Role of Foreign R&D». *Columbia Journal of World Business* 12(4), pp. 24-32.

TERSEN, D. et J.-L. BRICOUT (1996). *L'investissement international*. Paris: Armand Colin.

The economist (2008a). «A large black cloud». 13 mars 2008

-, (2008b). «No strings». 13 mars 2008

-, (2008c). «The dark side of globalization». 29 mai 2008

-, (2008d). «The lucky country». 13 mars 2008

THURSBY, J. et M. THURSBY (2006). «Research and Development: Where Is the New Science in Corporate R&D?». *Science* 314(5805), pp. 1547-1548.

TIAN, X. (2007). «Accounting for sources of FDI technology spillovers: evidence from China». *Journal of International Business Review* 38, pp. 147-159.

TODO, Y. (2006). «Knowledge spillovers from foreign direct investment in R&D: Evidence from Japanese firm-level data,» *Journal of Asian Economics* 17(6), pp. 996-1013.
TODO, Y. et K. MIYAMOTO (2006). «Knowledge spillovers from foreign direct investment and the role of R&D activities: Evidence from Indonesia». *Economic Development and Cultural Change* 55, pp. 173–200.
TODO, Y., ZHANG, W. et L. A. ZHOU (2006). «Intra-Industry knowledge spillovers from foreign direct investment in R&D: Evidence from a Chinese Science Park». *International Workshop on Econometric Analysis of the Chinese Economy*, Aoyama Gakuin University.
TONG, T. W et J. J Reuer (2007). «Real options in multinational corporations: organizational challenges and risk implications». *Journal of International Business Studies* 38(2), pp. 215-230.
TRAJTENBERG, M. (1990). *Economic analysis of product innovation*. Cambridge: Cambridge University Press.
TSANT, E. W. K., YIP, P. S. L. et M. H. TOH (2008). «The impact of R&D on value added for domestic and foreign firms in a newly industrialized economy». *International Business Review* 17, pp. 423-441.
TSENG, C-H., TANSUHAJ, P., HALLAGAN, W. et J. MCCULLOUGH (2007). «Effects of firm resources on growth in multinationality». *Journal of International Business Studies* 38(6), pp. 961-974.
UDOMSAPH, C. (2002). «Premiums to employment in establishments with foreign direct investment: Evidence from the Thai manufacturing sector». Berkeley, CA: University of California-Berkeley, mimeo
UNIDO (2005). *International Yearbook of Industrial Statistics*.
United States Department of Commerce, United States Bureau of Economic Analysis (2008). *Survey of U.S. Direct Investment Abroad*.
US Department of Labor Statistics, http://www.bls.gov/news.release/ichcc.t01.htm, (consulté le 31 octobre 2008).
URATA, S. et KAWAI, H. (2000). «The Determinants of the Location of Foreign Direct Investment by Japanese Small and Medium-Sized Enterprises». *Small Business Economics* 15(2), pp. 79-103.
USA Today (2007). «Which is more American?». 22 mars 2007.
USAY, S. (2008). «The geography of inventive activities in OECD regions». *STI Working Paper* 2008/3. OCDE: Paris.
VAN POTTELSBERGHE DE LA POTTERIE, B. et F. LICHTENBERG (2001). «Does Foreign Direct Investment Transfer Technology Across Borders?». *The Review of Economics and Statistics*, 83(3), pp. 490-497.
VAN PROTTELSBERGHE DE LA POTERIE, B. et D. GUELLEC (2001). «The internationalisation of technology analysed with patent data». *Research Policy* 30(8), pp. 1256-1266.
VELDE, D. W. et O. MORRISSEY (2001). «Foreign ownership and wages: Evidence from five African Countries». *CREDIT Research Paper*, No. 01/19. Nottingham: University of Nottingham.

-, (2003). «Do Workers in Africa Get a Wage Premium if Employed in Firms Owned by Foreigners?». *Journal of African Economies* 12, pp. 41-73.
VERNON, R. (1966). «International Investment and International Trade in the Product Life Cycle». *Quarterly Journal of Economics.*
VERSPAGEN, B. et W. SCHOENMAKERS (2004). «The spatial dimension of patenting by multinational firms in Europe,» *Journal of Economic Geography* 4(1), pp. 23-42.
VEUGELERS, R. et B. CASSIMAN (2004). «Foreign subsidiaries as a channel of international technology diffusion: Some direct firm level evidence from Belgium». *European Economic Review* 48, pp. 455–476
VEUGELERS, R. (2005). *Forum on the internationalisation of R&D, Background Report.* Bruxelles.
WANG, H. et J.-L. SCHAAN (2008). «How Much Distance Do We Need? Revisiting the «National Cultural Distance Paradox»». *Management International Review* 48(3), pp. 263-277.
WANG, J.-Y. et M. BLOMSTRÖM (1992). «Foreign investment and technology transfer: a simple model». *European Economic Review* 36, pp. 137–55.
WEBB, C., DERNIS, H., HARHOFF, D. et K. HOIS (2005). «Analysing european and international patent citations: a set of EPO patent database building blocks». *STI Working Paper 2005/9*, OCDE: Paris
WEICHENRIEDER, A. (1996). «Fighting International Tax Avoidance: The Case of Germany». *Fiscal Studies* 17, pp. 37-58.
WEINTRAUB, R. (1967). «Studio Emprico Sulle Relazioni di Lungo Andare tra Movimenti di Capitali Rendimenti Differenziali». *Rivista Internazionale di Scienze Economiche e Commerciale* 14, pp. 401-405.
WELCH, D. E. et L. S. WELCH (2008). «The Importance of Language in International Knowledge Transfer». *Management International Review* 48(3), pp. 339-360.
West China Metropolitan News, 17 septembre 2004
WILLIAMSON, O.E. (1971). «The vertical integration of production: market failures considerations». *American Economic Review* 61, pp. 112-123.
-, (1975). *Markets and hierarchies: analysis and antitrust implications.* New York: The Free Press.
-, (1981). «The modern corporation: origin, evolution and attributes». *Journal of Economic Literature* 19, pp. 1537-1568.
-, (1985). *The Economic Institutions of Capitalism.* Free-Press.
World Economic Forum (2007). *The Information Technology Report 2006-2007.* Genève.
-, (2008). *The Global Competitiveness Report 2008-2009.* Genève.
WU, C., LAWLER, J. J. et X. YI (2008). «Overt employment discrimination in MNC affiliates: home-country cultural and institutional effects». *Journal of International Business Studies* 39, pp. 772–794.
WU, J. et J. CALLAHAN (2005). «Motive, form and function of international R&D alliances: Evidence form the Chinese IT industry.» *Journal of High Technology Management Research* 16, pp. 173-191.

YAMAZAWA, I. (1990). Economic Development and International Trade: The Japanese Model, Honolulu: East-West Center.

YAN, A. et M. ZENG (1999). «International joint venture instability: A critique of previous research, a reconceptualization, and directions for future research.» *Journal of International Business Studies*, 30(2), pp. 397–415.

YANG, Q., MUDAMBI, R. et K. E. MEYER (2008). «Conventional and Reverse Knowledge Flows in Multinational Corporations». *Temple University School of Business Discussion Paper.*

YOUNG, S. et A. TAVARES-LEHMANN (2008). «Achieving a balance in the rights obligations of firms/countries». In DUNNING, J. et P. GUGLER (eds.) *Foreign Direct Investment, Location and Competitiveness.* Progress in International Business Research, Vol. 2, EIBA, Elsevier.

ZANDER, I. (1994). *The Tortoise Evolution of the Multinational Corporation: Foreign Technological Activity in Swedish Multinational Firms 1890-1990.* Thèse de Doctorat, Institute of International Business, Stockholm.

-, (1999a). «Whereto the multinational? The evolution of technological capabilities in the multinational network». *International Business Review* 8(3), pp. 261-291.

-, (1999b). «How do you Mean 'Global'? An Empirical Investigation of Innovation Networks in Multinational Corporations». *Research Policy* 28, pp. 195-213.

ZHAO, M. (2006). «Conducting R&D in countries with weak intellectual property rights protection». *Management Science* 52(8), pp. 1185–1199.

ZHOU, C et J. LI (2008). «Product innovation in emerging market-based international joint ventures: An organizational ecology perspective». *Journal of International Business Studies* 39, pp. 1114–1132.

ZHU, G. et K.Y. TAN (2000). «Foreign direct investment and labour productivity: new evidence from China as the host». *Thunderbird International Business Review*, 42(5), pp. 507-528.

ZIMMERMANN, T. A. (2008). «Les investissements directs: évolution actuelle en théorie, pratique et politique». *La Vie économique* 7/8.

ZOU, H. et P. N. GHAURI (2008). «Learning through international acquisitions: The process of knowledge acquisitions in China». *Management International Review,* 48(2), pp. 207-226.

Annexes

Annexe 1. Définitions

Investissement direct étranger (IDE)

Les investissements directs étrangers sont effectués à l'extérieur du pays d'origine de l'entreprise multinationale[54], mais à l'intérieur de cette entreprise. Ils impliquent une relation à long terme et témoignent de l'intérêt durable d'une entité résidant dans un pays (la maison-mère) à l'égard d'une entreprise résidant dans un autre pays (la filiale étrangère). L'IDE implique que l'investisseur exerce un contrôle sur la gestion de l'entreprise bénéficiaire. Cet investissement englobe à la fois la transaction initiale entre les deux entités et toutes les transactions ultérieures entre elles et entre filiales étrangères, qu'elles soient constituées ou non en sociétés. Cette définition est reprise par les organisations internationales, telles que la CNUCED (2005) ou l'OCDE (1996). Ces organisations considèrent qu'une relation d'investissement direct est établie dès lors que la maison-mère détient au moins 10 pour cent des droits de vote lors des assemblées générales d'une entreprise étrangère (la filiale étrangère) ou à défaut 10 pour cent du capital social. C'est par ce taux qu'il est considéré que la maison-mère a un contrôle significatif des opérations étrangères. Lorsque ce seuil est atteint, l'ensemble des opérations financières entre les deux firmes est alors enregistré en investissements directs.

Les flux d'IDE sont ventilés en trois éléments (Conseil national de l'Information statistique, 2001):

- les *opérations en capital social*, qui comprennent les créations, acquisitions ou extensions d'entreprises, réalisées sous forme d'acquisitions de titres ou d'actifs productifs, les subventions

54 La maison-mère est située dans le pays d'origine et les filiales étrangères dans le pays d'accueil.

d'équilibre, les consolidations de prêts, prêts subordonnés et prêts participatifs du secteur bancaire, les investissements immobiliers;

- les *bénéfices réinvestis*, qui correspondent aux résultats nets des entreprises investis au cours d'un exercice comptable diminués des dividendes versés à la maison-mère au cours du même exercice;
- les *autres opérations*, qui recouvrent les opérations de prêts, avances, dépôts, à court et long terme, entre sociétés affiliées, à l'exception des crédits commerciaux et des crédits et dépôts entre les banques résidentes et leurs correspondants étrangers, classés en autres investissements.

Les stocks d'IDE comprennent la part de capital et de réserves attribuables à l'investisseur direct, plus les dettes nettes de la filiale dues à la société mère.

Entreprise multinationale (EMN)

L'EMN est une entreprise qui contrôle et gère la production dans au moins deux pays (Caves, 1996). La maison-mère contrôle les actifs des filiales basées en dehors de son pays d'origine, en exerçant un contrôle dans le capital social. L'EMN comporte ainsi une maison-mère dans le pays d'origine et des filiales étrangères dans les pays d'accueil. Les filiales peuvent être établies par création des opérations (investissements «greenfields») ou par acquisitions d'opérations existantes (fusions et acquisitions). Dans les deux cas, l'EMN exerce un contrôle direct sur ses filiales étrangères (Rugman et Hodgetts, 2003). Selon la CNUCED (2005, p. 297), une part du capital social correspondant à dix pour cent ou plus des droits de vote ou des actions ordinaires est considérée comme le seuil pour le contrôle des actifs. Cet investissement de l'EMN pour ses filiales est considéré comme de l'investissement direct étranger. Néanmoins, l'OCDE et la CNUCED font une différence entre les statistiques sur les IDE et les statistiques sur les filiales. Selon leurs calculs, les données sur les IDE concernent tous les investissements supérieurs à 10 pour cent du capital des firmes, alors que le critère statistique choisi pour la collecte de données sur les activités des filiales est celui du contrôle majoritaire (plus de 50 pour cent des actions d'une société donnant droit de vote au conseil d'administration, OCDE, 2008c, p. 10).

La CNUCED utilise le terme «entreprise transnationale» pour désigner une entreprise multinationale. La plupart des auteurs utilisent d'ailleurs aujourd'hui les termes «transnationale» et «multinationale» de façon interchangeable (Dunning et Lundan, 2008). Cependant, le terme «transnational» est aussi utilisé pour désigner une EMN qui pratique une stratégie d'intégration totale et d'organisation multidimensionnelle, suite à la typologie de Bartlett et Ghoshal (1989). Selon eux, quatre formes d'entreprises sont distinguables dans la production internationale: les entreprises multinationales, globale, internationale et transnationale. Les entreprises multinationales répondent aux différences nationales et ont une forte présence locale. Les entreprises globales ont une stratégie de réduction des coûts et sont très centralisées. Les entreprises internationales conservent certaines de leurs activités centralisées et décentralisent d'autres activités. Finalement, les entreprises transnationales effectuent toutes les stratégies des trois précédents types d'entreprises. Cette distinction est utile à l'étude des stratégies des EMN (voir le Chapitre 1 de la Partie 1).

Les pures sociétés de portefeuilles, telles que les sociétés ou holding de financement ou de placement, ne sont pas des EMN car elles ne contrôlent pas d'autres entreprises et n'organisent pas leurs activités (Hymer, 1976, p. 1). De plus, les entreprises liées par contrat de franchising à une EMN, par exemple dans le commerce de détail, ne sont pas considérées comme entreprises multinationales.

Recherche et développement (R&D)

Selon l'OCDE et l'Office fédéral de la statistique suisse, la R&D englobe les

> travaux de création entrepris de façon systématique en vue d'accroître la somme des connaissances, y compris la connaissance de l'homme, de la culture et de la société, ainsi que l'utilisation de cette somme de connaissances pour de nouvelles applications. (OCDE, 2003)

Les «travaux de création» se définissent non pas par la nature des activités, mais par l'objectif poursuivi: obtention de connaissances nouvelles, élaboration, mise au point de procédés nouveaux, amélioration de procédés ou produits existants. Les travaux entrepris de façon «systématique» impliquent un minimum d'organisation et de moyens. Le seuil correspondant à ce minimum d'organisation est fixé selon l'OCDE à «un chercheur en équivalant temps plein annuel». Malgré ces définitions, il est souvent difficile de déterminer ce qui devrait être compté comme R&D et ce qui devrait en être exclu (Smith, 2005, p. 153). L'éducation et la formation, ainsi que la recherche de marché, ne sont en général pas incluses dans la R&D.

L'OCDE et l'OFS font une distinction entre trois éléments de R&D: recherche fondamentale, recherche appliquée et développement expérimental:

- les travaux de recherche fondamentale sont ceux qui concourent à l'analyse des propriétés, des structures, des phénomènes physiques et naturels, en vue d'organiser en lois générales, au moyen de schémas explicatifs et de théories interprétatives, les faits dégagés de cette analyse. Ces travaux sont entrepris soit par pure curiosité scientifique (recherche fondamentale libre), soit pour apporter une contribution théorique à la résolution de problèmes techniques (recherche fondamentale orientée). La recherche fondamentale fournit ainsi les instruments développés dans les applications industrielles.
- la recherche appliquée est entreprise soit dans le but de discerner les applications possibles des résultats d'une recherche fondamentale, soit pour trouver des solutions nouvelles permettant d'atteindre un objectif déterminé choisi à l'avance. Elle implique la prise en compte des connaissances existantes et leur extension en vue de résoudre des problèmes particuliers. Le résultat d'une recherche appliquée consiste en un modèle probatoire de produit, d'opération ou de méthode. La recherche appliquée permet la mise en forme opérationnelle des idées. Les connaissances ou les informations tirées de la recherche appliquée sont généralement susceptibles d'être brevetées et peuvent être conservées secrètes.
- le développement expérimental consiste en l'ensemble des travaux systématiques fondés sur des connaissances obtenues par la recherche ou l'expérience pratique, effectués en vue de la production de nouveaux matériaux, dispositifs, produits, procédés, systèmes, services ou en vue de leur amélioration substantielle.

Innovation

L'innovation a été définie par la Commission européenne comme *«the successful production, assimilation and exploitation of novelty in the economic and social spheres»* (European Commission, 2003, p. 5). Selon l'OCDE (2008b, p. 2):

> There are innovations that have to do with the development of new products or new processes. Innovations can be tangible or intangible, technological or non-technological, applied to goods or services, and they can also relate to management and organisation.[55]

L'innovation est ainsi un concept très large qui peut être lié aux produits, aux procédés ou à l'organisation. En ce qui concerne les innovations de produits et procédés, l'innovation prend l'invention au point d'être placée sur le marché ou d'être utilisée dans un procédé de production. Depuis Schumpeter (1912), la distinction entre l'invention et l'innovation a été faite. L'invention est une idée ou un modèle d'un nouveau produit, procédé, système ou de leur amélioration. L'innovation se distingue de l'invention ou de la découverte en ce sens qu'elle suppose un processus de mise en pratique aboutissant à une utilisation effective. Il peut s'agir de création de pages d'accueil sur Internet, d'utilisation de téléphones cellulaires pour modifier l'itinéraire des conducteurs tout au long de la journée, de l'introduction d'un processus just-in-time. Une longue période peut exister entre l'invention et l'innovation due par exemple à l'impossibilité de produire le bien à cause d'un manque de facteurs complémentaires ou d'un besoin insuffisant du marché. L'innovation dans l'organisation concerne la mise en place de structures sensiblement modifiées dans l'organisation, la mise en oeuvre de techniques avancées de gestion, l'adoption par la firme d'orientations stratégiques nouvelles ou sensiblement modifiées (OCDE, 2005b, p. 42). Il peut s'agir par exemple d'un nouveau système d'évaluation de la performance. Les innovations peuvent aussi toucher à toutes les fonctions de l'entreprise (telles que la production, la comptabilité, la R&D, le marketing, la logistique, les centres de décisions), mais deux fonctions principalement sont impliquées dans la stratégie directe de

55 Pour d'autres définitions, voir OCDE (2005b). «Proposed Guidelines for Collecting and Interpreting Technological Innovation Data». Oslo, Manual, Chapitre 3.

l'innovation: les centres de R&D et les centres de décision (OCDE, 2008b, p.3).

Plusieurs indicateurs sont utilisés pour mesurer l'innovation, qui peuvent être soit des inputs (la R&D), soit des outputs (les brevets). L'indicateur le plus souvent utilisé est celui de la R&D, qui est ainsi fréquemment employé comme synonyme d'innovation (Andersson et al., 2004, p. 33). En effet, la principale source d'innovation est la R&D. Toutefois, les activités de R&D n'engendrent pas forcément de l'innovation. La R&D peut apporter de nouvelles idées qui ne sont pas utilisables. Cependant, beaucoup d'études ont mis en avant le lien entre R&D et innovation.

Annexe 2. Base de données de l'OCDE sur les citations

L'OCDE a créé une base de données spécialement sur les citations de brevets européennes et internationales (nommée «OECD/EPO patent citations database»). Les tables couvrent toutes les demandes de brevets publiées par l'OEB et l'OMPI, via le traité de coopération en matière de brevets (PCT), depuis leur introduction en 1978.

La construction de cette base de données a commencé en 2003. Il a été décidé en octobre 2004 de rendre les données disponibles pour les chercheurs pour des fins de recherche uniquement.

Les informations sur les citations pour les publications EPO et internationales (PCT) sont inscrites dans plusieurs tables. Il existe néanmoins une table de liaison qui lie les brevets publiés sous les deux régimes EP et PCT. Une autre table lie aussi les brevets EP avec leurs publications équivalentes dans les offices nationaux de brevets.

Les données sont donc séparées en deux grands groupes:

- EP_Citations: demandes de brevets publiées par l'EPO, avec les numéros de publication commençant par «EP», montrant les citations résutant de l'EPO «European searches» (environ 1'700'000 publications)
- WO_Citations: demandes de brevets publiées sous PCT, avec les les numéros de publication commençant par «WO», montrant les

citations résutant de l' «International Searches» exécuté par les ISAs selont les procédures standardisées (environ 1'000'000 publications).

Les données sont fournies en un CD en UNICODE. Il y a 14 fichiers de données, près de 2,2 gigabytes. Ces 14 fichiers donnent les 14 tables listées dans le Tableau 56.

Tableau 56. Tableaux de la base de données «OECD/EPO patent citations»

Table name	*Name*	*Number of rows*
EP_Citations	Citations publiées par l'EPO	5'224'469 (1'700'633 différentes publications)
WO_Citations	Citations publiées par les ISAs	4'387'947 (1'006'981 différentes publications)
NPL_Citations	Citations non brevets	1'149'955
CitedPatents	Brevets cités	4'759'951
PCTlink	Famille EPO-PCT	634'402
EP_Equiv	Famille EPO-Offices nationaux	
EP_Titles	Titre du brevet EP	
EP_Dates	Dates du brevet	2'093'038
EP_IPC	IPC du brevet	
IPC7	IPC code	
EP_Inventors	Inventeurs	4'119'759
EP_Applicants	Déposants	1'838'747
EP_AppOutcome	Résultat de la demande	
EP_Citations2	Citations EP et WO fusionnées	

Dans les deux tables EP_Citations et WO_Citations, tous les brevets sont présents, qu'ils aient ou non des citations. Environ 9 millions de citations sont inscrites (sur les 5'224'469 lignes de la base EP_Citations, 652'330 n'ont pas de citations, donc il y a 4'572'139 citations, et sur les 4'387'947 lignes de la base WO_Citations, 64'843 n'ont pas de citations, donc il y a 4'323'104 citations dans cette table. Au total, il y a 8'895'246 citations dans cette base de données).

Dans la table CitedPatents, tous les *différents* brevets cités sont inscrits (le brevet qui est cité plusieurs fois n'est inscrit qu'une seule fois). Il y en a plus de 4.7 millions. Dans cette table, on touve le numéro de publication, la date de publication et le nombre de citations reçues.

Pour d'autres informations sur ces brevets cités, il faut les reliés avec les tables EP_Citations et WO_Citations, ou sur d'autres sources pour les brevets qui ne sont pas inscrits dans ces tables.

Annexe 3. Origine des inventeurs des brevets des entreprises suisses, 1978-2006 (méthode pondérée)

Pays	*Nombre de brevets*	*Pourcentage*	*Pourcentage cumulatif*
Switzerland	17259*	43.9**	43.9
Germany	8967	22.8	66.8
USA	5118	13.0	79.8
France	1822	4.6	84.4
United Kingdom	1566	4.0	88.4
Sweden	1290	3.3	91.7
Japan	753	1.9	93.6
Italy	722	1.8	95.5
Austria	468	1.2	96.7
Finland	256	.7	97.3
Netherlands	218	.6	97.9
N.A.	110	.3	98.1
Canada	90	.2	98.4
Norway	74	.2	98.6
Australia	73	.2	98.7
Belgium	69	.2	98.9
Danemark	53	.1	99.1
Spain	43	.1	99.2
Czech Republic	36	.1	99.3
Brazil	32	.1	99.3
Liechtenstein	29	.1	99.4
India	28	.1	99.5
Singapore	27	.1	99.5
Poland	19	.0	99.6
China P.Rep	18	.0	99.6
South Korea	16	.0	99.7
Hungary	12	.0	99.7
Israel	9	.0	99.8
Russian Federation	9	.0	99.7
El Salvador	9	.0	99.8
South Africa	9	.0	99.8
Ireland	5	.0	99.8
Slovenia	5	.0	99.8

Pays	*Nombre de brevets*	*Pourcentage*	*Pourcentage cumulatif*
U.S.S.R.	5	.0	99.9
Taiwan	5	.0	99.8
Ecuador	4	.0	99.9
New Zealand	4	.0	99.9
Malaysia	3	.0	99.9
Portugal	3	.0	99.9
Thailand	3	.0	99.9
Yugoslavia	3	.0	99.9
Ivory Coast	2	.0	99.9
Chile	2	.0	99.9
Egypt	2	.0	100.0
Greece	2	.0	100.0
Croatia	2	.0	99.9
Indonesia	2	.0	99.9
Monaco	2	.0	99.9
Slovakia	2	.0	99.9
Ukraine	2	.0	99.9
Austria	1	.0	100.0
Bulgaria	1	.0	100.0
Belize	1	.0	100.0
Colombia	1	.0	100.0
Cuba	1	.0	100.0
Iceland	1	.0	100.0
Kazakhstan	1	.0	100.0
Luxembourg	1	.0	100.0
Latvia	1	.0	100.0
Mexico	1	.0	100.0
Philippines	1	.0	100.0
Romania	1	.0	100.0
Sierra Leone	1	.0	100.0
Tunisia	1	.0	100.0
Turkey	1	.0	100.0
Uruguay	1	.0	100.0
Saudi Arabia	0	.0	100.0
Tanzania	0	.0	100.0
Total	39281	100.0	

Note: Lecture du tableau: *Le chiffre 17259 signifie que 17259 brevets déposés par les entreprises suisses de notre échantillon ont été inventés en Suisse. **Ainsi, 43.9 pour cent des brevets des entreprises suisses ont été inventés en Suisse.

Source: Elaboration personnelle basée sur l'OECD/EPO patent citations database

Annexe 4. Nombre de brevets et pourcentage d'inventeurs étrangers par entreprises de l'échantillon, 1978-2006

Entreprises	*Nombre de brevets publiés*	*% dans le total des brevets*	*% d'inventeurs étrangers*
Clariant International	1485*	3.8**	95.8***
Serono	198	0.5	89.9
Endress + Hauser Flowtec	674	1.7	85.2
Roche	5051	12.9	82.7
OC Oerlikon	1784	4.5	82.5
Bucher Industries	964	2.5	82.4
Franke	40	0.1	80.0
ABB (Asea Brown Boveri)	5148	13.1	73.5
Syngenta	848	2.2	71.3
Richemont International	238	0.6	69.7
Pelikan Produktions	144	0.4	68.1
Ciba Specialty Chemicals Holding.	1321	3.4	67.7
Zehnder Group	62	0.2	66.1
SIG (Schweizerische Industrie Gesellschaft)	232	0.6	60.3
Nestlé	1739	4.4	56.1
Debiopharm	31	0.1	51.6
Novartis	6969	17.7	47.8
Medela Holding	36	0.1	47.2
Basilea Pharmaceutica	43	0.1	46.5
Tecan	63	0.2	46.0
Feintool International Holding	24	0.1	45.8
Givaudan	337	0.9	44.2
Georg Fischer Haustechnik	481	1.2	42.0
RUAG	59	0.2	39.0
Casale Group	180	0.5	38.3
Actelion Pharmaceuticals (dès 1997)	48	0.1	37.5
Kudelski	200	0.5	37.5
Pentapharm	42	0.1	35.7
Geistlich Group	51	0.1	35.3
Schindler	761	1.9	35.2
Rieter	1250	3.2	35.1
Synthes	342	0.9	34.2
EMS-Chemie	256	0.7	33.2
Landis+Gyr	325	0.8	33.2
Holcim	79	0.2	32.9
Ascom	326	0.8	32.8

Entreprises	*Nombre de brevets publiés*	*% dans le total des brevets*	*% d'inventeurs étrangers*
SFS Industrie Holding	145	0.4	32.4
Bühler	364	0.9	31.9
Lonza AG	650	1.7	31.7
Firmenich	278	0.7	30.6
Sulzer	1403	3.6	30.2
Mettler-Toledo	229	0.6	29.7
Sika	263	0.7	29.3
UBS	33	0.1	27.3
Komax Holding	84	0.2	26.2
Oetiker	74	0.2	25.7
Uster Technologies	204	0.5	24.0
Rolex	44	0.1	22.7
Habasit	32	0.1	21.9
Precimed	38	0.1	21.1
Schweiter Technologies	82	0.2	20.7
Soudronic	207	0.5	19.8
Geberit Technik	261	0.7	18.8
Müller Martini	283	0.7	18.7
Phonak	232	0.6	15.1
Swatch	911	2.3	11.2
Von Roll	124	0.3	8.9
SICPA Holding	83	0.2	8.4
Dyconex	25	0.1	8.0
Reichle & De-Massari	68	0.2	7.4
C.S.E.M. Centre suisse d'électronique et de microtechnique	194	0.5	7.2
Cytos Biotechnology	29	0.1	6.9
Trisa	46	0.1	6.5
Bobst	156	0.4	5.1
Netstal-Maschinen	22	0.1	4.5
WRH Walter Reist Holding	377	1.0	3.7
Huber + Suhner	93	0.2	3.2
Wifag	102	0.3	2.9
Leister Process Technologies	37	0.1	2.7
Conzzeta	38	0.1	2.6
Swisscom	237	0.6	1.7

Note: Lecture du tableau: *Le chiffre 1485 signifie que Clariant a déposé 1485 demandes de brevets à l'OEB selon la base de données OECD/EPO patent citations database. **Clariant a ainsi demandé 3.8 pour cent des brevets des entreprises suisses de notre échantillon. ***95.8 pour cent des inventeurs inscrits dans les brevets de Clariant ont leur adresse à l'étranger.

Source: Elaboration personnelle basée sur l'OECD/EPO patent citations database

Annexe 5. Questionnaire

Part I Features of your R&D activities

A. Locations of your R&D activities

The next table reports the locations of your patents' inventors. The patents are those applied at the European Patent Office during the period 1978-2006 by your whole company (subsidiaries included).
A total of A patents were found for your company, of which B percent were invented in Switzerland.

Location of X patents' inventors, 1978-2006

Country of inventors	Number of patents	Percent	Cumulative percent

Do you agree with this profile? ________________________
If not, could you please explain why? ____________________

____
____
____
____
____

Do you think the future distribution by country will be the same? _____

____
____
____
____

Do you have any specific remarks? ______________________

A-1) Please rate roughly the contribution of research by country of your own R&D units to the technological advancement of your company.

Circle the appropriate number of importance and tendency.	Of no importance = 0 Of major importance = 4						Future tendency		
Switzerland	0	1	2	3	4		–	0	+
Foreign countries:	0	1	2	3	4		–	0	+
• USA	0	1	2	3	4		–	0	+
• Japan	0	1	2	3	4		–	0	+
• Germany	0	1	2	3	4		–	0	+
• France	0	1	2	3	4		–	0	+
• United Kingdom	0	1	2	3	4		–	0	+
• Other European countries	0	1	2	3	4		–	0	+
• Other developed countries (non European)	0	1	2	3	4		–	0	+
• Asian countries (except China)	0	1	2	3	4		–	0	+
• China	0	1	2	3	4		–	0	+
• Other developing countries	0	1	2	3	4		–	0	+

Please indicate which country contributes mostly to your company's innovation: ______________________________

A term sometimes used in association with distinctive competence is «Centre of Excellence» (unit with an important source of value creation). In which countries does your company have a «centre of excellence»?

____

B. Motives of your foreign R&D activities

B-1) Please indicate roughly the relative importance of the following motives and driving forces behind your company's internationalization of R&D during the last decade.									
Circle the appropriate number of importance and tendency.	Of no importance = 0 Of major importance = 4						Future tendency		
Supporting local production	0	1	2	3	4		–	0	+
in developed countries	0	1	2	3	4		–	0	+
in developing countries	0	1	2	3	4		–	0	+
in China	0	1	2	3	4		–	0	+
Supporting local customers and markets	0	1	2	3	4		–	0	+
in developed countries	0	1	2	3	4		–	0	+
in developing countries	0	1	2	3	4		–	0	+
in China	0	1	2	3	4		–	0	+
Having a R&D operation in a foreign country makes this market more accessible due to country's regulations	0	1	2	3	4		–	0	+
in developed countries	0	1	2	3	4		–	0	+
in developing countries	0	1	2	3	4		–	0	+
in China	0	1	2	3	4		–	0	+
Creating better access to foreign science and technology	0	1	2	3	4		–	0	+
in developed countries	0	1	2	3	4		–	0	+
in developing countries	0	1	2	3	4		–	0	+
in China	0	1	2	3	4		–	0	+
Being present in a local cluster	0	1	2	3	4		–	0	+
in developed countries	0	1	2	3	4		–	0	+
in developing countries	0	1	2	3	4		–	0	+
in China	0	1	2	3	4		–	0	+

B-1) Please indicate roughly the relative importance of the following motives and driving forces behind your company's internationalization of R&D during the last decade.									
Circle the appropriate number of importance and tendency.	Of no importance = 0 Of major importance = 4						Future tendency		
Creating better access to high qualified labour	0	1	2	3	4		–	0	+
in developed countries	0	1	2	3	4		–	0	+
in developing countries	0	1	2	3	4		–	0	+
in China	0	1	2	3	4		–	0	+
Creating better access to cost-effective supply of R&D personnel	0	1	2	3	4		–	0	+
in developed countries	0	1	2	3	4		–	0	+
in developing countries	0	1	2	3	4		–	0	+
in China	0	1	2	3	4		–	0	+
Local ambitions among subsidiaries	0	1	2	3	4		–	0	+
in developed countries	0	1	2	3	4		–	0	+
in developing countries	0	1	2	3	4		–	0	+
in China	0	1	2	3	4		–	0	+
Local government incitations	0	1	2	3	4		–	0	+
in developed countries	0	1	2	3	4		–	0	+
in developing countries	0	1	2	3	4		–	0	+
in China	0	1	2	3	4		–	0	+
Foreign acquisitions	0	1	2	3	4		–	0	+
Acquisition of R&D units through the acquisition of a company (the first motivation was not to acquire the R&D capabilities)	0	1	2	3	4		–	0	+
The first motivation of the acquisition was to acquire R&D capabilities	0	1	2	3	4		–	0	+

B-1) Please indicate roughly the relative importance of the following motives and driving forces behind your company's internationalization of R&D during the last decade.									
Circle the appropriate number of importance and tendency.	Of no importance = 0 Of major importance = 4						Future tendency		
Failure of the Swiss innovation system	0	1	2	3	4		–	0	+
Your R&D activities abroad are in technological areas or fields that are weak in Switzerland	0	1	2	3	4		–	0	+
Others: ______	0	1	2	3	4		–	0	+

C. Motives of centralization of R&D activities in Switzerland

C-1) Please indicate roughly the relative importance to your company during the last decade of the following inhibiting factors to internationalization of R&D.									
Circle the appropriate number of importance and tendency.	Of no importance = 0 Of major importance = 4						Future tendency		
Need for close supervision and control of R&D	0	1	2	3	4		–	0	+
Risk of leakage of information	0	1	2	3	4		–	0	+
Risk of imitation	0	1	2	3	4		–	0	+
Need to have R&D close to the Swiss market	0	1	2	3	4		–	0	+
Economies of scale in R&D	0	1	2	3	4		–	0	+
Costs of coordination and communication	0	1	2	3	4		–	0	+
Government policies in host countries make R&D there difficult	0	1	2	3	4		–	0	+
Lack of Intellectual Property laws in China	0	1	2	3	4		–	0	+
Government policies in Switzerland incite the centralization of R&D	0	1	2	3	4		–	0	+
Embeddedness in the Swiss innovation system	0	1	2	3	4		–	0	+
Others: ______	0	1	2	3	4		–	0	+

C-2) Please indicate roughly why your company undertakes R&D activities in Switzerland.									
Circle the appropriate number of importance and tendency.	Of no importance = 0 Of major importance = 4						Future tendency		
Supporting Swiss production	0	1	2	3	4		–	0	+
Supporting Swiss customers and the Swiss market	0	1	2	3	4		–	0	+
Creating better access to Swiss science and technology	0	1	2	3	4		–	0	+
Being present in a cluster	0	1	2	3	4		–	0	+
Creating better access to high qualified labour	0	1	2	3	4		–	0	+
Creating better access to cost-effective supply of R&D personnel	0	1	2	3	4		–	0	+
Swiss government regulations	0	1	2	3	4		–	0	+
Others: ____________ ____________	0	1	2	3	4		–	0	+
Has your company decreased Swiss R&D ressources in order to increase foreign R&D ressources?	0	1	2	3	4		–	0	+
Does your company intend to relocate Swiss R&D units?	0	1	2	3	4		–	0	+
Does your company increase Swiss R&D ressources thanks to the internationalization of your R&D?	0	1	2	3	4		–	0	+

Part II Relationship between the parent company and its foreign subsidiaries in R&D

D. Existence of Knowledge Transfer in R&D activities

D-1) Rate to which extent you agree with the following propositions about the relationship between foreign R&D and Swiss R&D activities.

Circle the appropriate number of importance and tendency.	Of no importance = 0 Of major importance = 4						Future tendency		
Does your parent company benefit from foreign R&D carried out in your subsidiaries?	0	1	2	3	4		–	0	+
Mostly from which countries?									
	0	1	2	3	4		–	0	+
	0	1	2	3	4		–	0	+
	0	1	2	3	4		–	0	+
To what extent does the knowledge transferred from foreign locations affect your company's performance?	0	1	2	3	4		–	0	+
Does the Swiss economy benefit from the internationalization of your R&D?	0	1	2	3	4		–	0	+
Do Swiss R&D centres of your company receive new knowledge from foreign R&D done by others companies or others agents (foreign Universities)?	0	1	2	3	4		–	0	+
Mostly from which countries?									
	0	1	2	3	4		–	0	+
	0	1	2	3	4		–	0	+
	0	1	2	3	4		–	0	+

D-1) Rate to which extent you agree with the following propositions about the relationship between foreign R&D and Swiss R&D activities.									
Circle the appropriate number of importance and tendency.	Of no importance = 0 Of major importance = 4						Future tendency		
Do your Swiss units use knowledge from your foreign R&D subsidiaries?	0	1	2	3	4		–	0	+
Mostly from which countries?									
	0	1	2	3	4		–	0	+
	0	1	2	3	4		–	0	+
	0	1	2	3	4		–	0	+
Do your foreign R&D subsidiaries use knowledge from your parent company?	0	1	2	3	4		–	0	+
Is the knowledge transferred from the parent company to the subsidiaries higher than the knowledge transferred from the subsidiaries to the parent company?	0	1	2	3	4		–	0	+

E. Type of Knowledge Transfer from foreign subsidiaries to parent company

E-1) Rate to which extent you agree with the following propositions about the types of knowledge which were transferred from your foreign subsidiaries to your parent company.									
Circle the appropriate number of importance and tendency.	Of no importance = 0 Of major importance = 4						Future tendency		
The knowledge transferred is related to local processes	0	1	2	3	4		–	0	+
The knowledge transferred is related to local customers and markets	0	1	2	3	4		–	0	+
The knowledge transferred is related to local products	0	1	2	3	4		–	0	+
The knowledge transferred is related to local science and technology	0	1	2	3	4		–	0	+
The knowledge transferred is related to local ideas	0	1	2	3	4		–	0	+

F. Difficulties of Knowledge Transfer

F-1) If the subsidiaries' knowledge is not transferred to the parent company, please indicate why.									
Circle the appropriate number of importance and tendency.	Of no importance = 0 Of major importance = 4						Future tendency		
It does not have knowledge/technology relevant for the parent company	0	1	2	3	4		–	0	+
It has competence/technology inferior to those available at the parent company	0	1	2	3	4		–	0	+
Low codifiability	0	1	2	3	4		–	0	+
Weak/poor communication and/or coordination mechanisms	0	1	2	3	4		–	0	+
Too high costs required to adapt the competence to the new context	0	1	2	3	4		–	0	+
High specificity	0	1	2	3	4		–	0	+
Resistance from the receiving unit	0	1	2	3	4		–	0	+
Technological incompatibility with the parent company	0	1	2	3	4		–	0	+
Cultural incompatibility with the parent company	0	1	2	3	4		–	0	+
Geographic distance makes the knowledge transfer difficult	0	1	2	3	4		–	0	+
Others: ____________	0	1	2	3	4		–	0	+

Kolibri 360 GmbH
Ferdinand-Jühlke-Straße 7
99095 Erfurt, Deutschland
produktsicherheit@kolibri360.de